DIE SELBSTBEWUSSTE NATION

HEIMO SCHWILK · ULRICH SCHACHT (HRSG.)

DIE SELBSTBEWUSSTE NATION

»Anschwellender Bocksgesang«
und weitere Beiträge
zu einer deutschen Debatte

ULLSTEIN

© 1994 by Verlag Ullstein GmbH, Berlin · Frankfurt/M.
© des Beitrags »Anschwellender Bocksgesang« by Botho Strauß
Alle Rechte vorbehalten
Satz: ew print & medien gmbh, Würzburg
Druck und Verarbeitung: Wiener Verlag, Himberg bei Wien
Printed in Austria 1995
ISBN 3-550-07067-5

Gedruckt auf alterungsbeständigem Papier
mit chlorfrei gebleichtem Zellstoff.

1. Auflage September 1994
2., veränderte und erweiterte Auflage Dezember 1994
3., erweiterte Auflage Februar 1995

Die Deutsche Bibliothek – CIP-Einheitsaufnahme

Die selbstbewusste Nation : »Anschwellender Bocksgesang« und
weitere Beiträge zu einer deutschen Debatte / Heimo Schwilk ;
Ulrich Schacht (Hrsg.). – Frankfurt/M ; Berlin : Ullstein, 1994
ISBN 3-550-07067-5
NE: Schwilk, Heimo [Hrsg.]

INHALT

IV. WIDERSTAND

Den Patrioten des 20. Juli 1944
und des 17. Juni 1953

VORWORT ZUR DRITTEN AUFLAGE

Wenn »Die selbstbewußte Nation« nun in der dritten Auflage erscheint, so ist dies ein eindrucksvoller Beleg dafür, daß die nationale Frage, die sich seit 1989 in aller Schärfe neu stellt, zunehmend ins öffentliche Bewußtsein dringt – allerdings nicht als profitlicher Kotau vor einem sich wandelnden Zeitgeist, wie ihn der »Spiegel« mit der Veröffentlichung eines Aufsatzes des Historikers Christian Meier (»Wir brauchen Vertrauen«, 30.1.95) vorführte. Die Frage nach dem Zusammenhang von deutscher Identität, deutschen Verbrechen und deutscher Eigenart erfordert differenzierte, vor allem aber ehrliche Antworten. Selbstreflexionen also, wie sie die Autoren dieses Bandes mit ihren Essays vorgelegt haben. Daß dies auch anderswo so gesehen wird, zeigen die zahlreichen Besprechungen in ausländischen Medien, wo die nationale Debatte in Deutschland kritisch, aber zumeist fair kommentiert wird. Die »Neunundachtziger« sind gleichsam über Nacht zu einem Kristallisationspunkt des öffentlichen Diskurses geworden, auch wenn dies von dem Publizisten Herbert Riehl-Heyse oder dem »68er« Jürgen Busche vehement bestritten wird (»Süddeutsche Zeitung« vom 21./22.1. und 28./29.1.95).

Vielleicht haben zum Umschwung der veröffentlichten Meinung, was die Debatte um Botho Strauß' »Anschwellender Bocksgesang« und »Die selbstbewußte Nation« betrifft, auch die Artikel in der »Frankfurter Allgemeinen Zeitung« von Eckhard Fuhr (»Systematische Verlogenheit«, 23.12.94), Heimo Schwilk (»Geistlose Brandstifter«, 13.1.95) und Peter Gauweiler (»Mit den

I

Wölfen schweigen?«, 14. 1. 95) zum Thema »political correctness«
beigetragen. Wir stellen die beiden letztgenannten Aufsätze als
»Epilog« ans Ende dieses Bandes, weil in ihnen noch einmal Methoden und Varianten der linksliberalistischen Diffamierung analysiert werden. Dazu gehörte auch der Versuch, die reflexive Qualität der Sammelband-Beiträge herunterzuspielen, was allerdings
in einem auffälligen Gegensatz zum Umfang der Berichterstat-
tung stand. Der allerneuste Versuch, den Jürgen Busche am 28. Januar unter der Überschrift »Von einem Traum blieb Papier – Einige Gedanken über die Unterschiede zwischen den 68ern und den
89ern« in der »Süddeutschen Zeitung« startete, bezeichnet den
kuriosen Höhepunkt der gescheiterten Marginalisierungskampa-
gne. Busche qualifiziert die von »Adenauer bis Cohn-Bendit« geprägte Geschichte der Bundesrepublik Deutschland zwischen
1949 und 1989 als »unrevidierbar«. Und vor dem Hintergrund dieser Tatsache würden die »Anstrengungen der sogenannten 89er
Generation so traurig aussehen«. Dieses quasi geschichtsphiloso-
phische Konstrukt historischer Beharrung steht nicht nur im
Widerspruch zum Selbstverständnis der 68er, die ja gerade angetreten waren, deutsche Geschichte über revolutionäre Veränderungen zu revidieren, sondern es ist auch schlicht reaktionär. Die
»Neunundachtziger« wollen eine Zukunft gewinnen, die sich zu
erhalten lohnt. Dieses Paradox meint weder nostalgische Restauration noch permanente Revolution, sondern ein wertorientiertes
Gestalten aus dem, was immer gilt: Menschenwürde, Gemein-
schaftsgeist, Opferbereitschaft.

Berlin, im Februar 1995

Heimo Schwilk
Ulrich Schacht

II

VORWORT ZUR ZWEITEN AUFLAGE

In der Literatur-Beilage der FAZ zur Frankfurter Buchmesse, erschienen am 4. 10. 1994, schrieb Eckhard Fuhr: »Die Kritiker und Warner werden sagen, Strauß öffne Schleusen. In den zu erwartenden Verrissen des von Heimo Schwilk und Ulrich Schacht herausgegebenen Sammelbandes . . . wird zu lesen sein, daß jetzt der geistig-politische Unrat hervorgeschwemmt werde, den man bisher mühsam zivilgesellschaftlich eingedämmt habe.« Präziser konnte man nicht vorhersagen, was dann als Medien-Echo über die Autoren des Bandes hereinbrach.

Selten hat die Aufnahme eines Buches so sehr die in ihm formulierte Kritik an den Mechanismen deutscher Medienöffentlichkeit bestätigt. In seinen Denunziationsritualen vergleichbar mit der Kampagne gegen Botho Strauß' Essay »Anschwellender Bocksgesang« wurden Herausgeber und Autoren von ihren »politisch korrekten« Kritikern als »geistige Wegbereiter des intellektuellen Rechtsradikalismus« (Der Spiegel) verleumdet. Die Beiträge einer 27köpfigen Autoren-Riege, die von Brigitte Seebacher-Brandt über Ernst Nolte bis zu Rüdiger Safranski und Michael Wolffsohn reicht, konnten so unterschiedslos als »Flut bräunlicher Prosa« diffamiert und damit aus dem öffentlichen Diskurs ausgeschlossen werden. Bemerkenswert dabei ist, daß Rezensenten wie Rudolf Walther (Süddeutsche Zeitung), Friedbert Pflüger (Die Zeit) oder Gesine Schwan (Rheinischer Merkur) weniger dem wägenden Argument als einer manipulativen Zitier-Technik (»Schnitt und Montage nach Goebbels' Art« nannte Martin Walser das in seinem jüngsten Spiegel-Essay über »Freie und unfreie Rede«) vertrauten, die die inkriminierten Texte dem »Tugendterror der political correctness« (Walser) auslieferten. So bringt der gerne als »Querdenker« der CDU gerühmte ZEIT-Kritiker Pflüger in einem frappierenden intellektuellen Kurzschluß Karlheinz Weißmanns Ruf nach dem starken Staat, der linkem und rechtem Terror gleichermaßen Einhalt gebieten soll, mit den »Verbrechen von Mölln und Solingen« in Verbindung. Gesine Schwan steht Pflüger in nichts nach, wenn sie in ihrer Kritik an Rainer Zitelmanns Thesen einen Widerspruch zwischen der Verfolgung von Straftätern und der Demokratie konstruiert, um die »demokratische Rechte« (Zitelmann) als undemokratisch erscheinen zu lassen. Dabei fordert der Autor in seinem Beitrag ausdrücklich ein konsequentes Durchgreifen auch gegenüber rechtsextremen Straftätern.

Rezensenten wie Bernd Ulrich (Wochenpost vom 22. 9. 1994), Hauke Brunkhorst (die tageszeitung vom 24. 9. 1994), Rudolf Walther (Süddeutsche Zeitung vom 7. 10. 1994), Martin Doerry (Spiegel 42/94), Otto Köhler (Konkret 11/94), Friedbert Pflüger (Die Zeit vom 11. 11. 1994) und Gesine Schwan (Rheinischer Merkur vom 18. 11. 1994) bieten also keineswegs eine intellektuell redliche Auseinandersetzung mit dem Versuch, »Die selbstbewußte Nation« nach 1989 zu denken, sondern vielmehr Material für jene These von der »Implosion der Mitte«, wie sie der Mitarbeiter des Hamburger Instituts für Sozialforschung, Wolfgang Kraushaar, in einem Essay der Zeitschrift »Mittelweg 36« (5/94) formuliert. Kraushaar fordert in seiner Analyse des westdeutschen Parteienstaats »einen veränderten Umgang mit antidemokratischen Gefahren«, indem er eine »Stigmatisierung intellektueller Positionen, die nicht gegen im Strafgesetzbuch fixierte Straftatbestände verstoßen«, für unzulässig hält. Vielmehr benötige die sich liberal nennende Demokratie »die Freiheit des Andersdenkenden«. Weil Kraushaar die Gefährdung der liberalen Demokratie nicht bei den radikalen Kritikern, sondern eher bei der sich liberal gebenden Mitte ortet, kommt er zu dem Schluß: »Vielleicht ist nicht Botho

Strauß so sehr das Problem, sondern Helmut Schmidt; vielleicht nicht Martin Walser, sondern Henning Voscherau und vielleicht nicht einmal Rainer Zitelmann, sondern Wolfgang Schäuble.«

Kraushaar meint damit, daß das auf totalitäre Abgründe verweisende Interpretationsmonopol der sich selbst als »Verfassungshüter« definierenden »Meinungsführer politischer Parteien« in Gefahr steht, im historischen Krisenfall in totalitäre Politik umzuschlagen. Aus diesem Grund dürfe »die intellektuelle Rechte nicht schon deshalb stigmatisiert werden, weil sie Positionen einnimmt, die von denen der alten Bundesrepublik abweichen«.

Dennoch haben alle Ausgrenzungsversuche der tonangebenden Vertreter der »political correctness« den Diskurs mit dem interessierten Leser natürlich nicht verhindern können. Und nicht nur dies: Der Band erscheint in der zweiten Auflage in veränderter und erweiterter Form. Hinzugekommen sind Beiträge des sächsischen Justizministers Steffen Heitmann und des ehemaligen DDR-Bürgerrechtlers und Mitbegründers von Bündnis 90 Wolfgang Templin. Mit dem Gewinn dieser Beiträge ist allerdings der Verlust des Essays von Eduard Beaucamp verbunden. Beaucamp hatte sich in einer Selbstbezichtigungsglosse (»Beiträgers Erbleichen«, FAZ vom 20. 10. 1994) öffentlich vom Projekt der »Selbstbewußten Nation« distanziert, was die Herausgeber veranlaßte, dem Autor die Herausnahme seines Textes anzubieten. Beaucamp nahm an. In einem Brief an die Herausgeber (veröffentlicht in der FAZ vom 27. 10. 1994) nahm Botho Strauß den Vorgang zum Anlaß, Grundsätzliches zum Sammelband »Die selbstbewußte Nation« und zum Echo darauf zu sagen:

»Nun habe ich ›Die selbstbewußte Nation‹ von vorne bis hinten durchgelesen und will Ihnen beiden, den Herausgebern, meinen Respekt zollen: es wurde ja bedeutend mehr veranlaßt und zusammengetragen, als ursprünglich geplant. Ich war skeptisch, daß es überhaupt zu nennenswerten Beiträgen kommen würde. Nun sind, wie in jedem solcher Reader, stärkere und schwächere versammelt, aber

nirgends wird man bei unaufgeregter Betrachtung ein ähnlich hetzendes und höhnendes Denunzieren bemerken, wie es aus den marktbeherrschenden Blättern gewöhnlich der anderen Seite, dem häßlichen Rechten, entgegenschallt. Es sind in den besten Fällen Versuche, den veränderten Weltumständen nach 1989 nicht weiterhin mit Spielarten eines systemkritischen Denkens zu begegnen, dem gerade seine geschichtlich-materiellen Grundlagen entzogen wurden. Das Wort ›konservativ‹ ist dabei im Grunde völlig fehl am Platz und kann allenfalls als provisorischer, operationeller Begriff taugen, indem es nur natürlich ist, daß das geschichtliche Individuum in der Ereignisoffenheit, in der Gefahr auch, auf etwas zurückgreift, das ihm einmal größere Gewißheit gab. Insofern scheint mir gegenwärtig in der Revision eher etwas Symptomatisches als Systematisches zum Ausdruck gebracht. Dort, wo sie dezidiert oppositionell wird, in der unaufhörlichen Verkettung deutsch-intellektueller Reizbarkeiten, also im wesentlichen politische Strategie, bin ich interessiert, aber persönlich nicht mehr beteiligt. Um so absurder, jemanden wie mich, der bekanntlich von Podium zu Podium eilt, zum ›Wortführer‹ unter Leuten zu erklären, die von dem, was sie vertreten, weitaus mehr verstehen als ich.

Der ›Bocksgesang‹ selbst ist ein Zeugnis der Antwortlosigkeit, mit der das negationsgeschulte intellektuelle Deutschland auf die Erschütterung durch das Positive (der Wiedervereinigung) reagierte. Er suchte in diesen leeren Augenblick alles Fragwürdige unseres kulturellen Befindens zu versammeln und auf die Spitze seiner Fragwürdigkeit zu treiben. Damit hatte zugleich jene Form der Kulturkritik, wie ich sie erlernte, für mich ihr Ende gefunden. Ich habe dem Text weder etwas hinzuzufügen noch etwas abzustreichen. Nur seinen Impuls empfinde ich als vergangen.

Distanzen legt man immer zurück. Aber sich zu distanzieren jetzt von einem Buch, dessen Herausgeber, Thema und Autoren man kannte, ist nichts als feige und etwa so lauter wie das Dementi eines Politikers, der ›aus Versehen‹ eine vom Lager abweichende Meinung äußerte.

VI

Man hat mich schon so viele Male geächtet und verpönt, lange bevor der ›Bocksgesang‹ erschien, jetzt kann als Steigerung nur noch die damnatio memoriae folgen: diesen Mann hat es als Schriftsteller nie gegeben; er ist von Anfang an immer eine Nichtswürdigkeit gewesen.

Der Ketzer, der gefeierte, ist nach wie vor jemand, der die ungeheure Tapferkeit besitzt, die Jungfrauengeburt zu leugnen. Verglichen damit ist Kardinal Ratzinger der Nietzsche des ausgehenden 20. Jahrhunderts.

In diesen seltsamen Verkehrungen hat man heute sein intellektuell risikoreiches Leben zu führen.«

Berlin/Hamburg, im Dezember 1994

Heimo Schwilk
Ulrich Schacht

HEIMO SCHWILK · ULRICH SCHACHT

EINLEITUNG

>>Zurück nach Paris. In der Nacht
die beruhigenden Stimmen, die
die Namen der Bahnhöfe an-
kündigen. Nation.<<

Albert Camus

Selbstbewußtsein ist der Grund, auf dem die Anwesenheit des
Menschen ihre vertraute Form findet. Diese Vertrautheit mit sich
selbst weiß um Herkunft und Gegenwart als Ressourcen künftiger
Gestalt. Was so für das Beisichsein des einzelnen gilt, konstituiert
auch das Gemeinsame: Erfahrungsraum und Identität von Familie und Nation.

Selbstbewußtsein dieser Art formiert sich nicht gegen andere,
sondern formt sich auf sich selbst hin. Ohne Selbstvertrauen jedoch ist solch ein Prozeß nicht wirklich möglich.

Das deutsche Selbstvertrauen aber ist gebrochen. Dafür gibt es
bösen Grund. Jedes Nachdenken über deutsche Identität muß
sich dieses bösen Grundes – als Konsequenz temporärer, nicht
dauernder deutscher Selbstverfehlung – bewußt sein. Dennoch
hilft es nicht, die Erinnerung daran nur zu wiederholen, also die
historische Verfehlung in rhetorische Dauer zu überführen, um
sie praktisch unwiederholbar zu machen. Vielmehr muß das Wissen der Deutschen um jene tiefe Verfehlung des Eigenen, das
maßsuchendes Metaphysik-Verlangen in maßloses Herrschafts-
Wollen entarten ließ, zu tieferem Wissen führen, das das Gegenteil von nachgeholtem Besser-Wissen und damit die überzeugen-
dere Form von Selbstläuterung ist.

11

Dann erst darf Normalität, also selbstbewußte Nation, sein.

Mit dem Einbruch von 1989 ist, über die irreversible Sprengung des Nachkriegs-Status-quo, der einer zeitabhängigen Symbiose von Selbstverfehlung und Fremdbestimmung geschuldet war, diese Normalität Geschichtsgrund geworden, von dem auszugehen ist. Das heißt: Die Aufhebung der deutschen Teilung und europäischen Spaltung durch den historischen Prozeß selber, der immer auch ein geschichtsgerichtliches Revisionsverfahren gegen die Status-quo-Verwalter war, verlangt ihre geistige Anerkennung. Ohne Selbstbewußtsein geht das nicht.

Mit Botho Strauß' Essay »Anschwellender Bocksgesang«, der im Februar 1993 veröffentlicht wurde, liegt der bislang eindringlichste, geistvollste und folgenreichste Versuch vor, die dafür notwendige spirituelle Umkehr einzuklagen.

Das Echo darauf war eher hysterisch und demagogisch; es vollzog sich überwiegend in den Ritualen scholastisch gewordener Aufklärung und erschöpfte sich in den rhetorischen Mahn- und Denunziationsfiguren der entsprechenden Doppelmoral. Die Stammtische derartiger Pseudodiskurse stehen nicht zuletzt in den Gehäusen einer classe politique, die aus dem weltpolitischen Umbruch nach 1989 keinen selbstbewußten Aufbruch der Deutschen ins Eigene zulassen will, weil sie unter Demokratie und zivilisierter Gesellschaft ausschließlich Machterhalt und Ordnungssicherung durch bloße Wohlstandsmehrung versteht, also blind ein ins Ökonomische verkürztes Legitimationsverfahren favorisiert und praktiziert. Sie gibt sich in diesem Zusammenhang übersozial, ist aber – geistig – zutiefst asozial, indem sie immer wieder nur auf den Selbstbefriedigungskomplex des einzelnen rekurriert, nicht jedoch auf wirkliches, das heißt von immateriellen Werten geleitetes und konstituiertes Selbstbewußtsein, das Gemeinsamkeit erst ermöglicht und erträgt.

Die hier versammelten Aufsätze nehmen Botho Strauß ernst. Einige davon sind Ausdruck eines Zwiegesprächs, das sich nicht in Exegese oder Paraphrase erschöpft, sondern versucht, im Nach-

12

Denken seines Textes eigenes Erkennen voranzutreiben. Sie nehmen damit ein Denkangebot auf und geben es, subjektiv gefärbt, gewichtet oder zugespitzt, weiter. Andere reflektieren anthropologische Neutralisierungen und nationale Souveränitätsansprüche, wie sie sich mit den Begriffen Feminismus oder Geopolitik verbinden. Problemfelder, die Botho Strauß in seinem Essay nur streifte oder unberücksichtigt ließ. Das Heillose der deutschen Zustände, in dem selbst Widerstand und »Absonderung« (Strauß) kulinarisiert und dem Konsum-Moloch kulturchic einverleibt werden, mobilisiert keine Meinungslager oder Parteikorporationen mehr: Es schockiert einzelne und stiftet gleichsam über Nacht Gemeinsamkeiten der Abwehr und der schmerzvoll-zornigen Insurrektion.

Die 28 Autoren dieses Bandes lassen sich nicht auf den (partei-) politischen oder auch generationsspezifischen Begriff (die Spanne reicht von Jahrgang 1923 bis 1970) bringen, es sind Privatgelehrte und Hochschulprofessoren (aus Philosophie, Geschichte und Politik), Journalisten, Publizisten und Schriftsteller, Staatsbedienstete, Juristen und Pädagogen. Dementsprechend verschieden ist das Temperament, sind Methodik und Form der Beiträge, die je nachdem Essay oder Aufruf sein wollen. Das weite Feld der Nachdenklichkeit, das gesellschaftliche Fehlentwicklungen sowie außenpolitische Aspirationen, Kritik am Kulturbetrieb wie an den Medien gleichermaßen einschließt, macht den vorliegenden Band zu einer ersten Gesamtbilanz der deutschen Erfahrungen seit 1989. Daß der Beitrag von Rüdiger Safranski bereits *vor* dem Strauß-Text geschrieben wurde - mit dem ihn verblüffende Analogien verbinden -, gibt einen Hinweis auf die Latenz der darin formulierten Einsichten, die ihre Zuspitzung eben jener historischen Zäsur von 1989 verdanken. Auch Hans Jürgen Syberberg nimmt in seinen Beitrag Einsichten über den kulturellen Identitätsverlust der Deutschen auf, die er bereits in seinem 1990 erschienenen Buch »Vom Unglück und Glück der Kunst in Deutschland nach dem letzten Kriege« niedergelegt hatte.

Als tragfähigste Brücke zwischen den Autoren und Botho Strauß erscheint die Erfahrung der Medien als hypermoralisch und systemisch. Das Zentrum von »Anschwellender Bocksgesang« bildet denn auch die radikalste Medienkritik, die bislang in Deutschland zu Wort kam. Dem »Regime der telekratischen Öffentlichkeit« – Heidegger sprach schon 1946 in seinem »Humanismus«-Brief von der »Diktatur der Öffentlichkeit« –, das für Strauß die »unblutigste Gewaltherrschaft und zugleich der umfassendste Totalitarismus der Geschichte« ist, werden die Residuen des einzelnen entgegengestellt. Dieser aber bezieht die Potentiale seines Widerstehens vor allem aus Geschichte und Tradition, aus dem prägenden Raum familiärer und nationaler Herkunft – auch in seinen Brüchen und Verwerfungen, in denen sich deutsche Herkunft zugleich niemals erschöpft.

Was aber, wenn – wie Botho Strauß diagnostiziert – die »Hypokrisie der öffentlichen Moral« durch Tolerieren und Betreiben selbst dafür gesorgt hat, daß die »Verhöhnung des Eros . . ., des Soldaten . . ., von Kirche, Tradition und Autorität« zur pseudoemanzipatorischen Norm eben dieser öffentlichen Moral geworden ist? Daß also diese »Worte in der Not kein Gewicht mehr haben«?

Botho Strauß hofft auf die Wiederherstellung menschlicher Würde durch die Erfahrung »jähen Schmerzes oder Kummers«. Er hofft »auf einen tiefgreifenden, unter den Gefahren geborenen Wechsel der Mentalität«, der – über die »endgültige Verabschiedung eines nun hundertjährigen ›devotionsfeindlichen Kulturbegriffs‹ . . . im Gefolge Nietzsches« – die »eigene bigotte Frömmigkeit des Politischen, des Kritischen und All-Bestreitbaren« überwindet. Und trotz seiner Skepsis, daß ein »längst fälliger . . . Leitbild-Wechsel« gelingt, erinnert Strauß an die Weg-Möglichkeit dorthin: »Das einzige, was man braucht, ist der Mut zur Sezession, zur Abkehr vom Mainstream«, in deren Folge das System einer »inzüchtigen Kommunikation« durch ein »versprengtes Häuflein von inspirierten Nichteinverstandenen« unterbrochen werden kann.

14

Diese Nichteinverstandenen wissen,»daß in verschwätzten Zeiten, in Zeiten der sprachlichen Machtlosigkeit, die Sprache neuer Schutzzonen bedarf«, denn»die Schande der modernen Welt ist nicht die Fülle ihrer Tragödien . . ., sondern allein das unerhörte Moderieren, das unmenschliche Abmäßigen der Tragödien in der Vermittlung«. Da sich die Sinne des Menschen aber nur betäuben, nicht abtöten ließen, werde es irgendwann»zu einem gewaltigen Ausbruch gegen den Sinnenbetrug kommen«.

Bis dahin ist ein Überleben lediglich in»engsten literar-ökologischen Enklaven« möglich, denn der Widerstand gegen die»dumpfe aufgeklärte Masse« und das von ihr ausgehende, sie beherrschende»Verstehensgeräusch« ist schwer, weil der zeitgenössische Konformismus»intelligent, facettenreich, heimtückischer und gefräßiger als vordem« sei und das»Gutgemeinte gemeiner als der offene Blödsinn, gegen den man früher Opposition oder Abkehr zeigte«.

Scharf sieht Botho Strauß vor solchem Hintergrund die habituellen Zusammenhänge zwischen den Tabu-Brüchen der»anarcho-fidelen Erst-Jugend um 68 herum« und den das NS-Tabu brechenden Jugendlichen von heute, um sogleich hinzuzufügen, daß der»Mainstream das rechte Rinnsal stetig zu vergrößern sucht«, daß das vom»Mainstream Mißbilligte . . . großgezogen, aufgepäppelt, bisweilen sogar eingekauft und ausgehalten« wird. Für ihn bilden das»mediale Pokerface und die verzerrte Visage des Fremdenhassers« einen»politischen Januskopf«.

Von solcher Einsicht ins doppelmoralische Gesellschaftsspiel eines (der DDR-Diktatur entstammenden)»verordneten« und (in Westdeutschland großgewordenen)»libertären bis psychopathischen Antifaschismus« her kann Botho Strauß einen plausiblen Zusammenhang herstellen, demzufolge es»ohne jede Einschränkung verwerflich« ist,»sich an Fremden zu vergreifen« – wie es ebenso»verwerflich ist, Horden von Unbehausten, Unbewirtbaren ahnungslos« ins Land zu lassen, weil die Volksseele unberechenbar bleibe.

15

Nein, Strauß' Text gibt keinem Neo-Nazismus oder Antisemitismus auch nur das geringste Argument, die leichtfertigste Legitimation. Im Gegenteil: Für ihn – wie für die Autoren dieses Bandes – sind die »Verbrechen der Nazis ... so gewaltig, daß sie nicht durch moralische Scham oder andere bürgerliche Empfindungen zu kompensieren sind«. Sie stellen den »Deutschen vielmehr in die Erschütterung und belassen ihn dort, unter dem tremendum ...«, handelt es sich doch »um ein Verhängnis in sakraler Dimension des Wortes und nicht einfach um ein Tabu«.

Aber Strauß proklamiert ganz unmißverständlich eine Position des »Rechten – in der Richte«, der – fernab von »billiger Überzeugung« oder »gemeinen Absichten« und noch weiter entfernt von jener »abscheulichen und lächerlichen Maskerade einer hündischen Nachahmung, des Griffs in den Secondhandshop der Unheilsgeschichte« – »von ganzem Wesen« bereit ist, die »Übermacht einer Erinnerung zu erleben; die den *Menschen* ergreift ...«, die ihn vereinsamt und erschüttert inmitten der modernen, aufgeklärten Verhältnisse«.

Für Botho Strauß handelt es sich bei diesem Versuch »um einen anderen Akt der Auflehnung: gegen die Totalherrschaft der Gegenwart, die dem Individuum jede *Anwesenheit* von unaufgeklärter Vergangenheit, von geschichtlichem Gewordensein, von mythischem Zauber rauben und ausmerzen will«.

Die Phantasie dieser »Rechten« sucht den »Wiederanschluß an die lange Zeit, die unbewegte«. Sie ist »ihrem Wesen nach Tiefenerinnerung und insofern eine religiöse oder protopolitische Initiation«. Ihre Phantasie ist die »des Verlustes ... nicht der (irdischen) Verheißung«.

Es ist die Phantasie des Dichters, die Strauß beschwört, weil seine Sprache das notwendige Hören, Wünschen, Denken und Erinnern des Menschen stärkt. Darin bleibt sein Denken solitär und letztlich unübersetzbar ins Gesellschaftlich-Moralische.

Daß dies aber so gesagt werden kann, in ein erhofftes Verstehen hinein, trotz des Wissens um das fast alles überlagernde »Verste-

16

hensgeräusch«, ist schließlich wohl doch nur möglich, weil sich damit genaues Erinnern an nationell Eigenes verbindet.

1985 hatte Botho Strauß in seinem großen Gedicht »Diese Erinnerung an einen, der nur einen Tag zu Gast war«, gefragt: »Kein Deutschland gekannt zeit meines Lebens./ Zwei fremde Staaten nur, die mir verboten,/ je im Namen eines Volkes der Deutsche zu sein./ Soviel Geschichte, um so zu enden?« Um dann, ein Strophe weiter, in der Tiefenerinnerung das Für-tot-Erklärte wiederzubeleben: »Man spüre einmal: das Herz eines Kleist und/ die Teilung des Lands. Man denke doch: welch ein Reunieren,/ wenn einer, in uns, die Bühne der Geschichte aufschlüg!«

An diesem Punkt sind wir angekommen. Wir können zwar uns aus dem Weg gehn, aber nicht der Entscheidung. Insofern ist die Zeit deutscher Sonderwege tatsächlich vorbei, was bedeutet: den eigenen endlich wieder wagen zu können.

BOTHO STRAUSS

ANSCHWELLENDER BOCKSGESANG

Jemand, der vor der freien Gesellschaft, vor dem Großen und Ganzen, Scheu empfindet, nicht weil er sie heimlich verabscheute, sondern im Gegenteil weil er eine zu große Bewunderung für die ungeheuer komplizierten Abläufe und Passungen, für den grandiosen und empfindlichen Organismus des Miteinander hegt, den nicht der universellste Künstler, nicht der begnadetste Herrscher annähernd erfinden oder dirigieren könnte. Jemand, der beinahe fassungslos vor Respekt mitansieht, wie die Menschen bei all ihrer Schlechtigkeit au fond so schwerelos aneinander vorbeikommen, und das ist so gut wie: miteinander umgehen können. Der in ihren Geschäften und Bewegungen überall die Balance, die Tanzbereitschaft, das Spiel, die listige Verstellung, die artistische Manier bemerkt – ja, dies Miteinander muß jedem Außenstehenden, wenn er nicht von einer politischen Kraft befallen ist, weit eher als ein unfaßliches Kunststück erscheinen denn als ein Brodelkessel, als eine »Hölle der anderen«...

Mitunter aber will es ihm scheinen, als hörte er jetzt ein letztes knisterndes Sich-Fügen, hauchdünne Lammellen klimpern in den natürlichsten Vibrationen, und so, als sähe er gerade noch die Letzten, denen die Flucht in ein Heim gelang, vernähme ein leises Einschnappen, wie ein Schloß, ins Gleichgewicht. Danach: nur noch das Reißen von Strängen, gegebenen Händen, Nerven, dinglichen Kohäsionen, Kontrakten, Netzen und Träumen. Sogar von Schulterschlüssen und Marschkolonnen.

Wenn ich heute bei uns eine kleine Straße entlanggehe, so ist sie von Reichtum und Protz gemein: Es ist nirgends mehr Cachet und Ornament zu entdecken, sondern überall ein ähnliches kühles Lineament der schwebenden Kompaktheit. Was sie aushängen, sagt von einem nie eingehaltenen Schweigen etwas. Man wird lernen müssen, daß in einer Massendemokratie so viel Äußeres zur Bedeutung, zum »Selbst« drängt und doch nichts, gar nichts zu bedeuten hat zwischen drei, vier im Verborgenen, zwischen Tür und Angel sich haltenden Kräften. Ganz ernstlich ist die Massendemokratie am wenigsten eine Erfahrung ihrer selbst als vielmehr die einer innersten, kraftvollsten Verborgenheit. Nirgends ist das Nest der lenkenden, anziehenden Kräfte sicherer, nirgends werden die Wenigen besser genährt. Nirgends wird ihnen durch aller Nicht-Ahnen ein tieferer Einfluß auf alle gewährt. Unsere Zeit enthält in ihrem Ornament eine Rosenkreuzerschaft derjenigen, die nichts gesagt haben.

Man kann tun, was man will: morden oder beten, revolutionieren oder freie Parlamente wählen – irgendwann zerbricht jede Form, die Krüge zerbrechen, und die Zeit läuft aus. Und man wird anschließend wiederum alles aufklären und nachträglich die trügerischen Vorhersehbarkeiten, die trügerischen Gesetzmäßigkeiten bloßlegen bzw. konstruieren. Dabei handelt es sich um Verwerfungen, die aus dem schwerverständlichen Rumoren des Angerichteten, aus dem Erdinnern alles dessen, was wir mit viel Erfolg betrieben haben, beinahe zwangsläufig hervorgehen. Die Blindheit des Unseren: daß es nicht sehen wollte, wieviel Erlöschen es brachte. Das Angerichtete, es ganz allein, bringt seinen Kraftschwund hervor. Der einzige Feind, gegen den man nicht kämpfen kann und dessen Bedrohung die Kräfte nicht anspornt: Volksreichtum. Sind wenige reich, so herrscht Korruption und Anmaßung. Ist es das Volk insgesamt, so korrodiert die Substanz. Jedenfalls schützt Wohlhaben nicht vor der Demontage des Systems, dem es sich verdankt.

Welche Transformierbarkeit besitzt das Unsere, das Angerichtete noch? Allem Anschein nach keine mehr. Wir sind in die Beständigkeit des sich selbst korrigierenden Systems eingelaufen. Ob das noch Demokratie ist oder schon Demokratismus: ein kybernetisches Modell, ein wissenschaftlicher Diskurs, ein politisch-technischer Selbstüberwachungsverein, bleibe dahin gestellt. Sicher ist, dieses Gebilde braucht immer wieder, wie ein physischer Organismus, den inneren und äußeren Druck von Gefahren, Risiken, sogar eine Periode von ernsthafter Schwächung, um seine Kräfte neu zu sammeln, die dazu tendieren, sich an tausenderlei Sekundäres zu verlieren. Es ist bislang konkurrenzlos, weder Totalitarismus noch Theokratie brächten etwas Besseres zum Wohl der größtmöglichen Zahl zustande als dieses System der abgezweckten Freiheiten. Natürlich gilt das nur solange, als wir davon überzeugt sind, daß allein der ökonomische Erfolg die Massen formt, bindet und erhellt. Nach Lage der Dinge dämmert es manchem inzwischen, daß Gesellschaften, bei denen der Ökonomismus nicht im Zentrum aller Antriebe steht, aufgrund ihrer geregelten, glaubensgestützten Bedürfnisbeschränkung im Konfliktfall eine beachtliche Stärke oder gar Überlegenheit zeigen werden. Wenn wir Reichen nur um minimale Prozente an Reichtum verlieren, so zeitigt das in unserem reizbaren, nervösen System nicht nur innenpolitische Folgen, sondern vor allem abrupte Folgen der politischen Innerlichkeit, den impulsiven Ausbruch von Unduldsamkeit und Aggression.

Wir warnen etwas zu selbstgefällig vor den nationalistischen Strömungen in den osteuropäischen und mittelasiatischen Neu-Staaten. Daß jemand in Tadschikistan es als politischen Auftrag begreift, seine Sprache zu erhalten, wie wir unsere Gewässer, das verstehen wir nicht mehr. Daß ein Volk sein Sittengesetz gegen andere behaupten will und dafür bereit ist, Blutopfer zu bringen, das verstehen wir nicht mehr und halten es in unserer liberal-libertären Selbstbezogenheit für falsch und verwerflich. Es ziehen aber Konflikte herauf, die sich nicht mehr ökonomisch befrieden lassen; bei denen es eine nachteilige Rolle spielen könnte, daß der reiche Westeuropäer sozusagen auch sittlich über seine Verhältnisse gelebt hat, da hier das »Machbare« am wenigsten an eine Grenze stieß. Es ist gleichgültig, wie wir es bewerten, es wird schwer zu bekämpfen sein: daß die alten Dinge nicht einfach überlebt und tot sind, daß der Mensch, der Einzelne wie der Volkszugehörige, nicht einfach nur von heute ist.

Zwischen den Kräften des Hergebrachten und denen des ständigen Fortbringens, Abservierens und Auslöschens wird es Krieg geben.

Wir kämpfen nur nach innen um das Unsere. Wir werden nicht zum Kampf herausgefordert durch feindliche Eroberer. Wir werden herausgefordert, uns Heerscharen von Hungerleidern und heimatlos Gewordenen gegenüber mitleidvoll und hilfsbereit zu verhalten, wir sind per Gesetz zur Güte verpflichtet. Um dieses Gebot bis in die Seele der Menschen (nicht nur der Wähler und Wählerinnen) zu versenken, bedürfte es nachgerade einer Rechristianisierung unseres modernen egoistischen Heidentums. Da die Geschichte nicht aufgehört hat, ihre tragischen Dispositionen zu treffen, kann niemand voraussehen, ob unsere Gewaltlosigkeit den Krieg nicht bloß auf unsere Kinder verschleppt.

Die Hypokrisie der öffentlichen Moral, die jederzeit tolerierte (wo nicht betrieb): die Verhöhnung des Eros, die Verhöhnung des Soldaten, die Verhöhnung von Kirche, Tradition und Autorität, sie darf sich nicht wundern, wenn die Worte in der Not kein Gewicht mehr haben. Aber in wessen Hand, in wessen Mund die Macht und das Sagen, die Schlimmeres von uns abwenden?

Es scheint undenkbar, daß jemand in den Verhältnissen, in denen er lebt, die letzte und beste Erfüllung des gesellschaftlich *unmöglichen* Zusammenlebens erfährt. Wer vermöchte schon der Apologie der Schwebe, das Gerade-Eben-Noch einen glaubwürdigen Ausdruck zu verleihen?

Von ihrem Ursprung (in Hitler) an hat sich die deutsche Nachkriegs-Intelligenz darauf versteift, daß man sich nur der Schlechtigkeit der herrschenden Verhältnisse bewußt sein kann; sie hat uns sogar zu den fragwürdigsten Alternativen zu überreden gesucht und das radikal Gute und Andere in Form einer profanen Eschatologie angeboten. Diese ist mittlerweile so sturzartig in sich zusammengebrochen wie gewisse Sektenversprechen vom nahen Weltenende.

Die heile Welt des Schmunzel-Moderators: »das bunte, gemütlich beieinander wohnende Völkchen der Prostituierten, Drogensüchtigen, deutschen Hausfrauen, Asylanten und Intellektuellen . . .«
Der Liberale ist nicht liberal durch sich selbst, sondern er wird es mehr und mehr als entschiedener, sich immer liberaler rüstender Gegner des Antiliberalismus: Er gilt für liberal, er hat sich als solcher Geltung verschafft, er ist – in seinem öffentlichen Amt – geltungssüchtig und wird folglich immer rücksichtsloser liberal. Er ist ein ständig sich proklamierender, innerlich hochreizbarer, höchst benachbarter Widersprecher des Antiliberalen.
Zuweilen sollte man prüfen, was an der Toleranz echt und selbständig ist und was sich davon dem verklemmten deutschen Selbsthaß verdankt, der die Fremden willkommen heißt, damit hier, in seinem verhaßten Vaterland, sich die Verhältnisse endlich zu jener berühmten (»faschistoiden«) Kenntlichkeit entpuppen, wie es einst (und heimlich wohl bleibend) in der Verbrecher-Dialektik des linken Terrors hieß.

Intellektuelle sind freundlich zum Fremden, nicht um des Fremden willen, sondern weil sie grimmig sind gegen das Unsere und alles begrüßen, was es zerstört – wo solche Gemütsverkehrung ruchbar wird, und in Latenz geschieht dies vielerorts, scheint sie geradezu bereit und begierig, einzurasten mit einer rechten Perversion, der brutalen Affirmation.
Selbstverständlich muß man grimmig sein dürfen gegen den »Typus« des Deutschen als Repräsentanten der Bevölkerungs-

mehrheit. Die Würde der bettelnden Zigeunerin sehe ich auf den ersten Blick. Nach der Würde – ach, Leihfloskel vom Fürstenhof! – meines deformierten, vergnügungslärmigen Landsmannes in der Gesamtheit seiner Anspruchsunverschämtheit muß ich lange, wenn nicht vergeblich suchen. Wie sähe, denke ich oft, mein protziger Nächster aus, wenn ihn der jähe Schmerz oder Kummer träfe? Vielleicht träte zum Vorschein dann seine Würde. Man muß sie doch wenigstens einmal gesehen haben, bevor man sie ins gesetzliche Glaubensbekenntnis aufnimmt. Die meisten Überzeugungsträger, die sich heute vernehmen lassen, scheinen ihren Nächsten überhaupt nur als den grell ausgeleuchteten Nachbarn in einer gemeinsamen Talkshow zu kennen. Sie haben offenbar das sinnliche Gespür – und das ist oft auch: ein sinnliches Widerstreben und Entsetzen – für die Fremdheit *jedes* anderen, auch der eigenen Landsleute, verloren.

Seltsam, wie man sich »links« nennen kann, da links doch von altersher als Synonym für das Fehlgehende gilt. Man heftet sich also ein Zeichen des Verhexten und Verkehrten an, weil man, voller Aufklärungshochmut, seine Politik gerade auf den Beweis der Machtlosigkeit von magischen Ordnungsvorstellungen begründet.

Rechts zu sein, nicht aus billiger Überzeugung, aus gemeinen Absichten, sondern von ganzem Wesen, das ist, die Übermacht einer Erinnerung zu erleben; die den *Menschen* ergreift, weniger den Staatsbürger, die ihn vereinsamt und erschüttert inmitten der modernen, aufgeklärten Verhältnisse, in denen er sein gewöhnliches Leben führt. Diese Durchdrungenheit bedarf nicht der abscheulichen und lächerlichen Maskerade einer hündischen Nachahmung, des Griffs in den Secondhandshop der Unheilsgeschichte. Es handelt sich um einen anderen Akt der Auflehnung: gegen die Totalherrschaft der Gegenwart, die dem Individuum jede *Anwesenheit* von unaufgeklärter Vergangenheit, von geschichtlichem Gewordensein, von mythischer Zeit rauben und ausmerzen will.

24

Anders als die linke, Heilsgeschichte parodierende Phantasie malt sich die rechte kein künftiges Weltreich aus, bedarf keiner Utopie, sondern sucht den Wiederanschluß an die lange Zeit, die unbewegte, ist ihrem Wesen nach Tiefenerinnerung und insofern eine religiöse oder protopolitische Initiation. Sie ist immer und existentiell eine Phantasie des Verlustes und nicht der (irdischen) Verheißung. Eine Phantasie also des Dichters, von Homer bis Hölderlin.

Der Rechte in solchem Sinn ist vom Neonazi so weit entfernt wie der Fußballfreund vom Hooligan, ja mehr noch: Der Zerstörer innerhalb seiner Interessensphäre wird ihm zum ärgsten, erbittertsten Feind. (Freilich: dürfen von uns verwahrloste Kinder zu unseren Feinden werden?)

Der Rechte – in der Richte: ein Außenseiter. Das, was ihn zutiefst von der problematischen Welt trennt, ist ihr Mangel an Passion, ihre frevelhafte Selbstbezogenheit, ihre ebenso lächerliche wie widerwärtige Vergesellschaftung des Leidens und des Glükkens. Es müßte unterdessen aufgefallen sein, daß dieser nicht mehr so aussieht, wie ihn die gesellschaftskritische Intelligenz und Literaturgeschichte seit Dezennien hagiographiert, links und subversiv. Es mag in Osteuropa geschehen was will, bei uns ist links nach wie vor dort, wo sich die kulturelle Mehrheit befindet. Ohne großen Unterschied ist es die öffentliche Intelligenz, sind es die gewitzten und zerknirschten Gewissenswächter, die ihren aufrechten Gang im wesentlichen nutzen, um zum nächsten Mikrofon oder Podium zu schreiten, und die gegenwärtig allesamt sich der erbitterten Anstrengung unterziehen, mit *rationalen* Mitteln eine Beschwörung zu betreiben, als erstrebten sie, wenigstens für sich und ihre Rede, gerade jene magische oder sakrale Autorität, die sie als aufrechte Wächter aufs schärfste bekämpfen.

Die Modernität wird nicht mit ihren sanften postmodernen Ausläufern beendet, sondern abbrechen mit dem Kulturschock. Der Kulturschock, der nicht die Wilden trifft, sondern die verwüstet Vergeßlichen.

Das jetzt vernehmbare Rumoren, die negative Sensibilität der feindlichen Reaktionen, die sofort Tollheit des Hasses werden, sind seismische Vorzeichen, Antizipationen einer größeren Bedrängnis, die durch jene hindurchläuft, die sie am ärgsten spüren werden. Das »Deutsche«, das sie meinen, ist nur ein Codewort, darin verschlüsselt: die weltgeschichtliche Turbulenz, der sphärische Druck von Machtlosigkeit, die parricide antiparricide Aufwallung in der zweiten Generation, Tabuverletzung und Emanzipation in später Abfolge und unter umgekehrten Vorzeichen, die Verunsicherung und Verschlechterung der näheren Lebensumstände, die Heraufkunft der »teuren Zeit« im Sinne des Bibelworts; es ist der Terror des Vorgefühls.

Nach Dezennien der kulturellen Gesamtveranstaltung Jugendlichkeit findet man nun vor eine ziemlich aufgezehrte Substanz von Jugend, die letzte Progenitur der Nachkriegszeit, deren Überlieferungs- und Stimmungsgeschichte eine der Negationen und des Vaterhasses ist, häßliche Frucht aus der Vereinigung eines verordneten mit einem libertären bis psychopathischen Antifaschismus.

Die Gesellschaft ist schuld! Die Erziehung hat versagt! hört man sie ungerührt rufen im alten Stil, die Moderatoren. Wie blind und hilflos erscheinen jetzt die kritisch Aufgeklärten, die keinen Sinn für Verhängnis besitzen, die die dynamische Verkettung von Emanzipationen im Generationswechsel solange begrüßten, und jede aufständische, revolutionäre Potenz, bis sie, wie jetzt, ihren nackten, neutralen Kern entblößt: den brutalen Haß.

Ein Zurück scheint es kaum noch zu geben. Zurück wohin? Nach dem, was bereits geschehen ist, wird es in uns und um uns nie wieder, wie es war ... Der Durst des Angerichteten nach weiterer Zerstörung wächst schnell. Verhängnisvoll ist es, keinen Sinn für Verhängnis mehr zu besitzen, unfähig zu sein, Formen des Tragischen zu verstehen und nur noch zwischen verschiedenen Gesellschaftsbewegungen unterscheiden zu können.

Der Kulturpessimist hält Zerstörung für unvermeidlich. Der Rechte hofft hingegen auf einen tiefgreifenden, unter den Gefahren geborenen Wechsel der Mentalität, auf die endgültige Verabschiedung eines nun hundertjährigen»devotionsfeindlichen Kulturbegriffs« (Hugo Ball), der im Gefolge Nietzsches unseren geistigen Lebensraum mit unzähligen Spöttern, Atheisten und frivolen Insurgenten übervölkert und eine eigene bigotte Frömmigkeit des Politischen, der Kritischen und All-Bestreitbaren geschaffen hat.

Daß es so nicht weitergehen kann, haben zuerst die Ökologen eindrucksvoll herausgerufen und es mit einigem Erfolg uns ins Bewußtsein geschärft. Das Limit-Diktum ließe sich übersetzen ins Politische, Sittliche und gewiß auch Sozialökonomische. Die Grenzen der Freiheit und der Erlaubnis scheinen im Angerichteten deutlich hervorzutreten.

Das *System* zu analysieren, heißt die Schuldlosen zählen. Das System bringt seine eigene Verüppigung, seinen eigenen Zerfall und vielleicht seine eigene Wiederherstellung hervor. Das System hat es so gewollt. Wirklich einschneidende, wirksame Maßnahmen lassen sich schon aus *System*gründen nicht durchführen . . .

Wenn man bedenkt, wie schnell der Feuerball der Narreteien wächst und sich dem kleinen Planeten des Geistes nähert. Vielleicht morgen schon hat er uns alle ausgebrannt, und nur das Mundwerk läuft weiter munter vor sich hin, wir merken's nicht einmal mehr, jeder bereits ein Unterhaltungsschreck, ein Gespenst des Infotainments. Vielleicht rast er aber auch an uns vorbei.

Der Abgesonderte war immer und ständig von den Gewalten des Blödsinns, die in seiner Zeit entfesselt waren, umgeben und bedrängt. Heute sind die Kräfte nur appellativer geworden, es schallt aus allen Ecken – doch gibt es noch genügend schallfreie. Die ganze Veränderung liegt im Grunde darin, daß die Werbung, mit der das Unwesentliche für sich zu interessieren sucht, so bedeutende Fortschritte an Raffinement und Plazierung gemacht hat.

Der Außenseiter-Heros wird aber heute und künftig andere Züge tragen als der verdiente poète maudit oder libertäre Rebell, schon deshalb, weil es erstens keine Bürger-Philister mehr gibt, die man erschrecken könnte, und weil zweitens dem Medienbürger jeder nur erdenkliche Schrecken zu seiner Unterhaltung dient. Das Verbotene kann man suchen wie das Magische – schwer zu finden dort, wo man es bereits einmal fand.

Immer wieder die (armselige) Hoffnung, daß die Strömung einen großen Bogen nehme und die erstickende, satte Konvention des intellektuellen Protestantismus (das einzige geistige Originalerzeugnis der Bundesrepublik) hinter sich lasse. Daß ein Satz, den angeblich M. Frisch zu einem Kollegen gesagt hat: »Werde im Altern nicht weise, sondern bleibe zornig« – als der Gemeinplatz kritischer Bequemlichkeit erkannt wird, der er in Wahrheit ist. Was muß ein Mensch auf sich nehmen, um weise zu werden! Was darf er nicht alles außer acht lassen, um seinen Zorn zu konservieren! Sie haben Heidegger verpönt und Jünger verketzert – sie müssen jetzt dulden, daß der große Schritt dieser Autoren, Dichter-Philosophen, ihr braves Insurgententum wie eine trockene Distel zertritt.

Der Leitbild-Wechsel, der längst fällig wäre, wird niemals stattfinden. Zum Schutz des faulen Befreiungszaubers, des subversiven Gemütskitsches wird es nicht kommen. Das alles geht über in eine endlose Prolongation durch technische Wiederaufbereitung. Dabei: so viele wunderbare Dichter, die noch zu lesen sind – so viel Stoff und Vorbildlichkeit für einen jungen Menschen, um ein Einzelgänger zu werden. Man muß nur wählen können; das einzige, was man braucht, ist der Mut zur Sezession, zur Abkehr vom Mainstream. Diese Demokratie benötigte von Anfang an mehr Pflanzstätten für die von ihr Abgesonderten. Abschnitte, Orte, wo ihre Rede nicht herrscht und die inzüchtige Kommunikation unterbrochen ist. Ich bin davon überzeugt, daß die magischen Orte der Absonderung, daß ein versprengtes Häuflein von inspirierten Nichteinverstandenen für den Erhalt des allgemeinen Verständigungssystems unerläßlich ist. Nicht zuletzt deshalb steht man jetzt vor einer gigantischen Masse an Indifferenz unter den Jugendlichen, weil die politisierte Gesellschaft sich ausschließlich mit korporierten Minderheiten beschäftigt hat und keinerlei Prägemuster für den Einzelgänger zur Verfügung stellte.

Diejenigen, die zu meiner Zeit das Zeug zum Außenseiter besaßen, fanden sich schnell zusammen im gerichteten Strom, auch wenn dieser von einer »anderen Akzeptanz« getragen wurde, als sie die Mehrheit der Normalbürger aufbrachte. Dann war es eben der kollektive Befindlichkeitsstrom der Rock- oder Underground-Szene, des politischen Anarchismus etc. Heute benutzen Majorität und Minderheit, gleich welcher Sparte, durchweg dasselbe konforme Vokabular der Empörungen und Bedürfnisse.

Dem gegenüber werden sich strengere Formen der Abweichung und der Unterbrechung als nötig erweisen; man wird sich daran erinnern, daß in verschwätzten Zeiten, in Zeiten der sprachlichen Machtlosigkeit, die Sprache neuer Schutzzonen bedarf; und wär's allein im Garten der Befreundeten, wo noch etwas Überlieferbares gedeiht, hortus conclusus, der nur wenigen zugänglich ist und aus dem nichts herausdringt, was für die Masse von Wert wäre. Tolerante Mißachtung der Mehrheit. Schief und verquält stellen sich jetzt nur noch diejenigen an, die sich zu Vermittlern berufen fühlen. Der gut schreiben könnende Analphabet ist das gängige Paradox in den Zeitungen heute. Es ist völlig gleichgültig, was in Dutzenden Kanälen ausgestrahlt wird, wenn einmal die Stränge der Vermittlung gekappt sind. Es bedarf keiner Beschwerde, keiner Klage mehr. Es ist der Mars auf Erden, so kalt, so leblos, vieldurchfurcht und ohne Atmosphäre. Was alle angeht, kann nur auf solchem Mars stattfinden.

Sie treten den Gedanken breit, den wir nur eben vorbeihuschen ließen, sie machen zum Schema und füllen die Sendezeit mit Fragen, die sie sich niemals selber stellten, die Kommentatoren, die Debattanten, die Infotainer. Sie nehmen sogar Rätsel und Hieroglyphe auf in ihre seichte, nach allen Seiten hin durchschaubare Sprache, die Vermittler, die Weltmoderatmacher. Die Schande der modernen Welt ist nicht die Fülle ihrer Tragödien, darin unterscheidet sie sich kaum von früheren Welten, sondern allein das unerhörte Moderieren, das unmenschliche Abmäßigen der Tragödien in der Vermittlung. Aber die Sinne lassen sich nur betäuben, nicht abtöten. Irgendwann wird es zu einem gewaltigen Ausbruch gegen den Sinnenbetrug kommen.

Wenn man nur nicht mehr von »Medien« spräche, sondern von einem elektronischen Schaugewerbe, das seinem Publikum die Welt in dem äußersten Illusionismus, der überhaupt möglich ist, vorführte. Aber eines Tages geschähe es eben, über Nacht, wie in einer universellen Mutation, daß die Seher allesamt des Sinnenglaubens verlustig gingen vor dem Fernsehschirm und dort würden noch fortgesetzt die seriösesten Anstrengungen unternommen, um das Publikum wieder einzufangen, es erneut zu illusionieren, einzupegeln auf die moderierten Frequenzen. Doch sie werden nicht mehr empfangen. Das Weltschaugewerbe wirkt auf einmal wie ein verstaubter Zirkus, hat auf einen Schlag alle suggestive, realitätszersplitternde Macht verloren. Die in den Kästen werben und werben noch, geradezu mit todesängstlicher Anstrengung – doch das Publikum lächelt unerbittlich und milde zugleich: Es glaubt einen anderen Glauben.

Wir haben unser Bestes zur Stärkung des Systems und zum Ausgleich der Kräfte gegeben. Setzt dieses aus oder wird empfindlich gestört, so stehen wir selbst ohne eigene Stärke da. Weder der Einzelne noch die Menge unterhalten die geringste Verbindung zu Prinzipien der Entbehrung und des Dienstes oder zu anderen sogenannten preußischen Tugenden, die sich ein Hitler noch nutzbar machte. Eher würde diese Republik mit einem Wimmern enden als mit dem großen Knall, der Resurrektion des Führers. Es wird vermutlich so sein, daß die niedergehende Gesellschaft –

ohne ihr System aufzugeben – in die Hände einer systemkonform arbeitenden Schattengesellschaft fällt. Daß hinter den schwachen Drahtziehern dann die stärkeren Drahtzieher auftauchen und diese in ihre Züge nehmen.

Die Intelligenz der Massen hat ihren Sättigungsgrad erreicht. Unwahrscheinlich, daß sie noch weiter fortschreitet, sich transzendiert und 10 Millionen RTL-Zuschauer zu Heideggerianern würden. Hellesein ist die Borniertheit unserer Tage. Die High-Touch-Intelligenz, alle immer miteinander in Tuchfühlung, unterscheidet nicht mehr zwischen Fußvolk und Anführern. Was einmal die dumpfe Masse war, ist heute die dumpfe aufgeklärte Masse.

Ich sehe zwischen einem Schau-Gespräch und einem Schau-Prozeß nur graduelle Unterschiede in der Vorführung von Denunzierten. Wer sich bei einer privaten Unterhaltung von Millionen Unbeteiligter begaffen läßt, verletzt die Würde und das Wunder des Zwiegesprächs, der Rede von Angesicht zu Angesicht und sollte mit einem lebenslangen Entzug der Intimsphäre bestraft werden. Das Regime der telekratischen Öffentlichkeit ist die unblutigste Gewaltherrschaft und zugleich der umfassendste Totalitarismus der Geschichte. Es braucht keine Köpfe rollen zu lassen, es macht sie überflüssig. Es kennt keine Untertanen und keine Feinde. Es kennt nur Mitwirkende, Systemkonforme. Folglich merkt niemand mehr, daß die Macht des Einverständnisses ihn mißbraucht, ausbeutet, bis zur Menschenunkenntlichkeit verstümmelt. Es herrscht der Drill des Vorübergehenden, gegen den keine Instanz der Erde sich noch auflehnen kann. Dieser wird im wesentlichen mit »Schnitten« ermöglicht; aber die Schnitte haben entgegen dem Wortsinn nichts Trennendes, sie bringen es vielmehr zustande, daß eine unendliche Kette der Berührungen entsteht, daß letztlich alles mit allem in Berührung gerät.

Auch das Mißverständnis, sogar das Mißverständnis wird einem menschlich teuer – es ist nahezu aufgelöst im Verkehr der öffentlichen Meinung. Jeder Meinende versteht den anders Meinenden. Da gibt es nichts zu deuten. Die Öffentlichkeit faßt zusammen, sie moduliert die einander widrigsten Frequenzen – zu einem Verstehensgeräusch.

Das Mißverständliche wird um so mehr zum Privileg des Kunstwerks, das Deutung fordert und nichts meint.

Ich habe keinen Zweifel, daß Autorität, Meistertum eine höhere Entfaltung des Individuums befördert bei all jenen, die sich ihr zu verpflichten imstande sind, als jede Form der zu frühen leichtgemachten Emanzipation. Die herrenlose (und widerstandslose) Erziehung ist für niemanden gut gewesen, sie hat nur eine Vermehrung der Gleichgültigkeit hervorgebracht, eine jugendliche Müdigkeit.

Es ist schade, ganz einfach schade um die verdorbene Überlieferung. Ja, sie verdirbt draußen vor den Toren wie eine Fracht kostbarer Nahrung, auf die die Bevölkerung wegen irgendwelcher Zollstreitigkeiten verzichten muß. Die Überlieferung verendet vor den Schranken einer hybriden Überschätzung von Zeitgenossenschaft, verendet vor der politisierten Unwissenheit jener für ein bis zwei Generationen zugestopfter Erziehungs- und Bildungsstätten, Horste der finstersten Aufklärung, die sich in einem ewig ambivalenten Lock- und Abwehrkampf gegen die Gespenster einer Geschichtswiederholung befinden: »Wehret den Anfängen!«... Ach! Setzt selber einen brauchbaren!

Kunst, Kunstwerke, auch heutige, werden den Überfluß an Verzicht auf Kunst in diesem Massenzeitalter überleben wie sie alle anderen Anfechtungen der Barbarei und der Indifferenz überlebt haben. Ihre Autoren müssen sich indes der demokratischen Illusionen enthalten, als seien ihre Werke aus Allgemeinheit entstanden, der Allgemeinheit verpflichtet. Und doch werden sie immer durch Sprache in eine Sphäre getaucht, die schmerzlich spüren läßt, daß Dichtung einmal weit über die Grenzen der Wenigen

32

hinaus Herrschaft besaß, als sie der Welt und den Mächtigen befahl, das Hören zu schulen, das Wünschen, Denken und die Erinnerung zu stärken.

Dies hat es immer gegeben: daß sich der Poet vornehmlich in Verständigung mit vorausgegangenen Geistern befindet – aber vielleicht nie in solcher Ausschließlichkeit, in solcher Publikumsferne.

Vielleicht muß heute die Obszönität der Kommunikation niemanden darin beschränken, sein Talent auszubilden, im Gegenteil. Auch die Obszönität von Militarismus und Kolonialismus hat nicht gehindert, daß zu ihrer Zeit die nötige Menge freier Geister entstand, die eine Epoche braucht, um als solche kenntlich zu sein. Der Untergrund ist alle Zeit der gleiche Matsch.

Der Widerstand ist heute schwerer zu haben, der Konformismus ist intelligent, facettenreich, heimtückischer und gefräßiger als vordem, das Gutgemeinte gemeiner als der offene Blödsinn, gegen den man früher Opposition oder Abkehr zeigte.

Die Minderheit! Ha! Das sind bei weitem schon zu viele! Es gibt nur das Häuflein der versprengten Einzelnen. Ihr einziges Medium ist der Ausschluß der vielen.

Elitär! – nach wie vor ein Schimpfwort, wohingegen »Elite« inzwischen wieder gesellschaftsfähig wurde – für unsere Zwecke gleichwohl ein lächerlicher Begriff angesichts der Tatsache, daß nur noch in engsten literarökologischen Enklaven, in Denk- und Empfindungsreservaten ein Überleben möglich ist. Alles übrige: überdüngtes Gewässer, infolge von Abfalleinleitung aus den öffentlichen Kanälen.

Es ist überhaupt keine Frage, daß man glücklich und verzweifelt, ergriffen und erhellt leben kann *wie eh und je,* freilich nur außerhalb des herrschenden Kulturbegriffs. Was sich stärken muß, ist das Gesonderte. Das Allgemeine ist mächtig und schwächlich zugleich.

Wenn man nur aufhörte von Kultur zu sprechen und endlich kategorisch unterschiede, was die Massen bei Laune hält, von dem, was den Versprengten (die nicht einmal eine Gemeinschaft bilden) gehört und das beides voneinander durch den einfachen Begriff der Kloake, des TV-Kanals für immer getrennt ist... Wenn man zumindest beachtete, daß hier nicht das gemeinsame Schicksal *einer* Kultur mehr vorliegt – man hätte sich einer unzählige Zeitungsseiten füllenden »kulturkritischen« Sorge endlich entledigt.

Die Wiederkehr der Götter, wie Malraux und Jünger sie voraussehen, die Hoffnung der Weisen – nur: Wie heißen die Künftigen, und wer empfängt sie? Wer steht in »fürchtigster Frömmigkeit« (Rilke) vor ihnen und kennt dann ihre Namen nicht? Und wenn sie sie bilden wollen auf ihren Lippen, kommen nur technische Floskeln heraus, Kürzel und Kauderwelsch. Solche Wiederkehren kämen dem Einbruch des Unbekannten gleich, unter Umständen sogar: des einmalig Fürchterlichen.

Harte, schmucklose, dramatische Dichotomie: Es ist verwerflich ohne jede Einschränkung, sich an Fremden zu vergreifen – es ist verwerflich, Horden von Unbehausbaren, Unbewirtbaren ahnungslos hereinzulassen. Die Deutschen sind nach wie vor zu jeder Schandtat bereit und ebensofort bereit, die begangene Schandtat aufgebracht zu bereuen. Vierzig Jahre zivilisierte Lebensform haben nichts an der Volksseele geändert. Die schweigende Mehrheit, nämlich 51%, gibt heute ihre Meinung kund, der Gröhlspruch »Deutschland den Deutschen« käme auch ihr aus dem Herzen, um morgen mit gleichem überwältigendem Votum Abscheu und Entsetzen über ihre gestrige Meinung zum Ausdruck zu bringen.

Wenn der Diktatur des Vorübergehenden, an die die Medien das Volk gewöhnt haben, neben ihrer moralischen Verwerflichkeit nur das eine Gute hätte, daß man nämlich auch diesmal nach kurzer Zeit der unentwegten Brennpunkte und Trommelfeuer plötzlich nichts mehr von Ausländerfeindlichkeit hören und sehen will, und deren medialer Tod beschlossen wäre, so würde sich dies gewiß günstig auf die tatsächlichen Gegebenheiten auswirken, vielleicht sogar einschläfernd auf die Kräfte des Bösen. Der Verlust der Medienpräsenz gilt ja nicht nur für diese heute so viel wie der Verlust der halben Existenz. Aber hierzubleiben, wo es nicht schwer wäre für unsereinen außer Landes zu ziehen wie manch andere, die sagen: Ich lasse mir doch meine Seele nicht verderben in meinem Vaterland; die Seele, sagen sie – ich bin Dichter! – ist mein höchstes Gut, weit höher als das ganze Vaterland ... und hierzubleiben trotzdem, weil, was geschieht, eben doch ein Teil auch dieser *Seele* ist ...

Die Schamverletzungen, die die anarcho-fidele Erst-Jugend um 68 herum beging, ist nun von rechts beerbt worden. Die neuen Jugendlichen tun zunächst nichts anderes als die ihr vorausgegangene Generation – sich großtun, Initiation betreiben durch Tabuzertrümmerung.

Die Verbrechen der Nazis sind jedoch so gewaltig, daß sie nicht durch moralische Scham oder andere bürgerliche Empfindungen zu kompensieren sind. Sie stellen den Deutschen in die Erschütterung und belassen ihn dort, unter dem tremendum; ganz gleich wohin er sein Zittern und Zetern wenden mag, eine über das Menschenmaß hinausgehende Schuld wird nicht von ein, zwei Generationen einfach »abgearbeitet.« Es handelt sich um ein Verhängnis in sakraler Dimension des Wortes und nicht einfach um ein Tabu, das denen, die zum Schutz bestimmter zwischenmenschlicher Verkehrsformen oder der Intimsphäre dienen, vergleichbar wäre.

Daher handelt es sich auch bei den Schändungen, die Neonazis jetzt begehen, im besonderen ihren antisemitischen Ausschreitungen, keineswegs um militante Akte der Gegenaufklärung. Diese, im strengen Sinn, wird immer die oberste Hüterin des Unbefragbaren, des Tabus und der Scheu sein, deren Verletzung den Strategen der kritischen Entlarvung lange Zeit Programm war. Traurig macht es, daß man dies alles weiß und altes Weistum abweisbar ist.

Im Banne des Vorgefühls. Die Ursachen liegen im seismischen Bereich. Katastrophische, destruktionshaltige Vorgefühle durchlaufen den gesamten Organismus des Zusammenlebens und vergrößern sich dabei systemüberschattend. Den Verwerfungen innerhalb der Völkergemeinschaft folgen Verwerfungen im Gemüt eines Volks.

Abschreckend, weil jedes letzte Vertrauen ins Wort zerstörend, sind aber auch diejenigen, die jetzt weiter mit ihren Worten feixen, obgleich sie zutiefst Aus-Gesprochene sind, Wortlose, die Schau-Gespräche führen: Seht, ich zeige mich sprechend . . ., doch leider, in Wirklichkeit spreche ich seit langem nicht mehr . . .

Das heisere Fauchen der Empörten, Betroffenen, die für all ihre längst ausgestandenen Ängste und ewig repetierten Gefühle keine wahre Stimme mehr haben – diese Schein-Worte, diese verbrauchten veröffentlichen, subjektlosen, höchst subjektiven Worte sind wirklich nur noch Gezisch, Gebell, Gehüstle. Die Ich-Unmittelbarkeit ist der Ruin der Gefühle. Stellte man sich eine Physik kleiner und kleinster Dämonen vor, immaterielle Unheilsbetreiber, dann flögen jetzt überall Schwärme von Amplifikatoren, Akzeleratoren, Präzipitatoren (Elemente einer sich überstürzenden Entwicklung) herum. Etwa wenn der Moderator mit bleicher Entrüstung mitteilt, Deutschland drohe (wegen der Asylrechtsänderung) zum größten Deportationsland Europas zu werden. Wenn das keine Begriffsschändung ist . . .

Überhaupt ist pikant, wie gierig der Mainstream das rechte Rinnsal stetig zu vergrößern sucht, das Verpönte immer wieder und noch einmal verpönt, nur um offenbar immer neues Wasser in die Rinne zu leiten, denn man will's ja schwellen sehen, die Aufregung soll sich ja lohnen. Das vom Mainstream Mißbilligte wird von diesem großgezogen, aufgepäppelt, bisweilen sogar eingekauft und ausgehalten. Das mediale Pokerface und die verzerrte Visage des Fremdenhassers bilden den politischen Januskopf – denn alles im Politischen läßt sich seitenverkehrt in einem Kopf vereinen. Unvereinbarkeit besteht heute im Grunde nur noch zwischen dem Reich, das die politisch-gesellschaftliche Hegemonie über Geist, Moral, Wissenschaft und Glaube erstrebt, und, auf der anderen Seite, der entschiedenen Bestreitung solcher Hegemonialansprüche. Es gibt gewissermaßen ein politisches Externum zur Bekämpfung und Leugnung der Allmachtsansprüche des Politischen. Eine geistige Reserve, die im Namen der Weisheit der Völker, im Namen Shakespeares, im Namen der Rangabwertung von Weltlichkeit, im Namen der Verbesserung der menschlichen Leidenskraft gegen die politischen Relativierungen von Existenz ficht.

Sobald Chaos und Unheil heraufziehen, fahren die ersten Wirbel unter die Vernunft und lösen sie aus ihren geschickten Verhaftungen. Man spürt es daran, wie sie auf einmal unangemessen der Größe der drohenden Schatten spricht. Irgendeine tiefere Ablenkung geht durch die Gesichter und die Rede. Niemand ist mehr ganz bei der Sache, wenn er auch noch so ergeben von der Sache spricht. Irgendein Strom, der durch alle geht, aus allen kommt und sie heimlich abzieht aus den Räumen ihres gewohnten Bewußtseins. Aus dem Menschenraum im ganzen, dem All aller, werden seltsame Töne, wie Bocksgesang, empfangen.

Der mit dem Vogelkopf und dem zerfransten Toupet, rötlichbraunes Nest von leblosen Fasern, trug eine so dicke Brille, daß man seinen Gesichtsausdruck nicht mehr erkennen konnte, er war nicht mehr feststellbar. Er saß auch im Winter draußen vor seinem Kramladen (außer Militaria allen Plunder) dicht bei seinem

37

Freund, dem Kristalleuchterflicker, der Große mit dem entgegengesetzten, dem runden Kopf und den langsamen, vorquellenden Augen, ja. Sie starrten beide in die gleiche Pfütze, wenn es regnete, sie kauerten rechts und links der Regenrinne unter der Markise, und sie fürchteten sich maßlos, so sehr, daß sie nicht mehr miteinander sprachen.

Es klang zuerst wie ein rauhes Nebelhorn, aber doch so tief und tot, als käme der verlassene Klang aus dem gesamten Hohlsein dieser Welt, die fern im All (zuletzt nun doch) eine andere grüßt. Der Stier des Phalaris! schoß es beiden durch den Kopf, das abscheuliche Monstrum, in dem der Tyrann seine Gegner verbrennen ließ. Er hatte Flöten an dem ehernen Gestell anbringen lassen, die die Schreie der Opfer in Musik verwandelten.

Von der Gestalt der künftigen Tragödie wissen wir nichts. Wir hören nur den lauter werdenden Mysterienlärm, den Bocksgesang in der Tiefe unseres Handelns. Die Opfergesänge, die im Innern des Angerichteten schwellen. Die Tragödie gab ein Maß zum Erfahren des Unheils wie auch dazu, es ertragen zu lernen. Sie schloß die Möglichkeit aus, es zu leugnen, es zu politisieren oder gesellschaftlich zu entsorgen. Denn es ist Unheil wie eh und je; die es trifft, haben nur die Arten gewechselt, es wahrzunehmen, es anzunehmen, es zu nennen mit abgetönten Namen.

Wir haben von jeder nur möglichen Katastrophe ein Bild, lange bevor sie eintritt (heute, hörig der Abstraktion, haben wir sie sogar bereits analysiert und ihren wahrscheinlichen Umfang ermittelt). Das Weltbild im Wechsel von Dante zum Computerszenario gleicht sich doch darin, daß es im Durchschein des Künftigen leuchtet und Licht verteilt. In den Grundbildern ist kein Raum für das Unbekannte. Hier ist alles vorausgesehen. Im Hort der Symbole, im gedichteten Zusammengefaßten, erschöpft sich die menschliche Vorstellungskraft wie aber auch die weltliche Ereignispotenz.

»Denn während Sie mit Auge und Herz den neuen Dingen zuge-
wandt sind, lebe ich mit jedem Atemzuge in einer Vergangenheit,
die nie war und welche die einzige Zukunft ist, die ich ersehne. Ich
bin aller Orten fremd.« . . . Nationalismus und Rassismus treten –
vornehmlich unter Gebildeten, wie im Fall des zitierten Paul Lagarde – auch auf als Triebsubstanz von Einsamkeit und Verbitterung. Und nicht einfach in dem Sinn, daß man sich Schuldige
wählt für sein eigenes mißglücktes Dasein. Die Namen werden oft
nur einem namenlosen Unmutsgefühl angedient. Selbst Judenhaß deckt dann nur einen gewissen Teil des tiefen Hasses gegen
Unbekannt. Jeder große Haß ist altertümlich und bezieht Nahrung aus primordialen Depots. Rassismus und Fremdenfeindlichkeit sind »gefallene« Kultleidenschaften, die ursprünglich einen
sakralen, ordnungsstiftenden Sinn hatten. In »Das Heilige und die
Gewalt« schreibt René Girard: »Der Ritus ist die Wiederholung
eines ersten spontanen Lynchmords, in dessen Folge in der Gemeinschaft wieder Ordnung herrschte . . .« Der Fremde, der Vor-
überziehende wird ergriffen und gesteinigt, wenn die Stadt in Aufruhr ist. Der Sündenbock als Opfer der Gründungsgewalt ist jedoch niemals lediglich ein Objekt des Hasses, sondern ebenso ein
Geschöpf der Verehrung: Er sammelt den einmütigen Haß aller in
sich auf, um die Gemeinschaft davon zu befreien. Er ist ein meta-
bolisches Gefäß. Anderswo übernimmt diese Dynamik des Heils
der Stammesherrscher, der König: Er inkorporiert die Macht der
Finsternis, zieht alles Übel auf sich, um es dann in Stabilität und
Fruchtbarkeit zu wandeln. Der Herrscher übernimmt die Funktion des kultischen Opfers. (Entsprechend hätte etwa der linke
Terrorismus seine Rolle im play of kingship gespielt, da er seinen
Haß ausschließlich gegen die Herrschenden richtete und seine
Opfer aus ihren Reihen wählte. Er hat damit nicht für größere
Unordnung in der Volksgemeinschaft, sondern im Gegenteil für
die beinahe einmütige Bekräftigung der bestehenden Ordnung
gesorgt. Bei der rechten Gewalt, die vom »feigen Mord« mit elek-
tronischer Fernsteuerung zurückgeht zum Lynchmord, der Zer-

reißung unter dem Lärmgott, besteht die Gefahr, daß sie nicht einmal die negative Einmütigkeit stiftet in der Ablehnung der Greuel und daß aus dem Weh kein Wohl entspringt. Wir fürchten es, wir wollen es mit aller verbleibender Macht verhindern und haben doch kein sicheres Mittel zur Abwehr, wenn in unsere abstrakte Welt Bromios, der laute Schrecken, einschlägt und das angeblich so wirklichkeitsbezwingende Gefüge von Simulacren und Simulatoren von einem Tag zum anderen ins Wanken gerät. Die Wirklichkeit blutet wirklich jetzt.)

I. IDENTITÄT

»Von ihrem Ursprung (in Hitler) an hat sich die deutsche Nachkriegs-Intelligenz darauf versteift, daß man sich nur der Schlechtigkeit der herrschenden Verhältnisse bewußt sein kann; sie hat uns sogar zu den fragwürdigsten Alternativen zu überreden gesucht und das radikal Gute und Andere in Form einer profanen Eschatologie angeboten. Diese ist mittlerweile so sturzartig in sich zusammengebrochen wie gewisse Sektenversprechen vom nahen Weltenende.«

Botho Strauß

BRIGITTE SEEBACHER-BRANDT

NORM UND NORMALITÄT
Über die Liebe zum eigenen Land

Die Zeit ist abgesunken, die Zeit, aus der Trauer erwuchs, Scham,
Scheu, auch der Wunsch zu schweigen und zu vergessen, auch der
Hang, mit einem Tabu zu belegen, was nicht zu begreifen war und
was zu befragen und zu bereden sich verbot. Oder ist jene Zeit nie
gewesen, und man bildet sie sich nur ein? Immer ist die Versuchung groß, der jetzigen Zeit, deren Verirrung beklagt wird, eine
frühere entgegenzusetzen, die wenn nicht gut war, so doch zu verstehen. Immerhin, es war eine Zeit, in der das Leben seine eigenen
Gesetze diktierte, und der Wille zu leben, weiterzuleben, das Verbot einschloß zurückzublicken. Überhaupt ist der Blick zurück in
den Abgrund, den materiellen wie den moralischen, möglich nur
von gefestigtem Grund aus; die Weigerung zurückzublicken beinhaltet nicht die Absicht zu vergessen. Es war also eine Zeit, die alles hergab, nur nicht die marktschreierische Art, mit dem Grauen
der Vergangenheit Geschäft und Politik zu machen. Wann endete
jene Zeit und warum? Wann mischte sich das Selbstmitleid in die
frühe Abkehr? Jenes Selbstmitleid, das erst in Selbstgefälligkeit
überging und hernach in Selbsthaß. Die Einrede, das eigene Volk
sei besonders schlecht und unverbesserlich, ist Zeichen von sehr
viel Hochmut; man selbst steht außerhalb. Die Folgerung, sich
nicht als Teil seines eigenen Volkes fühlen zu dürfen, also auch
nichts auf sich nehmen zu müssen, ist Ausdruck von Zerfall, den
umzuwenden die Hoffnung eines neuen Zeitenwechsels bleibe.

Es mag eingewandt werden, daß es immer so ist, wenn viele Jahre vergehen, wenn der Eindruck von Bedrohung schwindet, wenn

mit dem Wohlstand das Behagen wächst und die Macht der Gewohnheit zunimmt. Gewohnheit? Wie kann sie sein in einem Land, das seine verloren geglaubte Einheit gerade erst wiedergefunden hat und in dem der Boden sich als brüchig erweist? Jene Zeichen von Zerfall fügen sich nicht in die Herausforderung des Neuen. Gewohnheiten ändern sich nicht mit dem Eintritt von äußeren Ereignissen. Äußere und innere Zeiten fallen selten zusammen. Gewohnheiten schleppen sich fort und verfestigen sich. Je lockerer der vertraute Halt wird, desto krampfhafter wird die Suche nach ihm. Die vielfältige Anstrengung, die Bonner Republik in alle Ewigkeit fortzuschreiben und gegen alle Geschichte, auch gegen alle Gelöbnisse, zu behaupten, ist krampfhaft. Ist Ausdruck »krankhafter Reizbarkeit«. Sie steigert sich in gleichem Maße, wie die Kluft tiefer wird zwischen Sein und Schein. Immer weniger entstammen die verwendeten Formeln der Wirklichkeit. Immer häufiger sind sie dieser aufgepfropft.

Es gibt sie nicht, und es hat sie nie gegeben –»die Bonner Republik«. Der Name, künstlich wie alles, was im Meinungsstrom derzeit treibt, gleicht der Verhöhnung der Demokraten, die in der Stunde des totalen Zusammenbruchs ihr Land aufzubauen begannen und nicht bedachten, ob die Vergangenheit, die noch kaum vergangen war, dieses erlaube; daß sie sich auf den Westen beschränkten, war Ergebnis von sowjetischer Besatzung im Osten und von sonst gar nichts. Eines Tages, wenn wieder eine andere Zeit angebrochen sein wird, möge man erkennen, daß erst in dem Augenblick, in dem der Teilstaat sich gefestigt hatte und sich für ein geschlossenes Ganzes nahm, die Vergangenheit gegenwärtig wurde und ein Mittel zum Zweck. Wo sonst wäre die Daseinsberechtigung zu finden gewesen, wenn nicht in der Vergangenheit? Wo sonst der Vorwand, das eigene Volk zu verdammen? Das Sich-Einrichten im westlichen Teilstaat und das Sich-Entziehen lagen ebenso eng beieinander wie die doppeldeutige Haltung, die dem östlichen Gegenüber geübt wurde. Es war, als finde die Abnormität der Grenze, die Deutschland und Berlin teilte, ihren Abglanz in der Verwirrung des Geistes. Gegen die Geschichte läßt sich nirgends Bewußtsein bilden, auch in Teilstaaten nicht. Paßt also die Geschichte nicht, wird sie passend gemacht.

Die Flut der Einlassungen stieg im Laufe der sechziger Jahre erst langsam, schwoll aber an deren Ende gewaltig an und behielt ihre Höhe lange – wie lange? – bei. Der Hinweis auf die Wirkung der Zeit und den Wechsel der Generationen stimmt und stimmt doch wieder nur in einem formalen Sinn. Die wegbereitenden Schriften stammen aus älteren Federn; aber sie hatten im ersten und zu Beginn des zweiten Jahrzehnts Aufnahme nicht gefunden. Warum jetzt? War der Wandel des Interesses zwingend? Gewiß nicht. Nirgends steht geschrieben, daß Nachgeborene sich Schuld der Ahnen zuziehen, wieder zurückgeben und Theorien darüber legen müssen. Solange sich die Bundesrepublik als Teil eines Ganzen verstand und den anderen – totalitären – Teil zu vertreten beanspruchte, diente die Vergangenheit nicht als Rüstkammer für Rechtfertigungszwecke. Das Resumee, als der Umschlag stattgefunden hatte, die Bundesrepublik auf sich selbst zurückfiel, sich selbst genügte und der Bedarf an eigener Legitimation groß wurde, lautete: Man habe die Vergangenheit verdrängt. Verdrängt?

Daß lange nicht zurückgeblickt werden mochte, hatte einen zweiten Grund, einen, der am nächsten lag. Der Zusammenbruch war total, und zurück wollte niemand – anders als nach dem Untergang der DDR. Wo das diktatorische Interesse lebendig ist, zwingen die Opfer und das demokratische Interesse, in die Vergangenheit hinein- und diese auszuleuchten. 1945 und in den Jahrzehnten, die folgten, war kein nazistisches Erbe mehr abzutöten, und so fanden sich, in der lebensnahen Abneigung zurückzublikken, beide wieder – die, die mitgemacht hatten, und die, die dagegen gewesen waren. Die einen konnten das eigene Leben nicht ungeschehen machen, auch das im Feld nicht, und die anderen empfanden doppelt. Wissend, daß sie nicht repräsentativ waren, reichte ihre Nachsicht für Mitläufertum weit. Wie anders das demokratische Deutschland aufbauen?

45

In diese Überlegung, bewußt angestellt oder nicht, mischte sich jene Überzeugung, die konstitutiv gewesen war für den nicht-kommunistischen Widerstand, den kleinen wie den großen, den aktiven wie den passiven. In dem ungebrochenen Glauben an das eine Deutschland, das von Hitler ins Verderben geführt wurde, hatten sie jene dunkle Epoche durchlebt – hinlebend auf den Augenblick, in dem das Land befreit sein würde und frei. Ausgewiesene Anti-Nazis, die sich – zum Beispiel drei Vorsitzende der Sozialdemokratischen Partei – der deutschen Demokratie verschrieben hatten und der Einheit des Landes, hüteten sich vor jedem Anschein, anders, gar besser zu sein als die vielen Landsleute, die Hitler zugejubelt hatten. Und sie hüteten sich auch, Klage gegen jene Mechanismen zu führen, die nicht nur Nachgeborene unter dem Modewort »Verdrängung« zusammenfaßten. Schließlich kam ihnen nicht in den Sinn, irgendwelches Aufheben zu machen von eigenem Tun, gar eigenem Leid. Wie viele Welten liegen zwischen dieser Zurückhaltung und jener Aufdringlichkeit? Die wenig erfahren und nichts erlebt hatten, führten nun die lautesten und die vorlautesten Reden und wußten plötzlich, was Widerstand hätte sein sollen und daß nun Buße zu tun sei. Kurt Schumacher, der zehn Jahre lang gelitten und widerstanden hatte, war gegen die »Zerknirschungsmentalität« aufgestanden. Mit welchem Ergebnis? Daß sie schließlich zur Teilstaatsdoktrin erhoben wurde.

Diese Art von antifaschistischer Rederei zählt, ob des Echos und der anhaltenden Wirkung, zu den größten Widerwärtigkeiten der westdeutschen Zeit. Übertroffen wird sie nur von der Sorte Antifaschismus, die in dem ostdeutschen Teilstaat eingeübt wurde. Übertroffen? Als die Zeit der Teile abgelaufen war, mündeten der »verordnete« und der »libertäre bis psychopathische« Antifaschismus in jenen gesamtdeutschen Meinungsstrom, der alle Unterschiede einebnet, zumal die zwischen der tatsächlichen und der eingebildeten Wirklichkeit, zwischen damals und heute. Wenn aber der Umgang mit der Vergangenheit, der in der DDR Brauch war, so sehr gesamtdeutschen Bedürfnissen entgegenkommt, wundert es, daß die kommunistische Diktatur verklärt wird und in gewissen Ehren gehalten? Und daß als verzeihlich gilt und bisweilen als ehrenhaft, dieser Diktatur zu Diensten gewesen zu sein? Auch insoweit ist kein Vergleich zwischen damals und heute. Die Unterstellung von der falsch gelaufenen Einheit verschleiert nur die Sehnsüchte nach dem untergegangenen Staat und verdeckt den Unwillen, selbigem entgegenzuwirken. Oder ist es überhaupt so, daß der Antifaschismus hochgezogen wird, um die kommunistische Kollaboration niedrighängen zu können? Das vereinte Land in Frage zu stellen, gibt es viele Wege.

Intellektuelle Gewohnheiten sind zäh und Ausdruck eines allgemeineren Beharrungsvermögens. Sie nähren sich immer wieder selbst, solange bis ein neuer Zeitenwechsel neuen Gewohnheiten den Weg bahnt. Die Zeit ändert irgendwann alles, und gelobt sei das Land, in dem sie nicht alles auf einmal ändert. Je größer allerdings das Eigenleben der Gewohnheiten und je breiter die Kluft zu den Verhältnissen, desto höher die Wahrscheinlichkeit, daß sich tatsächlich alles auf einmal ändert.

Eingerissen waren die antifaschistischen und anderen Spielereien, als der östliche Teilstaat anerkannt war und jüngere Leute im Gefolge älterer Herren, die mit der Schuld kokettierten, einen Sinn suchten in der Zweistaatlichkeit im allgemeinen und der Existenz eines sozialistischen Staates im besonderen. »Wer aber vom Kapitalismus nicht reden will, soll auch vom Faschismus schweigen«, hatte Max Horkheimer 1939 verfügt und damit die Linie vorgegeben, die erst fünfzig Jahre später abbrechen sollte. Nur entlang dieser Linie konnte die DDR im Leben und nach dem Tod zu solchen Ehren kommen. Wie durfte man erwarten, daß das physische Ende angenommen würde unter denen, die diese Linie verinnerlicht hatten? Auch vom Antikapitalismus ist mehr gerettet worden, als es den Anschein hat, aber Symbolkraft kam nur dem Antifaschismus zu, der um so mehr gepflegt wird. Was bedeutet nun der selbst auferlegte Zwang? Daß immer wieder neue Belege her müssen und jeder Anschlag gewertet wird, als entstamme er unmittelbar der Nazizeit. Wie anders die Illusion retten? Die Illusion, daß alles beim alten bleibe und man selbst am Steuerrad der öffentlichen Meinung. Das Neue muß für schrecklich befunden werden können, nur so lebt das Alte fort. Ein Kreislauf, der irgendwann, mangels frischer Antriebskraft, von selbst ins Stocken gerät. Dann endlich werden die antifaschistischen Sprechblasen platzen und sich die vorgetäuschten Schuldkomplexe wie die fortgesetzten Aufklärungsrituale als das erweisen, was sie sind – die doppelte Weigerung, mit dem eigenen das Schicksal des Landes anzunehmen. Ohne diese Annahme kann es Verantwortung nicht geben – weder sich selbst noch dem Land gegenüber.

Was Ursache war und was Wirkung, wird sich niemals mehr auseinanderhalten lassen, ob das zweistaatliche Legitimationsmuster eines Unterbaus bedurfte oder umgekehrt. Die Deutschlandpolitik ruhte, kaum daß sie erdacht und ins Werk gesetzt war, in einem doppelten Boden. Von dem einen Boden aus wurde festgeschrieben, was irgend festzuschreiben war, mittels des Mißbrauchs der Vergangenheit und auch sonst, der Preis der inneren Erstarrung war gewollt; bezahlt wird er jetzt mit der Zählebigkeit des SED-Erbes. Von dem anderen, dem ursprünglicheren Boden ging Bewegung aus, die manche Gräben überwinden half, ohne daß darüber der Charakter des sozialistischen Regimes und dessen Abhängigkeit von sowjetischer Präsenz vernachlässigt worden wäre. Wer hier seine Wurzeln hatte, behielt oder fand, erkannte 1989 die Zeichen der Zeit und half, der Selbstbestimmung Raum geben. Warum die Akteure hernach still wurden und das Feld lange denen überließen, die ohnehin die Richtung nicht mochten, bleibt ein Rätsel. Weil sie zu wenige waren oder nur vorübergehend auf der Höhe der Zeit? Und nie wirklich wußten, was sie taten? Und sich nur zu gern wieder der Wirkungsmacht des Gewohnten anheimgaben? Die allseitige Flucht in den einen Meinungs- und Mentalitätenstrom, der immer noch einmal Unterschiede einzuebnen sucht und Spielverderber erbarmungslos ausgrenzt, ist verblüffend. Breit und behäbig, lockt er die Provokateure in gleichem Maße an wie er die Auseinandersetzung einschränkt, wenn nicht aufhebt. Als rechtsradikales, neonazistisches Subjekt oder Sympathisant eines solchen abgemalt zu werden, findet nicht jeder erträglich. Und kaum noch einer traut sich, das Vergangene dort zu belassen, wo es hingehört – in die Erinnerung. Die Erinnerung? Erinnerung ist innehalten; heißt sich besinnen auf das, was war, und auf das, was sein wird; bedeutet sich eingestehen, was längst erfahren ist: Keine Vergangenheit, wie dunkel sie auch sei, hebt die Zukunft auf. Jede Zeit birgt ihre eigenen Schrecken in sich und ihre eigenen Möglichkeiten, sie zu bannen. Warum dann Erinnerung? Und warum nicht das Auf- und das Abarbeiten und das Bewältigen? Nicht die Lehre, die gezogen; die Erziehung, die geübt; die Aufklärung, die gepriesen wird? So als gelte es, die Vergangenheit festzuhalten und nach Belieben und nach Bedarf entweder fortzuschreiben oder abzuhaken. Die Vergangenheit, die als Mittel zu einem Hochgefühl dient und als Vorwand, es sich in ihrem Schatten bequem zu machen. Bequemlichkeit, materiell wie ideell, ist schließlich das Maß der deutschen Dinge geworden.

Die Zukunft bringt ihre eigenen Gesetze hervor. Und die Toten mahnen, vielleicht. Eine Anweisung aber, dieses zu tun und jenes zu lassen, geben sie nicht. So zu tun als ob, ist Verrat an den Toten und auch an denen, die gelitten und widerstanden haben. Wenn aber das Vergangene Mittel nicht sein soll und nicht Vorwand, was dann? Wie hängt es zusammen mit allem Zukünftigen? Diese Frage ist die schwerste von allen. Und deshalb nie zu beantworten, nie eindeutig und nie endgültig. Auf eine Frage, die aus der Zeit herausfällt, gibt es keine weltliche Antwort. Um zu leben, hier und jetzt, bedarf es aber weltlicher Antworten. Wie will ein Volk leben ohne Gewißheiten?

Wie will es leben, wenn nicht einmal nationale Feier- und Gedenktage gehalten und Gedenkstätten immer aufs neue eingerichtet werden? Man zerredet den 20. Juli und schlägt vor, kaum daß er eingeführt ist, den Tag der Einheit am 3. Oktober wieder abzuschaffen, den Tag, an dem sich ein Jahrhundertereignis vollendet hat. Auf gewichtigen Widerspruch stößt der Vorschlag nicht. Wie auch? Wenn das Ereignis nicht zählt, kann der Tag auch nicht zählen. Die Völker der Welt, die in unserem Teil der Welt, ehren ihre Toten und sich selbst. Im Gedenken – in der Erinnerung – finden sie Einheit, jene innere Einheit, die zeitlos ist, nie fertig und anderes und mehr als die Angleichung von Lebensverhältnissen. »Mort pour la patrie« lautet die Inschrift, die in jedem französischen Dorf einen Gedenkstein ziert. Sie bezeichnet in der Trauer den Stolz, der beseelt; keine noch so späte Strafe für ein noch so frühes Verbrechen ändert etwas daran. Für welches deutsche Vaterland wurde die Judenheit vernichtet; der Widerstand ausgelöscht; der Krieg geführt; die Armee preisgegeben? Die eine Frage nimmt viele Formen an und bleibt sich doch gleich. Was allen anderen Völkern als gemäß gilt und fraglos zugestanden wird, gestehen wir uns nicht – nicht mehr – zu. Daß es kein deutsches Vaterland gebe und am besten nie gegeben habe, ist die nun allgemeine Auffassung. Würde noch einer gehört, der die einfachste aller einfachen und lange Zeit gewußten Wahrheiten ausspräche und ins Gedächtnis zurückriefe, daß Hitler kein Vaterland kannte? Und deshalb die lange Geschichte auch nicht aufgehoben ist? Der nazideutsche Abgrund verlangt, daß Geschichtsschreiber hinabsteigen und daß ansonsten geschwiegen werde, das Gegenteil dessen, was geschieht. Die einzige Geste, die die Dimension der nazistischen Verbrechen ahnen ließ, war eine Geste der Sprachlosigkeit – der Kniefall vor dem Mahnmal des Warschauer Ghettos.

Eine Liste wird aufgemacht, eine Liste, von der man uns einredet, daß eine innere Logik ihr innewohne. Die Opfer werden aufgezählt und auf eine Kette des Unheils gezogen, ohne daß sich ein Ende finden ließe. Sie fortzuknüpfen liegt in der Logik des Anfangs. In dieser Logik liegt auch die ewige deutsche Suche nach den Gesetzmäßigkeiten der Geschichte, nach Opfern und nach Tätern, auch ob es diese Opfer gibt und jene. Welch schreckliche

Verwirrung stiftet allein das Wort von den Tätern. Täter waren die braunen Machthaber, die den nationalen Verrat begangen und Deutschland und die Welt ins Unglück gestürzt haben. Heute ist es schwer, über deutsche Soldaten und ihren Einsatz zu bestimmen, weil verlernt wurde zu unterscheiden und die Soldaten tragen, was sie nicht zu tragen haben. Jeder europäische Zusammenhang wird aufgelöst, und unterschieden wird nicht mehr zwischen Diktatur und Demokratie, deren Teil die bewaffnete Macht ist. Sie in die diktatorische Tradition zu stellen heißt zugleich, der Demokratie mißtrauen. Liegt darin der Zweck der Übung? Was der Zweck ist, muß nicht auch der Sinn sein. Der Sinn des sonderbaren Verhaltens ist die Abwendung vom Tod, wohlstands- und teilungsbedingt und eine Erscheinung der späten und satten, auch übersättigten Bundesrepublik. Sich abzuwenden soll weiterhin möglich bleiben. Dazu wird die Vergangenheit gebraucht.

Leid ist nicht klassifizierbar. Der Versuch, es zu tun, kann nicht gelingen. Die Tafeln, die vorgeben, allen gerecht zu werden, werden niemandem gerecht. Die Phantasie stirbt ab und mit ihr jede Erschütterung. Leid ist auch nicht kollektivierbar. Auch dieser Versuch wird scheitern, ebenso wie der, die Opfer der einen Diktatur auf Kosten der anderen hochzuhalten. Warum werden immer noch und immer wieder die Opfer der Kommunisten benannt, die der Sozialdemokraten aber mit keinem Wort erwähnt? Sie fehlen in jeder Aufzählung, auch in der, die der Bundespräsident am 8. Mai 1985, am vierzigsten Jahrestag des Kriegsendes, gemacht hat. Soll die Demokratie Tradition nicht haben dürfen? Immerhin war die Sozialdemokratie die einzige politische Kraft, die 1933 ein Nein gesprochen hat, ein freiheitliches Nein. Kein totalitäres wie die deutschen Kommunisten, die hernach neues Unglück bringen sollten über den Teil des Landes, über den sie eine geliehene Macht ausübten. »Freiheit und Leben kann man uns nehmen, aber die Ehre nicht«, hatte der Mann gesagt, der für die Sozialdemokratie redete, nicht wissend, ob er lebend vom Rednerpult des Reichstags herunterkommen würde. Die Ehre, die er rettete, war

51

nicht die einer Partei, sondern die der deutschen Demokratie. Warum nicht einmal mehr daran erinnern? Weil Anlässe gesucht werden, die das Schuldbewußtsein nähren und den Selbsthaß, und weil Ehre ein nationales Fremdwort ist.

Im Anfang liegt kein Ende beschlossen. Und nichts kommt, wie es kommen muß. Diese Erfahrung, 1989 und 1990 gemacht, stellt alles auf den Kopf, was zuvor gültig gewesen. Der Radikalität des Umschlags entspricht die Entschiedenheit der Abwehr. Der Inbegriff zumal der achtziger Jahre war die Selbstverwirklichung, jener Wohlstandsära, in der ein konservativer Kanzler regierte und die doch geprägt war von linkem, »fehlgehendem« Geist; der Sprachgebrauch der alten Arbeiterbewegung – links und frei wurden in eins gedacht – hat sich längst erledigt. Selbstverwirklichung ist der Gegenbegriff zur Selbstverantwortung, die privat und, begünstigt durch die Teilstaaterei, auch politisch nicht mehr zählte. Die Kultivierung des Schuldgefühls war und ist noch immer die Kehrseite jenes Egoistenkults, der nun doppelt zu schaffen macht – auf dem Weg zu einem geeinten und modernisierten Deutschland. Die Einheit, vorläufig wie sie sein mag, beweist im übrigen, daß Schuld sich nicht teilen läßt und nicht vererben. Die Überzeugung, daß sie nicht kollektiv zuzuordnen sei, war der Bundesrepublik in die Wiege gelegt. Ohne diese Überzeugung hätte sie nicht ins Leben treten und schon gar nicht gedeihen können. Wer will an ihr rütteln, auch jetzt noch, da aus zwei Teilstaaten endlich eine einzige freiheitliche Nation geworden ist? Und warum? Weil nicht gelingen kann, was nicht gelingen darf?

Aus »deutschem Selbsthaß« erwächst nichts Gutes. Nur ein Volk, das mit sich einig ist und auf die Kraft seiner demokratischen Ordnung setzt, kann im Innern und nach außen Nachbarschaft üben. Andernfalls gerät es früher oder später auf Sonder-, wenn nicht auf Abwege. Was die frühe Abwehr jeder kollektiven Schuldzuweisung betrifft, Verführbarkeit galt auch im nachhinein nicht als Schuld; es kam alles darauf an, Verhältnisse nicht einreißen zu lassen, die alles möglich machten. Darüber ist die Zeit hinweggegangen. Heute wird verkündet, alle, alle schlechten Deutschen, hätten schuld, wenn jugendliche Provokateure einen Anschlag verübten, und alle, alle guten Deutschen, beeilen sich, mit Kerzen oder sonstwie, den Eindruck zu erwecken, ein ganzes Volk habe den Brandsatz geworfen. Das sind die Verhältnisse, von denen die Überlebenden auch gemeint hatten, sie sollten nicht einreißen.

Die Hoffnung war, daß in einem vereinten Deutschland wiederauflebe, was in seinen Teilen in Vergessenheit geriet. Das Bild des einen und freien Deutschland, nicht von Feind und nicht von Freund besetzt, hatte in den deutschen Widerstand gehört, den frühen wie den späten, den der Adligen wie den der Arbeiter. Woher ihr aller Streben, den deutschen Namen vom Mißbrauch durch die nazideutschen Machthaber zu befreien? Es war die Liebe zu ihrem Land, die sie erfüllte. Jene Liebe, ohne die nichts oder nicht viel gelingen und kein noch so großer Geldtransfer Wirkung zeigen kann. In dunkler Zeit, im Sommer 1942, als Nazi-Deutschland sich Europa unterjocht hatte, vom Nordkap bis zum Kaukasus, richtete Ernst Reuter, den es in die Türkei verschlagen hatte, einen Brief an Carl Goerdeler, der in Deutschland geblieben war und den 20. Juli noch vor sich hatte. Vor dem Krieg waren beide Oberbürgermeister gewesen, der eine, sozialdemokratisch, in Magdeburg, der andere, deutschnational, in Leipzig. Wovon schrieb der eine dem anderen? Von dem gemeinsamen Schicksal, das ein gemeinsames bleiben werde, und: »Die gemeinsame Liebe zu dem Lande, für das wir ein Leben lang gearbeitet und nach bestem Wissen und Gewissen unser Bestes gegeben haben, ist das Band, das alle die verbindet, die seiner Zukunft dienen zu können glauben.« Die, die überlebten, haben diese Liebe hinübergerettet in eine neue Zeit. Es seien nicht genug gewesen, die so empfunden hätten? Die Liebe zum eigenen Land ist keine Frage der Zahl. So wie es auch keine Frage der Zeit ist, ob ein Land geeint sein dürfe und unabhängig. Daß Deutschland die längste Zeit seiner Geschichte nicht eins war, beweist nichts, nichts gegen die Zusammengehörigkeit der Teile, die nun zusammenwachsen – zu einem Ganzen, der Normalität verpflichtet.

Von Normalität reden heißt, reden gegen all das, was die gesamtdeutsche Gegenwart ausmacht; heißt, reden gegen das »Leitbild« unserer Zeit, das alles in der »Schwebe« hält, ohne Auf und Ab und Entscheidungszwang, alles erlaubend und alles instrumentalisierend, Anlaß bietend zu Selbstzufriedenheit und Ichsucht, inhaltlos, losgelöst von aller Vergangenheit, die um so beliebiger zu handhaben ist. Ein Widerspruch zur vorgeblichen Fremdenfreundlichkeit? Leider nein. Auch Fremde werden benutzt – als Mittel, die deutschen Dinge zu verunstalten. Je ungemütlicher sie werden, desto erhabener darf man sich selber fühlen. Eine Sünde wider die Wahrheit, in diesem größeren Zusammenhang, war, die vielen bleiben wollenden Fremden mit den wenigen auf die Heimkehr wartenden Flüchtlingen der Nazizeit in eins zu setzen.

Die Nachkriegszeit war mehr als einmal für beendet erklärt und Normalität mehr als einmal verfügt worden, so in der Großen Koalition und so nach dem Machtwechsel von 1969. Dachte man nur an die Normalität des demokratischen Wechsels? Kaum. Normalität wurde beschworen – stillschweigend und aus Trotz. Trotz gegen eine Teilung, die die Sowjets aufrechterhielten und mit der umzugehen es keine Alternative gab. Nach Normalität wurde so lange getrachtet, wie ein Bewußtsein von der Teilung bestand und diese als wider die Natur gerichtet galt; so lange auch warf die Vergangenheit noch keine Schatten auf die Zukunft des Landes. Am Volkstrauertag 1969 war, mit Bedacht, die Formel geprägt worden, die nur zwanzig Jahre später und erst recht nach der Einheit nichts mehr wert sein und plötzlich als Nachweis für nazistische Nachsicht herhalten sollte: »Den Opfern des Krieges und der Gewaltherrschaft.« Als eine andere Zeit heraufgezogen war, galten die Teilstaaten als Ausbund an Normalität, und nur weil diese Zeit immer noch fortlebt, mentaliter, wird die Rückkehr zum Ausgangspunkt als Frevel gegeißelt, und das vereinte Deutschland darf alles beanspruchen, nur nicht Normalität. Die deutschen Tabus kommen und gehen, weil der Daseinsgrund brüchig ist und viele, zu viele, ihn brüchig wollen. Nirgends haben die Launen ein so leichtes Spiel wie in Deutschland. Nirgends auch werden sie so schnell so absolut gesetzt wie hier. Die Nichtachtung der Geschichte und ihre Nutzbarmachung für die Launen der Gegenwart sind die Kehrseite ein und desselben »Leitbildes«.

Die Erben müssen, weil die nazistischen Verbrechen jede Norm gesprengt haben, der Normalität entsagen, so lautet die verbreitete Meinung. Folgt das eine aus dem anderen? Das Verbot der Normalität aus dem Bruch der Norm? Nein. Was überhaupt ist Erbschaft, und wer ist Erbe? Gleichzusetzen, was nicht gleichzusetzen ist, und eine »sakrale« mit einer profanen Kategorie zu vermengen, welch eine Hybris. Wenn irgend der Erinnerung an das, was war, ein Verbot innewohnt, dann dieses: die Opfer zu benutzen, für welche Zwecke auch immer. Wenn dieses eine Verbot wieder in Kraft träte, vielleicht hörten sich die Reden und die Redensarten, die tagaus, tagein gemacht werden, weniger aufgesetzt an und weniger falsch.

Was im deutschen Namen getan worden ist und was Deutschland sich selbst und der Welt angetan hat, bleibt auf ewig in der Erinnerung und wird nie »abgearbeitet« werden. Nie wird erklärt und aufgelöst werden, was in aller Einzelheit, aber nicht im ganzen zu erklären und aufzulösen ist. Sich erinnern ist anderes, ist, in Demut verharren, um Vergebung immer wieder bittend. Die Bitte um Vergebung, was wäre sie anderes als die Bitte, dem Tod, auch dem massenhaften Tod, die Macht über das Leben zu entreißen? Doch wie eine solche Bitte verinnerlichen, wenn vom Tod niemand mehr etwas wissen will?

Die Norm, die gebrochen wurde, war eine »sakrale«. Die Gesetze, nach denen gelebt – weitergelebt – wird, sind profaner Natur und schreiben Normalität vor. Was sonst? Was soll sein, wenn nicht Normalität? Wer uns, von draußen oder von drinnen, diese abspricht, muß sagen, was statt dessen sein soll. Etwas Besonderes? Eine Sonderrolle? Zu wessen Nutzen? Normalität ist ein Kunstthema, ein Thema des Scheins, und gehört in jene vorübergegangene Zeit, die künstlich und krampfhaft in die Gegenwart verlängert wird. Normalität heißt, sein wie andere sind, andere Demokratien, die auf je eigene Weise zu Normalität haben finden müssen. Normalität sich selbst absprechen ist ein Zustand, der nicht dauern kann. Keine Meinungsmacht ist groß genug, das Ende lange hinauszuziehen. Das Ende wird den neuen »Anfang« setzen. Und dann, endlich, wird die innere die äußere Zeit eingeholt haben, die Zeit, die von weither kommt und doch eine neue ist.

ULRICH SCHACHT

STIGMA UND SORGE

Über deutsche Identität nach Auschwitz

Souverän ist in der Mediendemokratie, wer über den Auslegungs-
zustand der politischen Begriffe entscheidet.

Dieser machttechnische Versuch, über *einen* politischen Begriff
vom Wirklichen *die* Wirklichkeit des Politischen in den Griff zu
bekommen, ist alt, uralt. In seinen moderneren Varianten reicht er
vom »L'état ç'est moi!« Ludwigs XIV. bis zu Görings »Wer Jude
ist, bestimme ich!«

Und dazwischen?

Dazwischen leben die, die das glauben oder daran glauben
müssen. Dazwischen lebt aber auch der »Mensch in der Revolte«,
der sich die absurde Freiheit nimmt zu sagen: Wer ich bin, bestimme ich. Mit diesem Gedanken-Gang Camus', systemlogi-
schen Irrwegen aus dem Weg zu gehen, indem jeder Teleologie eine Absage erteilt wird und ein Prozeß selbstbewußten Kreisens
zur Geltung kommt, trifft sich auch Pavese, wenn er sagt: »Wir
sind auf der Welt, um das Schicksal in Freiheit zu verwandeln ...«

Das heißt, ins Unmittelbar-Politische gewendet: Am Ausgang
des 20. Jahrhunderts immer noch nicht zu wissen, was rechts oder
links ist – nämlich Zufallssynonyme für logische Schreckenssysteme –, belegt nur ein weiteres Mal, wie sehr die anthropologischen
Konstanten der Geschichte die Erfindung der Pädagogik in ihren
blutigen Schatten stellen.

Rechts und links sind Stand-Punkte, auf die sich nur noch berufen kann, wer ein schlechtes Gedächtnis hat. Die Voraussetzung

eines schlechten Gedächtnisses ist ein gutes Gewissen. Das gute Gewissen, sagt Bloch, ist eine Erfindung des Teufels.

Der macht-politisch wirksame Effekt derartig kurzschließender Tugend- und Heils-Systeme, wie sie sich seit 1789 national und international entwerfen, um international und national unterwerfen zu können, heißt: Klassen- oder Rassen-, in jedem Fall aber Massen-Terror. Er geschieht, seit dieser Zeit, auf *moderne* Weise, also *systematisch*: Zunächst im Kopf, dann – als Kopf-ab-Ritual – auf dem Marktplatz oder aber hinter den Bergen bei den Sieben Zwergen, in jenem sagenhaften Gelände aller Ismen, die uns vor und nach den Zäsuren als entweder helle oder dunkle Märchen erzählt werden, in deren Licht und Schatten wir uns sonnen dürfen oder frieren sollen oder umgekehrt. Nationalsozialismus, Kommunismus, Ignorantismus und vice versa?

Wer also, um in deutsches Identitäts-Gelände vorzudringen, ausgerechnet Auschwitz versteht oder verständlich zu machen versucht, wer das Rationalitäts-Prinzip und die Parallelisierungs-Methode nur zur Minimierung des unbestreitbar Maximalen nutzt, der versteht alles und damit gar nichts; wer aber ebenso kalt oder apologetisch oder schlicht verirrt den milieu- und *ungeist*-geschichtlichen Kontext zwischen Auschwitz und Kolyma leugnet (Zygmunt Baumann erweitert beide Massen-Tötungsmodelle um den *durchgerechneten* Vernichtungsakt Hiroshima zur Schrekkens-Trias aus dem Geist der Moderne), der selektiert die getöteten oder physisch und psychisch verstümmelten Opfer solcher Schreckenssysteme und ihrer plausibel scheinenden Legitimationsmuster, den »Maskeraden des Bösen« (Bonhoeffer), noch einmal, exekutiert und verstümmelt sie erneut: und erneut im Namen der guten, der besseren oder schlicht der anderen Sache, die sich oft genug noch schlichter als *ureigene* tarnt.

Die verbissenen Kämpfe im heutigen Deutschland um die Inschriften auf den diesbezüglichen Gedenktafeln – wer darauf zu stehen kommt und wer nicht, in welcher Reihenfolge gerade noch und in welcher Kombination unter gar keinen Umständen oder mindestens oder höchstens unter einem Symbol, das zwischen Käthe Kollwitz und Käthe Kruse, ohne jegliche metaphysische Tiefen- und transzendentale Trenn-Schärfe, alle Gemütswinkel von linksaußen bis rechtsunten *eindämmert* – könnte Himmler erfunden haben: der Menschen-Sortierer.

In diese Auseinander-Setzung, die sich auch noch als moralisch essentieller Höhe-Punkt einer Gesellschaft des kommunikativen Handelns gedeutet wissen will, aber nur den Kadavergehorsam durch Palavergehorsam abgelöst hat, paßt das aufgeflammte Sortieren von Lebenden:

Der »Kostüm-Faschismus« (Martin Walser) tobt sich vorwiegend an physisch Wehrlosen oder Gezeichneten aus: Schwarz oder gelb dürfen sie sein, alt oder behindert, langhaarig oder Brillenträger, Radfahrer oder Juden.

Warum Radfahrer?

Warum die anderen?

Der Kostüm-Humanismus merzt noch primär in Talk-Shows und Leitartikeln aus. Aber damit fängt es an: mit dem öffentlichen Reputations-Mord, der – immer und immer wieder – dem Mord im Öffentlichen vorausgeht. Man erreicht das, zum Beispiel: mit Hilfe stereotyper Namens-Nennung im selbstgezimmerten Denunziations-Gehege, damit auch die letzte autonom agierende Haßkappen-Kolonne tote Ratten an die richtige Adresse senden, in der zweiten Stufe den Pkw vor der Tür abfackeln kann, und in der dritten?

Wer Faschist ist, bestimmen in diesem Lande inzwischen Redakteure und Journalisten »seriöser« Medien oder Funktionäre und Abgeordnete »seriöser« Parteien. Sie deuten sich – allesamt Charakter-Habitate aus dem Milieu der Wohlfahrtsausschüsse der Bonner Republik, die sich angesichts der Zäsur von 1989 schreckensbleich sozusagen Saint-Justiert haben – zumeist als links und liberal, sozial oder radikal-christlich grundiert, aber den unbescholtenen Demokraten Heitmann, um eines ihrer Opfer zu nennen: als rechtsradikal.

Warum? Weil er *human* und eben nicht ideologisch, also macht-bezüglich und diskursherrschafts-orientiert, über deutsche Geschichte und Identität und ihre Konsequenzen für die Nachgeborenen nachzudenken vermag und zudem mit seinem Lebensweg durch die zweite deutsche Diktatur bewiesen hat, daß man als Jurist der evangelischen Kirche nicht Kollaborateur des Ministeriums für Staatssicherheit der DDR sein mußte, um den von SED und MfS Unterdrückten besonders gottgefällig zu dienen.

Aber dieselben als Exegeten getarnten Exorzisten, die ein eindeutiges Heitmann-Interview ins Denunzierbar-Zweideutige paraphrasieren, überlesen ein Interview Helmut Schmidts, in dem *grenznahe Lager* für Ausländer gefordert werden und andere Sätze über Deutschland und die Deutschen, ihre Sorgen, Ängste und Rechte stehen, die das Hamburger Landesamt für Verfassungsschutz ortsansässigen Republikanern wahrscheinlich nicht durchgehen lassen würde.

Das Blockwart-System der westdeutschen PC-Gesellschaft und ihrer PC-Kommissare, die sich seit 1990 auf dem Staatsgelände der dritten deutschen Republik austoben können, funktioniert inzwischen so gut und so abschreckend, daß einem Analogien in den Sinn schießen, die man bis vor kurzem nicht zu alpträumen gewagt hätte: *Diskurs-Apartheid* etwa.

Einer dieser Kommissare, als Absolvent der linksrheinischen Status-quo-Hochschule für Überlebens-Fragen des westdeutschen Sonderbewußtseins eine intellektuelle Totgeburt per se, faselt seit kurzem davon, daß »Deutschland drifte(t)«. Nach rechts, versteht sich.

Woran erkennt er das?

Daran, unter anderem, daß Berlin, wie vor Jahrzehnten beschlossen, Hauptstadt geworden ist.

An der Tugend der Treue mithin.

Daran, daß Schadows Siegesgöttin auf dem Brandenburger Tor im Lorbeerkranz wieder das Eiserne Kreuz der Befreiungskriege von 1813 trägt.

An einem Symbol nationaler Emanzipation also.

Daran, daß eine Reihe von kulturell nicht vollends verwüsteten Deutschen darum ringt, daß das Berliner Stadtschloß endlich an dem Platz wiederentsteht, von dem es – nach 1945, zum Zwecke der Schaffung eines stalinistischen Triumphgeländes – als wiederaufbaufähige Ruine ins Nichts der »Neuen Zeit« weggesprengt worden war, deren Herren auf dem zertrümmerten Eigen-Symbol nationalgeschichtlicher Zentrik, nicht aber nationalistischer Ego-Zentrik, *Fremd*-Herrschaft semiotisch-architektonisch installierten, zementierten und ins entkernte Eigene zu transplantieren versuchten.

Berlin *ist* wieder Hauptstadt Deutschlands, die verstümmelte Quadriga *wurde* wieder vervollkommnet, und das Schloß *wird* wiedererrichtet werden. Das politisch und ästhetisch Selbstverständliche ist also geschehen oder geschieht.

Wie aber begründet man erregte Einwände jener Art gegen dieses politisch und ästhetisch Selbstverständliche?

Deutschland habe es doch nie wirklich gegeben, sagt der spätgeborene Kulturkampf-Experte – im Gefolge offenbar durch schwarz eingefärbte Glasaugen sehend gewordener Historiker – ein ums andere Mal: Oder wenigstens nicht als Nation. Oder Nationalstaat. Oder vielleicht doch lieber ganz und gar nicht. Oder so ähnlich . . .

Wenn von *Revisionismus* die Rede ist, sollte man sich, beispielsweise, in die von einer geradezu alchemistischen Besessenheit ausgefüllten Geschichts-Laboratorien der Hans-Ulrich Wehler oder Hagen Schulze begeben. Schulze fragte ausgerechnet 1989, ob es denn »überhaupt eine deutsche Geschichte« gebe? Aber in klassischer ideologischer Manier hatte er seine Frage gar nicht als *Frage* gemeint, sondern nur rhetorisch das End-Ziel aus dem Geist des Vor-Urteils anvisiert: »Die deutsche Kultur- und Sprachgemeinschaft kann nicht die Identität eines Nationalstaates begründen – dieser Versuch ist im Laufe der vergangenen zwei Jahrhunderte exemplarisch mißlungen.«

Was bleibt?

Die postdeutsche nationalsuizidale Geschichtsschreibung, bei der die westdeutschen PC-Kommissare wie Kinder aus Hameln zur Schule gegangen sind, hat natürlich ein – goethisch grundiertes – Erkenntnis-Dekret an dieser Stelle zu bieten, das allerdings nur an Werbung für Kaffee-Ersatz erinnert:»Von Deutschland reden heißt, von Europa zu reden« – was jenem typischen PC-Kommissar, von dem hier die Rede ist, auf jedes Wissen verdunkelnde Weise einleuchtet.

Gewiß, man könnte das alles abtun als Ausdruck des Minderwertigkeitskomplexes eines Mannes (und einer Generation), der (die) ahnt, daß auch mit einer Doktorarbeit (oder einem Ministerpräsidentenamt) im eigenen Karrieremuster fast nichts bewiesen ist, wenn es um Charakter geht. Andererseits ist er – selbst noch in seiner christdemokratischen Farcenfassung – *der* Typus des progressiven Intellektuellen, der spätestens seit 1968 das Schulungs-Heft in Sachen deutsche Geschichte und nationale Identität hierzulande in der Hand hat.

War es zunächst die westdeutsche Demokratie, die geschichtsflächendeckend – also pränatal und posthistorisch – unter Faschismusverdacht gestellt wurde, so ist es nach dem Fall der Mauer das wiedervereinigte Deutschland, dem die Bundesrepublik zwischen 1949 und 1989 nun nicht mehr ein Piemont (wie verfassungsrechtlich fixiert) gewesen sein soll, sondern ein – habermas'sches – *westliches* Bollwerk.

Wogegen?

Ach, ihr urdeutschen Anti-Deutschen! Was mich in manche Seelendüsternis und daraus entstehende Fluchtneigungen und Exilsrichtungen treibt, ist dieser elende, anhaltende Sieg»Hitlers in uns selbst« (Max Picard) – seinen Testamentsvollstreckern, solange wir nichts, aber *rein gar nichts anderes* gewesen sein wollen oder dürfen als die größten Bösen aller Zeiten: davor und danach, und so Gott und der derzeitige Bundestag wollen: für immer!

Indem wir uns also – zwischen Urknall und Wärmetod – zum

Bösesten des Alls, dem Allerbösesten schlechthin, niederstilisieren und -stigmatisieren, steigern wir unsere Güte wirklich ins Unendliche? Oder tatsächlich bloß erneut ins Unmenschliche? Wenn das keine Versuchung des Teufels ist!

Denn das *unbarmherzige* Verurteilen der eigenen Nation und ihrer Angehörigen, einschließlich der Nochnichtgeborenen sowie aller Verblichenen zwischen Heinrich dem IV., Friedrich dem Großen und Wilhelm II., ist leider nichts anderes als ein grauenhaftes Echo der Unbarmherzigkeit gegenüber anderen Nationen zuvor. Und der totale rhetorisch-diskursive Vernichtungswille gegenüber *allen* konstitutiven Tatsachen und Aspekten der eigenen nationalen Identität, ihren historischen Voraussetzungen wie gesellschaftlichen, ordnungspolitischen und mentalen Ausformungen und Konsequenzen ist – in seinem *blindwütigen* Antriebsmotiv – identisch mit dem totalen Vernichtungswillen NS-Deutschlands gegenüber dem jüdischen Volk.

Die *das* betreiben, betreiben *das*, was Hitler – laut Albert Speer – im März 1945 im götterdämmrigen Führerbunker zu Berlin quasi als *das* Naturgesetz der Geschichte verkündete: Wenn der Krieg verlorenginge, sei auch das deutsche Volk verloren. Denn es habe sich »als das schwächere erwiesen, und dem stärkeren Ostvolk gehöre dann ausschließlich die Zukunft«.

Gute Nacht, Deutschland! Der Führer hat das Licht ausgemacht, ein für allemal, und wehe, einer versucht, es wieder heller werden zu lassen zwischen Rhein und Oder, weil er in all der Düsternis immer auch Fackelträger gesehen und ihre Namen, Motive, Ideen und Ziele nicht vergessen hat: Stauffenberg und Leber, Schulenburg und von Tresckow, Elser und die Geschwister Scholl, Bonhoeffer, Goerdeler und all die anderen, die von Ehre wußten und Würde und beides in einen Zusammenhang mit Deutschland brachten, weil sie Deutschland nicht grundsätzlich und auf Dauer mit der Mörderbande unterm Hakenkreuz verwechselten.

Diese Unfähigkeit zur Oberflächlichkeit teilten sie mit den

überlebenden Gegnern der ersten deutschen Diktatur. Denn muß man heute tatsächlich daran erinnern, daß es nach 1945 exakt darüber einen Konsens gab zwischen Adenauer, Schumacher und Heuss – bei aller Verschiedenheit im Selbstbegründen und Vorwärtswollen, aber nicht zuletzt angesichts der Fortsetzung des Totalitären in Deutschland –, nun durch deutsche Kommunisten und ihre Antreiber wie Mitläufer.

Muß man wirklich daran erinnern, daß es ausgerechnet Deutsche jüdischer Herkunft, die im Exil überlebt hatten, waren, die in jenem Jahr 1945 zu Papier brachten, was die wohlfeilen Anti-Faschisten und Deutsch-Suizidalen von heute nicht ums Verrekken in ihre Hirne lassen wollen:

Daß der Nationalsozialismus eben *nicht* die Vollendung, sondern vielmehr den»Zusammenbruch aller deutschen Traditionen darstellt«; daß es gerade *nicht*»irgendeine deutsche Tradition als solche« gewesen ist, die den»Nazismus herbeigeführt hat, sondern die Verletzung aller Traditionen« (Hannah Arendt).

Und haben die hartherzigen PC-Kommissare unserer Tage jemals Canettis barmherzige Notizen aus dem Jahre 1945 zur Kenntnis genommen – zu finden in dem Tage-Buch»Die Provinz des Menschen« –, in denen es, auf die eben besiegte Provinz des Unmenschen bezogen, heißt:»Der Zusammenbruch der Deutschen geht einem näher, als man es sich zugestehen mag. Es ist das Maß der Täuschung, in der sie gelebt haben, das Riesenhafte ihrer Illusion, das Blindmächtige ihres hoffnungslosen Glaubens, was einem keine Ruhe gibt . . . Was bleibt von ihnen übrig? Was sonst war in ihnen vorbereitet? Welches zweite Leben können sie jetzt beginnen? Was sonst sind sie ohne ihren furchtbaren militärischen Glauben? Wie sehr fühlen sie ihre Ohnmacht, da es für sie nichts als Macht gab? Wohin können sie noch fallen? Was fängt sie auf?«

Vielleicht dies: Die Anstifter und Täter von Auschwitz *sind* nicht zu entschulden; aber die Enkel der Täter *müssen* nicht entschuldet werden. Dazwischen liegt ein Stück verbrecherischer

deutscher Nationalgeschichte, aus dem heute ein Teil der Weltgeschichte des politischen Verbrechens geworden ist. In Deutschland leben inzwischen fast nur noch Angehörige von Generationen, die zwar in die Ergebnisse dieser Geschichtsperiode verstrickt sind, nicht aber in das damit verbundene Verbrechen.
Aus diesem mentalen Dilemma müssen wir humanen Gewinn
keltern, nicht aber ein gottfernes Kainsmal ableiten: Kainsmale
sind von Gott gesetzte Schutz-Zeichen, keine Brandmarkungen
im Sinne eines moralischen Dauer-Stigmas oder ewigen Desa-
sters.

Das volkspädagogisch begründete Betreiben einer derartig bösen Brandmarkungs-Maschinerie führt bei den Nachfahren der
Täter zu jenem furchtbaren Effekt, den der Auschwitz- und
Buchenwald-Überlebende Imre Kertész in seinem »Galeerenta-
gebuch« festhielt:

Angesichts von Jugendlichen in der Gedenkstätte Buchenwald
zu Zeiten der zweiten deutschen Diktatur hatte er »begriffen, wo
die Grenzen des historischen Fassungsvermögens liegen. Sie ge-
statten keine Großzügigkeit, doch ohne Großzügigkeit kann kein
Volk ein anderes Volk verstehen, mehr noch: nicht einmal sich
selbst.«

Deshalb tut es diesem ins zweifelhafte Überleben geretteten Juden aus Budapest mit seiner mitmenschlich-paradoxen Psycho-
Logik »fast leid, daß ich – einer von Millionen – Teil jener Grund-
schuld bin, die man diesem sein Leben in seelischem Elend fri-
stenden Volk unter die Nase reibt, während seine Unterdrückung,
seine › Bestrafung‹ ganz andere Gründe hat als die, die zur Rechtfertigung angeführt werden . . .«

So aber »funktioniert das historische falsche Bewußtsein, und
so wird es zur Funktion gebracht: Fälschung, Krankheit, Neurose,
aufgezwungenes Schuldbewußtsein, dessen Ergebnis schließlich
wütende Aggression ist, wenn möglich, gegen andere, wenn nicht,
gegen sich selbst.«

Exakt dies sei jedenfalls unvermeidlich, schreibt Kertész im November 1980, »wenn man den Menschen nicht gestattet, sich materiell, seelisch und geistig über ihre Situation hinauszubewegen, sich überhaupt vorwärtszubewegen . . .«

Nur wer dies nicht weiß, weil er es vergessen hat oder aus bösen Gründen nicht wissen will, erinnert sich nicht an jene Nachkriegsperspektive, die auch ein Thomas Mann, obwohl tief gekränkt vom Deutschland unterm Hakenkreuz, *seinem* anderen Deutschland nicht verwehren wollte: ». . . ich glaube an Deutschlands Zukunft, wie verzweifelt auch immer seine Gegenwart sich ausnehmen, wie hoffnungslos die Zerstörung erscheinen möge. Man höre doch auf, vom Ende der deutschen Geschichte zu reden! Deutschland ist nicht identisch mit der kurzen und finsteren geschichtlichen Episode, die Hitlers Namen trägt . . . Es ist im Begriffe, eine neue Gestalt anzunehmen, in einen neuen Lebenszustand überzugehen, der vielleicht nach den ersten Schmerzen der Wandlung und des Übergangs mehr Glück und echte Würde verspricht, den eigensten Anlagen und Bedürfnissen der Nation günstiger sein mag als der alte.«

Aber das heißt ja nichts anderes als: Wenn Antisemitismus »das Gerücht über die Juden« ist (Adorno), dann ist eine weitere Quelle des Inhumanen *das Gerücht über die Deutschen.*

Es gibt also kein Recht, *die* Deutschen mit Auschwitz zu stigmatisieren (mithin Auschwitz zu mißbrauchen); wer es dennoch tut, nutzt Auschwitz »für gewöhnlich nur (als) eine Waffe der moralischen Stigmatisierung des Andersdenkenden« (Graf Kielmansegg). Aber es gibt die *Pflicht* der Deutschen, von Auschwitz *zu wissen.* Dieses Wissen der Deutschen ist allerdings ein Privileg: Das Privileg zu wissen, daß Auschwitz *möglich* ist, weil es geschah. Was aber möglich ist, weil es geschah, ist nicht einmalig, sondern *menschenmöglich.* Daraus erwächst für die Nachfahren derjenigen, durch die es geschah, nicht Stigma, sondern *Sorge.* Die einzige – allerdings umfassende und dauerhafte – *praktisch-moralische* und eben nicht lediglich rhetorisch-rituelle oder bloß finanzielle Konsequenz aus diesem Wissen ist die *Sorge um Israel.* Denn jeder neue mögliche Holocaust-Versuch an Juden findet *dort* statt, wo das jüdische Volk lebt, nirgends sonst.

An exakt diesem Punkt unseres Denkens und Handelns wird sich erweisen, ob die Scholls, Bonhoeffer, Stauffenberg, Elser und andere – in deren Pflicht stehen zu dürfen wir das zugleich be- und entlastende moralische Glück haben –, ob sie sich, auf ihr Volk und ihre Nation, jenes »Geheime Deutschland« bezogen, dem das letzte Wort Stauffenbergs an der Erschießungswand gegolten haben soll, geirrt und umsonst geopfert haben.

Nein, rechts und links ist, was die politische Abgründigkeit betrifft, kein Unterschied mehr: Diese Begriffe und ihre ideengeschichtlichen wie ordnungspolitischen Gehalte und Ausmalungen sind erreicht von der Wirklichkeit, die uns nur deshalb so furchtbar treu bleibt, weil sie uns wieder und wieder fremd wird. Solchen Entfremdungen aber kann nur begegnet werden im gleichzeitigen Erinnern des Bösen *und* des Guten, des Schlechteren *und* des Besseren im Eigenen – *das* sind die Ausgangs- und Zielpunkte, die etwas mit *uns* zu tun haben. Oder mit dem lieben den Gott, von dem wir allerdings abstammen, weil auch er zornig sein kann, ungerecht, grausam.

Wo aber herrscht Gott wirklich, wenn oben und unten nicht mehr existieren und links und rechts nur den *gleichzeitigen* Blick unserer Augen beschreiben – aufgehängt an unseren Wirbelsäulen, diesen knochenharten Achsen im Nichts?

Mich interessiert also letztlich nicht, woher einer kommt – ob Mensch oder Nation –, um besser zu werden. Um besser zu werden, interessiert mich alles.

1987 fragte ein deutsches Philosophenforum, ob in der »Zerstörung des moralischen Selbstbewußtseins« der Deutschen nach 1945 eine »Chance oder Gefährdung« läge?

Wenn in solch einer Zerstörung tatsächlich eine Chance gesehen wird, hat Hitler gesiegt, wäre er der neue Geschichts-Gott der Deutschen.

Also antworten wir: Jene Zerstörung ist nur Gefährdung, nie

aber Chance. Denn Hitler ist kein Charakter-Symbol der Deutschen, und Auschwitz ist nicht der logische End-Ort deutscher Geschichte.

REINHART MAURER

SCHULD UND WOHLSTAND

Über die westlich-deutsche Generallinie

I. Historische Einführung

Der Untertitel meines Aufsatzes erinnert an Ernst Jüngers Schrift
»Über die Linie«, zuerst 1950 in einer Festschrift für Martin Heidegger erschienen. Heidegger antwortete 1955 mit einem Aufsatz
»Über die ›Linie‹« in einer Festschrift für Jünger (später unter
dem Titel »Zur Seinsfrage« in: »Wegmarken«). Während nämlich
Jünger das »über« optimistischerweise mehr im Sinne von »darüber hinweg« gemeint hatte: hinweg über den »Nullmeridian« des
offen ausgebrochenen Nihilismus, ist Heidegger skeptisch und
will zunächst einmal diese angebliche Linie näher betrachten. Er
legt dar, daß es sich vielmehr um eine Zone handle, die – weil »von
einem Normalzustand und dessen Verfestigung durchherrscht« –
ungewöhnlich breit sei. Und vor allem sei sie nicht bloß etwas außerhalb, sondern der Mensch selber sei diese kritische Zone.
Durch seinen »be-greifenden«, verändernden Zugriff fordere er
die Wirklichkeit heraus, bis diese »zunächst lange Zeit unbeachtet
zum Gegenangriff« übergehe (daß sie es tut, merkt man inzwischen an der heraufziehenden ökologischen Krise). Dabei sei die
Null-Linie noch gar nicht sichtbar. Vielleicht tauche sie »in der
Form einer planetarischen Katastrophe jäh vor uns auf. Wer über-
quert sie dann noch? Und was vermögen Katastrophen? Die zwei
Weltkriege haben die Bewegung des Nihilismus weder aufgehalten noch aus ihrer Richtung abgelenkt.«
　So also dachte man in den fünfziger Jahren oder dachten vielmehr einige (aber durchaus vor einer breiteren Öffentlichkeit)
über die Lage nach, auf deutsche Weise »kulturkritisch«. Damals

nach der »Stunde null« war man noch auf dem Bahnhof oder dachte, man sei es, auf dem Bahnhof nämlich, von dem der kolumbianische Philosoph Nicolás Gómez Dávila spricht (in einem Buch, das im Deutschen den Titel »Einsamkeiten« trägt): »Die politische Literatur von gestern ist noch von Interesse, weil sie Disput im Bahnhof war. Die heutige ist ohne Interesse, denn sie ist Kolloquium im Zug.«

Damals redeten einige problematische Autoren im Anschluß an den ebenfalls faschismusverdächtigen Nietzsche noch über »Nihilismus«. Inzwischen wissen wir, daß Nihilismus »out« ist und fundamentale Gesellschaftskritik gefährlich.

Wissen wir es? Wer ist »wir«? Einige wissen oder ahnen: Der Nihilismus geht, das Nichts kommt näher. Aber »wir« wissen, welches die Lösung aller Probleme ist: Technik und Demokratie. Alle »Betroffenen«, also 5 bis 6 Milliarden, müssen nur solidarisch beraten und abstimmen über das, was wir technisch-ökonomisch-politisch machen können und machen wollen, und wir brauchen nur dafür zu sorgen, daß sich der durchschnittliche Pro-Kopf-Energieverbrauch der fortgeschrittensten Länder, zumal der USA, über die ganze Erde verbreitet und daß so das überexponentielle Bevölkerungswachstum durch Wohlstand gestoppt wird oder daß alle (Millionen) Notleidenden in die Wohlstandsländer einwandern können und daß auch innerhalb dieser Länder soziale Gerechtigkeit . . .

Mit anderen Worten: Der Bahnhof ist verlassen, der Zug rollt mit wachsender Geschwindigkeit auf einer technisch-moralisch-politisch höchst gerechtfertigten Generallinie. Alle anderen Linien gelten als entweder obsolet oder böse oder beides. Darum sollen im folgenden einige vorläufige Bemerkungen über die Generallinie dargeboten werden, über die »westliche«. Denn die Auffassung, daß nur der marxistische Osten eine gehabt habe, dürfte irrig sein. Durch Francis Fukuyama und andere wissen wir vielmehr, daß nach dem Zusammenbruch des Ostblocks und seiner Ideologie die westliche Generallinie Monopolanspruch an-

70

meldet (»The End of History«, 1989/1992). Wer könnte es wagen, diese Überlegenheit, welche die gewaltigsten Waffen und die mächtigste Wirtschaft zur Basis hat, in Frage zu stellen, also nicht nur über diese Linie zu reden, sondern auch über sie hinweg gehen zu wollen?

Doch vielleicht führt es weiter, statt nur aufs Große und Globale zu blicken, auch die konkrete Gestalt unter die Lupe zu nehmen, welche die vormals westliche, jetzt universale Generallinie in Deutschland angenommen hat. Dort nämlich ist sie besonders deutlich konturiert, da bekanntlich viele Deutsche um das Jahr 1933 herum Nazis wurden und da der Nationalsozialismus zumindest partiell eine Abweichung von der Generallinie darstellte. Per »reeducation«, zunächst in einer westlichen und einer östlichen Spielart, wurden sie auf die Linie zurückgeholt, so daß sie nun ein geschärftes Bewußtsein für sie haben: geschärft durch den Versuch der Abweichung und sein Scheitern. Sie wissen, wohin das Abweichen geführt hat, und sind damit sich selbst und der ganzen Welt ein warnendes Beispiel – ein wirklich aktiv warnendes, nicht bloß ein durch seine Abscheulichkeit passiv abschreckendes. Denn da sie eine intime Kenntnis des Bösen haben, wissen diejenigen, die sich am entschiedensten davon abwenden, in besonderem Maße um das Gute und können daher jetzt ihrerseits zu Lehrmeistern nicht nur des eigenen Volkes (sofern es das noch gibt) werden, sondern auch anderer Völker (die es noch gibt). Das ist besonders dann der Fall, wenn es ihnen - wie einigen Frankfurtern – gelungen ist, die moralisch-politische Generallinie in kommunikativer Kompetenz oder gar letztbegründeter Klarheit zu erfassen. Allüberall kann man dann die Abweichungen erkennen, vor ihnen warnen und den neuen Anfängen des alten Bösen wehren.

Diese moralisch-politisch-ideologische Aktivität und Subjektivität scheint dafür zu sprechen, daß Ernst Jünger nicht recht behalten hat mit dem, was er bald nach 1945 schrieb. Heidegger zitiert es, ist in dem Punkt mit ihm einverstanden:
»Die Totale Mobilmachung ist in ein Stadium eingetreten, das

an Bedrohlichkeit noch das vergangene übertrifft. Der Deutsche freilich ist nicht mehr ihr Subjekt, und damit wächst die Gefahr, daß er als ihr Objekt begriffen wird.«

Bei Jünger freilich heißt es unmittelbar davor:

»Die Zeit der Ideologien, wie sie noch 1918 möglich war, ist vorbei; sie liegen den großen Mächten nur noch als ganz leichte Schminke auf.«

Und genau das ist das Problem mit der westdeutschen Ausprägung der ideologischen Generallinie, die nunmehr gesamtdeutsch werden soll (wogegen sich viele Ostdeutsche aus großenteils dunklen Gründen wehren): Welche Verbindung hat sie zu dem großen Basisprozeß der modernen Gesellschaft, zu der stets zunehmenden Naturbeherrschung und Naturvernutzung, der Mobilisierung aller technisch mobilisierbaren Kräfte, dem mit zunehmender Geschwindigkeit dahinrasenden Zug? Ist sie wirklich nur eine leichte Schminke, hat sie also eine leicht durchschaubare kosmetische Funktion? Oder betreibt sie eine wesentlichere Verschleierung der Realität? Oder hat sie gar die Bedeutung eines fortschreitenden Wirklichkeitsverlustes?

Falls die gegenwärtige Lage der Menschheit wirklich noch bedrohlicher sein sollte als zur Zeit des 2. Weltkrieges, als sie schon durchaus bedrohlich war, dann ist sicher die Versuchung groß, darauf mit Vogel-Strauß-Politik zu reagieren. Und der Sand, der sich da vor allem anbietet, das sind die vergangenen Übel. Man stochert immer von neuem in ihnen herum und glaubt, aus ihnen, das heißt durch Wiederholungsvermeidung, die Lösung gegenwärtiger Probleme gewinnen zu können. Die Problemlage hat sich jedoch längst weiterentwickelt und in mancher Hinsicht ungeheuer verschärft. Daß man davor den Kopf in den Sand steckt, wäre dann ein wesentlicher Beitrag zur Steigerung der Bedrohlichkeit: Vergangenheitsbewältigung als Gegenwartsversagen. Es wäre eine Abkopplung des Geistes von der Wirklichkeit: Der Zug der wirklichen Menschheitsentwicklung, wirklich im Sinne ihres realen, zunehmend ruinösen Stoffwechsels mit der Natur, rast weiter seiner Entgleisung entgegen, und der Geist als illusionäre humanistisch-anthropozentrische Ideologie, als technodemokratischer Chiliasmus ist derweil in einen Sackbahnhof eingelaufen, wo er nun auf der Stelle steht. Die gegenwärtige deutsche, nur teilweise eigenständige Ideologie legt davon Zeugnis ab, daß es sich so verhält. An ihr kann man die Probleme unserer weltanschaulichen Generallinie vielleicht am besten studieren.

II. Vorläufige Bemerkungen über die Generallinie

1. Die geistige Atmosphäre in Deutschland und Europa ist durch den Nationalsozialismus/Faschismus und die Art seiner »Bewältigung« ebenso vergiftet wie zunehmend die Atemluft durch Abgase. Notwendig ist ein frischer Wind, der in die Giftschwaden bläst, um wieder freies Atmen zu ermöglichen – philosophisch, politisch, ökologisch, faktisch.

2. Deutsche »Vergangenheitsbewältigung«: Man hat so lange in gebetsmühlenartiger Wiederholung betont, daß es ganz schrecklich gewesen sei (war es auch, aber keineswegs einzigartig) und nie wieder vorkommen dürfe, bis es ansatzweise wieder vorkommt. Wesentliche Seiten und Ursachen des modernen Totalitarismus hat man nicht oder viel zu wenig erfaßt. Es sind die Ursachen, die weiterwirken. Statt sie anzugehen: Formeln und Rituale.

3. Die rituelle Wiederholung des Wortes »einzigartig« im Zusammenhang mit den NS-Verbrechen hat vor allem den Wert, die historische Unbildung des Verwenders zu offenbaren. Man kennt die Geschichte nicht, zum Beispiel nicht eines der ersten großen Geschichtsbücher: Thukydides' »Geschichte des Peloponnesischen Krieges«.
Außerdem hat die Behauptung und Betonung der Einzigartigkeit einen hohen Wert für die Durchsetzung bestimmter Interessen. Man will den Deutschen ein dauerhaft schlechtes Gewissen

machen, will sie daran hindern, ein normales nationales Selbstbewußtsein zu erlangen oder wiederzuerlangen (falls sie es je gehabt
haben), um sie zu diesem und jenem bewegen zu können. Der
Deutsche als Objekt, wie Ernst Jünger sagt. Dabei handelt es sich
prinzipiell um eine altbekannte und eigentlich sehr durchsichtige
Handlungsstrategie. Warum soll man sie in diesem Fall nicht ent-
larven dürfen? Moderne Ideologiekritik bemüht sich doch, hinter
allem die treibenden Interessen aufzudecken.

Für die Deutschen und andere Völker ist der weitere Fortbestand dieser Objektivierung und korrespondierenden Selbsternie-
drigung jedoch fatal. Was zum Beispiel soll aus Europa werden,
wenn seine Mitte ein Land ist, dessen Selbstbewußtsein schwankt
zwischen Anmaßung und Erniedrigung?

4. In Deutschland dient das Wort »einzigartig« in diesem Kontext
einer scheinbar hochmoralischen kollektiven Identitätsstiftung.
Je stärker man die deutsche Schuld betont und dadurch eine neudeutsche Identität gewinnt, um so mehr setzt man sich von den
schuldigen Deutschen ab bis hin zur völligen Unschuld durch völlige Negation alles Deutschen. Die neudeutsche Identität besteht
in der Negation ihrer selbst und kann so universal vorbildlich sein
für die kosmopolitische Überwindung jedes Nationalismus –
denn so weit wie diese nicht mehr deutschen Deutschen ist ja bisher kaum ein anderes Volk.

5. Zäh verteidigen sie ihre deutsch-antideutsche Schuldidentität.
Es tat so gut zu wissen, was böse und per Kontrast gut ist, indem
man die deutsche Schuld anerkennend sie zugleich von sich ab-
wälzt auf die bösen anderen Deutschen, die aus ihr nicht alles dieses ableiten wollen: ihre gegenwärtige und künftige Identität, ihre
Absolution von dem Übel und neue Gutheit, das Maß für gut und
böse.

6. »Woher kommt diese Wut?« fragt sogar eine Politikerin der »Grünen«, nämlich Antje Vollmer. Warum verteidigen sie jetzt mit Klauen und Zähnen ihre reduzierte Weltanschauung, zum Beispiel gegen Botho Strauß' »Anschwellenden Bocksgesang« oder Ernst Noltes andersartige Faschismusinterpretation? Steckt dahinter nicht auch die Angst der umgepolten HJ-Führer, Flakhelfer, Napolaschüler, nun zum zweiten Mal falsch zu liegen? Zumindest unterschwellig geht diese Angst um und ist genährt worden durch das Beispiel jener DDR-Bürger, die nach 1945 von der östlichen Generallinie geprägt worden sind. Sie haben bereits erfahren, was es bedeutet, gestern noch zu glauben, daß man an der Spitze des humanen Fortschritts marschiert, und heute womöglich als Stasi-Spitzel am Pranger zu stehen.

7. In dem Maße, wie die bisherigen Erfolgsrezepte versagen, weil man mit ihnen wesentliche Probleme, zumal solche der heraufziehenden ökologischen Krise und des durch wachsenden Wohlstand verdeckten Nihilismus, nicht lösen kann, verhärtet und borniert sich die liberalistische Generallinie. Sie schlägt in sich selbst ins Gegenteil um, wird zunehmend illiberal, dogmatisch, ja bösartig. Bei den Flakhelfern (dazu Günter Maschkes Aufsatz »Die Verschwörung der Flakhelfer«) besteht zusätzlich die Gefahr, daß sie nach ihrer Umerziehung den Liberalismus so betreiben, wie sie das ideologische Geschäft im Nazismus gelernt haben. Dieser Fanatismus geht dann auch auf die Epigonen über, zum Beispiel von Habermas auf hunderttausend Habermäuse.

»Liberalistisch« und »liberal« waren ohnehin seit je zu unterscheiden. Nun aber endet laut einem Zeitungsartikel über die neuerdings in Mode gekommene Rede von »Political Correctness«, »PC«, die liberalistische Gemütlichkeit (so D.E. Zimmer in: »Die Zeit«). Die »Zeit« freilich denkt ans Seelenheil ihrer Leser, warnt in einer distanzierenden Überschrift vor dem kritischen Autor und stellt Wiederherstellung der PC in Aussicht: »Seine Thesen sind umstritten. Eine Antwort folgt.«

8. Aus einem Brief an einen US-amerikanischen Philosophie-Kollegen, der einmal mehr eine Verbindungslinie Heidegger–Auschwitz herzustellen versuchte:

»Sie schreiben viel über Auschwitz. Wir haben hier gerade Bosnien. – Was aber sind die ›revelations of Auswitz‹, von denen Sie sprechen? Oder nüchterner gefragt: Was kann man aus Auschwitz oder Bosnien lernen? Wer es nicht schon anderswoher wußte, kann daraus lernen, daß der Mensch zu allem, speziell zu jeder Grausamkeit, fähig ist, und daß moderne Technik ihn nur noch fähiger macht. Für Kenner des Menschen und seiner Geschichte ist diese Einsicht jedoch keineswegs neu. Nur für moderne Moral-Utopisten kann sie neu erscheinen, denn wie Gómez Dávila sagt: ›Der größte moderne Irrtum besteht nicht in der These vom toten Gotte, sondern in dem Glauben, daß der Teufel tot sei.‹ Und daß sich der Teufel heutzutage nur oder vor allem in Deutschen und Nazis bestätige, ist eine gar leichtsinnige Annahme.«

9. Franz Werfel spottet in seinem gegen Ende des zweiten Weltkriegs geschriebenen, überaus hellsichtigen Zukunftsroman »Stern der Ungeborenen«:

»Zwischen Weltkrieg Zwei und Drei drängten sich die Deutschen an die Spitze der Humanität und Allgüte. Der Gebrauch des Wortes ›Humanitätsduselei‹ kostete achtundvierzig Stunden Arrest . . . Die meisten der Deutschen nahmen auch, was sie unter Humanität und Güte verstanden, äußerst ernst. Sie hatten doch seit Jahrhunderten danach gelechzt, beliebt zu sein. Humanität und Güte erschienen ihnen jetzt der beste Weg zu diesem Ziel. Sie fanden ihn sogar weit bequemer als Heroismus und Rassenlehre.«

Die Humanität jedoch möge bedenken: Unmenschlichkeit ist menschlich. Und »Humanität und Allgüte« mögen sogar christlich sein (falls man das sein will), aber auf sehr dialektische Weise, nämlich so, daß auch Gómez Dávila recht hat, wenn er schreibt:

»Jeder, der dem Menschen nicht traut, erweist sich im Grunde als Christ.«

76

10. Die Verlogenheit der Neonazis: Sie bestreiten die nazistischen Verbrechen, während ihre prinzipielle Gewaltbereitschaft ähnliche hervorbringt. Es hapert an Selbsterkenntnis im Rahmen eines realistisch-skeptischen Menschenbildes – wie bei der offiziellen öffentlichen Meinung. Man will nicht wahrhaben, wozu der Mensch fähig ist, gestern, heute, morgen. Man kann den »schrecklichen Grundtext homo natura« (der Mensch, wie er von Natur ist – Nietzsche) nicht lesen. Das Gerede von einzigartigen Verbrechen verdeckt ihn. Dabei war die nazistische Grausamkeit nur die oder vielmehr eine moderne (massenhafte, bürokratische, technologische) Ausprägung des für Kenner der Geschichte Altbekannten. Daß in dieser Hinsicht die Geschichte mit einem absoluten Höhepunkt zu Ende gekommen sei, ist eine besonders gefährliche Form von wishful thinking, Chiliasmus, und ist eine Einladung an alle, die das Gegenteil beweisen wollen oder es beweisen, ohne zu wollen.

11. Die Erwähnung des Namens »Auschwitz« hat im Nachkriegsdeutschland die Funktion, jede freie Denkbewegung in diesem Zusammenhang zum sofortigen Stillstand zu bringen. Während die Abscheustarre jeweils eine Weile anhält, verbreitet sich, von diesem Namen ausgehend, eine braune Soße über alles, was damit irgendwie in Verbindung gebracht wird. Die Hirnlosigkeit dieser Art von »Vergangenheitsbewältigung« – in Wahrheit die lähmende Vergegenwärtigung und Fortschreibung der braunen Vergangenheit – dürfte eine wesentliche Ursache für das Erstarken neonazistischer Strömungen sein. Denn auf diese Weise wird nicht nur ein Versuch politischer Problemlösung, der zur Unmenschlichkeit führt, tabuisiert, sondern auch die Probleme, die er lösen wollte, Probleme der zwischenmenschlichen Beziehungen, der Beziehungen zwischen den Völkern, der Beziehung zwischen Mensch und Umwelt. Die so unter den Teppich gekehrten Probleme verdichten sich dort zu alt-neuem Unrat.

12. Sehr interessant, was der deutsche Philosoph Martin Heidegger und der norwegische Schriftsteller (Nobelpreisträger) Knut Hamsun sich unter »Nationalsozialismus« vorstellten. Schon der Name paßt nicht zu ihren Ideen, noch weniger paßte, daß sie Adolf Hitler für deren politischen Repräsentanten hielten. Zu spät bemerkten sie ihren Irrtum.

Zum Fall Hamsun das erschütternde Buch des dänischen Autors Thorkild Hansen »Knut Hamsun. Seine Zeit – sein Prozeß«. Darin unter anderem sehr aufschlußreich, wie im befreiten Norwegen des Jahres 1945 der Chefarzt der psychiatrischen Klinik, in die man den 86jährigen Hamsun zur Untersuchung seines Geisteszustandes eingewiesen hatte, auf fast demokratisch-legale und ganz wissenschaftlich-sachliche Weise zum Folterknecht wird. Seine Methoden sind subtiler, doch im Prinzip tut er dasselbe wie gewisse deutsche KZ-Ärzte und gewisse sowjetrussische Psychiater.

13. Der Nazismus erhält eine zu große, nicht realisierbare Bedeutung, wenn man versucht, ihn direkt oder indirekt zum Maßstab für gut und böse zu machen. Auch ist er nicht geeignet, per Kontrast den negativen Leitfaden für ein Begreifen heutiger Wirklichkeit abzugeben. Denn schon die technischen Möglichkeiten, die immer auch genutzt werden, sind heute viel weiter fortgeschritten, als sie es zur Zeit des Nationalsozialismus waren.

14. »Die Nazis . . .«, sagt man heute in Deutschland und verdrängt damit das Faktum, daß um das Jahr 1938 fast alle Deutschen mehr oder weniger Nazis waren. Denn man will nicht wahrhaben, wie wenig man sich auf »fast alle« verlassen kann: welchen geringen Wert kollektive Zustimmung, Massenkonsens, Generallinien haben, und wie schnell dergleichen ins Gegenteil umschlagen kann.

15. Das beste Mittel gegen einen unvernünftigen Nationalismus ist ein vernünftiges Nationalbewußtsein. Näher betrachtet ist es

freilich kein Mittel, sondern ein Zweck, ein überindividueller Sinn- und Indentitätszusammenhang von hohem, relativem (also keineswegs absolutem) Wert. Damit sich nicht alles im Großen und Globalen oberflächlich und aufwendig verläuft und mobilisiert, bedarf es der intermediären Einheiten zwischen Individuum und Menschheit, der regionalen und nationalen Besonderheiten. Auch ist es wichtig, daß bestimmte Völker eine zurechenbare Verantwortung für je ein bestimmtes Stück Erde haben.

16. Verantwortung bestimmter Völker für ihr Stück Erde? Wie irreal! Wir haben doch längst die eine Welt (one world), in der die Menschen wie freie Wanderheuschrecken dorthin ziehen können, wo ökonomisch und touristisch am meisten zu holen ist. Und wenn alles geholt ist, dann ziehen wir zusammen, gemeinsam, universalistisch, solidarisch . . . wohin?

17. Da gibt es Leute, die empfinden die heraufziehende ökologische Krise, ja die Natur selbst als neofaschistisch. Erstaunt fragen sie: Warum bloß soll die Natur nicht mitspielen beim techno-demokratischen Menschheitserlösungsprogramm, wo es doch human ist? Der zunehmende Anschein, daß sie es nicht tut, stammt – so vermuten sie – aus einer biologistischen Sicht der Dinge. Sie vor allem müsse man bekämpfen. Wahrscheinlich schrumpfe dann die ökologische Krise auf marginale Größe. Denn der Mensch sei schließlich etwas Höheres – denken sie, als seien sie noch religiös –, sei kein bloßes Lebewesen wie das Tier, sondern habe Vernunft und moralische Autonomie. – Die Generallinie tendiert zu einem nicht mehr religiösen Jenseits des Lebens. Wenn das Animal aber Ratio hat, so möge es sie gebrauchen.

18. Lösungen können zu Recht als kompromittiert gelten. Doch kompromittierte Probleme sollte es nicht geben, zumal dann nicht, wenn sie fortbestehen und fortwirken. Ihre Verdrängung aus dem öffentlichen Bewußtsein ist gewiß keine Lösung. Das Ge-

fährlichste ist: »Wirklichkeit als Tabu« (Titel eines Sammelbandes, 1986).

Im nachfaschistischen Europa wird die Gefahr virulent als Tabuisierung einiger alt-neuer, zentraler Probleme, zumal im Spannungsfeld zwischen individueller Freiheit, Gemeinsinn und Weltsinn. Im Blick auf mangelnden Weltsinn schreibt Gómez Dávila: »Der moderne Mensch behandelt das Universum wie ein Wahnsinniger einen Idioten.«

Um mangelnden Gemeinsinn geht es in der neueren englischamerikanischen Frontstellung Kommunitarismus gegen Liberalismus.

19. Angesichts gegenwärtig zunehmender Probleme beginnt manchem, der davon bisher recht entfernt war, zu dämmern, daß die Krise des Liberalismus im Deutschland der zwanziger/dreißiger Jahre, die zum Aufkommen des Nationalsozialismus führte, weder in geographischer, politischer, ökonomischer, religiöser, kultureller Hinsicht ein kontingentes oder nur aus antimoderner, deutscher Verbohrtheit resultierendes Ereignis war.

Der Sinn dieser Bemerkung ist nicht Rechtfertigung des Nazismus, sondern Anregung für den Liberalismus, sich rechtzeitig um die Probleme zu kümmern, für die er zumindest mitursächlich ist – durch »zuviel Freiheit«, wie schon Platon im Blick auf ähnliche Probleme seiner Zeit sagte: Freiheit als Freisetzung der arbiträren, pleonektischen Subjektivität oder gar als deren egalitär-humanitäre Einsetzung zum Maß aller Dinge. Daß der Zug in diese Richtung mit gesteigertem Tempo weiterläuft, sah Arnold Gehlen schon in der Nachkriegszeit. Lassen die Dinge sich dieses Maß gefallen? Dazu Heidegger noch in der Zeit des zweiten Weltkriegs: »Der Krieg ist zu einer Abart der Vernutzung des Seienden geworden, die im Frieden fortgesetzt wird.«

20. Freiheit und Gleichheit – das sind bleibende Problemfelder. Im Blick auf die Gleichheit schreibt Michael Landmann:

»Durch Hitlers Wahn von der Herrenrasse, durch seine Herabwürdigung der andern zu Untermenschen, ist alles auch berechtigte Denken in Rängen anrüchig geworden. Die volle Wirkung der Katastrophe, die er war, wird sich erst bei unsern Enkeln einstellen.«
Daß Landmann bezüglich der Enkel recht hat, zeigt sich. Doch darf man noch hoffen, daß der Schaden nicht endgültig ist.

21. Für die auf der Generallinie marschierenden Vollstrecker des Nihilismus ist es natürlich das Beste (zum unbeschwerten Vollzug ihrer Dynamik), nicht zu wissen, was Nihilismus ist: das Nichts substantieller Werte, dem das Nichts des Seins folgt, beides um willen der Freiheit, der schließlich alles im Wege ist. »Die Furie des Verschwindens«, sagt Hegel im Blick auf das, was in der Französischen Revolution aus der Freiheit wurde. Dazu das ganze Kapitel »Die absolute Freiheit und der Schrecken« (Terror) in seiner »Phänomenologie des Geistes«. Anderswo (»Heidelberger Enzyklopädie«) heißt es bei ihm: »Die höchste Form des Nichts für sich ist die Freiheit, aber . . .« Es folgt dort der Hinweis auf die positive Möglichkeit der Freiheit.

22. Freiheit ist kein leeres Wort, aber davon einmal abgesehen, hatte die alte »BRD«-Identität zwei Hauptbestandteile: 1. die »einzigartige Schuld« der Deutschen, 2. den Wohlstand für viele. Der in diesem Zusammenhang bemühte »Verfassungspatriotismus« war wohl mehr ein Wohlstands- und Konsumpatriotismus. Für einen gesamtdeutschen Staat enthält er offenbar zu wenig an identitätsverbürgender Kraft, wie sich jetzt zeigt, zumal wenn beides zusammen dazu führt, ein um ein Viertel seines Staatsgebietes reduziertes, in sich inhomogenes Deutschland zu einem Haupteinwanderungsland der Erde werden zu lassen. Des Wohlstands wegen kommen sie, der »einzigartigen Schuld« wegen, quasi als Wiedergutmachung, sind sie offiziell willkommen – mit tausend öffentlichen Erinnerungen an diese Schuld und ebenso vielen

öffentlichen Ermahnungen gegen »Rassismus« und »Ausländerfeindschaft«. Und wenn das Kind im Volke in dieser Situation bösartig wird, dann muß man es noch mehr erinnern, ermahnen und bestrafen. Nach der modernen Pädagogik sind das zwar untaugliche Mittel, aber man tut was – und so modern, wie man vorgibt, ist man ohnehin nicht, sondern neigt zu archaischen Rückfällen, gerade in Sachen Schuld, Erziehung, Strafe.

»Rassismus«, »Ausländerfeindschaft«, »Multikulturalität«: lauter falsche Worte, unheilvoll ideologisch aufgeladen mit brauner Vergangenheit. Denn in wesentlicher Hinsicht ist es egal, ob die massenhaft Einströmenden braun, weiß, gelb oder grün sind, *die Masse ist das Problem.* Und bei der sogenannten Ausländerfeindschaft geht es gleichfalls um Ausländer als massenhafte Inländer. Man müßte statt dessen Zuwanderungsfeindschaft sagen. Und die sogenannte Multikulturalität ist im wesentlichen ein Euphemismus für das uniforme Drängen um die größten Fleischtöpfe, bei dem früher oder später alle kulturellen Unterschiede und jede höhere Kultur auf der Strecke bleiben.

Im übrigen nichts gegen Fleischtöpfe, das heißt Konsum in vernünftigem Maße. Doch müßte man näher zusehen, warum die Töpfe einiger Länder so groß werden, *zu* groß und attraktiv, man müßte fragen: auf Kosten oder zu Lasten von wem oder was, hier und in den Ausländern. Und zweitens wäre festzustellen, daß es einfach unverantwortlich ist, Länder mit hoher Bevölkerungs-und Industriedichte zu Einwanderungsländern zu machen: eine unsinnige Anhäufung sozialen Konfliktstoffes und unlösbarer ökologischer Probleme. Die in dieser Richtung laufende oder vielmehr rasende Entwicklung legt die Vermutung außerordentlich nahe, daß da eine ausschlaggebende Minderheit oder Mehrheit ein ideologisches Brett pseudo-humanitärer Art vorm Kopf hat, das sie jedoch für das »Rad der Geschichte« hält, an dessen Lauf man ohnehin nichts ändern könne.

23. Wozu noch Deutschland, wozu noch Europa? Ihr Sinn ist in der Tat fraglich, wenn sie nicht einen entscheidenden Beitrag dazu leisten, den beschleunigt rasenden Zug auf eine verantwortliche Geschwindigkeit zu bringen und in eine andere Richtung fahren zu lassen gemäß dem, was Heidegger sagte:».. . daß nur von demselben Weltort aus, an dem die moderne technische Welt entstanden ist, auch eine Umkehr sich vorbereiten kann . . . Es bedarf zum Umdenken der Hilfe der europäischen Überlieferung und ihrer Neuaneignung.«

24. Die Nachkriegszeit ist vorbei, spätestens seit dem Fall der Berliner Mauer am 9. November 1989. Jedes unmittelbare Fortwirken des Nationalsozialismus/Faschismus (»Faschismus« wird hier als Oberbegriff verwendet) ist in dieser Zeit gebrochen worden. Gerade damit nun nicht wieder aus den ungelöst fortwirkenden Problemen, aus denen schon die modernen Totalitarismen hervorgingen, neues Unheil entsteht, ist eine nüchterne, nicht moralistisch gezinkte Aufarbeitung der beiden Hauptformen, also des Faschismus und Sozialismus, erforderlich. Man muß beide ernst nehmen als Versuche, fundamentale Probleme im Spannungsfeld Individuum-Gemeinschaft/Gesellschaft anzugehen, darunter auch solche Probleme, die der Liberalismus durch Verdrängung zu lösen versucht, was ein äußerst gefährliches Verfahren ist. Die konkreten Gestalten, zu denen diese Gefahren gerinnen können, liegen großenteils noch im Dunkel der Zukunft, während die Gefahren jener Totalitarismen offen zum Ausbruch gekommen und so konkret analysierbar sind. Im Blick darauf kann man fragen, warum und wie diese beiden Großexperimente in die Unmöglichkeit und ins Verbrechen geführt haben.

Es bedarf also einer neuen Sicht auf die Geschichte des 20. Jahrhunderts. Die Sicht der Sieger von 1945 genügt nicht. Was bei der östlichen Linie nun evident ist, muß bei der westlichen mühsam begriffen werden, ehe es katastrophisch zu spät ist. Der Hauptdifferenzpunkt zur bisherigen Sicht der Dinge: unvoreingenommene Prüfung des Problemlösungspotentials, das in Faschismus und Sozialismus samt ihren weitläufigen Umfeldern angelegt war und das durch beider Scheitern nicht pauschal widerlegt ist. Eine offene Gesellschaft muß auch dafür offen sein, damit sie sich nicht selbst zu einer neuen Generallinie, zur »political correctness« borniert, was die Lösung jetziger Probleme, zumal der heraufziehenden ökologischen Krise der technologischen Erdzivilisation, unmöglich macht. Denn offenbar hängen die zwischenmenschlichen Innenbeziehungen der Gesellschaft mit ihren Außenbeziehungen zur umgebenden Natur eng zusammen. Wenn Liberalismus/Kapitalismus bedeutet: milliardenfach angestrebte »Selbstverwirklichung« (»pursuit of happiness«) durch technisch-sozialtechnisch vermittelte Befriedigung von Bedürfnissen, die zu einem unendlichen Progreß losgelassen oder auch angestachelt werden, dann dürfte er vor allem sein: der effektivste Weg zum Ende der Geschichte.

KLAUS RAINER RÖHL

MORGENTHAU UND ANTIFA

Über den Selbsthaß der Deutschen

> Ich kenne Leute, die haben
> außer Trauerarbeit noch nie in
> ihrem Leben was gemacht – und
> die leben ganz gut davon.
>
> Johannes Gross

Was ist obszöner: wenn die vermummten Kreuzberger Schläger-Trupps skandieren »Deutschland hau ab!« oder wenn der Publizist Erich Kuby verkündet, Deutschland müsse um Gottes Willen geteilt bleiben, weil es Charakterzüge habe, die »sich ganz grundsätzlich von denen anderer Nationen unterscheiden«, nämlich »Machtentfaltung, Aggression und Rücksichtslosigkeit«, und wenn der Philosoph Jürgen Habermas die deutsche Kapitalhilfe für die neuen Bundesländer mit den Sturzkampfbombern des Hitlerreiches vergleicht?

Wer ist zynischer: der namenlose Schreier auf dem Antifa-Kongreß, der die ehemaligen DDR-Bewohner »besoffene Konsumfetischisten« nennt, die dem neuen Faschismus in die Hände arbeiten, oder der SPD-Grüne Otto Schily, der nach dem Wahlsieg der CDU von 1990 eine Banane vor die Fernsehkamera hält. Stumme Anklage gegen die vom westlichen Lebensstandard geblendeten DDR-Bürger, die CDU gewählt haben? Menschen, für die die lang entbehrte, in vierzig Jahren Sozialismus nie frei verkäufliche Südfrucht zweifellos das erste einleuchtende Symbol funktionierender Wirtschaft gewesen war – aber welche Verachtung des RAF-Anwalts im Maßanzug, dessen Kinder fraglos mit Tonnen von Bananen groß geworden sind, für die proletarischen Aldi-Kunden, schulbeispielhaft von Brecht gebrandmarkt: »Bei den Hochgestellten gilt die Rede vom Essen als niedrig, das macht, sie haben schon gegessen.«

85

Der Schoß ist fruchtbar noch, aus dem das kroch. Wessen Schoß? Seit 1973 gibt es die rot- oder schwarzen Schlägertrupps der RAF-Umstürzerszene und der Autonomen. Die meist aus studentischem Subproletariat abgesunkenen, fast nie aus der »Arbeiterklasse« stammenden Schlägergangs beziehen ihren Deutschenhaß aus ihrem festen Glauben an einen in unserer Gesellschaft angeblich fest etablierten, sich ständig ausbreitenden *Faschismus.* Ihre historische Identifikation, ihren Jargon und teilweise auch ihre Kampfmethoden übernahmen sie von den alten Kommunistischen Kampforganisationen von vor '33, dem *Roten Frontkämpferbund* und dem *Kampfbund gegen Faschismus,* sogar deren Slogan »Schlagt die Faschisten, wo ihr sie trefft!« wandelten sie nur geringfügig ab in »Trefft die Faschisten, wenn ihr sie schlagt!« Ihre auffällige, bis zur Verwechselbarkeit gehende Ähnlichkeit mit den Schlägertrupps der SA bis in die Fäkalsprache hinein (»Deutschland verecke« nur verständlich als Analogie zu »Juda verrecke«, »Haut die Glatzen bis sie platzen«), kommt nicht von ungefähr. Es ist jene *Nähe zum Gegner* (so der Titel eines Buches des Verfassers über das Ende der Weimarer Republik), der in den Saal- und Straßenschlachten von 1931/32 die mit Messer und Pistolen bewaffneten Kameraden des (illegalen) Roten Frontkämpferbundes immer wieder umtrieb, sich mit den Objekten ihres Hasses, den SA-Leuten, bis zur Unterschiedslosigkeit und gegenseitiger Fluktuation zu identifizieren. Die Faszination war gegenseitig, auch die Nationalsozialisten schätzten am meisten den Nahkampf mit den Rot-Front-Schlägern, den einzigen, vor denen sie so etwas wie kriegerischen Respekt empfanden. Griff die Polizei ein, kämpften oft beide Seiten gemeinsam gegen die Büttel des verhaßten Systems, wie beim BVG-Streik von 1932 in Berlin, bei dem rund 100 000 Kommunisten und Nationalsozialisten vereint gegen den Weimarer Staat standen. Trotz des gern zur Schau getragenen Internationalismus (schließlich war die KPD nur eine »Sektion« der Internationale), hatten die Kommunisten ein betont nationales Programm, das versuchte, die nationalistische Pro-

paganda der NSDAP womöglich noch zu überbieten. Kein kriege-
rischer »Antifaschist« wäre je auf die Idee gekommen, als Losung
an Häuserwände zu malen und Transparente zu tragen mit der
Aufschrift: »Scheißdeutschland«, »Deutschland verrecke« oder
»Deutschland hau ab«.

Hier endet die antifaschistische Tradition. Hier kommt eine
Tendenz zum Vorschein, die gleich nach Ende des Zweiten Weltkriegs begann, als Einverständnis mit der deutschen Teilung weiter wirkte und nach der Wiedervereinigung explosionsartig auf-
brach: der deutsche Nationalmasochismus.

Die Schlägertrupps der Autonomen und der RAF-Unterstützer
sorgen als schwarzer, in Leder gekleideter und vermummter
Block dafür, daß die mehrheitlich gewaltlosen Demonstrationen
nicht »Latschdemos« (= Demonstrationen ohne Schlägereien)
bleiben. Prügelnd und Steine werfend oder mit Benzinbomben
Autos »abfackelnd«, begleiten sie wie Landsknechte die jeweiligen linken Kampagnen und Bewegungen, von der Volkszählung
bis zur Nachrüstung, von Brockdorf bis zur Hamburger Hafenstraße. Sie haben keine eigene, ausgebildete Theorie, die ihnen
nahelegen würde, »Deutschland hau ab!« oder »Deutschland verrecke« zu brüllen. Die Brandstifter und Schläger haben Vordenker.

So spricht der Altlinke Erich Kuby in seinem Buch »Der Preis
der Einheit« (1990) den Deutschen das Recht auf einen Nationalstaat schlicht ab, denn es gäbe eine »deutsche Einmaligkeit« und
das sei der »antizivilisatorische und antieuropäische« Charakter
der deutschen Politik, und es wäre eine »Verfälschung der Geschichte . . ., das deutsche Volk *wie jedes andere* anzusehen.«
Schließlich vergleicht Kuby die Wiedervereinigung unverhohlen
mit dem Sieg Hitlers beim Münchener Abkommen von 1938.

Auch der der *Frankfurter Schule* zuzurechnende Philosoph Jürgen Habermas bedauerte, daß »eine kapitalistische Umgestaltung
der Wirtschaft« dem Experiment eines neuen Sozialismus . . . das
Wasser abgraben könnte, und zog einen selbst für seine Verhält-

nisse höchst kühnen Vergleich zwischen der westdeutschen Kapitalhilfe für die DDR-Länder und der Hitlerwehrmacht:»Deutsche Interessen werden in deutscher Währung gewogen und durchgesetzt. Gewiß, schlimmer als dieser Code war die Sprache der Stukas. Aber obszön ist dieser Anblick des deutschen Muskelspiels allemal.« (Die Stunde der nationalen Empfindung, Frankfurt/M. 1990)

Der Kampf gegen das, was sie »*Deutschland*« nennen, und womit sie kaum sich selbst, immer aber die »anderen Deutschen« meinen, begann 1989 in den altkommunistischen Gesinnungsblättern (soweit sie, nach dem Zusammenbruch des SED-Regimes und des Ko-Ko-Imperiums, noch Druckzuschüsse erhielten und nicht eingestellt werden mußten). Die Agitation überschlug sich nach dem Bekanntwerden der ersten Brandanschläge gegen Asylbewerber und Ausländerwohnheime. Dabei ist bis heute nicht geklärt, wieviel von diesen jugendlichen Brandstiftungen und Überfällen spontaner Bierdunst-Aggressivität zuzuschreiben ist und wie viele dieser Aktionen von in diesem Geschäft sehr erfahrenen Stasi-Leuten initiiert wurden. Von 1954 bis 1965 organisierten die Agenten des MfS jedenfalls, wie erst jetzt durch einen tschechischen Major enthüllt wurde, zusammen mit dem tschechoslowakischen Geheimdienst serienweise Schändungen jüdischer Grabstätten, die auch damals zu einer großen Empörung der deutschen und internationalen Öffentlichkeit führten. Der in tiefer Lethargie dahinkümmernden kommunistischen Gesinnungs-Presse gaben die ausländerfeindlichen Ausschreitungen neuen Auftrieb und – ein neues Feindbild: Deutschland.

Ein Altkommunisten-Magazin veröffentlichte 1991 einen Artikel des Schriftstellers Wolfgang Pohrt, der anläßlich der Ausschreitungen von Hoyerswerda davon träumt,»was Gerechtigkeit bedeuten könnte«: wenn die deutschen Städte brennen würden wie die Ausländerwohnheime und wenn»deutsche Urlauber in Italien mit eingeschlagenem Schädel auf der Intensivstation enden«. Schließlich ruft er im November 1991 – und hier ist der Appell zur Gewaltanwendung unmißverständlich – die »Antifaschisten« zur Lynchjustiz auf: »Was geschähe wohl, würde eine Bande rechtsradikaler Totschläger mal in einen Hinterhalt gelockt, und ein paar von ihnen blieben auf der Strecke?« 1993 veranstaltete das gleiche Blatt einen Kongreß, dessen Auftaktplenum unter dem Motto stand: *»Nein, wir lieben dieses Land und seine Leute nicht!*«

Im Dezember 1993 schrieb ein Journalist namens Jürgen Elsässer anläßlich der Ermordung eines Bundeswehrsoldaten in Kambodscha: »Alexander Arndt verkörperte die gefährliche und typisch deutsche Mischung aus idealistischem Schwärmer und Kommißkopp. Sein Betriebsunfall wird mögliche Folgetäter viel wirksamer von out-of-area-Romantik abhalten als alle guten Argumente: Wer nicht hören will, muß fühlen. Das gilt auch für Somalia. Am besten, alle anderen ziehen ab, und die Deutschen bleiben mit Aidid und seinen Kriegern allein zurück – zwei barbarische Stämme, die sich gegenseitig den Garaus machen«.

Doch der bisher wildeste Ausbruch wahnhaften Nationalmasochismus stammt von dem TAZ-Redakteur Wiglaf Droste, der Mauer und Stacheldraht für alle Deutschen zurückwünschte und über die Massenausrottung des deutschen Volkes phantasierte: »Lieber möge sich ›das deutsche Volk‹ in seiner Gesamtheit von dieser Erde herunterbefördern, als daß auch nur noch ein Angehöriger einer anderen Nation von einem Deutschen um sein Leben gebracht wird; lieber jeden Tag Schüsse an der deutsch-deutschen Grenze als noch ein wg. Ladendiebstahls erwürgter Asylbewerber in Schwaben oder ein einfach so erstochener Türke in Westberlin. Die Deutschen, also die, die sich sog. Stolz einbilden, Deutsche zu sein, gehören in Schach gehalten, notfalls mit Mauer und Stacheldraht ... Es gibt nichts Abstoßenderes als die Vorstellung einer Wiedervereinigung: noch mehr Deutsche und alle auf einem Haufen.« (12. 8. 89)

Aber die RAF-Unterstützer und Autonomen, die wenigen alten und neuen Mitglieder der DKP, die z.T. außerhalb der PDS operieren, sind, ebenso wie Kommandeure der RAF-Todeskommandos, nur eine Handvoll. Man könnte sie ignorieren.

Was aber ist mit dem intellektuellen Schöngeist aus der »Frankfurter Rundschau« oder der »Zeit«-Redaktion, der entweder bei Adorno und Horkheimer studiert hat oder doch gar zu gerne bei ihnen studiert *hätte.* (Daß seinesgleichen den armen alten Mann 1968 mit ihren SA-Methoden im Hörsaal der Frankfurter Universität fast zu Tode geschockt haben, steht auf einem anderen Blatt, Linksfaschismus nannte das damals Habermas, mit einem irreführenden Wort). Ein gewisses Verständnis . . . angesichts »nationalen Größenwahns«, »Ausländerfeindlichkeit«, des aufkommenden Rechtsradikalismus ... ein gewisses Verständnis für den Antifaschismus bringt man schon auf. Es ist ja *Gegenwehr,* möchte man sagen, vielleicht sogar *Widerstand.*

Terror gegen Andersdenkende ist zu verdammen . . . aber. Wie war das noch mit der manchmal ganz offen ausgesprochenen klammheimlichen Sympathie für die Todeskommandos der Roten Armee Fraktion? »Freies Geleit für Ulrike Meinhof« (Böll) hieß die Devise, nicht, wie es nötig gewesen wäre, »Gib auf, Ulrike« (Renate Riemeck). Immer, wenn ein anarchistischer Brandstifter aus der Haft befreit wird und ein angeblich »rechtsradikaler« Historiker wie Nolte überfallen wird, wenn der französische Publizist Alain de Benoist in Deutschland zusammengeschlagen (Ausländerhaß?) oder eine Kritikerin des radikalen Feminismus wie Katharina Rutschky niedergestoßen, getreten und gewürgt wird, einem Abgeordneten der Republikaner eine Bombe auf die Terrasse geworfen wird, dann kommt Freude auf, klammheimliche natürlich.

Irgendwann einmal nach dem Krieg ist der antitotalitäre Konsens der bundesdeutschen Nachkriegsgesellschaft zerbrochen und durch die alte Mogelpackung aus der Mottenkiste der kommunistischen Propaganda, den »Antifaschismus«, ersetzt worden. Seitdem ist in den Gehirnen all dieser Medienmacher eine Falsch-Programmierung über das Wesen des Totalitarismus installiert worden, so wie eine winzige, unsichtbare Elektrode zur Willenslähmung und Desorientierung, wie sie die kleinen grünen Männchen in diesen Science-Fiction-Filmen immer in die Köpfe der Erdbewohner implantieren, um sie dann nach Belieben lenken zu können. Dieser kleine Sender raunt unseren Linksliberalen pausenlos ins Ohr: Schläger von rechts sind etwas anderes als Schläger von links, Mord von links ist *nicht ganz so* verdammenswert wie Mord von rechts. Das ist der »antifaschistische Defekt«. Die Dummheit auf dem linken Auge. Alle wissen ja Bescheid und müssen es sich nicht erst von Ernst Nolte sagen lassen: Unvorstellbare, singuläre, nie in der Geschichte gesehene Verbrechen sind geschehen, Massenmorde hier, Massenmorde da, 20 Millionen Opfer da, 5 Millionen Opfer hier, Rassenwahn hier, Klassenwahn da. Aber von beiden totalitären Gruselkabinetten sollen die Menschen nur das eine wahrnehmen, das andere ignorieren. Das geht eigentlich gar nicht, denn *der Mensch kann denken.* Bei den meisten Menschen ging das auch nie in den Kopf hinein. Bei einigen tausend deutschen Intellektuellen ging es. Wie ging es?

Es war im September 1944. Vor 50 Jahren. Der Krieg gegen Hitler war so gut wie gewonnen. Man machte sich Gedanken über die Zukunft. Nie wieder sollte vom deutschen Boden Krieg ausgehen. Außerdem machte man sich auch ganz reale Sorgen um die zukünftigen Absatzmärkte.

Churchill und Roosevelt trafen sich in Quebec.

Roosevelt ließ seinen Finanzminister Henry Morgenthau jr. nach Quebec kommen. Morgenthau war Mitglied eines Regierungsausschusses, der die Vorschläge der einzelnen Ministerien zur Deutschlandpolitik zu koordinieren und Empfehlungen für den Präsidenten auszuarbeiten hatte. Während die Vorschläge der anderen Minister eine gemäßigte Politik gegenüber Deutschland befürworteten, sah Morgenthau nur in der staatlichen *Teilung* und völligen Vernichtung der gesamten industriellen Kapazität Deutschlands eine Garantie gegen eine erneute Aggression: Alle

Industriewerke sollten demontiert, die Kohlen- und Erzgruben abgebaut oder stillgelegt und Deutschland in ein reines Agrarland verwandelt werden – eine Vorstellung, die heutigen Fundi-Grünen das Herz höher schlagen lassen müßte. Nach der Abtrennung Ostpreußens, Schlesiens, des Saarlandes, des Gebiets zwischen Mosel und Rhein und der Bildung einer Internationalen Zone, die das Rheinland, Westphalen, die Nordseeküste und den Nord-Ostsee-Kanal umfaßte, sollte der verbleibende Rest in zwei (!) dezentralisierte Staaten aufgeteilt werden. Gegen starken Widerstand von Winston Churchill wurde der Plan schließlich am 15. September paraphiert und war zwölf Tage lang das offizielle Kriegsziel der Alliierten für die Zeit nach dem Sieg über Deutschland. Lange genug, um einen unerhörten Auftrieb für die Goebbelssche Durchhalte-Propaganda zu liefern und damit Motiv für Hunderttausende Soldaten, den Krieg auch im Westen mit unerbittlicher Härte weiterzuführen. Man kann annehmen, daß der Morgenthau-Plan den Krieg um viele Monate verlängert und so eine übergroße Anzahl von Todesopfern – auf beiden Seiten – gefordert hat.

Am 27. September zog Roosevelt, nach Protesten von Außenminister Hull und Kriegsminister Stimson und einer sehr negativen Reaktion der Presse seine Unterschrift unter dem Dokument wieder zurück. Bei den späteren Beschlüssen von Jalta blieben von dem ursprünglichen Plan die Abtrennung der Ostgebiete, die Demontage einiger Industriewerke sowie die *Teilung Deutschlands* (durch die Besatzungszonen) faktisch erhalten.

Jahre zuvor hatte schon ein ähnlicher Entwurf der Goebbels-Propaganda willkommene Argumente geliefert: Der Plan des Gelegenheitsjournalisten und Amateurhistorikers Theodore N. Kaufmann wurde Ende 1940, also lange vor dem Kriegseintritt Amerikas, als Buch unter dem Titel »Germany must perish!« (=»Deutschland muß vernichtet werden!«) veröffentlicht und erlebte mehrere Auflagen. Nach einer Analyse der deutschen Geschichte, die von Anbeginn einzigartig (man beachte hier die Parallele zu Kuby!) kriegerisch und aggressiv gewesen sei, kommt

Kaufmann zu dem Schluß, daß der Krieg *gar nicht* Hitlers Krieg sei, ebensowenig wie die früheren Kriege dem Kaiser und Bismarck anzulasten seien, sondern:»Diese Männer waren nicht die Urheber von Deutschlands Kriegen gegen die Welt. Sie spiegeln nur die jahrhundertealte, angeborene (inbred) Lust der deutschen Nation nach Eroberung und Massenmord« wider. Deshalb gäbe es nach Ende dieses Krieges nur eine einzige Lösung: Deutschland muß für immer beseitigt werden.

Die Lösung: Das gesamte deutsche Reichsgebiet wird unter die Nachbarn (Holland, Polen, Belgien, Frankreich und die Tschechoslowakei) aufgeteilt, und alle Deutschen, Männer wie Frauen, werden *sterilisiert,* so daß nach ca. 60 Jahren das deutsche Volk ausgestorben ist.

Irgendwann einmal zwischen dem 15. und dem 27. September 1944 muß Roosevelt und seinen Beratern aufgegangen sein, daß der Morgenthau-Plan ebenso aberwitzig, unpopulär und unzweckmäßig wie der Kaufmann-Plan war. Daß es nichts nützen würde, die deutsche Wirtschaft zu zerstören. Zumal der zukünftige Ost-Westkonflikt sich bereits in Umrissen abzeichnete und man das deutsche Potential in einer künftigen Auseinandersetzung mit dem kommunistischen Osten brauchen würde. Daß es auch andere Mittel geben müßte, daß deutsche Volk daran zu hindern, je wieder»größenwahnsinnig« zu werden und einen Krieg zu beginnen.

Das war die Stunde, in der die *re-education* geboren wurde. Die, wie der treffendere deutsche Ausdruck lautete, *Umerziehung* des deutschen Volkes.

Noch während des Krieges, ab 1943, begannen amerikanische Offiziere, darunter viele ehemalige deutsche Emigranten, mit der Arbeit. Dabei ging es nicht nur um so naheliegende Aufgaben wie die Aufklärung über die Greueltaten der SS, die Ausschaltung der NSDAP-Mitglieder aus allen öffentlichen Funktionen und die Wiedereinrichtung einer demokratischen Selbstverwaltung auf unterer Ebene. Wollte man wirklich für alle Zeiten eine Wiederbelebung des aggressiven deutschen Nationalismus verhindern, mußte man ein massenhaftes Gefühl der *Kollektivschuld* aller Deutschen an den Kriegsverbrechen Hitlers und der SS erzeugen und dauerhaft im kollektiven Bewußtsein verankern. Man mußte die Kollektivschuld sogar für die Kinder und Kindeskinder bejahen. Es würde auch nicht genügen, jede Frage nach etwaigen Kriegsverbrechen der Alliierten (z.b. bei der Vernichtung Dresdens durch einen Feuersturm und die Tötung Hunderttausender Zivilisten bei der Bombardierung der deutschen Großstädte, die Frage nach den Opfern bei der Massenaustreibung von 10 Millionen Deutschen aus den Ostgebieten) jahrzehntelang unter ein gesellschaftliches Sprech- und Denkverbot zu stellen.

Wenn man die deutsche Gefahr ein für allemal aus der Welt verbannen wollte, müßten die Deutschen dabei selber mitwirken, sie müßten ihre geschichtliche Identität verlieren und damit ihr Zusammengehörigkeitsgefühl und ihre Selbstachtung. Nicht die Fähigkeit zu Trauern war gefragt, sondern die Unfähigkeit zu lieben, sich selbst, seine Sprache, seine Kultur, seine Sitten und seine Geschichte zu lieben. Ja, die Geschichte selbst mußte gewissermaßen aus dem Bewußtsein abgetrieben werden. Es durfte nie ein deutsches Volk gegeben haben und nie eine deutsche Nation, nie eine deutsche Sprach- und Kulturgemeinschaft und infolgedessen auch keine gemeinsame Geschichte, erst recht kein deutsches Reich, es sei denn das von den Preußen mit Blut und Eisen zusammengeschmiedete Reich Bismarcks, das man unschwer als Vorstufe zu Hitler interpretieren könne. Jeder war sich darüber im klaren, daß es einer ganz außerordentlichen Anstrengung bedürfen würde, die Deutschen davon zu überzeugen, daß es sich auch ohne Geschichte und ohne Identität ganz gut leben lassen würde, wie Peter Schlehmil nach dem Verlust seines Schattens. Aber niemand würde diese große Operation so gut durchführen können wie die Deutschen selbst, ihre Meinungsbildner, ihre Hochschullehrer, Lehrer, Schriftsteller und Journalisten. Unter Führung bewährter Erzieher natürlich. Amerikanische Sozialwissenschaftler und Sozialpsychologen, vornehmlich Emigranten aus Deutschland, die zuvor an der »Abteilung für psychologische Kriegführung« im amerikanischen Hauptquartier gearbeitet hatten, waren für die Durchführung der »Political Reeducation« von besonderer Bedeutung, und zwar besonders auf zwei Feldern der öffentlichen Meinungsbildung: dem Umbau der Universitäten und der Vergabe von Lizenzen für Zeitungen, Verlage und Rundfunksender durch die »Abteilung für Informationskontrolle«.

1949 kehrt Max Horkheimer nach Deutschland zurück und wird in Frankfurt zum Ordinarius ernannt. 1950 wird das 1933 geschlossene »Institut für Sozialforschung« wieder eröffnet. Seit 1950 lehrt Theodor W. Adorno wieder in Deutschland. Zusammen mit Herbert Marcuse (der noch in den Staaten bleibt) und vielen anderen Wissenschaftlern und Publizisten bemühen sie sich um die Erziehung der deutschen Intelligenz im Sinne der »kritischen Theorie«, zunächst auch im Sinne des Antitotalitarismus. Mit nachhaltigem Erfolg. Fast unüberschaubar ist die Anzahl ihrer Schüler und deren Schüler, unübersehbar die Zahl der Veröffentlichungen im Geist der Frankfurter Schule und deren Leser, schier unabsehbar ihre Einwirkung auf die politische Klasse der Bundesrepublik.

»Andere« Umerziehungsmaßnahmen – die vor einer breiten Öffentlichkeit geführten Nürnberger Prozesse, die Entnazifizierung und die Kollektivschuld-Kampagne Martin Niemöllers – zeigten dagegen wenig Wirkung und lösten auch schnell Gegenreaktionen aus, so z.B. des Vorsitzenden der SPD, Kurt Schumacher, der sich gegen die »Zerknirschungsmentalität« wandte.

Die Einführung der Sozialen Marktwirtschaft, der Aufstieg der Bundesrepublik Deutschland zu einer internationalen Wirtschaftsmacht, der Koreakrieg, dem der jahrzehntelange »Kalte Krieg« folgte, beendete diese erste Phase der Umerziehung.

Nach dem Ende des Kalten Krieges und dem Beginn der Entspannungspolitik folgt die sozusagen zweite, noch tiefer gehende Umerziehungswelle, nun aber nicht mehr im gemeinsamen Konsens des Antitotalitarismus. Der antitotalitäre, gleichermaßen gegen *jede Art von Diktatur* gerichtete Konsens zerfällt. Indem dem kommunistisch-sozialistischen System Wandlungsfähigkeit zugebilligt oder von ihm erhofft wird, scheinen zwischen einem »Sozialismus mit menschlichem Anlitz« und dem utopischen Sozialismus der Frankfurter Schule Annäherungen möglich. So tritt an die Stelle des konsequenten Antitotalitarismus der »Antifaschismus«, der durch den gesinnungsethischen Rigorismus der 68er im Geist der Frankfurter Schule vorangetrieben wird, von einer neuen Generation, von denen hier stellvertretend nur die wichtigsten Namen, Alexander Mitscherlich, Jürgen Habermas und Bernd Rabehl, genannt seien.

Ein fast geschlossenes Denksystem entsteht. Konsequente Vertreter des Antitotalitarismus werden als *Antikommunisten* ausgegrenzt. Eine ganze Generation von Studenten macht sich nach dem Ende der Straßenunruhen auf den »langen und mühevollen Marsch durch die Institutionen«, das Eindringen in nahezu alle Bereiche des öffentlichen Lebens wird unterstützt durch einen allfälligen Generationswechsel. In 25 Jahren entsteht so kein sozialistisches, aber ein fast lückenloses linksliberales Meinungsmonopol in Rundfunk, Fernsehen, Buchverlagen und Printmedien, die als nahezu geschlossene *pressure group* das Umerziehungswerk im Geist des Antifaschismus weiterzuführen sucht.

Dieses System ist noch weitgehend intakt. Es funktioniert nicht nach Art einer Verschwörung oder eines von einem Chefideologen überwachten Propagandaministeriums. Es funktioniert eher wie das Prinzip der kommunizierenden Röhren, eines fügt sich scheinbar gesetzmäßig ins andere, der Freund stützt den Freund, und eine Hand wäscht die andere. Freilich hat die Freundschaft nicht nur etwas mit Gesinnung zu tun, sondern durchaus auch mit Geld und Einfluß, Posten und Prestige. Abweichungen werden nicht geduldet, Unbequeme isoliert. Lange bevor an amerikanischen Ostküsten-Universitäten den Begriff *politically correct* geprägt wurde, bestand bei uns ein Zwang zum linksliberalen Wohlverhalten, zur Tabuisierung von Themen und Personengruppen, dessen Einhaltung, wie in den USA, von einer Art Gedankenpolizei überwacht wird und dessen Durchbrechung mit gesellschaftlicher Ächtung und oft auch mit sozialem Bestandsverlust geahndet wird.

Morgenthau-Plan, Teilung und alliierte Volkserziehung wurden von den deutschen Intellektuellen als *Nationalmasochismus* verinnerlicht. Als Hauptbestandteil des Morgenthau-Plans (im Grunde: des fortgeschriebenen Kaufmann-Plans) blieb neben der Abtrennung der Ostprovinzen auch die Teilung des restlichen Deutschlands bestehen. Bis 1990. Als »Strafe« für die kollektive Schuld an den Verbrechen des Hitlerregimes war sie von vielen Schriftstellern und Intellektuellen akzeptiert worden. Und seitdem wollten sich deutsche Intellektuelle, Schriftsteller und Journalisten von keinem noch so radikalen Deutschenfeind im Ausland an Deutschenhaß überbieten lassen. Das beste Mittel gegen Deutschland schienen für alle Zeiten die Deutschen selbst zu sein. Die Zerstörung der Vergangenheit und der Identität würde ewig Bestand haben – statt »op ewig ungedeelt« wollte man am liebsten »op ewig gedeelt!« sein. Dies konnte, so glaubten die Anhänger der Dialektik, nur funktionieren, wenn mit der Basis auch der ideologische Überbau gesäubert wurde, und so machte sich eine ganze Generation von Historikern daran, die deutsche Identität in ein Nichts von regionalen und religiös-dynastischen Beliebigkeiten herunterzudisputieren und zu relativieren.

Wenn die »Gefahr« eines nationalen Selbstwertgefühls oder auch nur der *Selbstwahrnehmung* besteht, sind Adornoschüler auch heute noch um schnelle Schadensbegrenzung bemüht. So läßt die »Zeit« am 14. Januar 1994 auf einer ganzen Seite einen Mitarbeiter des renommierten Frankfurter Lexikons »Geschichtliche Grundbegriffe« zu Wort kommen, der unter dem Titel »*Nation. Die Erfindung der Vergangenheit durch die Gegenwart*« nachweisen soll, daß es ein deutsches Volk, eine deutsche Nation, ein deutsches Reich oder ein Land namens Deutschland nie gegeben habe, es sei denn bei Bismarck, der bereits oft genug als Vorbereiter des Dritten Reiches verteufelt worden ist. Dabei werden Tatsachen grob ignoriert, die im eigenen Lexikon gerade erst 1993 geklärt wurden. So zum Beispiel ist das Fehlen des Begriffs »Deutsches Reich« im Mittelalter durch den vorrangig, imperialen Anspruch verständlich, *das eine Reich,* also Das Römische [später erst: heilige] Reich zu repräsentieren, das natürlich viele Nationen umfaßte. Am Ende stellt Rudolf Walther unvermittelt die Behauptung auf, es gäbe keinen Unterschied zwischen »gesundem« Nationalgefühl und »krankem« Nationalismus, folglich sei Nationalgefühl immer pathologisch. Den Beweis dafür muß der »Zeit«- Autor schuldig bleiben.

Wenn es eine Überlieferung durch Herkunft gäbe, fügt Walther triumphierend hinzu, müßten auch die Orang-Utans deutsches Blut in den Adern haben. Fazit: Nation? Fehlanzeige.

Freut sich der Chefredakteur der hauptsächlich im Osten verbreiteten »Wochenpost«, Mathias Greffrath, anläßlich des Besuchs einer polnischen Pizzeria im früheren Ostpreußen: »Es war aufregend und sehr familiär, fast ein wenig wie in New Mexiko: die Holztäfelung, die blitzenden Augen der Mädchen, die Pepsi. Der Anfang eines neuen Kontinents war da zu spüren, Unordnung, Freundlichkeit, Fremdheit. Und der Anfang von etwas, dessen Ende noch nicht abzusehen ist, Verständigung mit den Fingern oder Englisch oder Deutsch. Der Anfang einer Welt, in der wir die Unterschiede genießen, in der Pizza Pizza ist, haselnußbraun haselnußbraun und *die Eichen nicht länger deutsch.«*

Der Anfang von etwas. Vielleicht weiß Greffrath nicht, daß sein Ideal, mit Händen und Füßen zu reden und *keine* Sprache mehr richtig zu beherrschen, an vielen Berliner Hauptschulen schon verwirklicht ist. Eine Welt, in der alle Unterschiede vergangen sind. Bis am Ende alle Grenzen verwischt sind und von der Geschichte nur jene multikulturelle Null-Identität bleibt, die höchstens einem Stadtteilfest in Berlin-Kreuzberg als historisches Unterfutter dienen kann: Verfassungspatriotismus.

Nur: Für diesen Homunkulus möchte natürlich keiner auch

nur eine Hand rühren, keine müde Mark von seinem Bestand abgeben, keinen Pfennig mit einem einzigen Landsmann im Osten freiwillig teilen.

Wer einem Volk, einer Jugend, systematisch jedes Zusammengehörigkeitsgefühl, jede gemeinsame geschichtliche Erinnerung, jede Selbstachtung, ja sogar die *Selbstwahrnehmung* auszutreiben bemüht ist, muß sich nicht wundern, wenn kein Jugendlicher sich mehr für *irgendeinen Wert* einzusetzen bereit ist – außer für seine eigene, ganz privatistische »Selbstverwirklichung«. Der Anfang von etwas. Deutschland, solange es Spaß macht. Wenn es keinen Spaß mehr macht, wechseln wir, wie einst die Hemden, die Vaterländer. Die anderen Länder haben ja auch irgendeine eine Verfassung, für die man dann »patriotisch« sein kann.

Ein halbes Jahrhundert nach dem Morgenthau-Plan und dem Anfang der großen Umerziehung beginnen Deutsche überall im Land, sich selbst wieder wahrzunehmen. Weltaufgeschlossen und interessiert besuchen sie andere Länder, blicken sie über die offen gewordenen Grenzen, frei von Aggression und Vorurteilen. Was sie dort sehen, sind Nationen. Völker, vielfach im Umbruch und Aufbruch begriffen, die ihre Probleme haben, Lösungen suchen, bereit sind, den Weg in größere Dimensionen zu suchen, Wirtschaftsgemeinschaften, vielleicht auch Staatengemeinschaften zu bilden, friedlich ihre Probleme zu lösen und den nicht Friedlichen, den Unruhestiftern und Aggressoren Einhalt zu gebieten. Nationen, selbstbewußt und souverän. Niemand muß sie auffordern, stolz auf ihr Land zu sein. Sie sind es auf eine natürliche Art, die allen Völkern seit Beginn ihrer Geschichte eigen ist. Die meisten lieben ihr Land, jeder auf seine eigene Art, aber ein kollektiver nationaler Masochismus ist ihnen fremd, auch den Intellektuellen und Meinungsmachern unter ihnen. Vielleicht halten sie den uns antrainierten Eigenhaß, die ständig gepredigte Selbstzerknirschung sogar für gefährlich, weil ein solcher deutscher Sonderweg wieder zum Umschlagen in Aggression und

Überheblichkeit führen könnte. Das öffentlich an der Leine vorgeführte deutsche Volk als Kunstprodukt aus 50 Jahren Volkserziehung können sie nicht verstehen. Sie alle, reiche und arme Völker, blicken auf das zusammenwachsende Europa von der Basis eines nationalen Selbstwertgefühls aus. Daß auch wir eine solche Selbstachtung brauchen, bestreitet fast niemand.

Fünfzig Jahre nach Ende des Morgenthau-Plans und dem Beginn der großen Volkserziehung hat in unserem Land ein Disput über die Nation begonnen. Das schließt die Selbstwahrnehmung der Nation ein und die Rückkehr zum Nationalismus aus. Die Inhaber des Meinungsmonopols reagieren darauf nervös und gereizt. Sie versuchen, die jungen Wissenschaftler, Schriftsteller und Publizisten, die vom fünfzig Jahre lang festgelegten Kurs der nationalen Selbstzerknirschung und der multikulturellen Anbiederung abgewichen sind, zu disziplinieren, zu kriminalisieren, sie in die Nähe von Schlägern, Brandstiftern und Gewalttätern (die gerade *sie,* in *jedem* politischen Spektrum, ablehnen) zu stellen, sie mit allerhand neuen und alten Anhängern der Hitlerdiktatur, des Rassenhasses und sogar des Antisemitismus in Verbindung zu bringen. Fassungslos, aber auch einsichtslos nennt man alle Teilnehmer an dem großen Disput »rechts«.

Möglicherweise ist dieser Satz wahr. Wenn alle Menschen, die sich nach einem halben Jahrhundert fast immer unerwünschter und peinlicher Anbiederung und Selbstbeschimpfung (»Ausländer, befreit uns von diesen Deutschen!«, »Wir sind alle Ausländer!«), Leugnung aller Wertvorstellungen, außer der einen, der perspektivlosen hedonistischen »Selbstentfaltung« des Individuums, wenn alle Menschen, die nicht mehr dem verordneten und von einer Gedankenpolizei kontrollierten Meinungsklischee zu folgen bereit sind, Rechte sind, dann sind wir alle, auch viele der älteren, die früher ganz links standen, rechts.

GERD BERGFLETH

ERDE UND HEIMAT

Über das Ende der Ära des Unheils

>»Das Denken der Menschen
>muß sich wieder auf die elemen-
>taren Ordnungen ihres terrestri-
>schen Daseins richten. Wir
>suchen das Sinnreich der Erde.«
>Carl Schmitt,
>*Der Nomos der Erde*

Jedermann hat eine Heimat, die ihm als Erfahrungsraum seiner Kindheit zufällt, eine Kinderheimat, die für den Erwachsenen mit sieben Siegeln verschlossen ist und nur noch aus Erinnerungstiefen zuweilen zutage tritt. Die erste Heimat des Menschen ist das Kinderland, und für diese ist es konstitutiv, daß sie unwiederbringlich verlorengeht. Von jeher hat man daher diesen Heimatverlust als Vertreibung aus dem Paradies empfunden, und zwar selbst dann, wenn die Kindheit ganz und gar nicht paradiesisch war. So wird die Heimat inmitten ihres Entschwundenseins zu einem Licht, das zauberisch in die Nacht des Erwachsenen hinüberleuchtet und ihm die Gewißheit gibt, daß er nicht schlechthin heimatlos auf der Erde herumirrt. Die verlorene erste Heimat stiftet eine *neue Heimat,* die zwar nicht so ursprünglich und lebenskräftig wie die erste ist, aber doch ein Zuhause, das den Menschen erinnerungsmäßig mit seinem Ursprung verknüpft und ihn in den Fährnissen des Lebens verankert. Es ist gerade der Verlust der Heimat, der ihn in der Welt beheimatet, gerade die Ferne, die die Nähe hervorbringt, denn der Ursprung selbst weiß nichts von seiner Ursprünglichkeit, so wenig wie das Kind von seiner Kindheit wissen will, aus der es vielmehr herausstrebt. Erst die Vertreibung in die Fremde verortet den Menschen in der Welt, denn sie enthüllt ihm den Ursprung, an dem er sich orientieren kann und der unverlierbar mit ihm mitwandert, sich vielleicht sogar immer tiefer offenbart. So haben sich die zwölf Millionen deutscher Heimatvertriebener eine neue Heimat aufgebaut, an der die verlorene alte in verschwiegener Weise mitgebaut hat.

Das ist ein denkwürdiges Ereignis, denn es vollzog sich ganz und gar nicht nach den Normen der weltbürgerlichen Spätmoderne, nach denen es so etwas Provinzielles wie Heimat schlechthin nicht zu geben hat, so wenig wie die perhorreszierten Mächte Volk, Vaterland und Nation. Die Heimatidee liegt heute im Sterben, denn sie ist in eine Vergessenheit gefallen, die ohne Beispiel in der Geschichte sein dürfte. Was infolgedessen ungeheuerliche Dimensionen annimmt, ist eine Heimatlosigkeit, die durch nichts mehr aufgefangen werden kann; denn Menschheitsschwärmerei und multikulturell-kriminelle Gesellschaft sind keine haltgebenden Ideale, sondern Indizien einer fortschreitenden Entwurzelung. Was Heidegger bereits 1946 feststellte:»Die Heimatlosigkeit wird ein Weltschicksal«, das tritt erst mit der gegenwärtigen Völkerwanderung voll in die Wirklichkeit, denn 1946 gab es noch Gegenkräfte, die inzwischen unter dem Gewicht des auftrumpfenden Liberalismus vollständig dahingeschwunden sind. Und diese Heimatlosigkeit erfaßt nicht nur die Asylsuchenden, sondern mehr und mehr auch die Einheimischen, die es gleichfalls nicht bei sich aushalten und Jahr für Jahr zu Millionen in die Welt ausschwärmen, unter dem übermächtigen Zwang, sich ihre Ortlosigkeit beweisen zu müssen. Wer in der Epoche universeller Mobilität irgendwo einen festen Standort hat, wird dieses Zuhause jedenfalls nicht ohne weiteres als seine Heimat betrachten, sondern eher als zeitweiligen Zufluchtsort, d.h. als vorübergehendes *Asyl*. Die umtriebige Mobilisierung weist darauf hin, daß es eine Heimatlosigkeit gibt, die gar nicht an die Vertreibung gebunden ist, die vielmehr mitten in der entwerteten Heimat um sich greift.

Der Unterschied zwischen Einheimischen und Zuwanderern braucht darum nicht geleugnet zu werden, aber er relativiert sich insoweit, als er innerhalb einer umfassenden Heimatlosigkeit stattfindet, die als Normalzustand zu gelten hat. Daß gewaltige Asylantenströme auf die Wohlstandsinseln des Westens zudrängen, ist Symptom einer Heimatlosigkeit, die nicht erst durch das Verlassen der Heimat entsteht, sondern dem Entschluß dazu vorausgeht. Auf der anderen Seite verstärkt dieser Zustrom eine Heimatlosigkeit, die nach Maßgabe der gesamten herrschenden Ideologie die bindende Verpflichtung der Deutschen zu sein hat. Die Asylanten erinnern die Deutschen daran, daß auch sie Heimatlose sind, die gar nicht fest auf einer Erde stehen, die zum Wirtschaftsstandort erniedrigt worden ist. Es entspricht dieser Diagnose, wenn eine EKD-Synodale »das Gefühl wachsender Heimatlosigkeit der Deutschen im eigenen Land« für die Reaktionen verantwortlich machen kann. Jeder Gang zum Supermarkt in unseren überfüllten Städten kann diesen Eindruck der Entfremdung bestätigen.

In einem »Spiegel«-Aufsatz von 1992 hat Hans Magnus Enzensberger den gelegentlichen Fremdenhaß auf den deutschen Selbsthaß zurückgeführt: »Es ist eine Tatsache, daß die Deutschen sich und einander nicht leiden können . . . Wer sich selber nicht mag, dürfte sich aber mit der Fernstenliebe noch etwas schwerer tun als andere.« Warum die Deutschen sich nicht leiden können, hat Enzensberger nicht gesagt; doch könnte es sein, daß auch das schon mit der Entwurzelung zu tun hat: Die Deutschen mögen sich nicht, weil sie dem Bild eines guten Deutschen nicht entsprechen können. Denn ein guter Deutscher kann nur ein gebrochener Deutscher sein, den man mit Volk, Vaterland und Nation seiner sämtlichen Traditionen beraubt hat. Im Verfolg dieser These kommt man zu dem Satz: In den Ausländern hassen die Deutschen sich selbst, und das heißt: *ihre eigene Ausländerei* –: die Verinnerlichung des Verrats ihrer nationalen Sonderart, zu dem die Unterworfenen erzogen wurden und durch verbogene Lehrer weiterhin erzogen werden.

Eine andere Form deutschen Selbsthasses macht Botho Strauß

im »Bocksgesang« namhaft, eine Form, die diesmal nicht das Volk betrifft, sondern die Deformation seiner »Lehrmeister«, die ihre hysterische Antifamie bis zu einem Entdeutschungswahn hinaufgesteilt haben: »Intellektuelle sind freundlich zum Fremden, nicht um des Fremden willen, sondern weil sie grimmig sind gegen das Unsere und alles begrüßen, was es zerstört.« Der Haß auf alles Deutsche, den die linke Intelligenzija seit 1968 gesät hat und der sich 1989 geradezu tollwütig gebärdete, als die Deutschen der DDR sich erkühnten, gegen ihren Willen die Einheit der Nation über den Kasernensozialismus zu stellen – dieser Haß zeitigt furchtbare Folgen, denn er zieht die Nemesis des kommenden Zusammenbruchs unseres Gemeinwesens herbei. Diese Nemesis wird auch die Lehrmeister des Hasses ereilen, die Volksverächter, die wie Würgeengel über der Nation liegen und jeden freien Gedanken mit ihrem Ressentiment erdrücken. Und zeigt sich diese Nemesis nicht schon jetzt? Nicht nur, daß ihnen die letzten sozialistischen Felle davongeschwommen sind und ihre ganze Geschichtsphilosophie kollabiert ist, müssen sie auch noch fassungslos das Fiasko der gesamten emanzipatorischen Erziehung konstatieren, da sich herausgestellt hat, daß linke Lehrer vor allem rechte Schüler hervorgebracht haben: kluge Schüler und dumme Schüler, aber allesamt haßerfüllt, erzogen zum Bösen. Was aber, wenn das verstörte, zerstörte Volk bemerken wird, wer es zum Haß auf sich selbst und zur eigenen Ausländerei erzieht – wenn es sich in seiner Verzweiflung aufrafft wie unsere mitteldeutschen Landsleute und sich über Nacht zu einem großen Fenstersturz entschließt, der alle die hinauswirft, die Tag für Tag verkünden, daß sie sich ihres Deutschseins schämen, in Bonn und anderswo?! Wer einen Draht zum einfachen Volk hat, spürt ein dumpfes Grollen, das nur noch auf den zündenden Funken zu warten scheint. Unsere Medienterroristen hätten also allen Anlaß, in sich zu gehen und zu erschrecken über das, was sie angerichtet haben. Da ihr Inneres aber offenbar ganz von denunziatorischem Haß zerfressen ist, geht ihnen noch jenes Minimum an Einsicht ab, das sie erkennen ließe, daß sie sich mit dem kommenden Kladderadatsch auch ihr eigenes Grab schaufeln. So werfen sie sich der Totalzerstörung in die Arme und reihen sich in die Scharen der Dämonen ein, die seit Jahrzehnten daran arbeiten, den Deutschen ihre nationale Eigenart auszutreiben, zu der insbesondere ihre angestammte Heimatliebe gehört. Unter der Parole des Kosmopolitismus, die ihren Haß alles Besonderen verschleiert, haben diese Dämonen ein regelrechtes *Heimat-Tabu* errichtet, das die Heimat mit einem Bann belegt und statt dessen die Utopie einer radikalen Entortung propagiert.

Der Kritischen Theorie blieb es vorbehalten, am weitesten in diese unheilschwangere Entortung vorzupreschen. So erteilen Horkheimer & Adorno in der »Dialektik der Aufklärung« allen Versuchen, die Heimat in mythischen Ursprüngen zu verankern, eine dezidierte Absage, indem sie dekretieren: »Heimat ist das Entronnensein.« Das Phantasma, das dieses Entronnensein tragen soll, ist die befreite Menschheit, denn, wie Adorno in seinem Heine-Essay sagt: »Es gibt keine Heimat mehr als eine Welt, in der keiner mehr ausgestoßen wäre, die der real befreiten Menschheit.« Wenn dieser Satz überhaupt etwas bedeutet, dann dies: Es gibt keine Heimat und wird nie eine Heimat geben, denn niemals wird die Menschheit einen Stand erreichen, in dem keiner mehr ausgestoßen wäre. Und sie wird ihn vor allem deshalb nicht erreichen, weil sie sich nur auf sich selber stützt, auf ihre menschenrechtliche Selbstbeweihräucherung, die sie zum Karzinom der Erde gemacht hat. Da es Adorno zum Trotz jedoch immer noch Heimat gibt: das Land der Geburt als Mitgift, die die Mutter Erde jedem Kinde zuteilt, enthüllt sich sein Satz als schiere universalistische Rhetorik, die sich und uns um die Wirklichkeit des Lebens betrügt. Die Menschheit kann nicht zur Heimat werden, weil sie der Inbegriff der Entortung ist. Das Weltbürgertum kann zur Beheimatung des Menschen auf der Erde nichts beitragen, denn es erbt aus dem Liberalismus seiner maritimen Herkunft vor allem die Verachtung der Erde, die einhergeht mit der Verachtung von

Heimat, Volk und Vaterland. Der Erfolg dieser Erziehung zum kosmopolitischen Schweben im luftleeren Raum läßt denn auch nicht auf sich warten. Wenn die Zeichen nicht trügen, so befinden wir uns im Vorstadium eines Kampfes, dessen Impuls der *Aufstand gegen die Entortung* ist. Dieser Aufstand wäre zwar noch nicht die Rettung, da er nicht von selbst die Neuverortung herbeiführen würde, aber er könnte ein heilsamer Ausgangspunkt sein, da er das Zerstörende außer Kraft setzen würde.

Zum Heimat-Thema hat die Spätmoderne nichts zu sagen, da ihre gesamte Kultur heimatfremd ist, ursprungs- und wurzellos, aufgeklärt, intellektualistisch, zynisch. Wenn wir die Heimat wiederfinden wollen, können wir entsprechend an keine gegenwärtige Theorie anknüpfen, sondern wir müssen auf den antimodernen Ursprung der Heimat-Reflexion zurückgehen, und das heißt im wesentlichen: auf die Romantik. Denn die Romantik und insbesondere die deutsche Romantik ist die Epoche, in der die Beheimatung des Menschen auf der Erde zum erstenmal problematisch geworden ist, durch den Universalitätsanspruch der aufklärerischen Vernunft sowohl wie durch die Plattwalzungstendenzen der Französischen Revolution. Entsprechend begibt sich die Romantik auf die Suche nach den verschollenen Spuren des Heimathauses, das sie von den Fundamenten her wiederaufzurichten strebt. Aufgebaut worden ist dieses Heimathaus vor allem von der Naturdichtung der Romantik, die vom Tieck des »Runenbergs« (1802) über Justinus Kerner, der 1816 seine Erzählung »Die Heimatlosen« veröffentlichte, bis zu Eichendorff reicht – eine glanzvolle Tradition, die sich fortsetzt bis zu Fechner, Bachofen und Klages.

Dabei ist es charakteristisch für die Romantik, daß sie im Unterschied zur späteren Heimatkunst, die sich in den Gefilden der Bodenständigkeit wohl fühlte, keinerlei Gegensatz zwischen Heimat und Welt kennt. Die Heimat ist der fortwirkende Ursprung der Welt, die sich mit jedem geborenen Kind erneuert. Näherhin ist zu sagen, daß die erste Welt bereits in der Kindheit selber liegt: die ju-

106

gendliche Welt des Kinderlands, der wir mit allen Sinnen geöffnet sind, eine Welt, die noch nicht normiert und gewöhnlich ist, sondern voll staunenerregender Geheimnisse und abenteuerlicher Ereignisse. Die Heimat ist insofern nicht einfach da, sondern sie muß entdeckt werden, und sie wird erfahren als eine Welt, die fortwährend neue Gestalt annimmt. Wer erinnert sich nicht an die jugendlichen Herumtreibereien, in denen er seine nähere und fernere Umwelt, ihre Flora und Fauna erforschte! Mit einem Mal ist aber die Welt so groß geworden, daß die Kindheit uns fernrückt, und wir müssen uns gestehen, daß wir uns nicht mehr in der Heimat befinden, sondern in der *Fremde*. Hier setzt die romantische Erfahrung ein: die Erfahrung eines unstillbaren *Heimwehs*. Das Heimweh ist eine Verlusterfahrung, die daraus entspringt, daß Heimat etwas ist, was man nicht hat, sondern was man *gehabt hat*. Heimat ist etwas wesentlich Verlorenes, denn sie impliziert nicht Zuhausesein, wie die Bodenständigkeit vermeint, sondern *Zuhausegewesensein*. Das Heimweh ist jedoch eine Verlusterfahrung, die auf einen Wiedergewinn, eine Restitutio in integrum ausgerichtet ist, und das scheidet sie zugleich von allen zeitgenössischen Entortungstheoremen. Das Heimweh kommt aus der Heimatlosigkeit, aber es verharrt nicht in ihr, sondern empfindet sie als schmerzliche Fremde, die auf ein Wiederfinden der Heimat drängt, eine Wiederkehr, die zugleich eine Erneuerung bedeutet.

Während die »Heimat« ein deutsches Urwort ist, das sich bis zum Gotischen zurückverfolgen läßt, ist das »Heimweh« jüngeren Datums. Es ist zuerst im 17. Jahrhundert bezeugt, und zwar in der speziellen Konnotation des »Schweizer Heimwehs«. Es entstand zur Charakterisierung jener Schweizer, die in den Heeren Ludwigs XIV. dienten und die reihenweise desertierten, wenn sie auf dem Alphorn den Schweizer Kuhreihen hörten, weshalb es bei Todesstrafe verboten war, denselben zu spielen oder zu singen. Es soll sogar Söldner gegeben haben, die vor Heimweh starben. Diese Herkunft beweist, daß das Heimweh einmal eine lebensgefährliche Angelegenheit war, die noch nichts von einer sentimentalen

Gefühlsschwelgerei oder der nörgelnden Nostalgie der Gegenwart hatte. Seine große Zeit aber erlebt das Heimweh erst in der Romantik, die ihm den unendlichen Horizont der Unstillbarkeit verliehen hat, in dem es mit der Sehnsucht verschmilzt. Durch das Heimweh erlangt die Heimaterfahrung eine neue Tiefendimension, die sie zuvor nicht besaß. Wenn wir die Heimat bisher in der Kindheit lokalisiert hatten, so läßt sich das nun nicht mehr halten, denn das unstillbare Heimweh löst jede Heimatfixierung auf. Das Heimweh erzeugt nämlich eine *Erinnerungsferne,* die in keiner Nähe aufgeht, denn jede Nähe ist nur eine Station zu einer noch tieferen Ferne. Eichendorff, der eigentliche Dichter des Heimwehs, hat das so unnachahmlich gezeigt, daß wir explizit darauf eingehen müssen. In »Ahnung und Gegenwart« läßt er seinen Helden Friedrich von seinen frühesten Erinnerungen berichten und dann fortfahren: »Diese ganze, stille Zeit liegt weit hinter dem Schwalle der seitdem durchlebten Tage, wie ein uraltes, wehmütig süßes Lied, und wenn mich oft nur ein einziger Ton davon wieder berührt, faßt mich ein unbeschreibliches Heimweh, nicht nur nach jenen Gärten und Bergen, sondern nach einer viel ferneren und tieferen Heimat, von welcher jene nur ein lieblicher Widerschein zu sein scheint.« Die gleiche Struktur einer Ferne der Ferne findet sich in »Dichter und ihre Gesellen«, nur daß jetzt bereits die Kindheit selbst von der Erinnungsferne ergriffen ist. Da heißt es: »›Wunderbar‹, sagte er zu sich selbst, ›schon in meiner Kindheit, wie oft bei stiller Nacht im Traume hört ich der fernen Roma Glocken schallen, und nun, da ich hier bin, hör ich sie wie damals aus weiter, weiter Ferne, als gäb es noch eine andere Roma weit hinter diesen dunklen Hügeln.‹«

Das Eichendorffsche Heimweh fällt zusammen mit dem *Fernweh,* aber einem Fernweh eigener Art, das sich nicht auf bestimmte Erdgegenden richtet, sondern jede konkrete Ferne überschwingt. Was normalerweise getrennt ist: das Heimweh und das Fernweh, das ist hier innigst eins. Das Heimweh führt in eine Ferne von Fernen, das Fernweh führt zurück in eine Heimat, die man

108

sich als Heimat von Heimaten, d.h. als eine Abfolge von Heimat-stationen vorstellen kann. Der Einheitspunkt dieser beiden Bewe-gungen bezeichnet die Eichendorffsche *Heimat-Utopie,* die durch den Aufzug der einander überholenden Fernen zustande kommt. Daß es sich um eine utopische Ausrichtung handelt, macht die »andere Roma« deutlich, von der die Rede war; denn die andere Roma meint eine andere, verwandelte Christenheit. Eichendorffs Heimat-Utopie ist religiös geprägt, doch war seine Form des Ka-tholizismus so sehr an der Erlösung der Natur interessiert, daß man mit Richard Benz von einer »Religion der Erde« sprechen kann. Die berühmte »Mondnacht«, die in die geistlichen Gedich-te eingereiht ist, drückt diese Erdreligion vielleicht am tiefsinnig-sten aus:

»Es war, als hätt der Himmel
Die Erde still geküßt,
Daß sie im Blütenschimmer
Von ihm nun träumen müßt.«

In diese Hochzeit von Himmel und Erde ist auch der Mensch aufgenommen, der gleichsam das Kind dieser Verbindung ist, je-denfalls in diesem Bund seine wahre Heimat wiederfindet. Denn die dritte Strophe lautet:

»Und meine Seele spannte
Weit ihre Flügel aus,
Flog durch die stillen Lande,
Als flöge sie nach Haus.«

Auch diese Versöhnung hat utopischen Charakter, denn das »Als« in beiden Strophen, das ein »Als ob« ist, weist die Bilder als Gleichnisse für einen Zustand aus, der noch nicht ist. Utopie heißt Nichtort, Nirgendheim, und so könnte es scheinen, als näherten wir uns mit Eichendorffs Heimat-Utopie der zeitgenössischen Entortung an. Doch ist Utopie nicht gleich Utopie, denn die ro-mantische ist eine Utopie der *Erfüllung,* während die moderne Entortungsutopie, die wir in der Menschheitsideologie kennen-lernten, eindeutig eine Utopie der *Entleerung* ist. Eine entfernte

Verbindungslinie läßt sich allenfalls zu der sozialistischen Utopie Ernst Blochs ziehen, die wenigstens als Utopie der Erfüllung gedacht war und entsprechend im Schlußsatz des »Prinzips Hoffnung« mit dem Hochwort Heimat belehnt wird. Die Vergleichbarkeit beschränkt sich jedoch darauf, daß die Heimat in der Zukunft liegt. Bei Bloch heißt es dazu: »Die Wurzel der Geschichte . . . ist der arbeitende, schaffende, die Gegebenheiten umbildende und überholende Mensch. Hat er sich erfaßt und das Seine ohne Entäußerung und Entfremdung in realer Demokratie begründet, so entsteht in der Welt etwas, das allen in die Kindheit scheint und worin noch niemand war: Heimat.« Die Modernität dieses Entwurfs liegt darin, daß er meint, so etwas wie Heimat herstellen zu können. Auch bei Eichendorff kann man lesen: »Es redet trunken die Ferne / Wie von künftigem, großen Glück!« (»Schöne Fremde«); doch würde er sich nie zu der anthropozentrischen Anmaßung verstanden haben, das vorausleuchtende Reich der Freiheit herstellen zu können.

Vor allem aber: Das zukünftige Reich der Freiheit, das die Heimat bedeutet, kommt uns allenfalls aus der Vergangenheit entgegen, ja aus der Vorvergangenheit, denn es besteht nicht in einer Verfaßtheit der Gesellschaft, sondern im Naturstand. Eichendorff kennt eine *Naturfreiheit,* die ausdrücklich gegen die Gesellschaftsfreiheit gestellt wird. In dem großen apokalyptischen Gemälde, das »Ahnung und Gegenwart« beschließt, sagt er von ihr: »Ich meine jene uralte, lebendige Freiheit, die uns in großen Wäldern wie mit wehmütigen Erinnerungen anweht.« Diese Urfreiheit, die nur noch in der Natur aufbewahrt ist, wird sich eines Tages erheben und das ganze gesellschaftliche Unwesen hinwegfegen. Ein rächerischer Aufstand der Natur gegen die Gesellschaft zeichnet sich schon bei Eichendorff ab, denn was in den Wäldern verborgen liegt, ist zugleich »das alte große Racheschwert«, das die Gegenwärtigen vergessen haben. »Die Wälder haben sie ausgehauen, denn sie fürchten sich vor ihnen, weil sie von der alten Zeit zu ihnen sprechen und am Ende den Ort noch verraten könnten, wo das Schwert vergraben liegt!« So aktuell ist der »Sänger des deutschen Waldes«, denn wir werden es bald erleben, daß die Erde sich gegen die menschliche Hybris des Machenkönnens erhebt. In der Weltwende, auf die wir uns zubewegen, wird sie uns zu der Anerkenntnis zwingen, daß nur sie unsere Heimat sein kann. Die Heimat kann nicht geschaffen, sondern nur wiedergefunden werden. Denn sie kann nur so weit erwartet werden, wie sie erinnert wird, weil sie unser Ursprung ist. Der Ursprung aber ist etwas, das immer weiter zurückweicht, weil es dem Heimwehzug in die Ferne unterliegt. Diese fortwährende Entfernung schützt den Ursprung davor, dingfest gemacht werden zu können, denn ein bestimmter Ursprung wäre bereits ein verfehlter Ursprung. Zugleich entfernt uns das Heimweh unaufhörlich von uns selber, so daß wir auch in uns keinen Anhalt finden. Unsere Kindheit im Heimathaus gibt ihn nicht her, weil das Heimathaus zerstört ist und unsere Kindheit uns unsagbar fremd anschaut. Die Kindheit kann allenfalls eine *Vorheimat* sein, da sie schon viel zu sehr vom Ursprung getrennt ist. Zugleich ist aber die Kindheit ein erstes Einssein mit allem Lebendigen gewesen, das sogar das verlebendigte, was uns später als tot erscheint, und in dieser Gestalt ist sie das Unterpfand dafür, daß es eine *Urheimat* gegeben hat, in der noch keine Trennung war und der Mensch aufgenommen in den Frieden des Allebens der Erde. Weiter zurück als bis zu dieser All-Einheit des Anfangs können wir nicht denken, und so gibt es hier einen Punkt, in dem die Ursprungssehnsucht zur Ruhe finden kann. Das unstillbare Heimweh kann für einen Augenblick gestillt werden, denn das Ursprungswissen des Mythos sagt uns, daß es eine Zeit gegeben hat, in der die Erde die Heimat des Menschen war. Und was einmal gewesen ist, das muß auch wiederkehren können. Solange es aber nicht wiedergekehrt ist, kann das Heimweh nicht aufhören.

Und doch ist das Unausdenkbare geschehen. Das große metaphysische Heimweh, das Heimweh nach der Mutter Erde, ist dahingeschwunden, und wenn wir nicht die Erinnerung an die Romantik hätten, würden wir gar nicht wissen, daß es dieses Heimweh einmal gegeben hat. Mit dem Heimweh stirbt auch die Heimat, denn ohne das Verlangen nach ihr wird sie gar nicht erst vermißt; sie verendet, weil sie gleichgültig geworden ist. Wenn die Heimat schon immer fremd war, so setzt mit ihrer Vergleichgültigung eine *Entfremdung* ein, die die Fremdheit nicht nur überlagert, sondern auslöscht. Und jetzt kann man hemmungslos zugreifen, denn mit der Fremdheit stirbt jede Scheu, jede Scham, jede Achtung vor der Erde, die einmal die heilige gewesen war. Die Erde fällt dem Menschen in die Hand, und aus dem einstigen Göttertisch wird ein Produktions- und Destruktionslabor, ein Energiereservoir, ein Spekulationsobjekt. Diese Herabsetzung der Erde zugunsten der Selbstermächtigung des Menschen kommt von sehr weit her. Sie beginnt bereits mit der platonischen Abkehr vom Irdischen als dem Vergänglichen, die sich in der christlichen Sorge um das Seelenheil fortsetzt. Darin liegt schon eine erste Präfiguration der modernen Heimatlosigkeit, denn das Christentum hat in seiner hohen Zeit den Menschen als Fremdling auf Erden betrachtet, wenngleich die irdische Heimatlosigkeit ihre Ergänzung in der himmlischen Heimat fand, die auf die irdische Fremdheit zurückstrahlte und so die Heimatlosigkeit neutralisierte. Eine zweite Stufe der Erdentwertung kann man in der frühneuzeitlichen kapitalistischen Akkumulation erblicken, die aus der innerweltlichen Askese des Calvinismus hervorgeht. Das überflüssige Kapital, das früher zu Ehren Gottes oder in anderer Weise festlich verschwendet wurde, wird nutzenbringend investiert, weil der innerweltliche Erfolg über das ewige Heil entscheidet, der Mißerfolg über die ewige Verdammnis. Mit der kapitalistischen Akkumulation beginnt die Erschließung der Erde, die Ausrottung der Naturvölker sowie die Industrialisierung, die in der heutigen Erdverwüstung mündet. Eine direkte Auswirkung des technischen Titanismus, der sich hier austobt, ist die Bevölkerungsexplosion, die dazu herhalten muß, das höllische Unternehmen weiter und weiter anzuheizen, die aber binnen kurzem, nämlich in den nächsten zwei Jahrzehnten, über die Ökokatastrophe zu einem Großkollaps führen wird, wie ihn die Welt noch nicht gesehen hat. Der Countdown läuft, der Boden wird heiß, der Crash kündigt sich an. Sieben, acht, bald zehn Milliarden Schinderknechte – welche Erde sollte das hinnehmen? Noch sind wir aber nicht am Ende mit der Schreckensbilanz. Eine dritte Stufe erreicht die Erdentwertung mit der kopernikanischen Öffnung des unendlichen Raums, die zeitgleich mit dem kapitalistischen Angriff auf die Erde erfolgt, den sie sozusagen vollendet. Denn indem unsere Erde aus dem Mittelpunkt gerückt und zu einem Stern unter Myriaden Sternen wird, verwandelt sie sich für unser Bewußtsein zur *Nichterde*, und darauf ist es abgesehen in Technik und Wissenschaft: die Erde zum Verschwinden zu bringen, die Natur in Antinatur zu transformieren. Die Abhängigkeit von der Natur wird für den Machtanspruch des Technikers zum Stachel, die Erde zu überwinden, und das dürfte das tiefste Motiv der zeitgenössischen Raumfahrt sein. Mit der kopernikanischen Wende aber kehrt sich die Selbstermächtigung zugleich zum erstenmal gegen den Menschen, wie Nietzsche bemerkt hat. »Seit Kopernikus scheint der Mensch auf eine schiefe Ebene geraten – er rollt immer schneller nunmehr aus dem Mittelpunkte weg – wohin? ins Nichts? ins ›durchbohrende Gefühl seines Nichts‹?« (»Zur Genealogie der Moral«).

Damit ist der tiefste Grund der modernen Heimatlosigkeit genannt: der *Nihilismus,* »dieser unheimlichste aller Gäste«, wie Nietzsche ihn im »Willen zur Macht« tituliert. Heidegger bringt diese Kennzeichnung des Gastes auf den Punkt: »Er heißt der ›unheimlichste‹, weil er als der unbedingte Wille zum Willen die Heimatlosigkeit als solche will« (»Zur Seinsfrage«). Der Nihilismus ist keine neue Stufe der Erdentwertung, sondern er resümiert die ganze Entwicklung des Abendlands von Platon an, die zugleich auf eine Entwertung des Menschen hinausläuft. Dennoch fügt er dieser Verfallsgeschichte ein Ereignis hinzu, das sozusagen ihren absoluten Nullpunkt bezeichnet und das explizit in die letzten zwei Jahrhunderte fällt: den *Tod Gottes.* Man hat sich daran gewöhnt, diese Entdeckung Nietzsches achselzuckend zu registrieren, als handle es sich um ein Kuriosum der Philosophiegeschichte, das Nietzsche sich ausgedacht hätte. Diese Gleichgültigkeit ist aber selbst schon eine Folge des Ereignisses. Mit dem Tod des biblischen Gottes ist indes nicht nur das Christentum, sondern beinahe die gesamte Weltgeschichte im Prinzip beendet. Blickt man auf die Zeit seit 1789 zurück, so stellt man fest, daß diese Zeit sich immer nur damit beschäftigt hat, Ersatzgötter zu statuieren –: bei Hegel den Staat, bei Marx das Proletariat, bei Nietzsche selbst den Übermenschen und im 20. Jahrhundert die Surrogate solcher Surrogate. Zuletzt schlüpfte noch ein ganz besonderes Ei aus dieser Götzenbrut: die Göttin der Menschelei, voll ausgestattet mit neuer Weltordnung, One-Earth-Ideologie, Europäischem Haus, in glänzender pazifistischer Kriegsrüstung. Es war aber bereits zu spät: Der Mensch siechte schon vor sich hin, die Menschelei konnte ihn nicht wieder aufwecken, sondern ihn nur an den ortlosen Ort führen, an dem er sein Ende erwarten konnte. »Der Ort war aber die Wüste« (Hölderlin).

Der Tod Gottes ist das Furchtbarste, denn er enthält zugleich die Totsagung des Menschen, des Gottessohns, und die Totsagung der Erde, der Gottesschöpfung. Und wenn es nicht gelingt, jenseits dieser Weltgeschichte der Totsagung lebenserneuernde Mächte aufzufinden, dann ist alle Bemühung um Rettung vergebens. Die Rettung kann nur in einer Neubeheimatung des demütig gewordenen Menschen auf der heiligen Erde bestehen, aber es läßt sich schon jetzt absehen, daß diese Einhausung sich nicht vor der Weltwende vollziehen wird. Die Erdheimat liegt *vor* der Weltgeschichte, und entsprechend kann sie erst wiederkehren *nach* der Weltgeschichte. Die Restitution der Heimat ist so schwierig, weil die Heimatlosigkeit weitgehend *gewollt* ist, wie Heidegger erkannt hat. Gewollt ist die Herabsetzung der Erde in der platonisch-christlichen Entwertung des Irdischen, im kopernikanischen Ausgriff in den Weltraum und in der heutigen technischen Erdverwüstung. Gewollt ist der anthropozentrische Wahn, daß der Mensch der Herr der Erde sei. Gewollt ist der marxistische Irrglaube, daß der entfremdete Mensch aus eigener Machtvollkommenheit die Entfremdung aufheben und so das Reich der Freiheit errichten könne. Gewollt ist schließlich die ökologische Illusion, daß der Mensch dazu berufen sei, die Erde zu retten, und zwar durch den Einsatz erdzerstörender Techniken. Da in all diesen Willensformen der Wille zur Macht steckt, ein Wille zur Selbstermächtigung, der entschlossen ist, nicht auf die Erde zu hören, kann nicht angenommen werden, daß es in des Menschen Entscheidung läge, sich der Mutter Erde als seiner wahren Heimat zuzukehren.

Wer in der heutigen Situation ein Recht auf Heimat fordert, gar ein Menschenrecht, geht darum von einer fragwürdigen Voraussetzung aus. Denn er übersieht, daß die Heimat sich nicht herstellen läßt, weil vom heutigen entorteten Menschen nur Heimatlosigkeit hervorgebracht werden kann. Darüber hinaus aber verwechselt er die Heimat mit der Ortsansässigkeit, die heute so weit entortet ist, daß sie schlechthin beliebig geworden ist. Heidegger hat bereits in seinen Hölderlin-Erläuterungen betont,»daß die auf dem Boden des Geburtslandes nur Ansässigen die ins Eigene der Heimat Heimgekommenen noch nicht sind«. Heimat ist eben keine bloß menschliche Bestimmung, sondern Heimat ist zuvor der *Genius loci,* der sich dem Menschen zuneigt, wenn er ihn Jahrhunderte hindurch kultiviert hat. Deutsche Heimat hatte einmal die Besonderheit, daß sie von einem intimen Konnubium mit der Natur geprägt war, weshalb dieses Wort zu Recht als unübersetzbar gilt. Nur in Deutschland konnte der Gedanke gefaßt werden, den Hölderlin im»Hyperion« ausspricht, daß es eine *Heimat der Natur* gibt:»Sonn und Erd und Aether mit allen lebenden Seelen, die euch umspielen, die ihr umspielt, in ewiger Liebe! o nimmt die allesversuchenden Menschen, nimmt die Flüchtlinge wieder in die Götterfamilie, nimmt in die Heimat der Natur sie auf, aus der sie entwichen!«

Die gegenwärtige Angst vor der Überfremdung dürfte mit solchen verschwiegenen Traditionen zusammenhängen, die sich auch in der Sorge um den Erhalt des Waldes niederschlagen (was die Besorgenden nicht hindert, fleißig weitere Autobahnen zu bauen). Es ist keine Frage, daß die Heimatnot ein Weltschicksal und insofern ein universales Problem ist. Aber *daß* es ein universales Problem ist und als solches erfahren wird, ist offensichtlich bereits ein deutsches Problem. Die Deutschen haben aus der Universalität ihres Geistes heraus die Eigenart, sich für alle Nöte der Welt verantwortlich zu fühlen – eine Besonderheit, die von den anderen Nationen weidlich ausgenutzt wird, denn was gäbe es, das man nicht dem deutschen Michel aufladen könnte! Von dieser Seite ihres Wesens her ist festzuhalten, daß die Deutschen *aus Prinzip* ausländerfreundlich sind. Als Volk der Mitte sind sie in einem Maße weltoffen, wie außer den Juden kein anderes Volk. Das Pendant dieser Weltoffenheit ist aber eine Heimatliebe, die in dieser Tiefe, in dieser Heimwehumwittertheit kein anderes Volk kennt (kein anderes westeuropäisches zumindest, denn die Russen scheinen uns in dieser Hinsicht verwandt zu sein). Diese exzessive Heimatliebe stammt nun aber nicht aus dem beschränkt Nationalen, das sich zuzeiten gegen das Universale zur Wehr setzen würde, sondern sie stammt aus der gleichen Quelle, die auch die Universalität speist: nämlich aus der *metaphysischen Unbehaustheit,* die genuin deutsches und vielleicht sogar germanisches Erbteil ist. Man braucht sich nur an die Völkerwanderung, an den Protestantismus oder an die Jugendbewegung zu erinnern, um sich von dieser These überzeugt zu finden; auch Nietzsches Satz: »Der Deutsche . . . *ist* nicht, er *wird*«, fällt in diese Kategorie. Die metaphysische Unbehaustheit belegt, daß das Weltschicksal der Heimatlosigkeit hier tiefer empfunden wird als anderswo, und sie belegt zugleich das Urbedürfnis nach Heimat, das in diesem Volk herrscht. Die Deutschen suchen die Heimat, weil sie, als metaphysisch Heimatlose, die Heimat nötig haben. Die Sehnsucht nach Heimat besteht nicht nur mitten in der Heimatlosigkeit fort, sondern sie entspringt aus ihr. Auf dieser Ebene sind die Deutschen befugt, ein Recht auf Heimat einzufordern, das ihnen von denen bestritten wird, die metaphysisch so ortlos sind, daß sie die Unbehaustheit nicht mehr spüren. Sie sind befugt, das unverantwortliche Gerede vom Einwanderungsland und von der multikulturellen Gesellschaft zurückzuweisen. Denn sie haben ein Sensorium dafür, daß die multikulturelle Gesellschaft, die viele Quasi-Heimaten nebeneinander sehen will, alle heimatlos macht.

Was die Deutschen aus ihrer Unbehaustheit heraus eigentlich suchen, ist aber nicht das ungestörte Glück im Winkel, sondern die *metaphysische Heimat,* und das führt sie dazu, die Heimat in der *Erdverbundenheit* des Menschen zu erblicken, in der Anverlobung der Allebendigkeit, ja in der Verbrüderung mit den großen Naturgewalten. Die Erdverbundenheit hört auf den Ruf der Erde und eilt ihm entgegen; sie sucht die Naturelemente zum Sprechen zu bringen und freut sich, wenn sie ein Stück der Natursprache verstanden hat. Dabei ist es charakteristisch, daß diese beinahe schon mythische Einhausung einen Wesensanteil der Unbehaustheit in sich aufnimmt. Sie hebt sie nicht einfach auf, sondern versöhnt sich mit ihr. Denn diese genuine Naturerfahrung findet die Unbehaustheit nicht nur im Menschen, sondern auch in der Natur selber, die dadurch ihre ganze nordisch-düstere, tragische Urgewalt bekommt. Denn die nordische Natur ist so *unerlöst* wie der nordische Mensch, und aus dieser doppelten Unerlöstheit erhebt sich eine unvergleichliche, allüberwindende *Erlösung,* in der der Sohn der Erde sich innigst verbunden fühlt mit dem Herzen der Mutter. Was die nordische Unerlöstheit anlangt, so sei nur an Wotan den Wanderer und das Wilde Heer erinnert, von den kühnen Geschichten der Völuspa zu schweigen. Im lieblichen Schwaben, der zweiten Heimat des Verfassers, ist das nicht so spürbar; hier spricht die Erde sanfter und kultivierter zum Menschen, aber sie spricht darum nicht weniger zu ihm, wie Mörike, Kerner und andere bezeugen. Dafür hat es der Süden schwerer, die *Tragödie der Erde* zu verstehen, die in der Ausrottung der Erdverbundenheit auf dem Weg der Verwüstung der heimatlichen Erde besteht.

Die Erdverbundenheit strebt eine neue Verortung des Menschen an, die einer Verwurzelung gleichkommt. Es liegt aber auf der Hand, daß die Erdverbundenheit keine *Bodenständigkeit* meinen kann, wenigstens nicht jene Bodenständigkeit, die die Heimatbewegung um 1900 kultivierte. Abgesehen davon, daß der Kult der Bodenständigkeit, der auf die Bodenlosigkeit des modernen Lebens antwortete und u.a. die Schrebergärten hervorrief, weitgehend illusionär war, würde die Erde schon längst nicht mehr ausreichen, wenn man jedem Erdbewohner ein Stück Land zusprechen würde. Wie das romantische Heimweh sich mit dem Fernweh verband, so schließt auch die Erdverbundenheit das Schweifen in die Ferne nicht aus. Um aber nicht der motorisierten Umtriebigkeit das Wort zu reden – die Präsenz der Naturmächte kann man überall erleben, wo immer der Blick auf den Wolkenzug am Himmel fällt. Die Erdheimat des Menschen geht also nicht in der jeweils einmaligen Heimaterde auf, sondern sie umfaßt alle Beheimatungen, die überhaupt denkbar sind. Damit nähern wir uns dem schwierigen Problem der Globalisierung, denn der Begriff der Erdheimat setzt voraus, daß die ganze Erde zu unserer Heimat werden soll, und zwar zu unser aller Heimat. Ist die Heimatlosigkeit ein planetarisches Geschick, so kann sie auch nur in planetarischem Maßstab aufgehoben werden. Wie soll das aber geschehen, wenn die Heimat nur eine je besondere sein kann? Eine Heimat kommt zwar nicht nur dem einzelnen zu, sondern auch der Gemeinschaft, etwa einem Volksstamm, der seine Heimaterde bewohnt. Doch läßt sich der Heimatbegriff nicht beliebig universalisieren. Heimatlich anmuten kann uns eine Stadt, eine Landschaft, auch das Vaterland, wenn wir es nach längerem Auslandsaufenthalt wieder betreten. Weiter aber läßt sich der Begriff nicht ausdehnen, ohne konturlos und nichtssagend zu werden. Würden wir dem abstrakt-universalistischen Diskurs unserer Tage folgen, so müßten wir eine Eingabe bei der UNO einbringen, daß sie beschließen möge: Die Erde soll die Heimat der Menschheit sein, der befreiten Menschheit gar, wie Adorno hinzufügen würde. Die Heimat kann jedoch nicht verordnet oder geplant werden, weil sie etwas Gewachsenes ist, das sich in der Stille bildet. Die Heimat ist immer konkret, und so kann die Erde nur *symbolisch* zu unser aller Heimat werden: auf dem Wege der Stellvertretung durch die je konkrete Heimaterfahrung.

Ebenso wichtig ist eine andere Perspektive: Die eine Erde zeigt nicht allen das gleiche Gesicht, sondern sie enthüllt sich allein dem, der ihre Offenbarung vernimmt, der inmitten der technischen Verwüstung noch auf das hört, was die Erde will. Entsprechend ist auch nicht jedes Volk gleichermaßen befähigt, den Auftrag der Erde zu erfüllen, sondern nur jenes, das über Traditionen eines naturgemäßen Lebens verfügt und zudem die Bereitschaft aufbringt, diese Überlieferung zu reaktivieren. Wenn diese Diagnose richtig ist, dann wächst dem deutschen Geist eine besondere Verantwortung für das Schicksal der Erde zu, soweit wenigstens dieses Schicksal noch dem Menschen in die Hand gegeben ist. Daß die Erde unsere wahre Heimat und die Erdverbundenheit unsere höchste Aufgabe sei, ist ein genuin deutscher Gedanke, der ohne die Naturphilosophie und Naturdichtung der Romantik weder konzipiert noch formuliert werden könnte. Wenn die Deutschen sich für alle Nöte der Welt verantwortlich fühlen, so liegt das an solchen verborgenen Filiationen, die heute ebenso tabuisiert sind wie die Heimatidee, ja noch mehr, da sie in der Tat mit dem metaphysischen Draht zur Erde und zur Heimat einen deutschen Sonderweg statuieren, der das bankrotte Leitbild des technokratischen Liberalismus abzulösen berufen ist. Eines ist jedenfalls gewiß: Ohne eine Renaissance solcher Ursprünge werden *wir* die kommende Katastrophe nicht bewältigen, und die westliche Welt schon gar nicht. Da nicht nur die Zerstörung der Erde, sondern auch die Zerstörung des deutschen Geistes immer weiter voranschreitet, kann man jedoch nur zu dem Schluß kommen, daß das Verhängnis seinen Lauf nehmen wird. Und so ist es nach menschlichem Ermessen ganz unerfindlich, wie aus der planetarischen Heimatlosigkeit jemals eine Neubeheimatung des Menschen auf der Erde hervorgehen soll.

Das anthropozentrische und logokratische Ermessen der Moderne ist jedoch ein trügerischer Ratgeber in diesen Dingen. Wie die Heimat generell, so ist erst recht die Erdverbundenheit nicht rationalistisch rekonstruierbar und entsprechend der Zuständigkeit der Vernunft entzogen. Was unsere Vernunft vor allem verkennt, ist der Befund, daß die Erdverbundenheit nicht nur vom Belieben des Menschen abhängt, sondern auch vom unverfügbaren Willen der Erde. Wir hatten gesehen, daß die Heimaterde sich uns zukehrt, wenn wir sie in treuem Dienst kultivieren. Höchstwahrscheinlich ist sogar die Heimatlosigkeit des Menschen nicht ohne die Mitwirkung der Erde zu denken, denn die Tatsache, daß wir uns von der Erde abkehren, heißt in tieferer Betrachtung, daß die Erde sich von uns abgekehrt hat. Entsprechend haben wir auch die ökologische Bedrohung andersherum, von der Erde her zu interpretieren: Daß wir die Erde bedrohen, ist zwar richtig, aber nur ein Oberflächenphänomen, denn es bedeutet in Wirklichkeit, daß die Übermacht der Erde gesonnen ist, unsere Hybris zu bestrafen. Die dramatische Zuspitzung des Kampfes zwischen Mensch und Erde nötigt uns zu einem Paradigmenwechsel: zu einer Denkkehre, die von der Oberflächlichkeit der Aufklärung zum Ursprungswissen des Mythos führt. In dieser Perspektive ist das Wiederfinden der Erdverbundenheit nicht ins Ermessen des Menschen gestellt, sondern allein dem Walten der Mutter Erde anheimgegeben. Denn die Wandlung kommt einer *Erdwende* selber gleich, da sie einen Prozeß umkehrt, der mindestens dreitausend Jahre gewährt hat. Die Erde ist damals, in der Vorzeit, unsere Heimat *gewesen,* und sie soll wieder zu unserer Heimat *werden.* Sie *muß* zu unserer Heimat werden, weil wir anders die kommende Weltwende nicht überstehen werden. Die Weltwende hat eine menschlich bestimmte Dimension, die die der sich abzeichnenden ökologischökonomisch-technisch-ideologischen Großkatastrophe ist. Sie hat aber zugleich die Dimension eines mythischen Endkampfs zwischen dem menschlichen Titanismus und der Mutter Erde, die als Rächerin unserer Missetaten aufstehen und als strahlende Nike vor uns hintreten wird. Es liegt nahe, die Großkatastrophe als Sühne aufzufassen, die die Erdmutter uns um unserer Verfehlungen willen auferlegt.

Doch ist es evident, daß der kommende Gesamtkollaps, an dem kein Ernstzunehmender mehr zweifelt, noch nicht die Weltwende ist, die den Menschen verwandeln würde. Keine der Katastrophen dieses Jahrhunderts, weder zwei Weltkriege noch Auschwitz, haben den Menschen wirklich verändert, und so wäre es zweifellos naiv, wenn wir von dem Gesamtzusammenbruch eine Verwandlung erwarten würden. Alle Verbrechen des Jahrhunderts aber stehen unter dem fatalen Verdikt, daß die Heilkraft der Zerstörung selber zugeschrieben wird, daß also Untat die Untat sühnen soll; sie setzen ausdrücklich den alten Adam fort, denn sie unterliegen dem Gesetz einer sich ewig fortzeugenden Rache. Die Moderne ist die Epoche der Lieblosigkeit, eine nihilistische Ära, die nur Ideologien der Zerstörung ausbrütete: Kapitalismus, Kommunismus, Nationalsozialismus und Liberalismus. Damit vor allem wird es zu Ende gehen, denn die Weltwende begreifen wir als Epochenschwelle, in der der gesamte Plunder der Moderne mitsamt der Postmoderne versinken wird. Die Ära des Unheils wird verschwinden, aber sie wird nicht verenden in der Großkatastrophe, mit der sie uns bedroht, sondern indem etwas anderes, Weltwendendes sich an ihre Stelle gesetzt hat. Die verwandelnde Heilstat erwarten wir von einer *Religion der Erde,* die sich aus mythischer Urerinnerung speist und den Menschen aufs neue mit der Erde verbindet. Es ist im Grunde etwas ganz Einfaches, wenngleich recht Unfaustisches: Der Mensch muß nur lernen, die Oberhoheit der Erde freiwillig anzuerkennen. Er wird dann sein Heil darin erblicken, sich in freier Tat der Erde anzuverloben. Er wird das Einssein mit allem Lebendigen wiederfinden

121

und begreifen, daß Heimat nur eins heißt: Heimkehr zur heiligen Mutter Erde, die das Leben gibt und nimmt und die von uns verlangt, daß wir den Boden, den wir bewohnen, in Ehren halten.

Wenn eine solche Einstellung Platz griffe und die entsprechenden Änderungen in Theorie und Praxis vornähme, wäre der Gesamtzusammenbruch vielleicht zu verhindern. Die Erde träte uns dann nicht als Rächerin unserer Missetaten entgegen, sondern als große Liebende, die uns jenseits des Grenzwalls der Zeiten erwartete. Alle Lebenserfahrung spricht jedoch gegen diese Perspektive: Die Weltwende wird kein friedlicher Übergang sein, weil aus Haß und Verachtung nicht plötzlich Liebe hervorblühen wird. Es sieht alles danach aus, daß wir den Todeslauf der Moderne sich selbst überlassen müssen, da es ganz undenkbar ist, daß die Verendung sich in eine Verjüngung verwandelte. Trotzdem bedeutet das nicht, daß wir dem Verhängnis rettungslos ausgeliefert wären, denn in dieser Situation besinnen wir uns auf die antimoderne Tradition des deutschen Geistes, in der die Weltwende bereits vorgedacht ist. Mit Heidegger, einem der stärksten Vordenker, erkennen wir, daß das einzige, was der Verendung entgegengestellt werden kann, der »andere Anfang« ist. Der andere Anfang bewährt seine Ursprünglichkeit darin, daß er uns von der Seinsvergessenheit abkoppelt. Da die Seinsvergessenheit zugleich eine Erdvergessenheit ist, können wir den anderen Anfang im Wiederfinden der Erdverbundenheit erblicken, die uns inmitten der Fremde zurückgeleitet in unsere wahre Heimat. Jeder Augenblick der Erdverbundenheit ist ein Stück Gegenzeit, das mithilft, die Große Wende zu vollbringen.

Alles Nähere liegt noch im Dunkel, aber manches Wundersame läßt sich schon jetzt absehen. So darf es als gewiß gelten, daß die Weltwende eine Rückkehr zum geozentrischen Weltbild bringen wird, denn wir werden lernen müssen, daß *unsere* Welt nicht das Universum ist, sondern die eine Erde, die der Himmel hält. Sogar an der Raumfahrt läßt sich diese Rückwendung ablesen, denn sie führt den Sohn der Erde nicht nur in den Weltraum, sondern führt ihn stets zur Mutter zurück. Ernst Jünger hat das im »Weltstaat« gesehen: »Erst in der Entfernung wird dem Sohn die Einheit der Mutter offenbar und ihre Liebe, die er mit Belebtem und Unbelebtem teilt. Kein Heimweh kann größer sein.«

HANS JÜRGEN SYBERBERG

EIGENES UND FREMDES

Über den Verlust des Tragischen

Ich spreche hier nicht als Theoretiker, sondern als Handelnder, der seine Erfahrungen bedenkt, damit neues Handeln fruchtbarer wird. Und das heißt also für den Film, fürs Theater und die Bücher.

Mit dem Ende des marxistischen Machtsystems und damit auch der Utopien für die einen und der Feindbilder für die anderen, stellen sich auch die Fragen nach diesen Einflüssen geistiger und ästhetischer Art. Die Worte vom Mündel Deutschland und seinen Quislingen, als Ausdruck der Kollaboration mit dem Sieger, bis zur Denunziation, gelten auch im ästhetischen Bereich. Wenn man auf diesem Wege konsequent ist, würde sich daran auch die Frage anschließen, ob es nicht auch einen Hoch- und Landesverrat der Kunst gibt, auch als Ausdruck und Behauptungswillen des Menschen einer Zeit am jeweiligen Ort, die höchste Form, die wir der Geschichte geben können, in der er überleben wird. Das frage ich im Bereich der Kunst, obwohl ich weiß, daß man das nicht einmal im Bereich der Politik wagt. Der Honecker-Prozeß wäre anders und einsichtiger verlaufen. Auch für ihn. Und wenn man konsequent und gerecht, also nicht selbstgerecht, ist, müssen auch wir uns in Frage stellen, wir im Westen, unsere letzten Jahrzehnte nach 1945 also. Es ist die Frage, ob nicht auch wir im Westen Eigenes verraten haben.

Eigenes, was heißt das? Vor Hitler wurde das von prominenter Seite so definiert als: Wille zur Gestalt eines morphologischen Denkens, mit dem Blick für die innere Gestalt und den Charakter der Dinge durch das Eigentümliche in die Tiefe einzudringen. Das klingt anders als der Minimalismus der Nachkriegsästhetik mit ihrem Reiz der marginalen Banalität, oder die Politisierung des Ästhetischen, oder jener Heimatverweis in die Utopie des Diesseits, und es klingt anders als jene soziologische Kategorie des gesellschaftlichen Fortschritts, an dem Kunst, nicht nur des Ostens, lange und revolutionär gemessen werden sollte. »Gesellschaft«, das Wort als Ersatz für so vieles andere, wie das Wort »Volk«, das erst wieder verwendbar wurde nach Leipzig und den anderen Städten 1989, als es auf der Straße von Deutschen durch eigene Tat gereinigt und erkämpft wurde. Wenn auch vielleicht nur kurz.

Ich sagte, das klingt anders; vor Hitler als nach ihm, ich sage nicht besser oder schlechter, aber es schließt sich daran die Frage der Zeit und nach dem dazwischenliegenden Krieg an, der ein verlorener war für Deutschland wie für die anderen ein gewonnener, Stile, Moden und Ästhetiken und neue Identitäten schaffend, die Frage nämlich, ob das vorher Eigene nun überholt, durch eine andere fortschrittliche, fortgeschrittene Ästhetik zu ersetzen, wäre. Wenn wir noch einmal über den Zusammenbruch des östlichen Wertesystems in Deutschland nachdenken, geraten wir auch in die Bereiche legitimer Sicherungen jener Werte, Ästhetiken und seines Staates, mit der Frage, was jene Werte jenen damals wert waren, was daran das Eigene war oder ist, und was das Ihre.

Die westliche Form der Staatssicherheit und Wertesicherung auch der Ästhetik bedarf der Definition, was diese denn im Osten war. In seltensten Fällen diente sie als Vorhölle der Tötung oder auch körperlicher Isolation, wenn sie auch dort durch Androhung dieser Konsequenzen im totalitären Sinne des Denkens wirkte. Sie wirkte aber meistens durch Einschüchterung und Kontrolle mit Hilfe eines Systems der Kollaboration auf die öffentliche Meinung. Wenn wir uns fragen, wie in westlichen Demokratien öffentliche Meinung kontrolliert, eingeschüchtert, geformt und gegängelt wird bis zum Punkte, da wir glauben wollen, was wir sollen, kommen wir schnell auf die Instrumente der öffentlichen Meinung und Erziehung und jene medialen Kräfte, an denen wir alle aktiv oder passiv teilhaben, wenn wir nicht isoliert werden wollen. Soviel nur über die Mechanismen, auch des Denkens, in dem wir alle gefangen sind. Wir müssen uns fragen, ob das alles selbstverständlich ist, wie wir es tun, was und wie tief verstrickt alles ist, konspirativ, denunziatorisch, mit Archiven, Dossiers und agentenähnlichen Mechanismen kollaborativ im Konsensus der Zeit. Unsere Medien sichern den Konsensus der öffentlichen Meinung in den westlichen Demokratien. Und sie bestimmen damit auch den deutschen Film durch Gremienteilnahme über Produktionsmittel, insgesamt unsere Werte sichernd, bestimmend, konservierend, nach alten Etablierungsmethoden. Der ganze Bereich der Öffentlichkeit, von Wählern bis Lesern, Zuschauern und Publikum ist aber nun durcheinander. In fast revolutionären Dimensionen. Man glaubt auch den hiesigen Ordnungsmächten nicht mehr. Die Hegemonie der Moral, wie sie sich nach dem letzten Kriege und jetzt des Sieges des Westens über den Osten gebildet hat, nützt sich ab.

Das vorige System war nicht nur katastrophal gescheitert und untergegangen – »niedergemacht, umerzogen und in neue Ordnung gestellt«, die von den anderen kam, wie in unseren Medien gesagt wird –, untergegangen moralisch, politisch und auch künstlerisch, denn dieses vorige System verstand sich als ein Kulturkampf für eine bessere Welt; es war nun alles in Frage gestellt, nicht beiläufig als eine Niederlage eines Staates unter anderen, sondern als europäische Kultur profund und zentral, so wie sich dieser untergegangene Staat als Massenbewegung verstand und sein wichtigster Minister sich als Aufklärer für das Volk bezeichnet hatte. Mit allen technischen Mitteln, auch unter Mitwirkung großer Geister und Künstler von Heidegger bis Benn, geführt von einem Diktator, der seine auch künstlerischen Traditionen von weit her holte. Und wie auch immer individuell wir die verschiedenen Spuren sichern und verantworten und abschieben können: Es geht doch letztlich um uns selbst.

Nach diesem Desaster waren Hilfen von außen gefragt. Sie kamen nicht nur von Siegern mit Okkupationsinteressen und Methoden der Mächtigen, sie kamen von den ehemals aus Deutschland Geflohenen und Vertriebenen, also mitten aus uns. Wir hatten Glück. Aber diese hatten andere Erfahrungen, wie Leben und daraus Kunst neu sich bilden sollte. Brecht, Bloch oder Thomas Mann suchten in der DDR, was sie vor dem Kriege sich mitgenommen, und wer mit dem Ost-Staate ging, sich ihm widmete, dachte, für das Gute einzustehen, für das er geflohen war. Nun galt es zu unterscheiden, Grenzen aus individuellen Werten zu setzen. Da wird interessant, was zusammenbrach, nicht mehr funktionierte im neuen Wertekatalog des Zusammenbruchs. Es waren nicht nur Worte wie Treue, Mut, Ehre, Integrität – die Stasi lachte –, Strenge, Disziplin, des Denkens oder der Kunst, das Heilige, Vaterland, Heimat, Seele und wohl auch Gott (Böll bat darum, dieses Wort einige Zeit nicht mehr benutzen zu dürfen. Und Böll tat das nicht aus Ungläubigkeit, die ihm nur die Amtskirche vorwarf; bis zur Verketzerung). Ich wünschte mir heute das gleiche für Auschwitz, wegen zu starker und mißbräuchlicher Benutzung in Sonntagsreden.

So können Worte scheitern und die dahinterstehenden Welten. Wenn aber Treue, Mut, Ehre usw. nicht mehr galten, konnte man kollaborieren, denunzieren, für das Gute des Sieges, der Sieger. Langsam erst und schmerzlich merkte auch eine Christa W., daß Sieger auch Menschen waren, mit legitimen Interessen und nicht nur des Guten. Aber es ging nicht nur um Werte des Alltags. Wo immer sie auftauchten, wurde gelacht, ironisiert. Für die gute Sache war es erlaubt, sich abzuwenden unter den Jungen. Das Niedrige allein wurde als Kategorie dominierend. Wie war nach Auschwitz ein Göttliches noch darzustellen?

Aber die Erfahrung der Hiergebliebenen, wie der in der DDR jetzt, ist ein Kapital, ist eine andere. Das heißt: Bomben überstanden zu haben, eigene Schuld und Trauer, wie auch immer verschieden, trotzig, mit erhobenem oder gesenktem Kopf. Nun war alles freigegeben und verlacht, nichts mehr wert. Die Umerziehung bot neues Leben und auch Abenteuer, Erfolg, und der lag im Aufbau, auch Geld, mitzumachen, die Wirtschaftsminister nahmen an Wichtigkeit die Positionen ein, die früher die Militärs besetzt hatten. So sahen die Staaten dann auch aus, wie die Gesichter stolz, glücklich, zufrieden, Friedensgesichter, wie nie? Denaturisiert sagen die traurigen Kritiker, endlich sagen die, die es geschafft hatten, uns auf die Schultern klopfend und mancher sich selbst, und mit Recht. Wir hatten viel Glück gehabt, das Leben gewonnen, am Ende, vielleicht, aber die Seele verloren, sicher.

Was blieb? Wie sah die Kunst nun aus, das Neue, Eigene, Neugewonnene im Widerstreit mit denen, für die sie sich als Auftrag empfand? Wenn ich auf meine Filme schaue, zum Beispiel, ab dem *Ludwig,* wage ich versuchsweise sie zu vergleichen mit denen jenseits der deutschen Grenzen, mit anderer Sprache und anderer Herkunft zu gleichen Themen, wage zu vergleichen, und da wäre sofort der *Ludwig* von Visconti, und man sieht den Unterschied. Und da wäre der *Hitler*-Film und wieder Viscontis Geschichte der Familie Krupp unter den Nazis. Und da wäre jener Film, den ich *Die Nacht* nannte, vom Ende Europas, verglichen mit *La notte* von Antonioni, dem Endzeitgefühl seiner Generation. Und da wäre die *Marquise von O. . . .,* jene Geschichte Kleists in der Gestalt Rohmers, verglichen mit dem eigenen monologischen Versuch. Oder das Bild Richard Wagners im *Parsifal,* hier als Totenkopf eines Reiches und seiner Kultur mit dem Porträt des Meisters und dort von Chereau im Ring der Geschichte des 19. Jahrhunderts. Es überschneiden sich die Besetzungen und Beteiligungen, und doch und gerade dann wird es interessant. Viel Stoff, das Eigene zu finden nach dem Kriege. Eines ist sofort deutlich, alle hier auf deutscher Seite genannten Produktionen sind arm an finanziellem Budget, also nicht gewollt (und das heißt doch wohl auch ihre Ästhetik) von denen, die die Gelder verteilen. Und es konnte abgelesen werden, daß gerade die fernen Deutschen der Emigranten und deren Kinder, jenseits unserer Grenzen also, oft darin etwas

128

wiedererkannten, was sie suchten in der Ferne, hier, was in Deutschland abgewehrt wurde. Ein Sehnsuchtsland, das es so vielleicht nur in der Kunst noch gab oder selten, eben ungewollt, offiziell noch unter großen Gefahren oder Anfeindungen hier selbst am Rande existiert. Es entstand in der Vita dieser Werke ein Beispiel westlicher Nachkriegskunst ganz eigener Art, die deutsche Stimme im Westlichen Konzert so sehr, daß die Anderen jenseits der Grenzen es als deutsch begrüßten, so sehr wie die Deutschen, umerzogen in ihren Medien und deren Abhängige, davor warnten.

Was war das Eigene all die Jahre im internationalen Stil der Nachkriegsästhetik, persönlich, individuell und im Sinne einer nationalen Sprache? Alle Filme bis *Parsifal* entstanden in München. Das ist nicht unwichtig, im Gegensatz zu denen danach seit 1981 und dem Theater seit 1984 in Berlin oder Paris. Im Ausland sprachen sie von *Ludwig* bis *Parsifal* inklusive des *Hitler* von einer »L'âme allemande«, also der Darstellung der Seele Deutschlands, in Frankreich immer wieder. In New York verglich Susan Sontag sie mit der Ästhetik von Joyce, aber sie stellte ein Motto von Goethe über den Essay, der uns charakterisiert. In Deutschland war das häufigste Wort dagegen, jenes der Ästhetisierung, und sie meinten des Bösen und damit war für sie die Sache abgetan. Soviel hatten sie verstanden von ihren Lehrern. Das Geld kam zunehmend aus dem Ausland, so für den Hitler-Film und Parsifal, die ohne die Hilfe anderer Länder nicht entstanden wären, wie meine Filme und Theaterproduktionen der letzten Jahre.

Alles lief bis zum Hitler-Film auf jenen Begriff zu, der diese Epoche seiner Entstehung in Deutschland prägte, nämlich Trauerarbeit. Aber hier für die Täter auch, das konnten sie in Deutschland nicht begreifen und ertragen als eifrige Klippschüler Freuds, sich auf dem Markt neuer Bequemlichkeiten einrichtend. Woanders hat man es verstanden, was da versucht wurde. Danach war ich frei für die Tragödie der Kultur, die dahinter steht, unserer eigenen, tief verflochten mit dem Leidensweg der anderen. Leiden als aller Kunst Anfang, in der immer noch und gerade wieder wir einzig und am besten zu ertragen sind? Und doch, im selben Jahr, als das östliche System seinen Einfluß auf unser intellektuelles künstlerisches Leben einbüßte als Utopie, überdachte ich unseren, meinen Standpunkt im Westen. War da nicht ein Bruch? Seit meiner Erfahrung, ästhetischen Forschungen gleich, mit Kleist, nun auf dem Theater, gerade in der fruchtbarsten Reduzierung auf einen Punkt mit monologischer Radikalität und neuem Aufwand geistiger Neugier und sinnlicher Erfahrung, war mir etwas klar geworden.

An Kleist erlebte ich das uns Eigene an der Geschichte jener früheren, unverdächtigen und guten neu, legte mehr und mehr die nach 1945 gewachsenen zu eigen gemachten Schalen meines Wachstums ab, denn Kleist war so nur verfälschend zu erfahren, wenn ich um mich sah, und ich fragte mich plötzlich, ob ich mich nicht selbst bis dahin jenen neuen Kategorien der Banalität ergeben und zum Beispiel dem Homoerotischen als Antihelden zu viel Raum gegeben habe, gemäß den Nachkriegsphobien vor Helden. War ich nicht der Collagesucht verfallen und hatte mich in intellektuellen Spielen verloren, hatte ich nicht Brechtsche Vernunft, wenn auch nicht aus marxistischer Begründung, zu sehr als Maßstab akzeptiert und war selbst zur Verkörperung jener Nachkriegs-Ästhetik geworden, die zwar verständlich aus der Zeit und als internationaler Stil mehr gefragt war als in Deutschland, den Musterschülern auf den Hinterbänken unserer Medien, aber doch zu überwinden eben, wenn auch Kunst Leben ist.

Am Falle Kleist konnten die bisher gewohnten Kategorien nicht funktionieren. Jene Verkleinerungen, die Zerstörungswut, die Ästhetik der Provokation, jene Verluste der Aura, das geforderte Bewußtsein der Heimatlosigkeit (nach dem Ende des Reiches und der Vertreibungen aus verschiedenen Gründen naheliegend und gerne aufgegriffen). Ebenso wenig eine materialistische Kunstsoziologie des Kunstwerks im Zeitalter seiner technischen Reproduzierbarkeit als Maßstab des Denkens und Selbstverstehens meiner Generation mit Angriffstendenzen hegemonialer Interpretationsinteressen okkupierender Gegenwart gegen die Vergangenheit. Und es konnte nicht funktionieren, jenes Diktum, das nach Auschwitz zwar Gedichte zuließ, aber nicht in alter Art und Höhe. Mit dem nun neuen Interesse am Niederen bis zum selbstgefälligen Wälzen im Kot auf unseren Bühnen oder in den Filmen, und es konnte nicht nur für Kleist als »Ästhetisierung« alles abgewehrt werden, nämlich des Bösen, was einmal als Schönheit, der Freiheit eigenste Tochter gegolten hatte, die jetzt geschändet und arm vor uns liegt. Dies alles arbeitet einer Vernunftsästhetik und heute verkommener Aufklärungsideologie in die Hände, die abtötet, was uns stärken sollte. Neue Definitionen sind nötig, auch der Kunst.

Nach dem *Parsifal,* ab der *Nacht* also, kam der Bruch, die Abkehr von jener Internationalität des Nachkriegs-Stils, mit dem totalen Boykott in Deutschland und dem Versuch zu kriminalisieren, moralisch und ästhetisch. Keine Diskussionen mehr, Ausrottungstendenzen setzten sich per Aufruf durch: Dieser habe da nichts mehr zu schaffen, wo es um Kultur geht. Ästhetische Einsamkeit das Ergebnis, dieser einzige Maßstab in Deutschland. Schönheit als aller Schrecken Anfang, den wir noch ertragen, wo es um Kultur geht. Das konnte vor Hitler gesagt werden. Heute, 50 Jahre danach, am Ende der Schrecken, Schönheit nochmal zu versuchen als Ende aller Schrecken, auch unseres Endes, verstehe ich eigens als meinen Auftrag. Wenn es unserer wäre, wäre es gut.

Was heißt das nun? Zunächst mal Erkenntnis im Handeln, dann Kampf. Die Pfründe der 68er Generation hat sich etabliert in schlechter Schülerschaft, sie ist fett geworden im Status quo der Nachkriegsbesitztümer, die nun in der Wirtschaft und in der Politik und Umweltkatastrophen zur Diskussion stehen. Warum nicht im Bereich der Kultur? Aber nicht nur im Osten, nicht nur in der Ökonomie und Politik. Eine Epoche, die ihre Ursachen hatte, ist abgeschlossen, auch in den Künsten, deren offizielle Vertreter die

Wende nicht bewirkten oder vorwegnahmen, wie einst Mozarts *Figaro* oder Schillers *Räuber* oder Kleists *Homburg*. Kunst aber wird so verdächtig als nunmehr Begünstigte des Markts und der Händler, wenn sie nicht kämpferisch vorangeht. Kunst ist keine Provokation, sondern Ästhetik ist Politik. Nur aus der Kraft des Eigenen werden wir auch interessante Freunde sein, in der Mitte liegend, zentral, in der Gefahr, zu zerfließen oder besetzt zu werden von den zu uns Kommenden heimlich nachts über die Flüsse, haben wir die Chance, mit dieser Herausforderung uns bereichernd zu suchen, gerade in diesem Interesse uns von allen Seiten zu finden, jene Gestalt, die immer neu aus Altem sich bildet.

In der Politik, Wirtschaft, Technik, Landwirtschaft, von der wir einmal lebten, sind die Grenzen sehr verflochten, nur in dem letzten Terrain unserer Existenz, dem innigsten, innersten unseres Ichs können wir uns unterscheiden, im ständigen Austausch gerade das sein, was jene nicht erfahren: wie ein Mensch durch Erfahrung des anderen, wie sie von uns, so wir von ihnen. Beuys wäre in London nicht denkbar, Picasso nicht in Deutschland. Aber Kleist ist anders, gehört zu jenem verlorenen Land, das Preußen hieß und war weder ein unverbesserlicher Junker noch ein Mann des Fortschritts; wie auch immer todesfürchtig, war er nie gegen Preußens Gedächtnis. Und er ist nicht ein Vorkämpfer Freuds, nur weil Träume bei ihm in ganz anderer Weise wichtig waren. Kleist ist ein Beispiel ziemlicher Entfremdung unserer Identitäten. Im entscheidenden Moment der Hilfsbedürftigkeit haben wir uns zu lange auf die Hilfe von außen verlassen, da wir doch von innen uns hätten retten müssen mit den Fragen: woher, wofür und warum überhaupt, aus unseren eigenen Erfahrungen. Auf dem einzigen Gebiet, wo wir, hart und eng bedrängt, unser sein dürfen, und gerade worum es immer geht im Kampf um unsere Seelen, das Zentrum der äußeren Gestalt in der Kunst. Ich weiß, so kann vielleicht nur jemand aus Deutschland sprechen. Als Angehöriger einer untergegangenen Kultur empfand ich das Glück der Identität nie reicher als aus der Authentizität künstlicher Reiche, die aus den verlorenen entstanden, gerade darum besonderer Erfahrung trächtig und unvergleichbar durch die Verluste.

Zu dem Aufruhr, den das leidenschaftliche Manifest des selbst bei den Medien renommiertesten deutschen Dramatikers der Gegenwart hervorgerufen hat: Die Reaktionen reichen bis zum Druckverbotsaufruf, Verbrennung und Auslöschung. Extermination und Ausgrenzung sind beliebte Worte aus Deutschland. Was ist los? Wieviel Jahre nach H.? Wer hat sie erzogen? Wogegen müssen wir uns wehren? An den Mitläufern der Medienöffentlichkeit sehen wir, wohin wir gekommen sind, an den Leserbriefen aber auch, daß der Widerstand stärker wird. Nur noch Kunst, in der wir am besten zu ertragen sind? Nein. Wenn Europa, dieser stinkende Fisch und geschundene wunde Kontinent, durch uns selbst noch ein Zentrum hat, ist es nicht seine militärische Macht, nicht seine Wissenschaft, nicht seine ökonomische oder konsuminteressante Masse, sondern seine Kultur. Noch immer? Es liegt an uns. Jeden Tag, wie wir uns unterscheiden, anders und uns gemäß, in dem wir das Unsere erkennen, um uns Ausdruck zu geben.

Immer neu. Von unten. Aber nach oben drängend: der sinnlichen Erkenntnis, der Eigentlichkeit des Seins zu. Wo der Geist sich verbindend auflöst, ins Nichts oder All, nennen wir's wie wir wollen. Das annähernd immer neu erreicht zu haben, war und wäre ein höchstes und begehrenswertes Ziel.

Das ist etwas anderes als das Erzählen von Geschichten und deren intellektuelle Reflexion. Aber es ist der Versuch, die Geschichte des Menschen in unserem Universum versöhnend zu verstehen und aufzulösen in naturgegebener Schuld der Existenz. Die nur die Kunst imstande ist in Trauer zu erlösen, wenn sie bei sich ist in Heiterkeit, dem Dienst an früheren Göttern gleich. Es ist die Tragödie des Da-Seins – bis zu ihrer Komödie unserer Exerzitien, durch die Kathedralen unserer Bilder, Worte und Musiken, die von uns bleiben werden wie Hohn oder schweigendes Lächeln als Erbschaft dieser Zeit.

TILMAN KRAUSE

INNERLICHKEIT UND WELTFERNE

Über die deutsche Sehnsucht nach Metaphysik

Die Szene spielt in Washington. Man schreibt den 29. Mai 1945.
Knapp drei Wochen ist es her, daß Hitler-Deutschland kapituliert
hat. Thomas Mann, mittlerweile amerikanischer Staatsbürger,
warnt seit seinem mutigen »Appell an die Vernunft« von 1930 vor
den Gefahren des Nationalsozialismus. An diesem Abend schickt
er sich an, in einem weitausholenden Vortrag über »Deutschland
und die Deutschen« in der Library of Congress Auskunft zu geben. Noch ganz im Banne des »Unsäglichen, das dies unglückseli-
ge Volk der Welt angetan hat«, zeichnet er die deutsche Geschichte als Abfolge von Verhängnissen, unter denen das »Dritte Reich«
den grausigen Höhepunkt bildet. Entscheidendes Merkmal des
deutschen Charakters, so der Repräsentant eines »besseren
Deutschlands«, sei »apolitische Devotheit«, die er für ein »Produkt musikalisch-deutscher Innerlichkeit und Unweltlichkeit«
hält. Was soll da, was kann da noch aus Deutschland werden?
Weiß er kein Mittel? Nur eine Waffe taugt, meint der Dichter:
Westbindung. Deutschland müsse endlich seinen politischen
Sonderweg verlassen und »vom europäischen Demokratismus
korrigierende Belehrungen entgegennehmen«.

Und kulturell? Tritt Thomas Mann auch hier für Westbindung
ein, preist er das Modell einer »engagierten Literatur« und macht
sich stark für einen Typus des Intellektuellen, der, auch politisch
wirksam, »Zweifel und Einmischung« artikuliert? Stellt er die ge-
sellig-bindende Rolle der Prosa über die Poesie des einsamen Ichs,
das mit dem Ewigen Zwiesprache hält? Setzt er Vernunft, Kritik,

134

Kampf gegen Irrationalismus obenan, betreibt er Entmythologisierung und bringt Licht in mystische Düsternis, erhebt zu klarer Artikulation alles dunkle Geraune? Allerdings tut er das. Aber es fällt ihm im Traum nicht ein, die angeblich so verhängnisvolle deutsche Verbindung von »Innerlichkeit und Unweltlichkeit« vollständig zu verwerfen: »Nehmen Sie die vielleicht berühmteste Eigenschaft der Deutschen, diejenige, die man mit dem sehr schwer übersetzbaren Wort ›Innerlichkeit‹ bezeichnet: Zartheit, der Tiefsinn des Herzens, unweltliche Versponnenheit, Naturfrömmigkeit, reinster Ernst des Gedankens und des Gewissens, kurz, alle Wesenszüge hoher Lyrik mischen sich darin, und was die Welt dieser deutschen Innerlichkeit verdankt, kann sie selbst heute nicht vergessen: Die deutsche Metaphysik, die deutsche Musik, insbesondere das Wunder des deutschen Liedes, etwas national völlig Einmaliges und Unvergleichliches, waren ihre Früchte.«

Vierzig Jahre später. Das »bessere Deutschland« hat sich durchgesetzt. Die Bundesrepublik ist zu einem zuverlässigen Partner der Westmächte geworden. Politisch stabil, wirtschaftlich prosperierend, verfügt sie obendrein über ein geradezu vorbildliches Sozialgefüge. Ihre politischen und geistigen Eliten huldigen keinerlei »Sonderweg« mehr, schon ein deutsches »Sonderbewußtsein« mit seinem Beharren auf dem inneren Reichtum dessen, der sich gesellschaftlicher Vereinnahmung entzieht, ist ihnen suspekt. Da macht 1985 plötzlich das Buch einer Französin von sich reden. Brigitte Sauzay heißt sie, hat als Chefdolmetscherin Mitterrands (West-)Deutschland kennengelernt und beschreibt nun ihre Eindrücke: »Deutschland . . ., für Generationen von Franzosen einst ein faszinierendes Wort, magisch und unheilbringend zugleich; heute ist es banal geworden. Kein Roman trägt mehr den Titel ›Koenigsmark‹, verschwunden ist die Großherzogin von Gerolstein; die Knaben des Pariser Großbürgertums werden nicht mehr wie zu Beginn des Jahrhunderts Jean Cocteau von deutschen

135

Gouvernanten erzogen; Vampire, preußische Kadetten, verrückte Forscher, Mabuse und Caligari sind in die Rumpelkammer verbannt. In Marguerite Yourcenars ›Der Gnadenschuß‹, in Michel Tourniers ›Der Erlkönig‹ weht uns diese entrückte Zeit noch einmal an, letzte vereinzelte Beschwörungen eines mythischen und endgültig versunkenen Deutschlands. Je mehr es sich nach dem Zweiten Weltkrieg ›normalisierte‹, um so mehr verlor Deutschland seine Faszination für die lateinische Welt.«

Auch dies ist ein Aspekt der von Thomas Mann hervorgehobenen deutschen »Devotheit«: Man will als demokratischer Musterschüler prämiert werden. Mit einem Radikalismus, wie er ebenfalls hierzulande üblich ist, hält man sich an die Devise »alles oder nichts«. Politische Westbindung? Machen wir! Kulturelle Westbindung? Versteht sich doch von selbst. Auf den Kehrichthaufen der Geschichte mit allem, was dazu nicht paßt! Wer nicht mitspielt, dem wird übel mitgespielt. Die gegenwärtige Debatte über das, was rechts und rechtens sei, diese Erbsenzählerei, die nun auch in kultureller Hinsicht Westliches ins Töpfchen, Nicht-Westliches (das nur in der Form des Anti-Westlichen vorstellbar ist) ins Kröpfchen sortiert, droht Banalisierung und Normalisierung unserer geistigen Landschaft festzuschreiben.

Wer wollte leugnen, daß der Abschied von den »deutschen Dunkelheiten« heilsam war, außerdem das Gebot der Stunde Null und eine Schuld, die gegenüber unseren neuen politischen Freunden abzutragen wir nach dem Zweiten Weltkrieg allen Anlaß hatten? Aber diese »Dunkelheiten« lassen sich nicht dauerhaft verdrängen. Verdrängtes hat überdies die Eigenschaft, sich in zerstörerischer Form bemerkbar zu machen. Ist es nicht Zeit, unsere politisch korrekte Ängstlichkeit zu überwinden und uns zu dem zu bekennen, es zumindest in seiner Entfaltung nicht zu behindern, was *auch* Teil unserer Geistigkeit ist: jener Komplex schwermütig-nachdenklicher Introvertiertheit und Weltabgewandtheit, der mit dem Fortschrittsglauben der rationalen Gesellschaftskulturen des Westens nur schwer vereinbar ist? Sollten wir nicht froh sein, daß er sich wieder bemerkbar macht – und dazu noch auf hohem Niveau? Statt dessen werden Abwehrkämpfe geführt. Schon 1985 geschah das, als sich eine vorsichtige Renaissance ankündigte. In jenem Jahr erschien nicht nur Brigitte Sauzays Essay »Die rätselhaften Deutschen«, sondern auch, nicht minder umstritten und heftige Erregung auslösend, Botho Strauß' Langgedicht »Diese Erinnerung an einen, der nur einen Tag zu Gast war«. Wieviel Eifer, um die neue Pflanze zu beschneiden! Daß hier jemand das Erhabene versuchsweise in die Gegenwartsliteratur einführte und damit eine Überlieferung aufnahm, die immerhin von Klopstock über Hölderlin bis hin zu Stefan George, Theodor Däubler und dem späten Rilke führte, alarmierte die kulturellen Sittenwächter in hohem Grade. Straußens pathetische Beschwörung einer vorrationalen Kultur des Ahnens – »nicht wissen möcht ich, sondern erklingen« –, seine Wiederbelebungsversuche deutscher »Innerlichkeit und Unweltlichkeit« aus dem Geiste der Musik, seine Abscheu vor geräuschvoller Betriebsamkeit im Medienzeitalter ließen sämtliche Studienräte des deutschen Feuilletons die Zeigefinger heben. Mußten sie hier nicht nur die Preisgabe kritischen Erkenntnisstandes im Sinne der Frankfurter Schule monieren, sondern auch das Einschwenken auf die politisch gefährliche Tradition des deutschen Kulturpessimismus?

Doch der Fall Strauß war nur ein Vorgeplänkel. Zur Schlacht geblasen wurde erst einige Jahre später im sogenannten Literaturstreit um Christa Wolf. In heiliger Allianz ließen konservative und linksliberale Meinungsführer ihre Bataillone aufmarschieren. Jetzt war die Situation ergiebiger als noch fünf Jahre zuvor, denn nun konnte man, unmittelbar nach der Wende, dem »vormodernen« Bewußtseinsstand der DDR-Literatur gleich mit den Kampf ansagen und überprüfen, was zur Eingemeindung in ein westlich gereinigtes gesamtdeutsches Kulturverständnis blieb. Und siehe da, die deutschen Schlacken, die der gegenwärtig wichtigsten Schriftstellerin der Nation anhafteten, waren doch erheblich und erinnerten peinlich an überwunden Geglaubtes: zuviel ernsthafte Nachdenklichkeit und umständliche Selbstbefragung, noch dazu so ganz im Geiste der Herzensergießungen des Pietismus und der »protestantischen Unruhe«. Zuviel Beschwörung von Weltferne und -flucht, undenkbar ohne die heute als zwiespältig empfundene Romantik. Zuviel antikisch gewandete Zivilisationskritik, was schon bei Hölderlin bedenklich stimmt. Zuviel Schwelgen in Idealen von einer brüderlichen »Gemeinschaft« (statt Gesellschaft) in sommerlicher Idylle, die bereits bei Serapionsbrüdern, Davidsbündlern und Glasperlenspielern nichts Gutes ahnen ließ. Kurzum: zuviel »Innerlichkeit und Unweltlichkeit«.

Und gar erst Heiner Müller, das nächste Skandalon! Liefert dieser Blutzeuge und Feuertäufer des Sozialismus nicht zu der von Christa Wolf verkörperten lyrisch-selbstgenügsamen Variante das expansive, ins Monströse hinaufgetriebene Pendant? Müllers Ästhetik des Schreckens – undenkbar ohne die titanenhafte Geste barocker Kraft- und Saftgenies, ohne Kleists Übergipfelungen, ohne die monumentale Kapitalismuskritik von Richard Wagners »Ring des Nibelungen« oder die heroischen Kollektive in Filmen vom Schlage »Metropolis« und »Morgenrot«: deutscher geht's nimmer. Was in den Stücken des Nietzscheaners und Jüngerverehrers im Zeichen der Weltrevolution über die Bühne tobt und dem deutschen Theater eine europaweite Verbreitung beschert, verfällt jetzt ebenfalls einem Bannfluch, gesprochen im Namen der political correctness. Als ob niemand Thomas Manns Essays über den Meister von Bayreuth gelesen hätte. Als ob man nicht wüßte, daß nur allzu oft das politisch Fragwürdige mit dem ästhetisch Faszinierenden sich paart, daß den Bemühungen, diese Gegensätzlichkeit in Einklang oder wengistens auf den Begriff zu bringen, jedenfalls für jemanden, der den »Doktor Faustus« schrieb, »kein Ende« gesetzt war.

Botho Strauß, Christa Wolf, Heiner Müller – drei auf ihre je verschiedene Weise im exemplarischen Sinne deutsche Schriftsteller –, sollen sie nun Opfer deutschen Selbsthasses werden und nichts mehr gelten, weil sie die Vorstellungen eines literarischen »juste milieu« sprengen und den zivilisatorischen Standards westlich geprägter Kultur nicht genügen? Aber gerade darin sind sie zumindest für den Westen interessant! »Die lateinische Welt«, um mit Brigitte Sauzay zu sprechen, wird sich nur schwer für etwas erwärmen, was sie schon selber und möglicherweise in gelungenerer Form besitzt. Bereits Madame de Stael, die in ihrem epochemachenden Buch »De l'Allemagne« zu Beginn des 19. Jahrhunderts den östlichen Nachbarn wohlwollend porträtiert hatte, mußte erstaunt feststellen, daß das »Volk der Dichter und Denker« sich von ihr falsch geliebt fühlte. Meister der Aufklärung wie Lessing und Kant wollte man diesseits des Rheins gelobt wissen, dazu die urbane Salonkultur in Berlin, das humanistische Menschenbild der deutschen Klassik. Und da pries diese Französin nun Musikalität und Religiosität eines romantisch-vormodernen Volkes im Stadium nichtentfremdeten Einklangs mit der Natur! Doch die empfindsam Reisende hätte auf die Enttäuschung ihrer deutschen Leser vorbereitet sein müssen. Hatte sie nicht selbst beobachtet, daß die Deutschen zur »Abwertung ihrer selbst« neigen und zu dem, was sie unverwechselbar macht, kein rechtes Verhältnis besitzen? Selbstverleugnung sei bei Individuen eine edle Eigenschaft. »Aber der Patriotismus von Nationen muß egoistisch sein«, fand jedoch Madame de Stael. Auch Jules Michelet, wie alle französischen Angehörigen seiner Generation Bewunderer des »sanften« Deutschland und der dort angeblich herrschenden »Naivität, Poesie und Metaphysik«, schrieb 1831, daß der deutsche Weltbürger, der auf so sympathische Art »Lebensweisen und Ideen anderer Völker« liebt, ja adoptiert, auffällig rasch bereit sei, darüber »sich selbst zu verleugnen«.

Wie aktuell scheint dieser Befund! Und wie wirksam ist es, wenn sich diese Selbstverleugnung auch noch als politisch erforderlich rechtfertigen läßt. Aber heißt das nicht, die Sphären zu vermischen? Geben wir der Politik, was der Politik ist; hüten wir uns, an unserer Verankerung im westlichen Bündnis zu rütteln. Aber auf kulturellem Gebiet sollten wir uns nicht festlegen. Hier haben wir mehr zu bieten. Anders gesagt: Unsere geistige Prägung ist mit westlichen Elementen nicht erschöpft. Hoffen wir, daß weiterhin gesellschaftskritische Romane geschrieben werden, engagiertes Theater gemacht wird und scharfzüngige Essays angemaßte Autoritäten vom Sockel stoßen, daß also Literatur, wie im Westen üblich, pragmatisch-funktional in den öffentlichen Raum hineinwirkt. Dergleichen hat es übrigens schon immer in Deutschland gegeben. Wieland, Lichtenberg, Forster, Tieck, Heine, die Vertreter des Jungen Deutschland, um nur einige zu nennen – sie alle waren Westler avant la lettre. Aber vergessen wir nicht, daß in unserem Kulturbegriff auch »Innerlichkeit und Unweltlichkeit« ihren Platz behaupten sollten – im Sinne der geistigen Vielfalt. Die deutsche Innerlichkeit verhält sich auch gar nicht notwendigerweise gegensätzlich zur kulturellen Westbindung. Sie setzt nur einen anderen Akzent. Ihr Hauptinteresse gilt dem Kosmos subjektiven Empfindens. Verläßt sie ihn, muß sie keineswegs auf deutsche Sonderwege geraten. Mörike und Hermann Hesse, Reinhold Schneider und Hermann Lenz gehören nicht ins anti-demokratische Lager, stehen nicht für »apolitische Devotheit«.

Die Verwurzelung im Imaginären, gepaart mit der Tendenz, sich eher zu verkriechen und zu verweigern, als auf gesellschaftlicher Bühne eine Rolle zu spielen; dazu der Hang zum Absoluten und eine Sehnsucht nach metaphysischer Daseinsverankerung; die Untauglichkeit zum Geschäft und zur Dienstbarmachung des Ich für die Gesetze der Warenwelt; ein sowohl schwärmerisches als auch zu Selbstzweifeln neigendes melancholisches Lebensgefühl, das nach Tiefe trachtet; schließlich das Ungenügen an gesellschaftlichen und kommunikativen Konventionen im Sinne »sozialen Geräuschs«, das an der Oberfläche bleibt – dieser gewissermaßen vorzivilisatorischen Grundstimmung verdankt die Welt, so Thomas Mann, etwas »national völlig Einmaliges und Unvergleichliches«, das selbst die deutschen Verbrechen dieses Jahrhunderts nicht vollständig diskreditieren konnten. Es dient im lyrischen Gedicht eines Matthias Claudius, bei Goethe und Eichendorff, in den Versen von Mörike oder Theodor Storm dazu, das hinfällige Ich des Menschen offenzuhalten für die Einwirkung dessen, was über das Menschliche hinausweist. Es klingt in den »Liedern ohne Worte« von Mendelssohn, den Schubertschen Impromptus und Schumanns Klavierstücken als musikalische Geste der Beschwichtigung elementarer Ängste, die universell sind und darum auch in der ganzen Welt gehört werden und ihre Wirkung tun. Im Sopransolo von Brahms' »Deutschem Requiem« hat es vielleicht seinen endgültigen Ausdruck gefunden und gibt sich zu erkennen als Stimme der Tröstung. Und noch in dem an pastoralen Paradoxen so reichen Werk Richard Wagners ist es vernehmbar, in der lautgewordenen liebenden Fürsorge von Brangänes einsamem Wachgesang: »Habet acht«.

II. KONFLIKT

»Rechts zu sein, nicht aus billiger Überzeugung, aus gemeinen Absichten, sondern von ganzem Wesen, das ist, die Übermacht einer Erinnerung zu erleben, die den *Menschen* ergreift, weniger den Staatsbürger, die ihn vereinsamt und erschüttert inmitten der modernen, aufgeklärten Verhältnisse, in denen er sein gewöhnliches Leben führt. Diese Durchdrungenheit bedarf nicht der abscheulichen und lächerlichen Maskerade einer hündischen Nachahmung, des Griffs in den Secondhandshop der Unheilsgeschichte. Es handelt sich um einen anderen Akt der Auflehnung: gegen die Totalherrschaft der Gegenwart, die dem Individuum jede *Anwesenheit* von unaufgeklärter Vergangenheit, von geschichtlichem Gewordensein, von mythischer Zeit rauben und ausmerzen will. Anders als die linke, Heilsgeschichte parodierende Phantasie malt sich die rechte kein künftiges Weltreich aus, bedarf keiner Utopie, sondern sucht den Wiederanschluß an die lange Zeit, die unbewegte, ist ihrem Wesen nach Tiefenerinnerung und insofern eine religiöse oder protopolitische Initiation.«
Botho Strauß

ERNST NOLTE

LINKS UND RECHTS

Über Geschichte und Aktualität
einer politischen Alternative

Was die Rechte ist, läßt sich nur durch die Kennzeichnung der Linken bestimmen, auf welche sie reagiert, und die Linke muß auf die »Verhältnisse« - oder die gesellschaftliche Struktur - bezogen werden, die sie kritisiert, angreift oder umzustürzen sucht. Die gemeinsame Voraussetzung der Entwicklung sowohl der Linken wie der Rechten ist »die Gesellschaft«, die sich seit den Anfängen des Aufklärungszeitalters herausbildet und sich als ein säkulares oder weltliches Gebilde dem Staat und der Kirche gegenüberstellt. Voltaire und seine Freunde kritisierten vor allem die scheinbar noch allmächtige Kirche des Ancien régime, Rousseau und seine Anhänger setzten dem monarchischen Staat das Bild einer Republik entgegen, Linguet, Mably und dann Babeuf hatten ein künftiges Gemeinwesen im Auge, in dem die Wurzel aller Ungleichheit, das Privateigentum, beseitigt sein würde. Schon vor der Französischen Revolution existierten also eine gemäßigte, eine radikale und eine extreme oder egalitäre Linke, wenngleich nur in embryonaler Form, denn zum Begriff der Linken wie der Rechten gehört das Miteinander einer Anzahl von Menschen unter dem Zeichen einer praktisch-politischen Zielsetzung. Die Rechte war in ihren Anfängen bei den »anti-aufklärerischen« (aber großenteils selbst der Aufklärung entstammenden) Schriftstellern der letzten Jahrzehnte des 18. Jahrhunderts »gouvernemental«, d.h., sie suchte den bedrängten Regierungen beizuspringen; erst viel später bestand eine »oppositionelle« Rechte, die nun auch gemäßigt, radi-

145

kal und extrem sein konnte, wie es in Ansätzen sogar bei der Rechten des Bismarck-Reiches der Fall war. Die Linke und mit einiger Verzögerung die Rechte waren also in sich differenziert, und es zeigte sich, daß sie einander nicht bloß starr und feindselig gegenüberstanden, sondern daß sie aufeinander Einfluß ausübten, daß mithin die Rechte »linke Züge« übernahm und Teile der Linken sich »nach rechts« entwickelten. Sowohl die Linke wie die Rechte entfalteten sich in der Zeit; was die Linke »heute« ist, mag sehr verschieden von dem sein, was sie »gestern« oder »vorgestern« war. Deshalb sollen im folgenden diese allgemeinen Charakterisierungen lediglich vorausgesetzt werden, und anhand konkreter Beispiele soll gefragt werden, wie die Linke und die Rechte »vorgestern« und »gestern« aussahen, damit eindeutiger bestimmt werden kann, was sie »heute« sind. Dabei ist vorauszuschicken, daß die extreme Linke ein anderes Verhältnis zur Zeit hat als die anderen Arten der Linken und als alle Arten der Rechten: Sie hat von jeher an jeder konkreten Gesellschaft Anstoß genommen und erstrebte eine weltweite Gemeinschaft von gleichen und deshalb freien Menschen ohne »Verhältnisse«, d.h. ohne Institutionen, Professionalisierung der Tätigkeiten und Leistungszwang. Als anarchistischer Egalitarismus war sie in allem politisches Getriebe und über alle Zeiten hinweg die »ewige Linke« und damit tendenziell so etwas wie ein »unbewegter Beweger«.

In der Mitte des 19. Jahrhunderts war das Hauptthema der deutschen Politik die staatliche Einigung des »Deutschen Bundes« und seiner nahezu souveränen Einzelstaaten sowie die Veränderung des in Preußen und Österreich noch absolutistischen Regimes. Während der Revolution von 1848 war sogar die sogenannte »Kasino-« oder Professorenpartei der Waitz und Dahlmann zur Linken zu rechnen, denn sie forderte eine konstitutionelle Zentralregierung für Deutschland, und damit griff auch sie den vielhundertjährigen Gesellschaftszustand an, den man den christlich-konfessionellen und regionalistischen Adelsstaat mit monarchischer Spitze nennen kann. Die Herrschaft des Adels und das »monarchische Prinzip« sollten durch die Mitbestimmung der »bürgerlichen«, d.h. besitzenden und gebildeten Schichten eingeschränkt werden, und das gesamte Staatsgebiet sollte einen einheitlichen Markt bilden, in dem die wirtschaftliche Initiative der einzelnen freien Spielraum hätte. Der Gedanke einer Abschaffung der Monarchie und einer Entfesselung aller individuellen Willensregungen bis hin zur Auflösung der überlieferten Institutionen lag selbst den Vorkämpfern einer Parlamentarisierung der Monarchie wie Robert von Mohl fern; der Hauptteil der deutschen »Partei der Bewegung« war vom Liberalismus geprägt und daher dem Liberismus abgeneigt, der eben diese Emanzipation der Individuen auch in ihren sozialen Beziehungen verlangte und sich selbst häufig als Radikalismus oder Republikanismus bezeichnete. Die radikale Linke der Paulskirche und schon des Hambacher Festes wollte die ständisch fixierten sozialen Ungleichheiten beseitigen, aber an den ökonomischen Ungleichheiten, die ein freier Handel notwendig im Gefolge hat, nahm sie keinen Anstoß, sondern sie hielt sie ebenso für »natürlich«, wie die gouvernementale Rechte der romantisch-restaurativen Staatsphilosophie die ständischen Ungleichheiten für natürlich hielt.

Aber links von dieser radikalen Linken bildeten sich Gruppen heraus, die, wie schon Morelly und Linguet vor der Französischen Revolution, *jede* Ungleichheit und deren Wurzeln beseitigen wollten.

Diese egalitäre Linke fand ihre eindrucksvollste Erscheinungsform im »Frühsozialismus«, der durch seine Vordenker anschauliche Bilder eines Gesellschaftszustandes entwarf, in dem es keine Hierarchien, keine Entfremdung und keine Fesselung der in sich guten Triebe mehr geben würde, so daß die Arbeit zu einem Vergnügen geworden wäre. Die Mitglieder der »Phalanstere« oder der »villages of unity and cooperation« würden einander nicht mehr als egoistische Händler gegenüberstehen, sondern sie würden alle gleichermaßen Mitwirkende in den industriell-agrikolen und autarken Gemeinschaften von rund 2000 Personen sein.

Karl Marx und, sehr viel zögernder, Friedrich Engels nahmen von dieser Orientierung an Kleingruppen Abstand, welche ihrer Vorstellung von der klassen- und staatenlosen Weltgesellschaft dennoch immer verhaftet blieb, und sie entwarfen ein faszinierendes Bild der Weltgeschichte von der Anfangszeit des »Urkommunismus« (wie sie sie später nannten) bis zu dem entwickelten Kommunismus einer End- und Vollendungszeit jenseits der Geschichte. Aber wo sie konkret in das politische Geschehen einzugreifen versuchten, etwa in den »Forderungen der Kommunistischen Partei in Deutschland« vom Frühling 1848, da stellten sie die Wahrheit des Satzes unter Beweis, daß in der Mitte des 19. Jahrhunderts um so zentralistischer gedacht wurde, je weiter links man stand, denn hier wurde nicht nur nach dem jakobinischen Vorbild die Schaffung der »einigen, unteilbaren Republik« verlangt, sondern auch die Ersetzung aller Privatbanken durch eine einzige Staatsbank, die Umwandlung aller Transportmittel in Staatseigentum und die Errichtung von Nationalwerkstätten. Im Vergleich dazu war die Forderung des »Deutschen Nationalvereins« vom August 1859 gemäßigt, nämlich die Schaffung »einer festen, starken und bleibenden Zentralregierung Deutschlands« im Zusammenwirken mit einer Nationalversammlung. Aber die extreme und sozialistische Linke war bis über 1870 hinaus nur eine Randgruppe, während der Nationalverein die Hauptströmung der öffentlichen Meinung repräsentierte.

Und vor allem gegen den Nationalverein wandte sich die früheste Rechte, die es in Deutschland gab, die legitimistische und preußische Rechte, die bis 1848 von der Regierung kaum unterscheidbar gewesen war, und die sich um 1860 auf sehr viel emotionalere Weise artikulierte, weil die Ereignisse in Italien gezeigt hatten, daß eine Gruppe von »beliebigen Privatpersonen« tatsächlich den Umsturz eines historisch begründeten Zustandes und die Schaffung eines revolutionären Staates erfolgreich zu initiieren vermochte, nämlich durch einen anderen Nationalverein unter der Ägide von Mazzini und Garibaldi und freilich auch des piemontesischen Staatsmannes Cavour. Und so polemisierten der Preußische Volksverein und die ihm nahestehenden Organe aufs heftigste gegen »Kronenraub und Nationalitätenschwindel«, gegen den »Raubstaat Italien«, gegen die »deutsche Einheit der nationalen Phraseure«, die sich auf »ein erbarmungswürdiges Dunstwesen, vulgo Volk genannt«, berufen und ihm das »Königtum« unterordnen wollen.

Dies scheint ein klassisches Beispiel für ein reaktionäres und rechtes Widerstreben gegen die fortschrittliche und linke Tendenz nach Herstellung einer größeren politischen Einheit und nach dem Abbau von obsoleten Ungleichheiten zu sein. Aber man kann um die Feststellung nicht herumkommen, daß diese preußischen Konservativen mit großem Scharfblick vorhersagten, zu welchen unheilvollen Konsequenzen die »Deutschtümelei« eines Tages führen könnte, und daß sie sich zu einem außerordentlichen Umdenken fähig zeigten. Als Bismarck nämlich zuerst gegen Dänemark und dann gegen Österreich und den Deutschen Bund ein höchst antilegitimistisches, ja revolutionäres Verhalten an den Tag legte, da stimmte man ihm bald ohne Einschränkung zu, und zwar offenbar aufgrund der Überzeugung, daß Preußen in dem neuen Deutschland nicht »aufgehen«, sondern dessen Herr sein werde. Vom Legitimismus freilich mußte man Abschied nehmen, und man gestand sich ein, daß »wir alle uns einigermaßen untreu« werden, aber auch ein Vorkämpfer der Gegenpartei, der Historiker Hermann Baumgarten, schrieb um diese Zeit eine Selbstkritik, in der er das Geständnis machte, fast alle Elemente der liberalen Vorstellungen seien »durch die Tatsachen als irrtümlich erwiesen«, und erst Bismarck habe jene deutsche Einheit geschaffen, welche die Partei der Bewegung, die Linke, bloß ersehnt habe. Die angreifende und fordernde gemäßigte Linke Deutschlands und die re-agierende und abwehrende Rechte Preußens hatten sowohl gewonnen wie verloren; das Deutsche Reich Bismarcks war ein »Großpreußen«, und es war doch ein Staat, der immer »deutscher« wurde und in dem der aus allgemeinen Wahlen hervorgehende Reichstag weit mehr Aufmerksamkeit erregte als der auf einem Zensuswahlrecht beruhende preußische Landtag. Dieser Staat war eine Synthese aus den Charakteren von »links« und »rechts« der Zeit vor 1866 bzw. 1870/71, wenn auch gewiß eine ungleichmäßige Synthese.

Eine neue und qualitative Differenz zwischen »links« und »rechts« ergab sich nicht schon aus dem Ersten Weltkrieg als solchem. Nach einer Niederlage gegen die große Allianz aus Frankreich, England, Rußland und den USA hätte es für Deutschland keine Aussicht gegeben, in irgend absehbarer Zeit den Status einer unabhängigen Großmacht wiederzugewinnen, in allen Staaten hätte eine »Sozialdemokratisierung« weitergehen können, welche die sozialistischen Parteien entweder in die Regierung gebracht oder die »bürgerlichen« Parteien zu einer großen und ihrerseits »sozialdemokratischen« Koalition gegen die revolutionär-sozialistische Partei zusammengeschlossen haben würde. Aber Deutschland zwang Rußland zum Separatfrieden von Brest-Litowsk, und damit erfüllte sich die Absicht, mit der die Oberste Heeresleitung Lenin als den Führer der defätistischen Friedenspartei durch Deutschland hindurch nach Petrograd hatte zurückkehren lassen. Die »Oktoberrevolution« des Jahres 1917 war jedoch keineswegs bloß der Sieg der Friedenspartei, sondern sie bedeutete die erste Machtergreifung der extremen Linken in einem großen Staate. Der gläubige Enthusiasmus, mit dem Lenin, Trotzki und ihre Anhänger der Welt ihre Überzeugung verkündeten, ein Umsturz aller Verhältnisse stehe bevor und die Weltrevolution werde sich zunächst über ganz Europa verbreiten, hatte in der politischen Welt der Gegenwart nicht seinesgleichen, und er fand sofort in sämtlichen Staaten ein starkes Echo unter den kriegsmüden Soldaten und den tief erschöpften Arbeitern. Sobald der Krieg zu Ende war, schlossen sich die sozialistischen Parteien

Frankreichs und Italiens in ihrer großen Mehrheit der neugebilde-
ten Dritten Internationale an, und auf vielen Hauswänden lasen
erschrockene oder begeisterte Passanten Inschriften wie »Viva
Lenin« oder »Vive la révolution«. Inzwischen hatten die Bolsche-
wiki längst unter Beweis gestellt, daß sie ihre Sache ernst nahmen:
Erstmals in der europäischen Geschichte war die ganze Industrie
in Staatsbesitz überführt worden; erstmals hatte eine Staatsfüh-
rung offiziell den »Terror« gegen große Teile der eigenen Bevölkerung proklamiert; erstmals gewann eine politische Polizei, die
Tscheka, das Recht, »administrativ« Tausende von Gegnern zu er-
schießen, die als »Klassenfeinde« zugleich moralisch vernichtet
werden sollten. All das war historisch so singulär, wie es die Gläu-
bigkeit zahlreicher Kommunisten in Deutschland und in Frankreich, in Italien und Spanien war, die nun das wahre Vaterland gefunden zu haben glaubten, nämlich Sowjetrußland. Die Beunru-
higung und die Ängste, welche die Existenz dieser in einem Groß-
staat siegreichen und international organisierten extremen Linken in der ganzen »bürgerlichen« Welt einschließlich der deutschen Mehrheitssozialdemokratie hervorrief, waren gewaltig und
für die Politik der ganzen Epoche zentral, und sie wurden erst im
Zuge der »Normalisierung« seit 1923 verdrängt, aber nie ganz vergessen. In der zweiten Hälfte der zwanziger Jahre gab es einige
Gründe für die Annahme, unter Stalins Devise des »Sozialismus
in einem Lande« ziehe sich die Sowjetunion auf sich selbst zurück
und werde als »Reich eines neuen Zaren« wieder »russisch«,
wenngleich mit ausgeprägt »asiatischen« Zügen, wie sie in der
neuen großen Klassenvernichtung, dem Angriff gegen die »Kula-
ken«, zum Vorschein kämen.
   Aber inzwischen hatte die Militanz der Kommunisten bzw. der
»Maximalisten« in Italien längst eine ebenso militante Gegenbewegung hervorgerufen, nämlich die Nationalfaschistische Partei,
und diese Partei hatte nach ihrer Machtergreifung im Oktober
1922 nicht nur Maximalisten und Kommunisten politisch vernichtet, sondern auch das ganze System der Parteiendemokratie, so

daß der neue Terminus »totalitär« in Gebrauch gekommen war, dem die Liberalen sowohl das bolschewistische wie das faschistische Regime subsumierten. Es konnte indessen gar kein Zweifel sein, daß diese Partei die Kommunisten als ihre Hauptfeinde betrachtet hatte und erst nach blutigen Auseinandersetzungen zum Siege gekommen war, die streckenweise einem Bürgerkrieg glichen und Tausende von Opfern forderten. Der Führer des neuen Regimes aber, Benito Mussolini, war vor dem Kriege die wichtigste Persönlichkeit der italienischen Sozialistischen Partei gewesen, und nicht wenige seiner Unterführer und Anhänger hatten derselben Partei oder dem revolutionären Syndikalismus angehört. Mussolini gab bald zu erkennen, daß er den Faschismus nicht auf Italien beschränkt sah: Der internationalen extremen Linken, die paradoxerweise in ihrem Staat so viel Ähnlichkeit mit dem »rechten« Zarenreich aufwies, war tendenziell eine internationale extreme Rechte entgegengetreten, die nach Herkunft und Charakter mehr linke Züge aufwies als jede Rechtspartei zuvor.

Nichts wäre erstaunlicher gewesen, als wenn diese Partei in Deutschland kein Ebenbild gefunden hätte. Hitlers grenzenlose Verehrung für Mussolini ist bekannt, und sie geht bis in die Zeit vor dem Novemberputsch von 1923 zurück. Aber die große Aufmerksamkeit, die seinem Antisemitismus aus guten Gründen schon früh und zumal nach 1945 zuteil wurde, hat den Blick davon abgelenkt, daß die NSDAP in genauer Parallele zur Nationalfaschistischen Partei Italiens in erster Linie eine militant antikommunistische Partei war und daß dafür objektive Gründe maßgebend waren. Daß der Kapitalismus jüdisch sei und Deutschland zu ersticken drohe, war eine bloße und im Blick auf die damaligen Führungsschichten in England und Amerika beinahe lächerliche, wenngleich in der frühsozialistischen Tradition begründete Behauptung, aber daß die KPD von Reichstagswahl zu Reichstagswahl stärker wurde, war eine unübersehbare Tatsache, und auf den Straßen Berlins und der anderen Großstädte kämpfte die Parteiarmee der SA nicht gegen die Juden, sondern gegen die Kom-

munisten und deren (formell illegalen) Roten Frontkämpferbund. Hitlers »Antisemitismus« war nichst anderes als der Schlüs-
sel, mit dem er sich das anschauliche und beängstigende Phänomen des Kommunismus bzw. des Marxismus erklärbar zu machen suchte, nämlich als eine Erscheinung, die *nicht* tiefgreifende
und schwer behebbare soziale Wurzeln hatte, sondern durch eine
kleine und schon äußerlich noch gutenteils als fremdartig erkenn-
bare Gruppe verursacht war. Damit steht Hitler ganz in der Überlieferung der radikalen Rechten in Deutschland und in Frankreich, die schon seit langem in den »revolutionären Juden« (aber
nicht in den orthodoxen und auch nicht in den liberalen Juden) einen Hauptbestandteil der extremen Linken gesehen hatte. Auf
unverkennbare Weise extrem rechts ist auch Hitlers Vorstellung
von der allein schöpferischen Rasse der Germanen bzw. der Arier,
deren innerer Zusammenhang mit dem ältesten polemischen
Selbstverständnis des europäischen Adels sich nicht in Abrede
stellen läßt. Von daher rührt die Wendung gegen »das Bürgertum«, die einer der auffallendsten linken Züge am Nationalsozialismus ist und die für die Vertreter eines nationalen Sozialismus
innerhalb der Partei ein genuines Hauptmotiv war. »Links« war
auch die Herausstellung der Homogenität des Volkes, die in der
Tradition der Gießener Unbedingten und des Hambacher Festes
steht, links war nicht minder Hitlers extremer Liberismus, der die
»grausame Königin aller Weisheit«, die Natur, als Urgrund des
Kampfes der Individuen um höhere Leistung und der Völker um
Lebensraum versteht. So kann die NSDAP als tendenziell inter-
nationalistische extreme Rechtspartei mit auffallend starken linken Zügen verstanden werden, welche gewillt war, die militante
Herausforderung der internationalen extremen Linken auf ebenso militante Weise anzunehmen.

Aber so wie schon das Leninsche Sowjetrußland zwei Gesichter hatte – Zentrum einer internationalen Bewegung *und* macht-
staatliche Entwicklungsdiktatur unter Machtstaaten –, so hatte das
nationalsozialistische Deutschland zwei Gesichter: stärkste und

153

radikalste Kraft einer internationalen faschistischen Bewegung und neue Erscheinungsform des großpreußischen Machtstaates mit seiner eigentümlichen und für die meisten Europäer abstoßenden Selbstbezogenheit. Die Verbindung zwischen den beiden verschiedenartigen Konzeptionen stellte Hitler durch seine zentrale Vorstellung her, nicht nur gegen die Juden als (angebliche) Urheber des Bolschewismus kämpfen zu müssen, sondern gleichzeitig gegen die größere biologische Kraft der Slawen und sogar gegen die Fortpflanzung der »Minderwertigen« im eigenen Volke. So trug auch der Krieg gegen die Sowjetunion zwei Gesichter: Er war tendenziell ein Entscheidungskampf zwischen der extremen Rechten, die Europa geeinigt und mobilisiert hatte, und der extremen Linken, die ihren Staat auf präzedenzlose Weise hochgerüstet hatte und überall in Europa und der Welt gläubige Anhänger besaß; sie war aber zugleich der Angriffs- und Vernichtungskrieg der im Augenblick noch stärkeren, weil effizienter organisierten Macht mit dem Ziel der Eroberung von Lebensraum und Unterdrückung. Es ist sehr wahrscheinlich, daß Hitler den Krieg gewonnen haben würde, wenn er *nur* der Vorkämpfer der internationalen extremen Rechten und unter wohlwollender Neutralität der »kapitalistischen Westmächte« der Befreier der ukrainischen und russischen Bauern gewesen wäre; und es ist nicht sicher, daß er die Vernichtung statt bloß die Vertreibung der europäischen Juden befohlen haben würde. Aber die geplante Herabdrückung aller Slawen auf den Status von Analphabeten, die großenteils realisierte Vernichtung der Juden und die unausbleibliche totalitäre Herrschaft eines immer noch in der großpreußisch-militaristischen Tradition stehenden Deutschlands über ein seiner Vielfalt beraubtes Europa wäre von dem Gang der Weltgeschichte, wie er von ganz unterschiedlichen Geschichtsdenkern umrissen worden war, so stark abgewichen, daß selbst Stalins Triumph trotz all seiner schrecklichen Begleit- und Folgeerscheinungen als ein Sieg des moralischen Rechts gelten darf.

Nur für kurze Zeit nahm sich die Welt nach dem Ende des Krieges im Jahre 1945 als die Welt der großen antifaschistischen Linken der demokratischen Mächte aus, welche über die Rechte des Rückschritts und der Barbarei triumphiert hatte. Spätestens seit der Verkündung der Truman-Doktrin im Frühjahr 1947 bildete sich die Konstellation heraus, die trotz aller Ereignisse und Veränderungen bis 1989/91 die fundamentale Realität der Weltpolitik bleiben sollte: der Kalte Krieg zwischen den »Supermächten« USA und UdSSR, zwischen dem »Westen« und dem »Ostblock«, zwischen »Kapitalismus« und »Sozialismus« und das heißt zwischen einer internationalen Rechten und einer internationalen Linken. »Rechts« mußte der Westen deshalb heißen, weil er die reicheren und früher industrialisierten Länder umfaßte; als »links« mußte man den Sowjetblock bezeichnen, weil die Ideologie der extremen Linken, der Marxismus, seine Staats- oder besser Blockdoktrin war. Der Anschauung zeigte sich freilich ein paradoxes Bild: Die Rechte war zivil, beweglich und oft undiszipliniert; die Linke bot dem Auge zahllose Uniformen und waffenstrotzende Paraden an, sie war von strenger hierarchischer Ordnung bestimmt und duldete keinen Verstoß gegen die soziale Disziplin. In der Tat war diese Rechte am stärksten durch die Kräfte geprägt, die bis 1945 durchweg als links gegolten hatten, nämlich durch den europäischen Liberalismus und tendenziell auch durch den in den USA besonders starken Liberismus, der bereits als Konsumismus und Hedonismus gekennzeichnet wurde. Die Bedrohung durch die zuversichtliche Ideokratie des Ostens, die freilich mehr und mehr zu einer Clichékratie wurde, war indessen eine so stark empfundene Wirklichkeit, daß die Rede von der »westlichen Wertegemeinschaft« weit mehr als eine bloße Phrase war. Objektiv stand der Westen mit seinem Antikommunismus in der Nachfolge des Antikommunisten Hitler, und aus dieser Tatsache nährte sich die kommunistische Propaganda. Aber schon die Totalitarismuskonzeption, die für geraume Zeit das intellektuelle Feld im Westen beherrschte, bildete mit ihrer Herausstellung von Gewaltenteilung und Rechtsstaat ein wesentliches Unterscheidungsmerkmal. Während der Entspannungsphase seit der Mitte der sechziger Jahre gewann eine neue extreme Linke innerhalb des Pluralismus der westlichen Meinungen an Boden, aber sie vermochte die innerpluralistische Rechte, die Rechte einer Politik der Selbstbehauptung und des Bestehens auf Rechtspositionen gegenüber dem »Osten«, nicht definitiv zu überwinden, und am Ende setzte sich dieses höchst komplexe Gebilde des Westens durch seine größere ökonomische Effizienz und seine Verführungskraft durch und nicht, wie Hitler es zu tun versucht hatte, durch vergleichbare Geschlossenheit und den Willen zum militärischen Siege. Mit der Wiedervereinigung Deutschlands und dem Zerfall der Sowjetunion in ihre ethnischen Bestandteile begann für die Linke und die Rechte ihr eigentliches »Heute«.

Der Liberalismus, das ideelle Zentrum des Staatenblocks der pluralistischen Nachkriegsrechten, schien plötzlich seine Funktion eingebüßt zu haben. Da der säkulare Feind nicht mehr existierte, war die Klammer eines positiven Selbstverständnisses und eines materialen Ethos anscheinend nicht mehr erforderlich, und der siegreiche Westen nahm sich nicht mehr liberal, sondern liberistisch aus: als bloßes Mit- und Gegeneinander entfesselter Egoismen von einzelnen, Gruppen und Staaten, als Durchdringung aller Lebensbereiche mit den ökonomischen Prinzipien des »freien Marktes« und damit der Käuflichkeit und der Werbung. Erst jetzt, mitten in der Sozialstaatlichkeit, die jedem Staatsbürger und sogar zahllosen Flüchtlingen aus aller Welt den Lebensbedarf sicherte, wurde klar, wie wenig »der Kapitalismus« bis vor kurzem das ganze Leben beherrscht hatte. Jetzt aber hatte die Befreiung des Individuums aus der Gebundenheit an Familie, Kirche, Standesethos und Staat, die charakteristische und singuläre Leistung der okzidentalen Kultur, einen Liberismus hervorgebracht, der den einzelnen nahelegte, nur noch Rechte einzufordern, aber keine Pflichten außer der Zahlung von Steuern mehr anzuerkennen. Das Schwinden des Gemeinsinns mochte es sogar als unabwendbar erscheinen lassen, daß eines baldigen Tages die Erzeugung von Kindern als unzumutbare Einschränkung der erstrebten Selbstverwirklichung aller und damit als Verstoß gegen das Gleichheitsprinzip gelten würde, denn dem weiblichen Geschlecht wird aus biologischen Gründen weit mehr zugemutet, und die ausgleichende Zumutung an das männliche Geschlecht, zur Verteidigung der Frauen und Kinder das Leben einzusetzen, klang im Frieden der Industriegesellschaft wie die kuriose Beschwörung einer fernen Vergangenheit.

Aber die Welt des unbeschränkten Konsumierens und der unbehinderten Selbstentfaltung der einzelnen ist bestenfalls ein idealtypischer Ausschnitt aus der wirklichen Welt; sogar in Deutschland und mehr noch in den USA leben zahllose Menschen am Rande des Existenzminimums; der Konkurrenzkampf zerbricht viele, auch wenn sie materiell nicht ins Nichts fallen; und in weiten Teilen der Dritten Welt herrscht blankes Elend. Es ist mithin keineswegs so, daß die liberistische Linke als die große Rechte der in einzelne Staaten zerfallenen und durch kein gemeinsames Ethos zusammengehaltenen Wohlstandswelt die extreme Linke zum Verstummen gebracht hätte. Diese extreme Linke muß heute ebensosehr bestrebt sein wie schon seit Jahrzehnten, sich von dem Marxismus-Leninismus abzusetzen, dem sie auf den ersten Blick so ähnlich ist, und sie kann das heute mit viel größerer Selbstgewißheit tun, da der befreundete Gegner dahingeschwunden ist.

Ihre wichtigste Erscheinungsform ist der »Third Worldism«, das entschiedene Aufwerfen der neuen und globalen sozialen Frage. Für Marx und Engels war das Subjekt der Weltrevolution das Proletariat der entwickelten Industrieländer gewesen, und es galt ihnen ohne weitere Erörterung als selbstverständlich, daß der Sturz der ausbeuterischen Bourgeoisie auch die Befreiung der unterdrückten Kolonialvölker sowie der zurückgebliebenen Teile der Welt nach sich ziehen würde. Den heutigen Vorkämpfern der Dritten Welt, ob sie nun dort oder in den »Metropolen« wohnhaft sind, gilt in der Regel die Arbeiterschaft der »Ersten Welt« schlicht als deren Teil, so daß sie sich der großen Ausbeutungsmaschinerie nicht mehr ernsthaft entgegenstellen kann. Worauf es ankommt, ist vielmehr eine grundlegende Änderung der weltwirtschaftlichen Ordnung, welche die Industrieländer zwingt, »gerechte Preise« für die Rohstoffe und die Erzeugnisse der Dritten Welt zu zahlen. Zwar leugnen auch die führenden Politiker der Ersten Welt das Bestehen dieser globalen sozialen Fragen keineswegs, aber wenn sie sich auf Versicherungen des guten Willens beschränken und nebenher auf die »Bevölkerungsexplosion« als eine Hauptursache des Elends der Dritten Welt hinweisen, erhalten sie die Antwort, schon das Wort »Bevölkerungsexplosion« sei antihuman, und die Frage könne letzthin nur durch Kampf entschieden werden, nicht primär durch militärischen Kampf, sondern durch eine lautlose Überwältigung der in ihrem kollektiven Egoismus erstarrten Ersten Welt durch die Milliardenmasse der zum Bewußtsein ihres Elends gelangten Bevölkerung Afrikas, großer Teile Südamerikas und Asiens.

Der grelle Schrei des Vorwurfs gegen die Einwohner der »Wohlstandsinseln« artikuliert sich auch in Gestalt des radikalen Feminismus. Für diesen ist das Patriarchat der jüdisch-christlichen Kultur der Ursprung des Übels, doch er ist in seinen Wirkungsmöglichkeiten dadurch stark eingeschränkt, daß in eben dieser jüdisch-christlichen Kultur die Stellung der Frau von jeher freier war als in vergleichbaren Kulturen und daß die Stätte der wirklichen Unterdrückung und Geringschätzung des weiblichen Geschlechts gerade der Hauptteil der »Dritten Welt« ist. Aber dieser Feminismus verbindet sich leicht mit dem Anti-Okzidentalismus der Protagonisten der Dritten Welt, und hier instrumentalisiert man zwar in stärkstem Maße die »Ermordung von sechs Millionen Juden durch die Deutschen«, stellt sie aber in den großen Zusammenhang der Genozide des räuberischen und welterobernden Okzidents, so daß der »homo hitlerensis« letzten Endes nur als ein Spezialfall des »homo occidentalis« erscheint. Daß man elementare Tatbestände der Dritten Welt übersieht und eigentlich auch »antisemitisch« sein müßte, wird freilich nicht wahrgenommen.

Ein Verfahren, den Vorrang der westlichen Welt zu beseitigen, besteht in der Propagierung des sogenannten »Multikulturalismus«, der mit der Forderung nach Respektierung und rechtlicher Gleichstellung von Minderheiten begann und mit dem Erfolg der »civil rights«-Bewegung in den USA einen ersten und inzwischen von niemandem mehr bestrittenen Durchbruch erzielte. Aber die schwarze Bevölkerung lebt seit Jahrhunderten in den USA, und ihr wurde lange Zeit die Gleichberechtigung verweigert. Radikal darf der Multikulturalismus erst dort genannt werden, wo er die in Jahrhunderten errungene kulturelle und sprachliche Homogenität der Nationalstaaten in Frage stellt und die Tore zu einer Masseneinwanderung öffnen will. Da er auch in konservativen Parteien einflußreiche Fürsprecher findet, muß er als die am meisten westliche Erscheinungsform des »Third Worldism« gelten.

Im Herzen der westlichen Welt und aus ihren eigensten Realitäten heraus ist die Ökologie oder der Umweltschutz entstanden. Es ist fraglich, ob diese Tendenz nicht viel eher von der Rechten als von der Linken ausgegangen ist; denn was könnte »konservativer« sein als die Bewahrung der Natur und damit der Lebensgrundlage der Menschheit? Zwar finden sich bei Marx gelegentlich Andeutungen, daß die ungeregelt voranschreitende Zivilisation Wüsten schaffe, aber mit viel mehr Emotion und Verve hat zu Beginn des 20. Jahrhunderts Ludwig Klages die naturverwüstende Zivilisation angegriffen und das Hohe Lied des geistfernen Lebens gesungen! Unter bestimmten Aspekten war der Nationalsozialismus, dem Klages zeitweise nahestand, eine »grüne« Bewegung. Und wenn heute radikale Ökologen den Abschied von der »Megamaschine« der Industriegesellschaft fordern, wenn sie kleine Gemeinschaften gründen und sich weigern, mit dem Auto zu fahren oder »am Geldkreislauf der Banken teilzunehmen«, dann stehen sie offensichtlich jener postmodernen Linken nahe, welche »heute . . . in der Sprache der Differenz, der Partikularität, der Singularität, der Inkommensurabilität« argumentiert. Und hier liegt offenbar nicht mehr, wie beim Third Worldism, die radikale Feindschaft gegenüber allem vor, was heute »rechts« heißen kann, sondern eine unverkennbare Nähe.

Diejenige Differenz und Partikularität nämlich, welche von den postmodernen Linken verteidigt wird, ist für die heutige gemäßigte Rechte die der Nation. Damit setzt diese sich freilich von seiten der ganzen Linken dem Vorwurf des »Nationalismus« aus, und sie mag als obsolete Spätform eines Phänomens des 19. Jahrhunderts oder gar des Faschismus erscheinen. Aber hier liegt ein fundamentales Mißverständnis vor. Der angebliche »Nationalismus« der gemäßigten Rechten von heute akzeptiert den Einigungsprozeß, der längst im Gange ist, sowohl die politische Einigung Europas wie die ökonomische Einigung der Welt. Er ist nicht offensiv, sondern defensiv; er verteidigt nicht die absolute Souveränität der Nation, sondern das Nationalbewußtsein; er ist also gerade *kein* »Nationalismus«. Diese Rechte von heute ist aber überzeugt, daß die Einigung Europas nicht die Herabdrückung seiner Nationalstaaten zu Provinzen bedeuten darf und daß eine politische Welteinigung, die zu einer genuinen »Weltregierung« führen würde, der schlimmste und hassenswerteste Despotismus sein würde, den es je auf der Erde gegeben hat. Sie erkennt den neuen Weltzustand, der – aus der Perspektive der preußischen Rechten von 1860 gesehen – so viel mehr »links« als »rechts« ist, auch insofern an, als er seinen Anhängern kein gemeinsames und in einer Ontologie verwurzeltes Ethos anbietet. Er sucht vielmehr alle diejenigen zusammenzubringen, die überhaupt ein solches Ethos haben, sofern es nicht das extremlinke Ethos der unterschiedslosen und unter einer Weltregierung stehenden Menschheit ist. Aber er muß imstande sein, beim Beginn zu beginnen, d.h. beim Elementaren. Es ist schlechterdings nicht mehr zu übersehen, daß der Liberalismus, sofern er sich zum Liberismus fortentwickelt oder von diesem abgelöst wird, die Nationen tötet und nach dem Ende einer

160

gigantischen Bevölkerungsverschiebung auch die Menschheit töten könnte. Wenn eine zunächst kleine und dann immer größere Anzahl junger Menschen mit akademischer oder vergleichbarer Ausbildung den Willen aufbrächte, unter Verzicht auf schnelle Karrieren im Berufsleben, aber unter möglichst gleichmäßiger Teilung der Lasten (und der Freuden) ein Jahrzehnt ihres Lebens primär der Erzeugung und Erziehung von zwei oder drei Kindern zu widmen, würde sie jenen Vorrang der Ansprüche, den man Konsumismus nennt, und zumal die Exklusivität des Hedonismus hinter sich lassen. Eines Tages würden sie Unterstützung durch den Staat und die öffentliche Meinung finden, und damit würden sie indirekt der Ökologie ebenso dienen wie der allmählichen Angleichung des Lebensniveaus in der weiten Welt. Erst recht würden sie den rationalen und zeitgerechten Kern des Feminismus realisieren. Wie bisher stets in der Geschichte, hätte eine erfolgreiche Rechte die wichtigsten Züge der Linken ihres Überschwangs entkleidet und in sich aufgenommen. Aber automatisch oder zwangsläufig kann der Prozeß nicht sein. Als Alternative steht ihm nicht nur die uneingeschränkte, aber mit Sicherheit zu neuen Konflikten führende Vorherrschaft der verschiedenen Versionen der Linken gegenüber, sondern auch das mögliche Aufkommen einer extremen Rechten.

Damit sind nicht die Gruppen und Grüppchen gemeint, die sich hier und da auf spektakuläre Weise bemerkbar machen, sondern Bewegungen, die aus dem Zorn und der Erbitterung breiter Schichten erwachsen, welche sich zugleich als bevorzugt, angegriffen und unterdrückt empfinden. Insofern würde eine Analogie zum Faschismus vorliegen, aber es würde sich nicht mehr um den »europäischen Nationalfaschismus« handeln, sondern um einen Kontinental- oder Rassenfaschismus, der nur von den großen Staaten der USA und Rußland ausgehen könnte. »Rasse« ist ja nicht etwa nur eine biologische Realität, und das Modewort »Rassismus« ist bloß sinnvoll, wenn es »Rassenüberheblichkeit« bedeutet. In den USA befürchten Linksintellektuelle seit langem das

Aufkommen eines »white backlash«, und vom »russischen Faschismus« ist neuerdings in aller Welt die Rede. Die resultierenden Schreckensszenarios kann jedermann sich leicht selbst ausmalen. Er braucht nur das Bild, das George Orwell in seinem Roman »1984« zeichnet, ein Stückchen weiter in die Zeit vorzuschieben. Aber wenn die Menschheit eines Tages doch wieder zur Besinnung und zur Vernunft kommen sollte, würde die Wissenschaft gewiß nicht sagen, wie es im Hinblick auf den europäischen Nationalfaschismus immer wieder geschehen ist, daß die radikale und die extreme Linke keine Verantwortung dafür zu tragen hätten.

RAINER ZITELMANN

POSITION UND BEGRIFF

Über eine neue demokratische Rechte

Überraschend an Botho Strauß' Essay »Anschwellender Bocksgesang« war, daß die Standortbezeichnung »rechts« nicht mit einem negativen, sondern mit einem eindeutig positiven Beiklang
Verwendung fand. Bislang nannte sich außer den Rechtsextremen
kaum jemand in Deutschland »rechts«. Botho Strauß indes
kommt in seinem Essay immer wieder auf das zu sprechen, was
rechts ist – »nicht aus billiger Überzeugung . . ., sondern von ganzem Wesen«. »Der Rechte« erscheint als Hoffnungsträger, nämlich als jemand, der »auf einen tiefgreifenden, unter den Gefahren
geborenen Wechsel der Mentalität« hofft. Gegenüber der Ver-
mengung der Begriffe »rechts« und »rechtsextrem«, wie sie inzwischen selbst in »konservativen« Zeitungen üblich geworden ist,
stellt Strauß klar, daß der »Rechte« in dem von ihm gemeinten
Sinn »vom Neonazi so weit entfernt (ist) wie der Fußballfreund
vom Hooligan«.

Die Selbstverortung als »Rechter« geht bei Botho Strauß nicht
mit dem üblichen defensiven Absicherungsgerede einher. Sie
wird vielmehr mit Ruhe und Selbstbewußtsein vorgetragen, ohne
Aufgeregtheit und Selbstrelativierung. Dies alles erstaunt in einer
Zeit, in der die »Mitte« eine so magische Anziehungskraft entwik-
kelt hat, daß alles zu dieser Mitte drängt.

Dieser Beitrag handelt von denjenigen, von denen Linke und
Liberale sagen, daß sie rechts von der Mitte stehen. Viele von ihnen würden sich selbst nie als rechts bezeichnen. Der Begriff
»rechts« ist nach wie vor stigmatisiert, und im täglichen Sprachge-

brauch der Medien wird er nicht selten so verwendet, als ob er mit dem Begriff »rechtsextrem« identisch sei. Auf den Transparenten »antifaschistischer« Demonstranten lesen wir nicht: »Organisiert den Kampf gegen den Rechtsextremismus«, sondern »Kampf gegen rechts«. Erörtert wird nicht, ob man mit Rechtsextremisten diskutieren soll, sondern ob man überhaupt »mit Rechten reden« dürfe – so der Titel einer im März 1994 ausgestrahlten SAT.1-Sendung, der dann auch als Überschrift für einige taz-Artikel zu diesem Thema Verwendung fand. Ist es denkbar, daß eine Sendung mit dem Titel »Mit Linken reden?« ausgestrahlt wird? Vermutlich würde bereits eine solche Frage als Skandal und als Ausdruck einer rechtsradikalen Gesinnung gewertet. Aber die »antifaschistischen« Konzerte, die in vielen deutschen Städten gegeben wurden und werden, heißen nicht »Rock gegen Nazis«, sondern »Rock gegen Rechts«. Und Kanzleramtsminister Bohl forderte im Frühjahr 1994 eine breite Koalition aller demokratischen Kräfte gegen »Rechts«.

Nicht selten hört man in Gesprächen mit Liberalen oder Konservativen die Beteuerung, daß man ja »keineswegs rechts« sei. Die ängstliche Versicherung, man sei »keineswegs links« ist weit seltener zu hören. Im Gegenteil. Bisweilen kann man sich des Eindrucks nicht erwehren, daß sich nicht wenige Menschen, die längst keine »Linken« mehr sind, aus Bequemlichkeit und Opportunitätsgründen weiterhin so bezeichnen, weil sie dann Dinge sagen können, die sie als Rechte oder Konservative nicht sagen dürfen. Zu diesem Spiel gehört allerdings, daß man regelmäßig auf »Rechte« einschlägt, um Zweifel an der Linksschaffenheit der eigenen Absichten zu lindern.

Es bedarf einiger Überwindung, sich selbst als »rechts« zu bezeichnen. Dies gilt besonders dann, wenn man viele Jahre seinen eigenen Standort eindeutig »links« verortet hat. Irgendetwas Suspektes, Unheimliches schwingt bei dem Begriff mit, nicht zuletzt auch die Angst vor gesellschaftlicher Isolierung und Ausgrenzung und auch das Unbehagen, möglicherweise in die Nähe von Positionen zu geraten, mit denen man nichts zu tun haben will.

Merkwürdigerweise trifft all dies nicht für den Gegenbegriff »links« zu. Als »links« werden ja auch so unterschiedliche und gegensätzliche Einstellungen, Ansichten und Aktivitäten bezeichnet wie die von Willy Brandt, Gregor Gysi, Ulrike Meinhof, Walter Jens, Erich Honecker und von Joschka Fischer. Aber niemand lehnt es deshalb ab, als »links« bezeichnet zu werden, weil es außer einer demokratischen Linken auch noch eine antidemokratische, extremistische Linke gibt. Für Willy Brandt war es legitim und selbstverständlich, daß er nach Mehrheiten »links von der Union« suchte. Aber Helmut Kohl würde sicherlich nie von dem Wunsch nach einer »Mehrheit rechts von der Sozialdemokratie« sprechen.

Eigentlich scheint der Sachverhalt sehr einfach zu sein: In der Demokratie muß es eine demokratische Linke, eine Mitte und eine demokratische Rechte geben. Darüber hinaus gibt es unvermeidlicherweise auch Rechts- und Linksextremisten. Wer aber eine Demokratie will, die rechte Positionen von vornherein aus dem Verfassungskonsens ausgrenzt, setzt sich dem Verdacht aus, die pluralistische Demokratie durch eine antifaschistisch-demokratische Ordnung ersetzen zu wollen. Der Widerstand gegen solche Bestrebungen ist eine der zentralen Aufgaben für Demokraten in Deutschland – und rechte Demokraten sollten hier die Unterstützung von linken Demokraten suchen. Die Assoziationskette »rechts« – »rechtsextrem« – »nazistisch« ist nach wie vor wirksam. Dabei kann man mit guten Gründen darüber streiten, ob der Nationalsozialismus überhaupt »rechts« war. Hitler selbst verstand sich jedenfalls nie als rechts, und es gibt wohl keine schriftliche oder mündliche Äußerung, in der er sich als »rechts« bezeichnet. Meist wandte er sich gegen »rechts« und »links«, die für ihn Extreme waren, gegen die er ein neues Extrem setzen wollte. Im April 1923 erklärte Hitler: »So ist unsere Bewegung gegen zwei Extreme als schärfstes Extrem eingestellt.« Ihm ging es um eine Synthese von Nationalismus und Sozialismus, und er proklamierte den Anspruch:»In den Reihen von uns Nationalsozialisten müssen sich die Enterbten von rechts und links zusammenfinden.«

Sebastian Haffner hat zurecht darauf hingewiesen, daß die einzige Opposition, die Hitler wirklich gefährlich werden konnte, von rechts kam:»Von ihr aus gesehen, stand Hitler links. Das gibt zu denken. Hitler ist keineswegs so leicht als extrem rechts im politischen Spektrum einzuordnen, wie es viele Leute zu tun gewohnt sind.« Vermutlich würden die politischen Positionen von Männern wie von Hassell, Goerdeler oder Stauffenberg heute nicht nur als »rechts«, sondern sogar als »rechtsextrem« bezeichnet werden. Hitler vertrat hingegen zahlreiche Positionen, die allgemein als »links« gelten, und dies tat auch Joseph Goebbels, wie Ulrich Höver jüngst in seiner bemerkenswerten Dissertation über den »nationalen Sozialisten« nachgewiesen hat.

Im allgemeinen Bewußtsein gilt der Nationalsozialismus jedoch nach wie vor als rechtsextreme Erscheinung, aber dieses allgemeine Bewußtsein ist von der Definitionsmacht der Linken bestimmt, die ein politsches Interesse daran hat, daß der Begriff »rechts« untrennbar mit den nationalsozialistischen Verbrechen verbunden bleibt. Aus dem gleichen Beweggrund streiten viele Linke ab, daß Stalin links gewesen sei. Schließlich habe der Stalinismus im Widerspruch zu den originären humanistischen Werten der Aufklärung und des Marxismus gestanden.

Hinter komplizierten, aber bei genauerer Prüfung meist wenig überzeugenden historischen, politikwissenschaftlichen und philosophischen Begründungen steht oft eine ganz simple Grundannahme: Links = aufgeklärt = fortschrittlich = moralisch gut. Rechts = dumpf = reaktionär = moralisch verdächtig. Aus diesen Gleichungen wird auch manchmal der Umkehrschluß gezogen, daß Bewegungen oder Systeme, die unmenschlich und unmoralisch sind (Stalin, RAF usw.) nicht links sein können.

Das Unbehagen, als »rechts« zu gelten, führt oftmals dazu, daß

166

man rundheraus erklärt,»das ganze Links-Rechts-Schema« sei »ohnehin überholt«. Eine These, für die es zwar plausible Argumente gibt, die aber dennoch nicht ganz überzeugen kann. Denn Fremd- und Selbstverortungen bleiben für die politische Auseinandersetzung unverzichtbar, und in dem Wust unterschiedlicher Meinungen, Bewegungen und Weltanschauungen dienen sie als erste Orientierungshilfe. Wie bei allen Klassifikationen ist es natürlich so, daß kaum eine real existierende Person, Partei oder Theorie nahtlos zu dem allgemeinen Begriff paßt.

Es gibt »linke Christdemokraten« wie Heiner Geißler, der immer wieder erklärt, das klassische Links-Rechts-Schema sei ohnehin überholt, weil diese Kategorien »aus der parlamentarischen Gesäßgeographie des letzten Jahrhunderts stammen und die heutige politische und gesellschaftliche Wirklichkeit nur unzureichend beschreiben können« (Heiner Geißler in »Zugluft«). Geißler ist bestimmt kein Rechter, aber als CDU-Mitglied möchte er sich auch nicht offen zur Position des Linksliberalismus bekennen, obwohl seine Ansichten zu allen zentralen Themen der Politik (Nation, Europa, multikulturelle Gesellschaft, Frauenpolitik) weitgehend mit den von Grünen und Sozialdemokraten vertretenen Thesen identisch sind. Politiker wie Heiner Geißler, Friedbert Pflüger und Rita Süßmuth sind Linksliberale. Daß sie als »Querdenker« gelten, hängt nicht mit ausgefallenen oder ungewöhnlichen politischen Positionen zusammen, vielmehr gehören sie einer Partei an, die einmal als Heimat der Konservativen galt. Zudem dient der Adelstitel des »Querdenkers« als Legitimation dafür, daß die genannten Politiker überproportional in den Medien vertreten sind. Wahrscheinlich gibt es keine bessere Voraussetzung für permanente Medienpräsenz als aus einer Führungsfunktion in der CDU heraus die Union und die Konservativen von links zu attackieren.

Andererseits gibt es in der Tat nationale Linke – wie Peter Brandt, Herbert Ammon, Tilman Fichter –, und es gibt »Nationalpazifisten« wie Alfred Mechtersheimer usw. usf. Aber die »linken

167

Leute von rechts« und die »rechten Leute von links« gab es schon in der Weimarer Republik. Die »nationalrevolutionären« und »konservativ-revolutionären« Strömungen wie etwa um den »Nationalbolschewisten« Ernst Niekisch oder den »linken Nationalsozialisten« Otto Straßer waren weder eindeutig der politischen Linken noch der politischen Rechten zuzuordnen. Und nur aus der Sicht heutiger linker Antigermanisten erscheint es verwunderlich, daß die KPD im Jahre 1923 oder ab August 1930 ausgesprochen nationale Positionen vertrat.

Aber die Tatsache, daß man von »linken Rechten« und »rechten Linken« spricht, zeigt doch andererseits an, daß die Begriffe unverzichtbar zu einer ersten Orientierung sind – und niemand wird behaupten, daß sie mehr zu leisten vermögen. Insofern ist Gunter Hofmann zuzustimmen, der Ende April 1994 in einem Grundsatzbeitrag für die ZEIT erklärte: »Neuerdings wird besonders temperamentvoll behauptet, links und rechts (und natürlich auch liberal) seien überkommene Kategorien. Nach langen Jahren der Unübersichtlichkeit, die man selber als öffnend, anregend und produktiv empfand und die weit vor 1989 zurückführen, gibt es aber . . . einigen Grund, für Distinktionen zu plädieren.«

Die pauschale Ablehnung des Links-Rechts-Begriffsschemas entspringt oftmals eher der Angst, sich in diesem Schema selbst plazieren zu müssen, als wirklich nachvollziehbaren Argumenten. Und natürlich spielt auch die snobistische Attitüde des »Querdenkers« eine Rolle, der seine eigene Position für so ungeheuer »differenziert« und »neuartig« hält, daß es viel zu profan wäre, sie mit konventionellen Begrifflichkeiten in Zusammenhang zu bringen. Welcher kluge »Querdenker« möchte schon in eine »Schublade« oder in ein »Kästchen« gesteckt werden?! Gerade Intellektuelle fürchten, die von ihnen als besonderes Gütezeichen betrachtete »Originalität« könnte unter solchen Einordnungen leiden und irgend jemand könne auf den Gedanken kommen, daß das von ihnen so gänzlich neu Erdachte nur eine Spielart bereits bestehender Ideengebäude sei.

Umfragen zeigen indes, daß die meisten Menschen nach wie vor durchaus sehr klare Vorstellungen haben, welche Meinungen als links gelten und welche als rechts. So ergab beispielsweise eine Allensbacher Umfrage (Ende Dezember 1993) folgende Befunde: 63 Prozent der Befragten halten die Ansicht, »daß zu viele Ausländer und Asylanten nach Deutschland kommen« für »eher rechts«, nur 7 Prozent für »eher links«, 26 Prozent sehen keinen Unterschied zwischen links und rechts. Ebenso wurden folgende Meinungen als »eher rechts« bezeichnet: Dafür sorgen, daß die Arbeitszeit nicht verkürzt, sondern verlängert wird. Für mehr Recht und Ordnung eintreten. Dafür sein, daß Deutschland in der NATO Mitglied ist. Dafür sein, daß der Mißbrauch von Sozialleistungen entschiedener bekämpft wird. Das Eintreten für eine stärkere Bekämpfung der Kriminalität. Gegen eine gemeinsame europäische Währung sein und für den Erhalt der D-Mark. Dagegen wurden als »eher links« von den meisten Befragten beispielsweise folgende Einstellungen bezeichnet: Für ein Wahlrecht für Ausländer sein. Dafür sein, daß eine doppelte Staatsbürgerschaft für Ausländer eingeführt wird. Gegen Kampfeinsätze der Bundeswehr bei UNO-Missionen sein.

Natürlich kann man bei manchen dieser Meinungen tatsächlich darüber streiten, ob sie so umstandslos als »rechts« oder »links« zu bezeichnen sind. Und manches spricht dafür, daß dieses Schema zur Verortung intellektueller Prozesse und Diskussionen weniger tauglich ist als für den täglichen politischen Meinungskampf. Letzterer zeichnet sich ja gerade durch Vereinfachungen aus, während intellektuelle oder auch wissenschaftliche Debatten vom Streben nach Differenzierung und Nuancierung getragen sein sollten.

Aber es fällt auf, daß nur wenige Menschen, die von anderen als »links« eingeschätzt werden, Probleme damit haben, sich selbst so zu bezeichnen, während es jenen, die »rechts von der Mitte« stehen, schwerfällt, den eigenen Standort zu beschreiben. Man hat den Begriff »rechts« konsequent gemieden und ihn dadurch den

Rechtsextremen überlassen, die sich meist freimütig als »Rechte« bekennen. Manchmal führt die Angst davor, als »rechts« zu gelten, zu ganz merkwürdigen Verrenkungen, so etwa, wenn man sich als »nicht linksstehend« bezeichnet.

Als Ersatzbegriff für das verpönte »rechts« galt lange Zeit die Selbstbezeichnung »konservativ«. Sie resultierte weniger aus einer Auseinandersetzung mit der Tradition des Konservatismus als aus der Verlegenheit, den eigenen Standort mit einem Adjektiv zu belegen. Doch dies war bereits ein erstes Zurückweichen vor der Definitionsmacht der Linksliberalen, und wie jedes Zurückweichen wurde dies nicht honoriert, sondern die Grenze wurde einfach verschoben.

Der Begriff »konservativ« war nun gleichbedeutend mit einer Grundhaltung des Menschen, »die sich darin äußert, daß wir am Althergebrachten zäh festhalten und nur ungern auf Neuerungen eingehen« (Karl Mannheim). Für die Linke war der Konservatismus fortan einfach »die dem historischen Prozeß der Demokratisierung immanente Gegenbewegung« (Helga Grebing). In der politischen Polemik wurden die Begriffe »konservativ« und »reaktionär« nahezu Synonyme. Allenfalls wurde zwischen beiden insofern differenziert, als die einen das Rad der Geschichte zurückdrehen und die anderen es aufhalten wollten. Insofern handelte es sich bei Konservativen und Reaktionären nur um zwei Spielarten eines Anachronismus. Wie sehr dieses Verständnis in die politische Umgangssprache von Journalisten übergangen ist, zeigt sich daran, daß seit Beginn der Gorbatschow-Ära zwischen den (guten) »Reformern« und den (bösen) Konservativen in Rußland unterschieden wird, die Kommunisten firmieren also nunmehr als Konservative.

Es ist verständlich, daß bald kaum noch jemand allzugroße Lust verspürt, sich als »konservativ« zu bezeichnen, wenn dies nur als Synonym für »Ewiggestrig« gilt. Also versuchte man, diesen Begriff mit anderen zu kombinieren, und am beliebtesten ist bis heute die Verknüpfung »liberalkonservativ«. »Liberal« ist ein Begriff, den auch Linke zur eigenen Standortbestimmung benutzten, oftmals mit dem ebenfalls positiv belegten Begriff »sozial« zu »sozialliberal« verbunden.

Eine Gesellschaft, in der alle zur Mitte streben und es nur noch Varianten des Liberalismus gibt (nämlich Linksliberale und Liberalkonservative), bringt jedoch mit Notwendigkeit stärkere Extreme hervor, für die in der Mitte kein Platz ist. Wenn es keine demokratische Rechte mehr gibt, wird der Begriff – aber auch der Ort – von einer extremen Rechten besetzt.

Im Zuge der Liberalisierung der Liberalkonservativen hat sich eine antidemokratische Rechte entwickelt, für die beispielsweise Hans-Dietrich Sander steht. Es ist eine Ghetto-Rechte, die spiegelbildlich die Neurosen der ängstlichen »Liberalkonservativen« reflektiert. Diese Rechte entsteht auch als Protest gegen den Prozeß der Domestizierung, an dem man ausdrücklich nicht teilhaben möchte. Aber die Etikettierung von allem, was rechts von der Mitte steht, als »rechtsextrem« oder »neonazistisch«, wirkt hier nicht selten im Sinne einer »self-fullfilling prophecy«.

Es bildet sich ein rechtes Ghetto heraus, das sich als verschworene Gemeinschaft begreift und auch zu Verschwörungstheorien neigt. Man hat sich damit abgefunden, daß man nicht am Mehrheitsdiskurs teilnimmt. Man publiziert in Ghetto-Zeitschriften und lebt in einer eigenen, überschaubaren Welt der letzten Auf-Rechten. Manche ihrer Anhänger wurden zunächst aus dem politischen Diskurs ausgegrenzt, und erst dann erfolgte eine schrittweise Radikalisierung der eigenen Position, was auch Ausdruck von Frustrationen war. Die Frustrationen schlagen oft in eine Aggressivität gegen all diejenigen um, die nach wie vor am Mehrheitsdiskurs teilnehmen. Man entwickelt eine Aufnahmebereitschaft für sektiererische Theorien und nimmt auch sektiererische Verhaltensweisen an.

Während die Parole der domestizierten »Liberalkonservativen« lautet: »Nur nicht anecken und auffallen«, lautet die Parole der »Ghetto-Rechten«: »Viel Feind – viel Ehr«. Die »Ghetto-

Rechten« ziehen Weltverbessererer und skurrile Persönlichkeiten an, die dem verbreiteten Klischee des Rechten entsprechen. Eine Gefahr für die Herrschaft der Linksliberalen stellt weder die eine noch die andere Gruppierung dar.

Erst in den letzten Jahren bildete sich wieder eine demokratische Rechte heraus, die weder mit den braven und angepaßten Nischenkonservativen verwechselt werden sollte noch mit den antidemokratischen Ghetto-Rechten. Einige Vertreter dieser neuen, demokratischen Rechten sind ja in dem vorliegenden Band vertreten. Nicht selten sind es ehemals Linke, denen bürgerliche Vornehmheit und Anpasserei fremd sind. In ihrer Mentalität sind sie offensiv, angriffslustig und selbstbewußt. Sie haben diese Merkmale aus der eigenen, linken Vergangenheit mitgenommen. Als »Konvertiten« werden sie freilich von der Linken mit besonderem Eifer verfolgt. Die Linke ist über diese sich neu abzeichnende Gruppierung in hohem Maße irritiert, denn sie erkennt, daß man diese Leute nicht der extremen Rechten zuordnen kann – wenngleich dieser Versuch immer wieder unternommen wird. Das Neue an dieser Gruppierung ist, daß sie die von den »Nischenkonservativen« stets peinlich eingehaltenen Spielregeln, die die Linksliberalen nach 1968 Schritt für Schritt durchgesetzt haben, nicht mehr einhalten.

Diese demokratische Rechte wird jedoch nur Erfolg haben, wenn sie von der Linken lernt. Das bezieht sich weniger auf die Inhalte als auf die Strategie und Taktik der politischen Durchsetzung. Die Linke war vor allem deshalb so erfolgreich, weil sie offensiv und solidarisch handelt. Bei allen Differenzen wußte man immer, wann man zusammenstehen mußte, während Konservative eher einen Individualismus pflegen und der Begriff »Solidarität« ihnen fremd ist. Die Linke war insbesondere deshalb erfolgreich, weil sie ein Netzwerk von Beziehungen entwickelt hat, das sich nicht nur im Wissenschafts- und Medienbetrieb als höchst erfolgreich erwiesen hat.

Auf der Rechten konnte auch deshalb keine Solidarität entstehen, weil man sich die Entscheidung von außen aufdrängen ließ, von wem man sich »abgrenzte« und von wem nicht. Es entwickelte sich ein ausgeprägter Distanzierungsreflex, der primär Ausfluß der Angst war, selbst der Ausgrenzung zu verfallen. Parallel zum Prozeß der Erosion der Abgrenzung zwischen Linken und Linksextremen kam auf der Rechten eine entsolidarisierende Distanzierungshysterie auf. Von jedem, der bereits der Ausgrenzung anheimgefallen ist, muß man sich demnach konsequent absetzen, um nicht selbst ebenfalls ausgegrenzt zu werden. Da Ausgrenzung dazu führt, daß man in großen Zeitungen nicht mehr schreiben darf, zu bestimmten Kongressen nicht mehr eingeladen und von (ehemaligen) Freunden und Kollegen gemieden wird, handelt es sich um ein wirklich existenzielles Problem, vor allem für solche Menschen, die von geistiger Arbeit leben (also für Wissenschaftler, Autoren, Journalisten usw.).

Wie immer gibt es zu dieser Tendenz allumfassender Abgrenzung und Distanzierung eine Gegentendenz, die ebenso verfehlt ist. In der Abwehr des Distanzierungsreflexes entwickelt sich ein Anti-Distanzierungsreflex, der genau zu jener Erosion der Abgrenzung zwischen demokratischer und extremer Rechten führen könnte, die man der Linken zu Recht vorgeworfen hat. Die Alternative zur Abgrenzungs- und Distanzierungshysterie ist natürlich nicht die blinde Solidarität eines »rechten« oder »nationalen« Lagers, in welcher die entscheidenden Differenzen zwischen Demokraten und Extremisten nivelliert würden. Die Alternative heißt vielmehr, daß man sich nicht mehr aus taktischen, sondern aus prinzipiellen Gründen abgrenzt. Die demokratische Rechte sollte sich nicht deshalb von den Rechtsextremisten abgrenzen, um damit der Linken zu gefallen, sondern weil sie ganz andere Ziele als diese verfolgt und sie sich nicht durch solche Kräfte instrumentalisieren lassen darf. Die demokratische Rechte darf nicht die Rolle des nützlichen Idioten für die extreme Rechte spielen, die so viele Linksliberale in den Kampagnen gegen »Berufsverbote« und »Nachrüstung« für die Kommunisten gespielt haben.

Selbstverständlich muß die demokratische Rechte darüber hinaus gegenüber rechtsextremen Ausländerfeinden und Gesetzesbrechern jene unmißverständliche Haltung einnehmen, die Linksliberale wie Heinrich Böll und Günter Grass gegenüber der RAF eben leider nicht eingenommen haben. Die Attitüde des sozialpädagogischen »Erklärens« und Verharmlosens, wie sie bei Linksliberalen beliebt ist, wenn es um autonome Gewalttäter geht, entspricht nicht der Haltung einer demokratischen Rechten, deren zentrales Thema die innere Sicherheit ist. Die Rechte, die für eine Stärkung des Staates und für konsequenteres Durchgreifen gegenüber Straftätern eintritt, muß diese Position selbstverständlich auch dann vertreten, wenn Gesetzesbrecher ihre Handlungen mit »rechten« Argumenten legitimieren wollen. Die klare Haltung gegenüber solchen Straftätern ist keineswegs taktisch motiviert, sondern ist Ausdruck einer rechtsstaatlichen Gesinnung, deren Garant und stärkster Fürsprecher die demokratische Rechte sein muß. Dabei wird es die Aufgabe der Rechten sein, darauf zu achten, daß Verfassungsschutz und Justiz nicht unter dem Druck der öffentlichen Meinung oder gemäß politischen Vorgaben auf dem linken Auge erblinden. Tendenzen dazu gibt es leider, wie beispielsweise die Tatsache zeigt, daß die PDS nicht vom Verfassungsschutz beobachtet wird und daß Volksverhetzungs-Delikte nicht geahndet werden, wenn sie von Linksextremisten begangen werden.

Will die demokratische Rechte in Deutschland erfolgreich sein, dann muß sie vor allem zu einem Selbstbewußtsein gelangen, an dem es ihr bislang so sehr mangelt. Die Defizite im Selbstwertgefühl der demokratischen Rechten reflektieren eine generelle deutsche Befindlichkeit. Das Selbstbewußtsein unserer Nation ist gebrochen. Natürlich spielt dabei das Wissen um die im deutschen Namen begangenen Verbrechen ebenso eine Rolle wie der verlorene Krieg mit all seinen Folgen, vor allem die vier Jahrzehnte der deutschen Teilung. Allerdings genügt dies nicht als Erklärung, denn mit dem Abstand zur NS-Zeit steigen Selbstzweifel und

Selbsthaß, die bei der Linken vor allem Ausdruck eines enttäuschten Missionseifers sind. Die Enttäuschung darüber, daß sich die Mehrheit der Deutschen weigerte, das »verkehrte« Bewußtsein zu überwinden und sich im sozialistischen Sinne missionieren zu lassen, führte zu Frustration, Enttäuschung und schließlich zu einem Haß gegen das eigene Volk, dem man zur Strafe für Uneinsichtigkeit nun gerne »Ausländerfeindlichkeit«, Antisemitismus und Faschismus unterstellt. In den fünfziger Jahren war es für Sozialdemokraten, ja selbst für Kommunisten, selbstverständlich, sich zu Deutschland zu bekennen und dezidiert nationale Positionen zu vertreten. Es waren eher Konservative wie Konrad Adenauer, die vom Mißtrauen gegen das eigene Volk und die eigene Nation geleitet waren.

Heute ist der nationale Komplex auf der Linken besonders ausgeprägt, hat aber auch weite Teile des liberalen Bürgertums erfaßt, das die Anpassung an vorherrschende linke Meinungen ohnehin als höchsten Ausdruck von Modernität und Aufgeklärtheit betrachtet. Paradoxerweise hat die »Bewältigung« der vor 50 Jahren zusammengebrochenen nationalsozialistischen Diktatur wenige Jahre nach dem Zusammenbruch des kommunistischen Weltsystems und der SED-Diktatur in Deutschland einen Höhepunkt erlangt und wird offenbar als wichtigste und vordringlichste Aufgabe empfunden. Die »Legende von der zweiten Schuld« (Manfred Kittel), das Märchen von der angeblichen »Verdrängung« und »Nicht-Aufarbeitung« der NS-Diktatur dient als Rechtfertigung ständig neuer Bewältigungsexzesse.

Angesichts der tagtäglichen NS-Bewältigung und angesichts des Unwissens weiter Teile der Bevölkerung über die kommunistischen Verbrechen mutet es absurd an, wenn CDU-Linksaußen Friedbert Pflüger in seinem im Frühjahr 1994 erschienenen Buch »Deutschland driftet« warnt: »In der Tat besteht die Gefahr, daß die zweite Vergangenheitsbewältigung, nämlich die Aufarbeitung des SED-Unrechts, zur weiteren Relativierung der einzigartigen Schrecken des NS-Terrors beiträgt oder gar die lebendige Erinne-

175

rung an das ›Dritte Reich‹ gänzlich verdrängt.« Pflüger warnt eindringlich davor, daß jetzt die »rechte Tyrannei abgelegt, eingeordnet und bagatellisiert, die linke dagegen dämonisiert« werde. Die Folge sei, daß die »Konservativen Revolutionäre« (bei Pflüger ein Synonym für die demokratische Rechte) »salonfähig« gemacht werden könnten. »Dann beanspruchen sie ihren Platz im demokratischen Verfassungsspektrum, dann verschiebt sich die Mitte nach rechts.«

Die Angst vor einer Rücknahme der seit 1968 erfolgten »Linksverschiebung des Spektrums« (Jürgen Habermas) war das Motiv für die Inszenierung der Kampagnen gegen »Rassismus und Ausländerfeindlichkeit«. Diese Kampagnen richteten sich in Wahrheit keineswegs primär gegen Neonazis und Rechtsextremisten, sondern vor allem gegen die wiedererstehende demokratische Rechte, die nach dem Zusammenbruch des Kommunismus und der Überwindung der Teilung erstmals wieder eine Chance in Deutschland hat. Die Linke erlebte die Wiedervereinigung und den Zusammenbruch des Sozialismus als Niederlage und geriet in die Defensive, allerdings nur für ein oder zwei Jahre. Die Ausschreitungen gegen Ausländer, für die vor allem das Versagen der Asyl- und Ausländerpolitik ursächlich war und an denen zu allerletzt die demokratische Rechte Schuld trug, waren der willkommene Anlaß für eine Revitalisierung des Antifaschismus.

Dabei gelang es der extremen Linken, bis weit in das bürgerliche Lager hinein eine Solidarisierung zu bewirken und eine »Einheitsfront« zusammenzuzimmern. Die Taktik der »Einheitsfront« und der Bündnispolitik gehört traditionell zu den Erfolgsrezepten der radikalen Linken, zuletzt wurde sie in den Kampagnen gegen »Berufsverbote«, Volkszählung und Nachrüstung erprobt, jetzt wird sie in den Kampagnen gegen »Ausländerfeindlichkeit« fortgesetzt.

Wer die Schriften, Flugblätter, Bücher, Rundfunk- und Fernsehsendungen der »Antifa«-Kampagne analysiert, wird rasch feststellen, daß man sich für die wirklichen »Neonazis« nur in zweiter

Linie interessiert. Es geht immer wieder um den »rechten Rand« der CDU, um die »Neokonservativen« oder hie und da auch um die Linksnationalen Kräfte. Die sollen als Wegbereiter der Neonazis, als »geistige Brandstifter« etc. entlarvt werden. Die Methoden, eine vermeintliche Nähe zwischen demokratischer Rechter und Extremisten zu »belegen«, sind ebenso primitiv wie wirksam. Oft genügt schon die Autorschaft in einem Magazin wie »Mut«, um die vermeintliche Verbindung zum Rechtsextremismus nachzuweisen. Dabei waren dieses Magazin und sein Herausgeber in der Tat früher einmal rechtsextrem, aber beide haben sich längst gewandelt, und heute bietet das Magazin ein Forum, in dem auch Autoren wie Erhard Eppler oder Peter von Oertzen schreiben und selbst Daniel Cohn-Bendit, Margarete Mitscherlich und Gräfin Dönhoff Interviews geben. Dies hindert Zeitungen wie die »taz« oder auch die »Zeit« jedoch nicht daran, »Mut« weiterhin eine »Scharnierfunktion« zwischen Rechtsextremismus und Konservatismus anzudichten und seine Autoren zu diffamieren. Während ehemaligen Linksextremisten – beispielsweise als Aktivisten der Grünen oder der PDS – oft schon eine grundlegende Gesinnungsänderung und demokratische Läuterung nach wenigen Monaten zugestanden wird, behandelt man (ehemals) Rechtsextreme wie unheilbar Kranke, denen Lernfähigkeit grundsätzlich abgesprochen wird und die zeitlebens hochgradig ansteckend bleiben.

Nebenbei bemerkt: Rechtes und rechtsradikales Denken wird von vielen Linken als »Krankheit« betrachtet, wie eine Sprachanalyse einschlägiger Schriften zum Thema zeigen würde. So finden Begriffe wie »Infektion«, »Bazillus« usw. häufig Verwendung. Der ehemalige DGB-Vorsitzende Ernst Breit scheute sich nicht, im Vorwort zu einem Buch über die Republikaner (von Richard Stöss) zu beklagen, daß »auch die Zugehörigkeit zu einer Gewerkschaft nicht gegen den rechtsradikalen Bazillus immunisiert«. Die Aufregung wäre – zu Recht – groß, wenn in einer entsprechenden Sprache über Sozialisten und Grüne gesprochen würde.

Die sich herausbildende demokratische Rechte wird nur dann Erfolg haben, wenn sie der Offensive der Linken mit einer Gegenoffensive begegnet. Es hat wenig Zweck, sich zu verteidigen, geduldig Sachverhalte zu erklären und Mißverständnisse auszuräumen. Das alles gehört dazu, aber so lange die demokratische Rechte aus der Defensive agiert, wird sie den ihr zukommenden Platz im neuen Deutschland nicht erobern.

Die Voraussetzungen für die Herausbildung einer demokratischen Rechten sind gut. Nicht nur in Deutschland, überall in Europa ist das Versagen der traditionellen Linken und des Nachkriegs-Liberalkonservatismus evident. Die feinsten Seismographen für geistige Entwicklungen aber sind die Intellektuellen. Was sich in den kleinen Zirkeln von Schriftstellern, Künstlern und Wissenschaftlern abspielt, hat meist mit einer Verzögerung von einigen Jahren gravierende Folgen für das geistige Klima eines Landes. Auch die Bewegung von 1968 – mit all ihren Folgen – wurde zunächst geistig vorbereitet.

In den letzten Jahren haben sich viele Intellektuelle von links nach rechts bewegt, aber kaum einer ist von rechts nach links gegangen. Die Linke hat durch all ihre Tabus, Frageverbote und Sprachregelungen eine Kultur der Langeweile erzeugt, die vielen diskussions- und streitfreudigen Intellektuellen zuwider ist. Zwar sind die 68er bei ihrem Marsch durch die Institutionen inzwischen an den Schalthebeln der Macht angelangt – zumindest gilt dies für weite Bereiche der Medien, der Gewerkschaften, der Politik, der Kirchen und der Universitäten –, aber im Unterschied zu früher haben sie keine Ideale mehr, die die Menschen begeistern. Wer glaubt heute noch an das Glück in der rätedemokratischen Gesellschaft, und wer verspricht sich eine »Befreiung der Produktivkräfte« durch die Beseitigung der »kapitalistischen Produktionsverhältnisse«?

Der Marxismus hat kaum noch Attraktivität, aber im Feminismus ist eine neue Ideologie mit dem utopischen Anspruch auf Schaffung eines »neuen Menschen« entstanden. Es wäre falsch, im Feminismus eine nur auf Frauen beschränkte Ideologie zu sehen. Natürlich wird es niemals eine »Herrschaft der Frauen« geben, so wie es ja auch in Wahrheit niemals eine »Diktatur des Proletariats« gab. Wie einstmals vor allem bürgerliche Intellektuelle maßgeblich und führend in der »Arbeiterbewegung« wirkten, so sind auch heute Männer oftmals die radikalsten FeministInnen. So wie bei den Kommunisten der notwendige »Klassenverrat« die Voraussetzung für eine besondere proletarische Radikalität der aus dem Bürgertum stammenden Aktivisten war, so ist heute die besonders radikale Parteinahme für »die Frauen« ein Mittel, um das Manko auszugleichen, mit dem falschen Geschlecht zur Welt gekommen zu sein. Im Kern geht es aber wieder nur um eine neue, radikal andere Gesellschaft: Diesmal soll die »patriarchalische Gesellschaft« zerschlagen werden und eine neue »weibliche Gesellschaft« entstehen, die schließlich auch einen »neuen Menschen« hervorbringen wird. Damit Jahrtausende von Leid und Unterdrückung beseitigt werden, ist natürlich zunächst einmal die Beseitigung von Freiheiten notwendig. Offen und sehr erfolgreich wird von amerikanischen Feministinnen bereits die Einführung einer Zensur gefordert, die »frauenfeindliche« Äußerungen (also solche, die sich kritisch mit dem Feminismus auseinandersetzen) unter Strafe stellt. Die Argumentationsmodelle ähneln sich, und es ist kein Zufall, daß viele Vertreter und Vertreterinnen des radikalen Feminismus noch vor wenigen Jahren überzeugte Marxisten waren.

Die demokratische Rechte wird sich in Zukunft viel intensiver mit dem Phänomen des Feminismus auseinandersetzen müssen, als sie dies bislang getan hat. Es wäre verhängnisvoll, wenn sie sich auf die Kritik des Marxismus und Kommunismus konzentrieren würde, während die Linke dabei ist, neue »ismen«, nämlich den Multikulturalismus und den Feminismus, herauszubilden und umfassend zu propagieren. Die amerikanische Entwicklung, die ja in Deutschland meist nur mit einer gewissen Verzögerung nachgeholt wird, zeigt, daß Multikulturalismus und

Feminismus die antikapitalistischen Theorien längst abgelöst haben.

Die demokratische Rechte wird darauf Antworten finden müssen. Dazu gehört aber, daß sie sich ernsthaft und intensiver mit dem auseinandersetzt, was auf der Linken gedacht wird. Linke haben die Entwicklungen im rechten und konservativen Bereich meist mit großer Aufmerksamkeit verfolgt. Bücher wie »Die deutsche Rechte«, »Was Rechte lesen«, »Ausflüge in die Denkfabriken der Wende« usw. fanden in der Linken und darüber hinaus große Beachtung und Verbreitung. Viele Konservative hielten es hingegen für überflüssig, sich genauer mit den Diskussionen der Linken zu beschäftigen und beispielsweise Zeitungen und Zeitschriften wie die »taz«, »konkret«, »freitag« und »Wochenpost« zu lesen – nicht wenige verkündeten sogar stolz, die »Zeit« nicht mehr zur Kenntnis zu nehmen. Nur so ist es zu erklären, daß man immer noch die Ansicht hören kann, beim Feminismus handele es sich nur um eine vorübergehende Mode, die vielleicht ihren Höhepunkt schon wieder überschritten habe.

Sicher gibt es erhebendere Themen als etwa die feministische Theologie oder die feministische Geschichtswissenschaft, das Netzwerk von Frauenhäusern und Gruppen gegen den »Mißbrauch« usw. usf. Solange die Rechte diese Entwicklungen jedoch nicht in ihrer wirklichen Bedeutung wahrnimmt, wird sie sie unterschätzen und über die Themen von gestern streiten, während sich neue Ideologien und Netzwerke herausbilden.

Einen Nachteil wird die Rechte allerdings immer gegenüber der Linken haben – und sie muß dies akzeptieren. Die Stärke der Linken liegt darin, daß sie Erlösungs-Utopien bereithält, die den Menschen das Paradies auf Erden versprechen: Gleichheit, Gerechtigkeit und ewiger Frieden. Besonders junge Menschen sind durch solche Ideale zu begeistern, und in einer säkularisierten Welt füllen sie Bedürfnislücken, die früher durch die Religion gedeckt wurden. Nur wenn es der demokratischen Rechten gelingt, dieses vermeintliche Utopie-Defizit als wirklichen Vorzug zu vermitteln, wird sie den Nachteil, nicht im Besitze von allesversprechenden Utopien zu sein, zum Teil kompensieren können. Am Ende eines Jahrhunderts, das uns vor allem lehrt, wie leicht schöne Utopien in schöne neue Welten, Diktatur und Vernichtung umschlagen, gibt es vielleicht eine Chance, dies zu vermitteln. Insofern kann es auch keine Aufgabe der demokratischen Rechten sein, »Theoriearbeit« im Sinne der Linken zu leisten, sondern entschlossene und wirksame Antworten auf die uns bedrängenden Problemlagen, Ängste und Krisen zu geben. Die Linke hat auf die wirklichen Probleme, nämlich die ständig steigende Kriminalität, die Einwanderungsproblematik, die Gefahren für die äußere Sicherheit, die Gefährdung des Wirtschaftsstandortes Deutschland, die Hypertrophie des Wohlfahrtsstaates etc. keine Antworten. Ihre Rolle beschränkt sich heute darauf, Problemlösungen zu behindern, weil die zur Lösung notwendigen Mittel nicht mit den Prämissen der Ideologie in Übereinstimmung zu bringen sind. Hier liegt die Chance der demokratischen Rechten.

ROLAND BUBIK

HERRSCHAFT UND MEDIEN

Über den Kampf gegen die linke
Meinungsdominanz

Eine bemerkenswerte Ambivalenz kennzeichnet das gesellschaftliche Geschehen in Deutschland. Auf der Ebene der politischen und kulturellen Begriffe agitiert eine anmaßende Kaste von Bewußtseinserzeugern, die nach ihrem Belieben Scheingefechte inszeniert und einen gespenstischen Schleier der simulierten Diskussionen über das Land wirft. Doch darunter vollzieht sich, völlig unberührt von den alten Worthülsen, ein gravierender Wandel: Mit geballter Macht greifen die ökonomischen und technologischen »driving forces« der Geschichte immer tiefer in die menschliche Lebenswirklichkeit ein, Schein und Sein vermengen sich in der Bilder- und Zeichenflut einer vernetzten Medienwelt zur permanenten Virtual Reality. Im atomisierten kulturellen Nichts legt die »moderne Massengesellschaft« den homogenisierenden Kern dessen frei, was jeder Existenz »als Mensch« zu eigen ist: die Lust am grenzenlosen Konsum. Ein Volk verändert nicht nur sein Gesicht, es verliert seine Seele. In den urbanen Zentren erhebt sich die physische Gewalt wieder zum anerkannten Konfliktregelungsmechanismus, Lehrer verzweifeln an verhaltensgestörten Kindern, Jugendliche durchforsten die Leere des Alltags auf der Suche nach neuen Formen ästhetischer Totalität.

Verunsichert registrieren Beobachter die Vaporisierung gemeinschaftlicher Substanz. Günther Nenning wähnt uns »Auf den Klippen des Chaos«, Peter Scholl-Latour sieht »Eine Welt in Auflösung«, der französische Top-Manager Alain Minc verkündet »Le Nouveau Moyen Age«, ein neues Mittelalter. Doch die mas-

182

senmedialen Herren über den Geist nehmen die Ausschläge der Seismographen nicht wahr und ergehen sich in der politischen Durchsetzung ihrer linken Ideologie. Einschlägig verwertbare »Themen« werden »problematisiert« und kreisen um Ausländerwahlrecht, Vergangenheits-»Bewältigung« und die Überlebtheit des priesterlichen Zölibats. Zwischen inszeniertem Diskurs und der Lebenswirklichkeit der Menschen öffnet eine Kluft ihren sich bedrohlich weitenden Schlund. Beim Erreichen des Schwellenwerts ist die Implosion vorauszusehen.

Aus diesem Spannungsverhältnis von linkem Ideologieanspruch und deutscher Realität an der Schwelle zum 21. Jahrhundert wurde eine politische Strömung freigesetzt, die man als »junge Rechte« deklariert hat. Des überlebten Scheindiskurses müde geworden, sammeln sich sehr heterogene Kräfte auf dieser Seite. Hier stehen plötzlich »rechte Leute von links«, angeekelt von der Monotonie gesteuerten Denkens, besorgt wegen des Verhauchens gemeinschaftlich-nationaler Solidaritätspotentiale, welche sie als Element konkreter Humanität erkannt haben. Daneben finden sich Konservative, die im bloßen Bewahren wenig Sinn mehr sehen, da doch die letzten Restbestände des in ihrem Sinne Bewahrenswerten verdampfen. Nun stehen sie an der Wand und können nur noch nach vorne. Zum Lager des Aufbegehrens gehört auch eine junge Generation, die inmitten von Verhältnissen aufgewachsen ist, die sie als Verwirklichung der Ideen von 1968 versteht – und nicht akzeptieren will. Schließlich verleihen versprengte Einzelgänger und -denker dem Lebensgefühl im Epochenwechsel ihre kunstvolle Stimme. Eine Gesellschaft, an der jeder Glaube scheitern muß, da sie keinen Glauben hat, fordert die Sänger heraus.

Die Linke hat nun das Auftauchen dieses Widerparts beantwortet – mit der Abschottung ihres Machtraums, des »Diskurses«, vor unbequemen Ansätzen, die so gar nicht in jene liebevoll zurechtmodellierte Formelwelt der Talkshows und Feuilleton-»Debatten« passen mögen. Das ist gefährlich. Nicht nur für die Linke selbst, die ihre Dominanz auf den tönernden Füßen faktischer Pression gründet, sondern auch für das ganze Gemeinwesen, welches keine neuen »Inputs«, keine Gestaltungsalternativen mehr aufnehmen kann und so der systemerhaltenden Rückkopplung entbehren muß. In Deutschland gibt es heute wieder unberührbare Personen, Sprach- und Denkregelungen; am Diskurs nimmt teil, wer das Ergebnis des Gesprächs nicht vom vorgesehenen Punkt wegzurücken droht. Das ist faktisch so totalitär, wie es klingt. Die Herrschaft der Linken kann als das Resultat der ersten Revolution in der deutschen Mediengesellschaft gelten. Sicher: Es gibt auch liberal-konservative Parteien, es gibt nicht-linke Politmagazine und Vereinigungen mit ihrem beschränkten Wirkungsbereich. Doch werden Begriffe von links definiert und die Grenzen des medial Zulässigen von links gezogen. So übt man heute Macht aus. Der Erfolg von Silvio Berlusconi in Italien belegt dies unter anderen politischen Vorzeichen.

Die demokratische Rechte in Deutschland steht an einem Anfang, sie beginnt, ihr Erbe zu sichten und neue Wege zu überdenken. Die Krise der staatlichen Gemeinschaft und der Zerfall kultureller Identität, welcher in eine neue Barbarei zu münden droht, fordert sie zum Handeln heraus. Dabei arbeitet der Konservative unter den Bedingungen linker Meinungsdominanz, deren Bestehen ebensowenig gottgewollt wie zufällig ist. Es handelt sich um die erfolgreiche politische Strategie eines Gegners, der den Anspruch auf alleinige Gestaltung unserer Zukunft stellt. Daher bedarf es einer Analyse der Mechanismen linker Bewußtseinssteuerung. Neben diesem taktischen Aspekt sollte sich eine junge Rechte Klarheit über die maßgebenden ökonomisch-technologischen Trends verschaffen und hieraus die Konsequenzen ziehen. Schließlich bildet die emotionale Befindlichkeit des Menschen in der vernetzten Kommunikationsgesellschaft einen Ausgangspunkt, den jungen Konservatismus zum Träger einer breiten Strömung zu machen, die nicht mit den Gefechten von gestern gelangweilt werden, sondern die Probleme der Zukunft lösen will.

Eine Untersuchung der Struktur linker Dominanz setzt bei den Bühnen der veröffentlichten Meinung an: den elektronischen und Print-Medien. Hier inszenieren freie Regisseure die immergleichen Stücke, abgestimmt auf die Höhe des intellektuellen Plateaus ihrer Zielgruppen. Zu einer erfolgreichen Aufführung des Polit-Theaters benötigt man zunächst die Figur des absolut Bösen, das keine Kompromisse kennt und daher auch keine erwarten darf. Die Inszenierung einer konkreten Bedrohungssituation scheint ein probates Mittel, eine Gesellschaft im eigenen Sinne zu politisieren und auf diesem Wege selbst die Herrschaft im öffentlichen Raum zu erlangen. Lange Zeit fungierte »Auschwitz« als die entsprechende Formel, die nicht nur das Gedichteschreiben unethisch erscheinen lassen sollte, sondern auch zur Agitation gegen den Aufbau der Bundeswehr, gegen die Wiedervereinigung und gegen nationale Selbstachtung diente. Die ursprüngliche Betroffenheit und Scham über von Deutschen begangene Verbrechen, die nach 1945 durchaus angebracht war, verkam so zum Instrument von Ideologen.

Doch 1990 war nicht mehr »nach Auschwitz«, sondern das Jahr nach der deutschen Einheit. Eine lange geführte Waffe drohte stumpf zu werden. Die Desorientierung der Linken war geprägt von der Suche nach neuer moralischer Last für das eigene Volk. Nun ist man fündig geworden. »Nach Auschwitz« hat in der Nennung einiger Städtenamen – Hoyerswerda, Mölln, Solingen, Lübeck – seine (freilich kleinformatigere) Entsprechung gefunden. Das Böse hat wieder einen politischen Namen: die Rechte. Die medial inszenierte Freund-Feind-Linie verläuft jetzt zwischen »Demokratie« (nicht: der Linken) und »der Rechten«. Im Diskurs dient dieses unbedingte Entweder-Oder als zentrale Figur, da es keine klare Bestimmung des Vernichtungsobjekts erlaubt und – das ist entscheidend – keine Neutralität des einzelnen oder einer Gruppe mehr zuläßt. Licht und Dunkel kennen keine Mitte. Es ist die alte Jakobinerlogik mit ihrem ganzen totalitären Potential: Wer nicht mit dem Guten gegen das Böse kämpft, wird zur Gegenpartei gerechnet und darf ebenfalls nicht auf Schonung hoffen. Dadurch erreicht die Linke eine unverhoffte politische Mobilisierung der Bevölkerung und setzt die Demokraten der liberalen und sozialdemokratischen Mitte unter Druck. Ein Kernelement dieser Angst-Strategie, die sowohl die breite Bevölkerung als auch nichtlinke Parteiungen einschüchtern soll, bildet der Slogan:»Die Republik kippt nach rechts.«

Auf jener konzeptuellen Folie agitieren die Meinungsbildner mit den von ihnen definierten Begriffen. Die These von der nach rechts kippenden Republik dient in diesem Rahmen der artifiziellen Konstruktion eines mentalen Ausnahmezustandes, in dem der Einsatz prinzipiell aller Mittel erlaubt ist – um die Republik im Ergebnis *nach links* zu kippen. Dabei hat die Linke die Schlachtordnungen nach ihrem Belieben an die TV-Wand gemalt. Worum heute faktisch gefochten wird, ist die Balancierung der relativen linken Dominanz durch eine sich tatsächlich entwickelnde demokratische Rechte. Das, was die Linke vermittelt, ist die Bedrohung der Demokratie durch einen Feind, der kurz vor seinem Ziel steht und nur durch eine kollektive Kraftanstrengung noch davon abgehalten werden kann. Das so mobilisierte Potential hat sie als Chance erkannt, nun ihrerseits die *absolute Herrschaft* im öffentlichen Raum zu erlangen. Deutschland erlebt die zweite Revolution der 68er: Der illiberale»Antifaschismus« der Radikalen von links, der früher zum guten Teil Freizeitspaß gesellschaftlicher Randgruppen war, wird zum konstitutiven Selbstverständnis unseres Staates erhoben.

Dieser allgemeine Strategieansatz fungiert als Gerüst für alle weiteren Maßnahmen im politischen Alltagskampf gegen rechts. Auch hier läßt sich ein Grundprinzip erkennen. Man kann es etwa wie folgt formulieren:»Nutze jeden marginalen ›Erfolg‹ von rechts, sei er auch nur als solcher darstellbar, nutze jedes als ›Rechtsbewegung‹ inszenierbare Ereignis *(Anlaß),* um damit breite Kreise der Bevölkerung in einer Kampagne zu mobilisieren *(Prozeß),* um deine eigenen politischen Interessen als allgemein zu deklarieren und als öffentliches Interesse durchzusetzen *(Ergebnis).*« Dieses Agitationsmuster kennzeichnet durchgehend das über die Medien gesteuerte Spiel.

Die Anschläge ethisch verwahrloster Krimineller gegen die vermeintlich noch Schwächeren (Asylanten, Fremde), sind notwendige Voraussetzung der linken Strategie. Ihre Hauptfunktion besteht in der Vereinfachung der Kommunikation: Mit der Nennung der Ortschaften »Hoyerswerda, Rostock, Solingen« etc. ist bereits alles gesagt, das Publikum hinreichend emotional konditioniert. Vor diesem dunkelgefärbten emotionalen Hintergrund wird Information nur noch gefiltert wahrgenommen, und scheinbare Zusammenhänge erhalten eine gewisse irrationale Plausibilität. Mit jedem brennenden Haus manifestiert sich das real Böse, welchem es zu wehren gilt. Die Linke braucht dieses motivationale Moment, und deshalb greift sie auch so augenscheinlich begierig jedwede potentiell »den Rechten« zuschreibbare Tat auf, um sie konsumtabel zu präsentieren. Jeder Anschlag auf Minderheiten und jede Grabschändung wird als Symptom des »Rechtsrucks« verkauft – und resultiert in einer Linksbewegung des politischen Klimas: Das Ausländerwahlrecht wird endlich durchsetzbar, linkes Personal – moralisch nunmehr besonders qualifiziert – hievt sich in die Führungspositionen der Parteien, Ralph Giordano darf zum hundertsten Mal vor den Kameras den Don Quichotte spielen. »Rechts« dagegen, das ist der Ort des ethischen und politischen Aus, im indifferent bräunlichen Licht tummeln sich dort CDU-Konservative und FAP-Nazis, traditionale Christen und Wiking-Jugend, Dr. Frey und Dr. Weißmann. »Die Rechte« eben. Der Feind.

Strategisch grundlegend wird vor diesem Hintergrund die Frage, wie sich die demokratische Rechte aus dem Netz der artifiziellen *Images* befreien kann, durch die sie den Medienkonsumenten dargestellt wird. Bei dem Versuch einer Antwort hat man wohl davon auszugehen, daß das zentrale Manko der Rechten, ihr faktischer Ausschluß von den Instrumenten der Mediakratie, mittelfristig nicht überwunden werden kann. Findigkeit und Kreativität ist also am Platze. So läßt sich dem totalitären Charakter des linken Meinungsmonopols auch Nutzen abgewinnen, werden dadurch doch ganz von selbst Gegenkräfte freigesetzt. Wenn Meinung oktroyiert und Opferpose simuliert wird, wenn inhaltliche Defizite überklebt und Menschen belogen werden – dann sammeln sich auf der anderen Seite all diejenigen, denen das orwellianische Spiel zuwider ist. Aktiv begleiten kann eine junge Rechte diesen Prozeß durch den Aufbau eigener Kommunikationsmittel, die Argumentationsmaterial zur rechten Zeit liefern und so den selbstreferentiellen Diskurs zu durchbrechen helfen.

Strategisch wichtig ist außerdem eine offene Kommunikationskultur auf der rechtskonservativen Seite. Gefragt ist eine zielgruppenorientierte Public Relations-Arbeit, die allfällige Stigmatisierungskampagnen unterläuft. Eine wichtige Größe ist hier die liberal-konservative Mitte. Bislang scheint sie im festen Griff der Linken: Als diejenigen, die dem Bösen politisch am nächsten sind, haben sich die Liberalkonservativen permanent zu rechtfertigen. Eine ausgewogene Bewertung des rechten Spektrums, etwa die Legitimierung eines demokratischen Rechtskonservatismus, wird nunmehr zum »Hoffähigmachen« von geistigen Brandstiftern. Die Mitte ist nur solange zum Diskurs zugelassen, wie sie das Spiel der Linken mitspielt, sich abgrenzt, auch von demokratischen rechten Kräften (die es im Begriffsfeld der Linken ja gar nicht gibt) und somit zum verlängerten Arm der 68er wird. Letztere können so »die Demokratie« zu einem nach ihren Wünschen gestaltetem Kleinsegment reduzieren. Nun ist die »Mitte« traditionell von Timidität geprägt und wird sicherlich nicht von sich aus das Gespräch mit der jungen Rechten suchen. Deshalb muß diese offensiv auf entsprechende Vereinigungen, Parteien, Repräsentanten zugehen. Nur die persönliche Kontaktaufnahme kann bestehende Zerrbilder korrigieren. Die Errichtung irgendeines konservativen Büros beginnt idealerweise mit einer Informationskampagne, welche die nicht-linken Vertreter der Lokalpresse, die nicht-linken Fraktionen des Gemeinderats der betreffenden Stadt und insbesondere die CDU bzw. ihre Vereinigungen miteinbezieht. Eine demokratische Rechte hat nichts zu verbergen, und benimmt sie sich so, als sei dies doch der Fall, dann erscheint die ihr von der »Mitte« entgegengebrachte Skepsis nur zu berechtigt. Eine Glaubwürdigkeitsstrategie setzt jedoch materielle Glaubwürdigkeit voraus. Hier hat eine junge Rechte zum Teil noch selbstkritisch an sich zu arbeiten. Das, was in Westdeutschland jahrzehntelang »die Rechte« war, weste im abgeschiedenen Feld völliger Isolierung vor sich hin. Groteskerweise zieht gerade diese Isolierung auch einen Typus Mensch an, dem der Status des Outsiders durchaus als erstrebenswert gilt. Die extreme Rechte, die zur Zeit wesentlich ein Phänomen der Persönlichkeitsstruktur, weniger der durchdachten politischen Programmatik darstellt, darf nicht als der verzogene Stiefbruder des Konservatismus betrachtet werden, der sich schon noch einsichtig geben werde. Vielmehr ballt sich hier dumpfes Ressentiment zusammen, das sich keineswegs einhegen lassen will und bei Gelegenheit die demokratische Rechte liebend gern überrollen würde. Auch hier steht der Feind. Es wäre zum Beispiel fatal, die Augen davor zu verschließen, daß tatsächlich junge Menschen, oft sogar Studenten, wieder antisemitische Parolen – zunächst nur im ketzerischen Spaß, dann zunehmend mit emotionaler Beteiligung – aufgreifen. Völlig unbegreifbare Feindbilder leben wieder auf, jede Äußerung von Herrn Bubis gegen rechts wird willig zur Bestätigung der eigenen primitiven »Erklärungsmodelle« aufgegriffen. Eine demokratische Rechte vermag auch auf diesem Gebiet zur Normalisierung des politischen Klimas beitragen, etwa indem sie klarstellt: Natürlich kann man – auch »von rechts« – Ignatz Bubis kritisieren, seine Positionen und seine Ideologie ablehnen – doch findet diese Kritik eben nur in den politischen Thesen des Zentralratsvorsitzenden der Juden in Deutschland einen festen Grund und hat sich irgendwelcher Pauschalisierungen hinsichtlich der deutschen Juden als Gruppe tunlichst zu enthalten.

Die bislang geschilderten Stoßrichtungen praktischer politischer Arbeit sind die Basis einer Bewältigung der eigentlichen Hauptaufgabe: einer Entwicklung zukunftsorientierter Ansätze zur Lösung der Probleme an der Jahrtausendwende. Was hat der junge Konservatismus hier zu bieten? Ein bemerkenswertes Merkmal dieser neuen Strömung besteht in seinem kulturkritischen Ansatz. Hier liegt auch die große inhaltliche Herausforderung der kommenden Jahre – eine Herausforderung, an der die Linke gescheitert ist.

»Alles, was technisch möglich ist, wird auch geschehen«, prophezeit der Medienguru am »Massachusets Institute for Technology«, Nicholas P. Negroponte. Wir fügen hinzu: Es wird dann geschehen, wenn es einen Markt besitzt. Ist dies aber der Fall, so kann keine politische Instanz die Eigendynamik einer »systemischen Gesellschaft« (Rolf Peter Sieferle) korrigieren. Ein verantwortungsbewußter Konservativer muß erkennen, daß nur ein »heroischer Realismus« den Triebkräften der Zeit angemessen erscheint, und nur derjenige wird die Schicksale zukünftiger Gesellschaften lenken können, der die technischen Möglichkeiten in seinem Sinne reinstrumentalisiert. Die Umwertung von Inhalten ist möglich. Die Entwicklung von Systemen, welche diese Inhalte transportieren, kann dagegen nicht aufgehalten oder maßgebend gesteuert werden. Technikfeindlichkeit mag eine ehrbare Attitüde sein. Die Gestaltung von Daten, Symbolen, Zeichen mit den Mitteln der Technik aber revolutioniert Gesellschaften.

Zum Realismus gehört jedoch auch der Blick auf die kulturelle Verfaßtheit Deutschlands im Jahre 1994. Und das sich darbietende Bild ist bestürzend: In die Sphäre dessen, was Menschen als ihre konkrete Lebenswirklichkeit begreifen, drängen in zunehmendem Ausmaß die Scheinwelten der Unterhaltungs- und Kommunikationsindustrie. Man darf die Wirkungen der kommerziellen »Unterhaltungs-«Angebote auf die Bewußtseinslage eines Volkes nicht unterschätzen. Viele Jugendlichen sehen die Moderatoren des Musikkanals »MTV« öfter als ihre eigenen Eltern, Musik-

Clips werden zur Lebenswelt gerechnet. Diese sozialisierenden Kräfte stellen keine Anforderungen mehr, wollen nicht formen, keine inneren Maßstäbe oder innere Größe vermitteln – sie wollen befriedigen. In einer intakten Kultur werden dispensive Faktoren durch kollektiv vertretene Normen gezügelt, auf Randzonen beschränkt. Obwohl der Mensch alle möglichen Bedürfnisse hat, wird er sie aufgrund kultureller Sanktionsmechanismen eben nicht alle ausleben. Nachdem die Linke tragende Ordnungsgrößen der Gemeinschaft delegitimierte, vollzieht sich die kulturelle Nivellierung heute nach einem ökonomischen Handlungsprinzip. Es mag zunächst überraschen, wenn der Verfasser die *Marketing-Philosophie* als dieses Prinzip benennt. Die besagte unternehmerische Führungskonzeption wurde während der 50er Jahre in der USA formuliert und danach in Deutschland aufgegriffen. Ihre Handlungsempfehlung an den Unternehmer lautet: »Gehe stets von den offenen oder latenten Bedürfnissen des Verbrauchers aus. Überlege Dir vor der Entwicklung eines Produktes, was die Bedürfnisse der Menschen befriedigt. Gegebenenfalls locke diese Bedürfnisse heraus.« Einen Hersteller industrieller Fertigungsanlagen mag dieser Imperativ durchaus zu gesellschaftlich wünschenswerten Leistungen beflügeln. Insbesondere im Bereich der artifiziellen Medien-Realität weist er jedoch einen Haken auf: Was geschieht, wenn die Masse der Menschen sich nicht an Qualität formen will, sondern den leichtesten Weg geht, der ihr dargeboten wird, und sich am Schund ergötzt? Was wird aus unser Medienum- und Mitwelt, wenn der Konsument im Kern leicht freisetzbare Zerstörungstriebe hegt? Wenn »der Mensch« also nicht im Prinzip sittlich, sondern bloß »als Mensch« doch recht erbärmlich ist? Dann werden diese Eigenschaften als marktlich verwertbare Leistungen entdeckt und medial dargeboten; eigendynamisch schaukeln sich »Bedürfnis« und »Angebot« nach unten. Die kulturelle Formierung einer Gesellschaft, getragen durch Volk, Staat und Religion, ist der Mechanismus zur Konstituierung der konkreten »Würde« des einzelnen Menschen. Wird diese Aufgabe nicht mehr wahrgenommen, dann reüssiert ein TV-Sender wie RTL zum deutschen Marktführer und das putzige Erziehungsprogramm der Toskana-Linken,»Vox«, geht pleite. So geht eine Nation vor die Hunde. In Deutschland konnte einst ein Ferdinand Lassalle vier Stunden lang mit Düsseldorfer Stahlarbeitern über hegelianische Philosophie reden. 1914 stürmten deutsche Soldaten mit dem»Faust«im Tornister in die Schlacht, den sie alle gelesen hatten, wenn nicht gar auswendig konnten. Heute wirkt schon ein»Derrick«von 1976 merkwürdig unglatt angesichts der satisfaktionsadäquaten Produkte der Privaten.

Des»Regime(s) der telekratischen Öffentlichkeit«, das Botho Strauß»die unblutigste Gewaltherrschaft und zugleich de(n) umfassendste(n) Totalitarismus der Geschichte« genannt hat, kann die Linke konzeptuell nicht Herr werden. Als Zerstörerin überindividueller Kulturwerte kann sie nur auf die prinzipielle Vernünftigkeit des Individuums setzen, das durch den Hinweis, daß »RTL-Explosiv« Schund sei, aus freien Stücken zum»Kulturreport« wechselte. Diesbezüglich hat sie sich wohl getäuscht. Der Konservative dagegen hat von jeher die Würde des Menschen als nur in der Partikularität einer kulturellen Identität erlebbar begriffen. Er kann die zu Phrasen degenerierten linken Formeln von Freiheit und Gleichheit an der Wirklichkeit von Linken geschaffener Verhältnisse messen. Hat die Negierung des Nationalen auch nur einen Deut mehr an Freiheit gebracht? Ist der Staat heute wirklich noch der Feind der Freiheit? Hat die Linke nicht verkannt, daß der Mensch in der modernen Massengesellschaft auf viel diffizilere Weise gesteuert, fremdbestimmt ist? Sind wir nun frei, nachdem wir die Lieder unseres Volkes nicht mehr kennen, weil es keine Anlässe mehr gibt, zu denen sie gesungen werden, und keine Institutionen, die sie lehren? Der Wille zur Schaffung eines gemeinschaftlichen kulturellen Bandes ist es, der das konservative Denken mit einer eigenen gesellschaftsgestaltenden Dynamik versieht. Die alltägliche Veräußerung des Inwendigen ekelt fragende Menschen an, veranlaßt sie zum Suchen. Diesen Suchenden ein Hafen zu werden, ist die inhaltliche Herausforderung der Konservativen von heute. Das konservative Denken war stets nur eine Angelegenheit weniger Intellektueller. Durch eine Kulturkritik, die eine andere Sprache spricht als die der Postmoderne, die das wachsende Entbehren von Würde und Ethos mit klaren Begriffen und Bildern beantwortet, besteht nunmehr die Chance, ein Lebensgefühl aufzugreifen und so das gedanklich Erfaßte emotional vermittelbar zu machen.

Das angesprochene Lebensgefühl, das oft in überraschender Weise Kontaktzonen zu »rechten« Grundfiguren bietet, hat sich bereits der weit streuenden modernen Transporteure von Bewußtsein bemächtigt: der Tonträger und Video-Bilder. Jugendkultur zum Beispiel ist heute nicht mehr a priori »linksorientiert«. »Rock'n'roll«, die Jugendmusik der späten 60er und frühen 70er Jahre greift mit ihrem anarchoiden Freiheitspathos ins Leere: Wo es nichts mehr zu zerstören gibt, wird der wertefeindliche Rebell zum Clown. Seit einigen Jahren entwickelt etwa die Techno-Szene eine ganz andere Art von Ästhetik. Der vitalistische Wunsch nach ekstatischer Auflösung paart sich dort mit der Einpassung in die stringenten Formen dieser »Musik«. Es ist eine eigenartig illusionslose Generation, die inmitten telekratisch-beliebiger Verhältnisse nicht mehr an die hohlen Utopien der linken Väter glauben kann. Die zelebrierte Sinnverneinung, welche sich auf den »Raves« (Großveranstaltungen) mit bis zu 50 000 Teilnehmern austobt, gleicht einem Totentanz auf die pseudo-ethische Maskerade einer erkalteten Welt. Wohl ist dieser Weg nötig, um etwas Neues aufzubauen; er wischt die alten Formeln und Fragen hinweg. Etwas unspektakulärer, jedoch nicht minder originell geht es in der »Gothic«-Szene (bei den Damen und Herren in Schwarz) zu. Hier ist man mittlerweile zur Rezeption mittelalterlicher Musik und romantischer Lyrik gelangt. Da offenbart sich unversehens die Sehnsucht nach dem Mystischen, für das in einer Gesellschaft mit dem Charme einer permanenten Verkaufsausstellung kein Platz ist.

Derartige Tendenzen sind nicht nur wegen ihrer ästhetischen Qualität interessant. Sie verdeutlichen einmal mehr, über welche Wege heute Bewußtsein gebildet wird. Wenn das gesellschaftliche »Grundrauschen« (Rolf Peter Sieferle) so laut ist, daß dem Intellektuellen gar nicht mehr zugehört werden kann, so muß er sich der modernen Mittel bedienen, um sich Gehör zu verschaffen. Konzeptionell steht die demokratische Rechte vor einem großen Wagnis: Sie muß sich emotional erfahrbar als die »Partei des echten Lebens« durch Medienmittel darstellen, die hochgradig artifiziell sind. Gleichzeitig gilt es, ein »dionysisches Lebensgefühl«, welches der linksbürgerlichen Selbstreferentialität entfremdet ist und sich gegen die Selbstaufgabe und Würdelosigkeit der pädagogisierenden Aufklärungsobrigkeit erhebt, zu verknüpfen mit der Erkenntnis, daß eine intensivere Art des Seins nur in einer kulturell lebendigen Ordnung möglich ist. Das »massendemokratische« Programm einer jungen Rechten erstrebt eine normorientierte Gesellschaft, die Ansprüche stellt und dadurch reizvoll wird. Eine in Phrasen erstarrte Linke kämpft dagegen nur noch um das nackte Gerüst ihrer Macht, das Wohl der Nationen hat sie längst aus den Augen verloren. Dieses inmitten der globalen Vernetzungs- und Industrialisierungsprozesse zur Geltung zu bringen und zu schützen ist die Herausforderung einer demokratischen Rechten in Deutschland und Europa.

PETER MEIER-BERGFELD

DEUTSCHLAND UND ÖSTERREICH

Über das Hissen der schwarz-rot-goldenen Flagge in Wien

>»Der Österreicher hat ein Vater-
>land – und liebt's
>und hat auch Ursach',
>es zu lieben.«
>Friedrich Schiller, *Wallenstein*

Österreich ist anders. Österreich ist als Staat keine Melange aus goldenem Wiener Herzen, lustigem Tiroler und Steirischem Gamsbart. Österreich ist ein deutscher Sonderfall. Das Land, das nach dem Willen Churchills 1945 mit Bayern zu einem Südstaat zusammengefaßt werden sollte, war noch 1955 (Staatsvertrag) der einzige von fremden Truppen freie Teil des ehemaligen Deutschen Reiches. Es war und ist neutral. So etwas ändert nicht nur die »seelische Temperatur«. In Wahrheit war Österreich immer eine deutsche Möglichkeit. Es könnte es wieder werden.

Niemand hat bis 1945 daran gezweifelt – bis auf ein paar moskauhörige Kommunisten –, daß die Österreicher Deutsche sind. Tatsächlich sprechen sie – germanistisch betrachtet – ost-mittel-baierisch (die Vorarlberger hochalemanisch), sind ethnisch ganz überwiegend Bajuwaren und haben fast 700 Jahre den römisch-deutschen Kaiser gestellt, davon 450 Jahre fast ununterbrochen. 21 der deutschen Kaiser und Könige seit Karl dem Großen bis Franz II. (800–1806) waren Habsburger.

Wien war – im Wechsel mit Prag, Graz, Linz, Innsbruck und Wiener Neustadt – die Haupt- und Residenzstadt dieses Reiches. Die »Ostmark« ist keine Nazi-Erfindung, sondern die »marchia orientalis« des Großen Karl, noch heute gibt es in Wien 21 (Floridsdorf) ganz unschuldig eine Ostmark-Gasse. Das Reich Karls war auch keineswegs – wie Adenauer-Apologeten behaupten –

ungefähr mit dem Territorium der späteren Bundesrepublik Deutschland identisch, sondern reichte von den Pyrenäen bis nach Istrien – wo man heute übrigens, natürlich vergebens, auf Regungen deutschen politischen Machtinteresses wartet. 976 wird der Bayer Heinrich erster Herzog auf österreichischem Gebiet, 1156 die Mark Österreich – durch Kaiser Friedrich Barbarossa – erbliches Herzogtum, 1180 z.B. die Steiermark, Kärnten schon viel früher. Die bayerische Einwanderung – vom 7. bis 13. Jahrhundert – überlagerte eine sehr dünne alpenslawische Bevölkerung, »darunter« lagen Schichten von Provinzialrömern und Kelten – wie überall in Germanien südlich des Limes. 1237 wird Wien Freie Reichsstadt, 1359 beginnt man den Stephansdom – als Passauer Filialkirche – zu bauen. Das Reich endet 1806 – nach dem Verrat der Rheinbundfürsten am Wiener Kaiser. Reichsrechtlich gesehen, ist diese Kronenweglegung bis heute ungültig. 1848 sind 190 der 586 Abgeordneten der Frankfurter Paulskirche »Österreicher«. Ministerpräsident dieses ersten revolutionären deutschen Verfassungsstaates wird der österreichische Ritter Anton von Schmerling, Reichsverweser der steirische Erzherzog Johann. Nach dem Scheitern an der Reaktion beherrscht der Anschlußgedanke weite Teile der österreichischen Politik – lange bevor es Nazis gab. Am 11. 11. 1918 erklärt der Österreichische Nationalrat (»Nationalrat« – weil »Rat der deutschen Nation« in Analogie zu den tschechischen, südslawischen, ungarischen usw. Nationalräten. Nationalrat heißt das österreichische Parlament an der Wiener Ringstraße noch immer.): »Deutschösterreich ist ein Bestandteil der deutschen Republik.« Vice versa scheint Österreich in der Weimarer Reichsverfassung auf, Wien und Berlin sollten abwechselnd Reichshauptstädte sein. Die Alliierten verbieten den Anschluß, Tirol stimmt am 24. 4. 1921 – es gibt noch keine Nazis – mit 98,5 Prozent dafür, Salzburg am 29. Mai mit 99,1 Prozent, der Steiermark wird die Abhaltung einer Abstimmung für den Anschluß unter Androhung einer alliierten Hungerblockade verboten. Noch 1936 lautet die 1.-Mai-Parole der KPÖ: »Für das arbeitende deutsche Volk in Österreich!« Der deutsche sozialdemokratische Reichstagspräsident Paul Löbe erklärt auf dem (Gesamt-)Deutschen Sängerbundfest 1928 in Wien:»Der Anschluß ist nicht eine Sache der Politik, sondern eine Sache des ganzen Volkes. Die überwältigende Mehrheit der Deutschen in Österreich hat sich unaufgefordert zum gemeinsamen Symbol der Farben Schwarz-Rot-Gold bekannt!« 1926 erklärt die österreichische evangelische Kirche den Anschluß an den Deutschen Evangelischen Kirchenbund. Die Dichter und Intellektuellen Hofmannsthal und Rosegger, Hermann Bahr, Hans Kelsen und Othmar Spann haben sich immer als Deutsche gefühlt und bezeichnet. Mit Nazi-Barbarei hat das nichts zu tun.

Die Sozialdemokraten Otto Bauer und Victor Adler als treue Söhne der von Deutschland aus inspirierten österreichischen Sozialdemokratischen Partei haben nie ihr Bekenntnis zum deutschen Volk abgeschwächt. 1964 (am 27. März) titelte »Die Zeit«: »Der Anschluß Österreichs war keine Erfindung der Nazis.«

Der österreichische Bundespräsident Miklas richtete anläßlich der 69. Hauptversammlung des Vereins Deutscher Ingenieure im September 1930 in Wien diese Grußworte an die Teilnehmer: »Aber es ist für uns Deutsche doch eine freudige Genugtuung, feststellen zu können, daß gerade die deutschen Ingenieure und Techniker auch in den großen wissenschaftlichen Aufgaben und technischen Schöpfungen für die Welt vielfach bahnbrechend und führend sind . . . Arbeit wird es für die deutschen Ingenieure genug geben. Auch für den Wiederaufbau unserer beiden deutschen Staaten.« Und der österreichische Bundeskanzler Dollfuß des Ständestaates am Weihnachtsabend 1933 in der Wiener »Reichspost«:»Um so unbegründeter ist der uns gemachte Vorwurf, daß wir uns als österreichische Menschen außerhalb des deutschen Volkstums, ja gegen dieses stellten; wir denken nicht daran; gerade in unserer österreichischen Eigenschaft fühlen wir uns als ein echter Bestandteil deutschen Wesens und deutschen Lebens, und diese österreichische Eigenart zu erhalten, im gesamtdeutschen

197

und europäischen Leben zur Geltung zu bringen, ist uns nationale und Menschenpflicht.« Schon am 11. September 1933 hatte Dollfuß beim Generalappell der »Vaterländischen Front« in der Donaumetropole ausgerufen: »Daß wir diesem deutschen Volk ehrlich und treu dienen wollen, das erklären wir hier. Wir wollen die guten Charaktereigenschaften des deutschen Volkes pflegen, wir wollen die dem Deutschtum eigene Mannigfaltigkeit zur Einheit führen und wollen die Tugenden der Ehrlichkeit und der deutschen Treue in unserer Heimat pflegen!« Österreich wollte – als zweiter deutscher Staat, so steht es auch wörtlich in der Verfassung von 1934 – der bessere deutsche Staat sein. Bundeskanzler Kurt von Schuschnigg – Dollfuß war 1934 von Nazis erschossen worden – bekräftigte am 20. Januar 1935 in Salzburg (erst seit 1816 österreichisch, vormals mit dem Primas Germaniae Reichsfürstentum, kurzzeitig bayerisch): »Jedermann weiß, daß Österreich ein deutsches Land ist, sich seines Deutschtums niemals schämte und seinen Ehrgeiz dareinsetzte, für die Interessen deutschen Geistes und deutscher Kultur mit in der vordersten Linie zu stehen . . . Man wird niemals den deutschen Geist und die deutsche Kultur Österreichs überwinden und verdunkeln können.«

1945 hat man es versucht. Insoweit ist Hitler der Schöpfer der österreichischen Nation. (Soll diese Schöpfung Hitlers sakrosankt sein?) Aber die österreichische Nation ist auch eine Schöpfung Stalins. Stalin ließ seine Alliierten 1943 in der »Moskauer Deklaration« einen Appell an die Österreicher mitunterschreiben, diese würden, wollten sie eigene Anstrengungen machen, sich von der Naziherrschaft zu befreien, als »erstes Opfer Hitlers« betrachtet. (Obwohl der Anschluß Österreichs 1938 völkerrechtlich gültig zustande kam und auch von der Sowjetunion anerkannt worden war – wie von fast allen Staaten der Welt. Übrigens kam mit dem Anschluß die Rentenversicherung für Arbeiter nach Österreich. Vorher gab es das nicht. Plötzlich hatten Österreicher Rentenansprüche, ohne je in deutsche Rentenkassen eingezahlt zu haben – ähnlich den Flüchtlingen aus der DDR bis 1989 in Westdeutschland.

Es kam auch die Ehescheidungsmöglichkeit.) Die Moskauer Deklaration war eine historische Lüge und ein kriegsbedingter, taktisch gemeinter Aufruf. Die Österreicher nahmen ihn 1945 zum Nennwert, hielten ihn fest und richteten sich in dieser Legende ein. Sie wurden so am Ende die Russen los. Da kann man die »kleine Lüge« verstehen.

Ganz konnte das Unternehmen aber nicht gelingen. Noch 1993 bezeichnen sich 20 Prozent der Bevölkerung der Republik Österreich (nach Umfragen des Wiener Fessel-Instituts) als Angehörige der deutschen Nation, 1956 waren es noch weit über 50 Prozent. (Der Schulunterricht hat seine Wirkung getan.) Es gibt keinen Nachbarstaat Deutschlands mit einem ähnlich hohen Bekenntnis der Bewohner zum deutschen Volk. Es gibt außer der FPÖ, der Freiheitlichen Partei Österreichs, (und der Südtiroler Volkspartei) keine Partei der Welt - außerhalb Deutschlands -, die ein »Bekenntnis zur deutschen Kultur- und Volksgemeinschaft« im Programm hat. Der FPÖ-Vorsitzende Jörg Haider bezeichnete 1988 die österreichische Nation als »ideologische Mißgeburt« - historisch mit vollem Recht.

Günther Nenning, alter Sozialist, bekennt (in: »Die Nation kommt wieder«, Osnabrück 1990): »Die deutschen Gefühle in Österreich haben nicht erst mit Hitler begonnen und sind nach ihm nicht zu Ende - dies wird sich bald zeigen« (Seite 124) und auf Seite 128: »Die Annahme, daß alle Deutschgefühle in Österreich tot sind auf immer, ist ein Wunschtraum der Österreich-Ideologen, und nicht einmal ein schöner.«

Der Österreichische Amtskalender 1993/94 führt im Ortsverzeichnis 28 Ortsnamen mit der ersten Silbe »Deutsch-« an (etwa Deutschkreutz, wo 1989 600 Menschen den Sperrzaun in Ungarn durchbrachen, das Kreuz der Deutschen abwarfen, die erste Massenflucht seit dem Bau der Mauer, der Anfang vom Ende des Ostblocks), 28mal beginnt der Ortsname mit »Baiern-« (zweimal mit »Bayern-«; »Windisch-« findet sich - als Bezeichnung für slawische Besiedlung im Süden - 21mal).

Österreich müßte seine ganze Kultur verleugnen, wollte es seine deutsche Eigenart bestreiten. In Villach an der Stadtpfarrkirche ruft eine Tafel zum Eintreten »für das Deutschtum« auf. Die Kärntner haben 1994 den 10. Oktober zum Landesfeiertag erhoben, in dankbarer Erinnerung an den Abwehrkampf gegen Jugoslawien (10. Oktober 1920: Abstimmungssieg der Deutsch-Kärntner und Windischen für den Verbleib bei Österreich), eine Volksbewegung, die in Deutschland ganz unvorstellbar ist: Es müßte etwa Nordrhein-Westfalen – diese alliierte Kunstschöpfung – einen Feiertag für den oberschlesischen Abwehrkampf 1921 auf dem Annaberg fordern. Wie weit binnendeutsche und österreichische Zustände voneinander entfernt sind, erhellt allein dieses Beispiel. Deutsche »Spuren« finden sich Tausende in Österreich. In Radkersburg (an der Grenze zu Slowenien in Steiermark) verkündet eine Tafel am Rathaus, daß man 1920 »endlich wieder deutsch und frei« geworden sei. Auf dem Heldenplatz in Wien steht das Denkmal Erzherzog Karls, des Siegers von Aspern, mit der Aufschrift »Dem Vorkämpfer deutscher Ehre«. Am 3. Oktober 1990, dem Tag der Einigung zum »kleinsten Deutschland, das es je gab« (US-Botschafter Vernon Walthers in Bonn), ließ der Wiener sozialistische Bürgermeister Helmut Zilk die schwarz-rot-goldene Flagge am Wiener Rathaus aufziehen. Proteste der Wiener Jungsozialisten fertigte er kurz ab: »Lernt's erst einmal Geschichte, Burschen!« Er weiß, daß 1848 ganz Wien in ein Meer von schwarz-rot-goldenen Fahnen getaucht war. (Robert Blum war dabei.) Bundeskanzler Kreisky, als Deutsch-Mährer hat er sich immer gesehen, wußte: »National bedeutet in Österreich noch immer deutsch-national«, und der Vorsitzender der SPÖ, Bruno Pittermann, bekannte noch 1964 vor dem Bund Sozialistischer Akademiker: »Auf die Frage, ob wir Deutsche oder Österreicher sind, wird die Mehrheit der Österreicher wie 1918 antworten: Deutsche Österreicher . . .« Das alles paßte nicht zum antideutschen Gehalt des Staatsvertrages von 1955, der übrigens streng genommen den Beitritt Österreichs auch zur EU verbietet. Es stand aber in der –

heute verlegen beschwiegenen – Tradition der Leitfigur der österreichischen Linken, Friedrich Adlers nämlich (Sohn des Parteigründers Victor Adler), des Mörders des k.u.k. Ministerpräsidenten Stürgkh (1916), der 1946 in London darauf bestand:»Wenn die ebenso reaktionäre wie widerliche Utopie einer österreichischen Nation Wahrheit würde und ich gezwungen wäre, zwischen ihr und der deutschen zu wählen, würde ich mich für jene entscheiden, in der Goethes ›Faust‹, Freiligraths revolutionäre Gedichte und die Schriften von Marx, Engels und Lassalle nicht zur ausländischen Literatur gehören.«

Und nicht nur die Linke, auch der gläubige Katholik ist noch nicht völlig von der deutsch-österreichischen Trennung auf ewig überzeugt. Nimmt er nämlich am Sonntag sein Gesangbuch, das »Gotteslob«, zur Hand, so stellt er fest, daß es für die deutschen und österreichischen Bistümer gilt, daneben für Bozen-Brixen (Südtirol) und Lüttich (Deutsch-Belgien). Und wer heute in Wien deutsche Geschichte studiert, in der Tradition des Großdeutschen Heinrich Ritter von Srbik, kann auf den Professor Lothar Höbelt stoßen, der als österreichischer Staatsbürger – ganz selbstverständlich – von »wir Deutschen« spricht.

Österreich gehört dazu, trotz der verzweifelten Abgrenzungsversuche vieler Wiener Politiker, die zwar immer zum deutschen Botschafter Jenninger laufen, um – im stillen – deutsche Unterstützung zu erhalten (etwa für den EU-Beitritt), aber stets betonen, »Österreich als junge Nation« habe ansonsten nichts mit Deutschland zu tun. 1996 wird man es wieder sehen: Ganz Österreich feiert das 1000jährige »ostarrichi« – das ist allerdings in einer Schenkungsurkunde aus Freising erstmals erwähnt, und das sogenannte privilegium maius, die Urkunde aus 1358, die die angebliche Ausnahmestellung Österreichs im Reich begründet, ist spätestens seit 1852 als komplette Fälschung bekannt.

Dennoch haben alle diese Halbwahrheiten und Ganzlügen etwas Positives erzeugt: Österreich ist – zwar durch eine Legende, aber eben doch – nach 1945/55 ein Vorbild an Etatismus, an innerer Stabilität und unangekränkelter Hoheitlichkeit geworden, an die der westdeutsche Staat – seit 1968 zumindest – nicht mehr heranreichte. Mit einem Wort: Die Jahre der Entpflichtung, die Orgien der Libertinage, das unablässige Hissen der weißen Flagge (unter der Feigheitsparole von der »Verhältnismäßigkeit der Mittel«), die Duldung rechtsfreier Räume, die Förderung revolutionärer Nischen in den Universitäten, die Verächtlichmachung des Staates, die mediale und demonstrative Verhöhnung seiner Werte und Repräsentanten, die Bacchanalien des Selbsthasses, die Vorstadien des Bürgerkrieges, der Kampf ausländischer politischer Banden auf deutschem Territorium, alles das hat Österreich nie gesehen und hätte es nie geduldet. Eine Demonstration unter dem Transparent »Österreich, verrecke!« ist ganz und gar undenkbar in Österreich.

Österreich ist ein Staat. Er läßt seiner nicht spotten. Österreich ist in seinem Kern nicht liberal, sondern etatistisch. Und wenn es stimmt, daß am Liberalismus die Völker zugrundegehen, wird Österreich ewig stehen. Man kann das durchprüfen anhand der »harten Institutionen« der Republik Österreich. Die Polizei genießt Achtung und scheuen Respekt. Sie greift durch. Hafenstraßen gibt es in Österreich nicht. Die österreichische Polizei hat für Querulanten und Provokateure ein »Wegweisungsrecht«. »Freie Entfaltung der Persönlichkeit« auf Kosten der öffentlichen Ordnung, Ruhe und Sicherheit existiert hier nicht. Eine Werbung für den Polizistenberuf, also für die Ausübung von Staatsautorität, mit dem Slogan »Wer clever ist, kommt zu uns« (so 1992 in Nordrhein-Westfalen), würde in Österreich als das bezeichnet, was es ist: eine Obszönität. Die österreichischen Verwaltungsbehörden können Haftstrafen aussprechen, Richter braucht es dazu nicht. Insoweit hat Österreich die Europäische Menschenrechtskonvention (EMK) nur mit einem diesbezüglichen Vorbehalt ratifiziert. Der Staat ist mehr als die Summe der Einzelpersonen. Den absoluten Vorrang der Einzelrechte gegenüber den Gemeinschaftsrechten – wie in Deutschland – gibt es nicht. Österreichische Haftanstalten sind kein Vergnügen, Hafturlaube selten, die Strafen lang. Vor einigen Jahren noch gab es – am Jahrestag der Missetat – ein »hartes Lager« und Zwangsfasten. Der Staat ist rauh zu Rechtsbrechern, der Angeklagte wird auch als Angeklagter angesprochen, er steht tatsächlich vor seinen Richtern, die auch die Ordnungspolizei der Sitzung straff handhaben. Linke Anwälte gibt es nicht, der österreichische Anwalt begreift sich noch als Organ der Rechtspflege. Österreichs Kriminalitätsrate ist niedrig, 1993 ist sie weiter gesunken. Das österreichische Bundesheer zieht alle tauglichen Männer bis zum 35. Lebensjahr ein (in Deutschland bis zum 25. Lebensjahr), die Ausbildung ist drillmäßig-hart. Das österreichische Bundesheer patrouilliert an den Grenzen, um illegale Einwanderer abzufangen. Ein sinnvoller und von der Bevölkerung dankbar begrüßter Einsatz. (Man vergleiche die deutsche Diskussion dazu.) Das Bundesheer stellt im übrigen seit Jahrzehnten Blauhelme in – für Österreich – großer Zahl (bisher: 33 000 Mann), aber nur dann, wenn der österreichische Staat den Einsatz für opportun hält. Es hat bei diesen Einsätzen Tote gegeben, eine pazifistische Hysterie ist dabei aber nicht ausgebrochen. Soldaten dürfen in Österreich nicht als »Mörder« bezeichnet werden. Der Österreichische Kameradschaftsbund (Symbol: das Eiserne Kreuz) ehrt – stets mit öffentlicher und staatlicher Unterstützung – das Andenken aller gefallenen Soldaten, auch der norddeutschen Kameraden, selbstverständlich auch der Waffen-SS, für die Adenauer und Schumacher (lang ist's her) einst Ehrenerklärungen abgaben. Äußerst bezeichnend für die Selbstverständlichkeit der soldatischen Ehrbegriffe in Österreich und die schmähliche Kriecherei in Deutschland ist das Geschehen um ein (vom Österreichischen Schwarzen Kreuz und dem Österreichischen Kameradschaftsbund) geplantes Denkmal für die Gefallenen in Stalingrad (heute Wolgograd). Selbstverständlich sollte da der gefallenen Soldaten »aus Deutschland und Österreich« (»und allen anderen Nationen«) gedacht werden. Es war die Deutsche Kriegsgräberfürsorge, die verlangte, das Wort »Deutschland« zu streichen. Der »Spiegel« (Nr. 11/94) berichtete es hämisch. Der Wiener Bürgermeister Zilk dagegen, Vorsitzender des Komitees »50 Jahre Stalingrad«, erklärte im Wiener Gemeinderat, gegen das Denkmal spreche sich nur der »Spiegel« aus und »die letzte kommunistische Zeitung Wolgograds«. Als er nur dünnen Pflichtbeifall der Sozialdemokraten im Gemeinderat – seiner eigenen Fraktion – bekam, beklagte er sich, seine politische Freunde hätten »wohl ein bisserl geschlafen. Das kommt ja bei euch auch vor.«

Österreich hat noch nicht den Status Deutschlands, des wohl zivilsten Staates der Welt, der unablässig den Nonsens verkündet, Gewalt sei kein Mittel der Politik, obwohl gerade Deutschland es war, das die letzte noch bestehende, durch totalitäre Gewalt geschaffene Grenze »anerkannt« hat, die Oder-Neisse-Grenze, das Werk Stalins. Es wird einmal gewürdigt werden, daß Deutschland der erste freie Staat nach 1945 war, der, 1990, eine durch Gewalt gezogene Grenze durch sein angestammtes Staatsgebiet sanktioniert hat. Da ist in Wirklichkeit die Büchse der Pandorra geöffnet worden – auch für den Balkan, wo man – es ging ja um fremde Interessen – die neuen Staaten eilfertig anerkannt hat, ohne jetzt auch nur den Hauch einer Balkanpolitik nachzuliefern.

Österreich ist nicht durchpazifiziert, das kann man am – auch gewaltsamen – Eintreten der Nordtiroler für Südtirol erkennen. (Viele sind dafür in Italien zum Tode verurteilt worden.) Vergleichbar gewesen wären etwa Bombenanschläge von Oberschlesiern in Breslau. Undenkbar.

Ein Beispiel für die etatistische Auffassung von Staatsinstitutionen ist auch die Regelung der Wehrdienstverweigerung in Österreich. Bis kurz nach der Musterung kann der junge Österreicher den Wehrdienst verweigern. Dann nie mehr. Es gibt dann auch keinen privaten Waffenschein mehr, der Verweigerer ist wehrunwürdig. Totalverweigerung des Dienstes am Staat wird mit Gefängnis bestraft. Das Problem der Wehrdienstverweigerung hat man marktwirtschaftlich-elegant gelöst: Je mehr Verweigerer es in einem bestimmten Zeitraum gibt, desto länger für alle der Ersatzdienst. Für den deutschen liberalen Individualisten, der auf sein Grundrecht pocht, ganz unvorstellbar: Der Österreicher wird in eine kollektive Haftung gegenüber der Gemeinschaft genommen. Der Ausmarsch der jungen Leutnante (immer im September) aus der Maria-Theresianischen Militärakademie in Wiener Neustadt ist eine würdige und feierliche Angelegenheit – in Anwesenheit des Herrn Bundespräsidenten –, der – in Krieg und Frieden – Oberbefehlshaber ist. Das Bundesheer dient auch »zur Aufrechterhaltung der Ordnung und Sicherheit im Innern«.

Der österreichische Bundespräsident – gewählt nach der Verfassung von 1929 als »Ersatzkaiser« vom Volk – ernennt und entläßt die Bundesregierung. Kein Mitglied der Bundesregierung – auch nicht der Kanzler – ist vom Parlament gewählt. Im Bundespräsidenten manifestiert sich die Homogenität des Staates, die für eine Demokratie ganz unerläßlich ist. Er kann Strafverfahren schon im Ansatz niederschlagen. Die Österreicher haben sich in der Causa Waldheim, dieser Verleumdungskampagne, auch von niemanden vorschreiben lassen, wen sie wählen sollten. (Der deutsche Waldheim heißt Filbinger. Sein Ende ist bekannt. Und die Fälle Jenninger oder Heitmann hätte es in Österreich auch nicht gegeben. Österreich hat einen Instinkt für die Menschenrechtsrhetorik interessierter Kreise.) In Österreich ist die Staatspraxis schon auf Konsens angelegt, absolutes Ausleben der eigenen Ansprüche ist suspekt, spätestens seit dem Bürgerkrieg von 1934. In Österreichs Länderregierung sind alle Parteien der Landtage (bis auf Vorarlberg) vertreten. Eine Sache um ihrer selbst willen tun, das ist hier nicht möglich. Das verhindert Extremismus und trägt zur Einheit des Volkes bei. Die Verfassung ist nicht in einem Kodex niedergelegt, ihre Bestandteile gehen bis 1862, zu Kaiser Franz Joseph, zurück, sie ist lang und dunkel. Niemand weiß ganz genau, was Grundrechte sind und was doch nicht. Die Parteien des Österreichischen Nationalrates können ein Gesetz mit Zweidrittel-Mehr-

205

heit zum Verfassungsgesetz erheben, dann gibt es keinerlei Annullierungsmöglichkeit mehr durch die Höchstrichter. Das heißt, Österreichs Politiker sind nicht einer schier endlosen Rechtsmittelprozedur ausgeliefert. Die Deutschen, die tatsächlich an die »rule of law«, diese amerikanische Rhetorikfloskel, haben glauben müssen, durch lange Jahre der »Umerziehung« (Schrenck-Notzing), hören es wohl mit Staunen: Politik ist in Österreich nicht nur in Gesetze gefaßte Juristerei; sie hat ein Eigenes.

Österreich ist (noch?) neutral. Das hat ihm die vollständige Atomisierung seines Staatsverbandes, die Auflösung in einen auftrumpfenden Liberalismus angeblich westlich aufklärerischer Provenienz erspart. Die hypertrophen Blüten eines humanitaristischen Universalismus haben hier keinen Nährboden. Noch immer erzieht die – viel festere – Familie zur Einordnung, die Singleisierung ist noch nicht so weit wie in Deutschland fortgeschritten. Die Therapiegesellschaft, die schnelle Versuchung, die Lebensbewältigung an die encounter-group abzugeben, ist unbekannt. Die bewußte Verhäßlichung des Menschen, die Ratte auf der Schulter, die gewollte ästhetische Anstößigkeit, um die Mitwelt zu ärgern, sie hat keine Chance in diesem »Volk, begnadet für das Schöne«. Der Österreicher ist übrigens auch leiser als der Deutsche. Er spielt sich nicht gern in den Vordergrund. »Boosting« gilt als unfein. Die Emanzipation der Frau ist noch nicht zum Dauerkrieg der Geschlechter entartet, die österreichische Frau flirtet noch und läßt sich noch in den Mantel helfen. Das Quotengeschrei ist sehr gedämpft. (Wobei man in Deutschland gespannt sein darf, wann die Quotenfeministin konsequenter- und ausländerfreundlicherweise auch für die Quote der muslimischen, frauenfeindlichen Fundamentalisten-Männer eintritt.) Eine Abgeordnete der Sozialdemokratie in Wien, die – im Wind des deutschen Zeitgeistes – entdeckte, sie sei – vor sechs Jahren! – vom Genossen Sozialminister Hesoun »begrapscht« worden, hat sich für diesen Ausflug in deutsch-feministische Gefilde entschuldigt. Die Partei - noch immer Männerbund - hat sie fallengelassen.

Österreich hat sich den 68er-Kulturbruch erspart; 68, das ist in Deutschland die konsequente Absage an Pflicht, Staat, Institution, Gemeinschaft, an »die haltenden Mächte« (Arnold Gehlen) gewesen zugunsten eines zersetzenden, alles durchsetzenden Individualismus und Liberalismus, der von der Ehe bis zur Bundeswehr (»Postkartenlösung«) »allem, was noch irgendwie steht, das Mark aus den Knochen geblasen hat« (Gehlen). Dieser Kelch ist an der österreichischen Gesellschaft vorübergegangen: Ehebruch ist noch strafbar, Wehrdienstverweigerung kein Grundrecht, in jedem Gerichtssaal hängt noch ein Kruzifix, Graffiti in den Innenstädten sind weitgehend unbekannt. Gelegentlich (etwa in Graz, unweit der Studentenkneipe »Zur Wartburg«, wo die Burschenschafter zechen) sieht man eine Aufschrift, die allerdings dann sehr »undeutsch« ist: »Warum sind Emanzen immer so häßlich?« Das pays réel gibt es noch, Leserbriefe sagen in Deutschland Unsagbares, die Meinung geht noch nicht von der Meinungsindustrie aus. Die political correctness-Zensur ist noch sehr sanft. Die Schüler machen - nach acht Jahren - ein allgemeinbildendes Abitur (noch ohne den Unfug einer deutschen Oberstufenreform), die Universitäten kennen keinen Numerus clausus, und bei den Promotionsfeiern (alle Professoren im Talar) stehen die Korporierten als Ehrenwache im Vollwichs neben Seiner Magnifizenz. Der wiederum hält seine Ansprache im Angesicht einer lebensgroßen Büste des Kaisers Franz Joseph (etwa in der Technischen Universität Graz). Formen (bis zu den Grußformen: »Habe die Ehre!« - der Deutsche denkt dabei an Barschels Ehrenwort), Rituale, Initiationsriten gliedern und strukturieren die Gesellschaft, formen sie noch zur Gemeinschaft. Der deutsche Jesuslatschenträger, der sich nach 68 seine schmucklose Promotionsurkunde (in Österreich in lateinischer Sprache) bei der Poststelle der Uni abholte, weiß gar nicht, um wieviel seelische Nahrung er sich gebracht hat.

207

Bei einer Akademischen Feier in Österreich stellt der promovierende Professor seine Studenten dem festlich versammelten Publikum einzeln vor, erzählt etwas aus ihrer Lebens- und Bildungsgeschichte (der Deutsche denkt nur »Datenschutz«), um ihnen dann den feierlichen Eid auf Wahrheit und Wissenschaft abzunehmen. Undenkbar in den ruinierten deutschen Ausbildungsfabriken.

Der Österreicher hat seelischen Instinkt für Formen. Er achtet die Tradition, weil sie Nahrung fürs Gemüt ist (das klingt im deutschen Binnenraum fast schon lächerlich). Ein schönes Beispiel ist der Umgang mit identitätsstiftenden Symbolen. Der rot-grüne Landesrundfunk (Lea Rosh) in Niedersachsen hat sich vor einiger Zeit verächtlich gegen das Niedersachsenlied ausgesprochen (»Sturmfest und erdverwachsen«), das sei nun wirklich das letzte, es solle nicht mehr gespielt werden. In Österreich haben grüne und linke Politiker ebenfalls versucht, die Tiroler Landeshymne, das Andreas-Hofer-Lied, ins spöttische Gerede zu bringen. Ganz ohne Erfolg. Alle Maßgeblichen einschließlich der Sozialisten sind nach wie vor der Meinung, das »Gott sei mit Euch, dem verrat'nen Deutschen Reich – und mit dem Land Tirol!« wolle man weiter aus voller Kehle singen – aus Respekt vor Überlieferung und Bindekraft des alten Freiheitsliedes. Die aus Deutschland hereinschwappende Emanzipationswelle, der Unfug der political correctness, verführte auch in Österreich einige Politikerinnen dazu, gegen die österreichische Bundeshymne zu polemisieren. (Nationalhymne heißt sie wohlweislich nicht.) Das »Heimat bist du großer Söhne« berücksichtige die Frauen nicht. Der Justizsprecher der FPÖ erklärte dazu: Die österreichische Bundeshymne sei »das Werk einer großen österreichischen Dichterin (Paula von Préradović), welche eine einigende Symbolfigur aller Österreicher darstellt«. Und er verlangte »mehr Respekt vor dem Werk«. Ist das in Deutschland denkbar, wenn es um die Verteidigung Hoffmann von Fallerslebens geht? Ironischerweise kommen ja im »Lied der Deutschen« – wohl einzig auf der Welt – die »deutschen Frauen«

vor, allerdings in der zweiten Strophe, die, wie die erste, Bundeskanzler Kohl vor einiger Zeit schon als Teil der Nationalhymne ausgeschieden hat (gegen Heuss und Adenauer). In Österreich kann ein langgedienter Sozialist und Nationalratsabgeordneter sagen, nicht nur in seiner Partei komme »der falsche Frauentyp in Spitzenpositionen«. Entweder gehe es dabei um »Karrieren nach gescheiterten Ehen oder gescheiterten Bildungswegen«. Daß die Frauenmoral, immer eine des Schutzes, des Kindes, der Geborgenheit, also der Familie, mit der des Staates inkompatibel ist, darf man in Österreich noch sagen. Und daß die Ideale des Staates nicht die des Eigenheims sein können, stößt in Deutschland, wo der Kanzler glaubt, der Staat sei so etwas wie eine größere »Famillje«, auf Unverständnis, obwohl es Arnold Gehlen gesagt hat (in: »Moral und Hypermoral«). Der Staat aber muß – im Extremfall – vom Leben seiner Söhne als Soldaten zehren; das kann keine Frauenmoral billigen. Sich die Staatsmoral als erweiterte Familienmoral zurechtzuschustern, das bedeutet aber das Ende des Staates. Dieses Ende ist dann gekommen, wenn sich der junge Wehrpflichtige am Kasernentor mit seinem Baby auf dem Arm meldet. Oder wenn in Kriegergedenkstätten Büsten trauernder Mütter mit Kind aufgestellt werden. Wer das tut, verwirkt moralisch das ius belli, das zum Staat gehört.

In dieser Position ist Österreich nicht. Es ist teilweise vormodern, die Bundesrepublik Deutschland (alt)postmodern, die DDR war semi-modern. Deshalb kann die bundesdeutsche Politik von den noch nicht verzehrten, vormodernen Staatsqualitäten Österreichs lernen, etwa im so symbolischen Bereich des ehelichen Namensrechts, in der ins Wort gefaßten Gemeinschaftsinstitution also, die gerade das Atomistisch-Individuelle überwindet.

In Österreich (und in der Schweiz und Liechtenstein, im Raum des Alten Reiches also) gilt der Name des Mannes als Familienname, wenn sich die Eheleute nicht über die – neuerdings zugestandenen – anderen Möglichkeiten einigen können (Doppelname, Name der Frau). 1993 haben sich in Österreich nur drei Prozent der Ehepaare auf den Namen der Frau geeinigt. Da muß doch was zu machen sein. Der linksliberale Zeitgeist, in Österreich durch das»Spiegel«-Imitat»profil« vertreten, nahm sich der Sache an. Man repariert eben in diesen Zeitgeistgefilden immer gern, was nicht kaputt ist. Erster Satz im Artikel über das»reaktionäre« österreichische Namensrecht für Eheleute (profil 8/94):»Bis 1848 durften Juden nur aus 109 männlichen und 35 weiblichen Namen wählen.« Das ist deutsch. Mit anderen Worten: Wer für das herkömmliche Namensrecht ist, ist Antisemit. Gott sei Dank laufen diese deutschen Narreteien in Österreich ins Leere. Das österreichische Verfassungsgericht erkannte: Die Eheschließung sei ein derart einschneidender Akt, daß der Staat das Recht habe, daran namensrechtliche Konsequenzen zu knüpfen. Wer dem nicht folgen wolle, solle eben nicht heiraten. Tue man es trotzdem, so lege der Staat fest, der Mannesname sei nun Familienname. Das sei keine Bevorzugung des Mannes, sondern»die Bedachtnahme auf die erfahrungsgemäß im Einzelfall vorliegenden tatsächlichen Gegebenheiten«. Basta! Erfahrung, Tatsachen, Hausverstand, Abweisung querulatorischen Individualismus, das»Normale«, das noch nicht hinwegdiskutiert worden ist, das bestimmt in Österreich die Rechts- und Staatssphäre. Natürlich sind auch Probleme der Genealogie, der historischen Namensforschung, ja, der Heraldik in Österreich in diesem Zusammenhang diskutiert worden. Das geht nur da, wo der Gedanke an den Zusammenhang der Generationen, die Generationenfolge, die Kontingenz und Tradition einer namentlich bestimmten und abgrenzbaren Schicksalsgemeinschaft noch lebendig ist. Im Fellachentum der reinen individualistischen Gegenwärtigkeit geht das nicht. Insoweit ist im österreichischen Staat etwas genuin Konservatives, denn der Staat, sagt Burke, ist»eine Gemeinschaft zwischen denen, welche leben, denen, welche gelebt haben, und denen, welche noch leben sollen« (Burke in seinen»Reflections«). Und Panajotis Kondylis beschreibt das bundesdeutsche politische Lebensgefühl in seiner Schrift»Der Niedergang der bürgerlichen Denk- und Lebensform. Die liberale Moderne und die massendemokratische Postmoderne« (Weinheim 1991) so:»Die Zeit wird weitgehend ausgemerzt, und bestimmend bleibt allein die räumliche Vorstellung von der ebenen Fläche, auf der die pluralistischen Kombinationen stattfinden.« Er beklagt die»Loslösung massendemokratischer Mentalität von der zeitlichen Dimension und der Geschichte«.

Ganz anders die deutschen Staats- und Rechtssphäre eben auch im Namensrecht der Eheleute. In Deutschland - so das Bundesverfassungsgericht - verstößt die österreichische Regelung gegen das Grundgesetz. Natürlich.

In Österreich ist die Kirche noch im Dorf. Das Land ist ja auch viel weniger urban-großstädtisch, bis auf Wien, und viel dünner besiedelt. Der Österreichische Bauernbund, also das Patriarchalisch-Erdgebundene, hat noch - über die Österreichische Volkspartei (ÖVP) - großen Einfluß. In St. Pölten gibt es einen Bischof, Kurt Krenn, der den»Reaktionär« Dyba in Fulda in einen ganz schwarzen Schatten stellt:»Niemand kann sich eine Privatkirche zimmern. Ich bin der Lehrer des Glaubens und der Sitten in meiner Diözese. Und von diesem Amt desertiere ich nicht!«

Mit einem Wort: Österreich als unterkapitalisiertes Land ist wirtschaftlich noch nicht an den Weltmarkt angeschlossen (das Geld ist das Universalste überhaupt), ist zum Teil noch autark, ist politisch parternalistisch-vormodern organisiert (Klientelwesen, hohe Parteimitgliedschaftsdichte), mehr gemeinschaftlich als individuell, mehr etatistisch als gesellschaftlich (eine Volkszählung ist problemlos durchzuführen, niemand skandalisiert das), eher ständisch als liberal, eher repressiv als permissiv, eher stabil als mobil, eher auf der Seite des Leviathan als auf der des Behemoth verortet. Mit einem Wort: Der Österreicher ist duldsam als Mensch, lebt aber nicht in einer liberalistischen Ordnung.

Warum ist das so? Das ist einfach zu beantworten: Es gab in Österreich keine Umerziehung (»Gehirnwäsche«, Caspar von Schrenck-Notzing), weil es keine Kollektivschuldzumutung gab, weil es die Legende gab, man sei das erste Opfer Hitlers gewesen. Diese Lüge macht es möglich, den Lawinen der Nachfolgelügen auszuweichen. »Alle Welt«, sagt Johannes Gross, »will vom deutschen Schuldkapital leben – und von den Zinsen obendrein.« Das ging nicht mit Österreich (siehe »Moskauer Deklaration«). Es gab und gibt also in Österreich keinen nationalen Selbsthaß (laut neusten Umfragen – 1994 – mag der Österreicher vor allem – Österreicher), keine narzißtische Kränkung, keine Überidentifikation mit den Siegern, weil man sich – offiziell – selber halb zu den Siegern zählte. Das hat es in Österreich möglich gemacht, der Vernichtung der Staatstugenden zu entgehen, die psychische und tatsächliche Desarmierung zu vermeiden. Der österreichische Grantler ist kein Nationalmasochist. Österreich hat die ganz normale Erkenntnis noch nicht verdrängt und eben auch nicht verdrängt bekommen: Zieht man vom Rechtsstaat das Recht ab, so bleibt doch der Staat, das weltliche Regiment zur hoheitlichen Ordnung der gemeinschaftlichen Aufgaben eines (Teil-)Volkes, das der Integration und Identität bedarf. Der Staat Hitlers hat Staatstugenden gebraucht (und mißbraucht und verbraucht), die jeder Staat braucht: Tapferkeit, Rechtschaffenheit, Pflichterfüllung, Diensttreue, Wachsamkeit, Ehre, Überwindung des inneren Schweinehundes, Ehrfurcht, Opfermut, Altruismus. Das ganze Geheimnis der deutschen Politik ist ja der Köhlerglaube, man müsse nur alles um 180 Grad anders als Hitler machen, dann sei es schon gut und richtig. Da die Österreicher – mit Glück und List – diesen »Hitler-Komplex« (Arno Plack, Hitlers langer Schatten, Langen Müller 1993) vermieden haben, haben sie sich Staat und Gemeinschaft mit ihren Vätern und Selbstachtung und Hausverstand gerettet. Gewiß, Österreich ist nicht quasi Sparta, aber es ist auch noch nicht in den planetarischen Hellenismus eingetaucht. Es ist Athen, freilich auch schon nach dem Verlust des Peleponnesischen Krieges, aber noch vor der griechischen Verfallszeit. Und schön strahlt sein Parlament, der antikisierende Bau mit der Pallas Athene davor an der Wiener Ringstraße. Darin Demosthenes- und Cäsar-Büsten neben der Rostra im Saal der »im Reichsrat vertretenen Kronen und Länder«. Die österreichischen Parlamentarier bewahren dieses Kleinod. Man vergleiche damit die – wie bezeichnend! – weißgestrichene Pädagogische Akademie in Bonn, deren geringen Traditionsteil, den Plenarsaal, den die deutschen Abgeordneten abreißen ließen, um sich in ein amerikanisiertes Glashaus zu setzen, in dem die Lautsprecheranlage nicht klappt. (Man hört die Stimme der Tradition nicht!) Es wäre für einen Österreicher auch undenkbar gewesen, nach der Aufhebung der Besatzungszonen 1955 Wien als Hauptstadt in Frage zu stellen oder das Parlamentsgebäude von Christo einpacken zu lassen. Der deutsche »Verfassungspatriotismus« hat in einem Land mit einem wirklichen Patriotismus keine Chance. Die deutsche »Funktionalisierung der Verfassung als politische Ethik oder vielmehr als Ethikersatz« (Ulrich K. Preuß 1978) ist ja tatsächlich »eine sehr eigenartige Erscheinung, die im Vergleich zur Verfassungsentwicklung der westeuropäischen Staaten einen Ausnahmecharakter hat«. Felix Austria hat das nicht mitgemacht. Österreich hat insoweit – nicht mehr in der Außenpolitik natürlich – das genuin Politische noch bewahrt, die Unterscheidung zwischen Eigenem und Fremdem, »wir« und »die«, die discriminatio zwischen Bürger und Fremdem. Das zeigt sich am besten in der Ausländerpolitik Österreichs, wo innen und außen zusammenstoßen. In Österreich ist die »Fremdenpolizei« dafür zuständig, ein ehrliches Wort, das den bundesdeutschen »Mitbürger-«Schmus vermeidet.

Zunächst: Die österreichischen elektronischen Medien (noch gibt es erfreulicherweise keinen Dudelfunk und kein Pornoprivatfernsehen) erlauben noch, daß sich die Furcht des Bürgers vor »Überfremdung« artikuliert. »Überfremdung« ist ein harmloses Wort in Österreich, es steht in allen Gesetzen der Bundesländer, die zu viele Zweitwohnungen reicher Ausländer verhindern wollen. Das zum Unwort des Jahres 1993 erklären zu wollen, fiele den Landtagsabgeordneten etwa in Tirol nicht ein.

Wer in Österreich öffentlich, im Fernsehen oder in Leserbriefen sagt, er habe Angst vor zu vielen Fremden, erntet zwar auch schon Mißfallen, aber er wird noch nicht zum pädagogisierten Dauerbelehrungs- und -beschämungsobjekt aller Medienorgeln des Landes. »Angst« war ja – in Deutschland – nur sofort und unmittelbar und gänzlich zu akzeptieren, wenn sich ein Linker zur Angst vor amerikanischen Mittelstreckenraketen »bekannte«. Dann hatte alles »betroffen und ergriffen« zu schweigen. Einschüchternd hieß es dann von »den« Intellektuellen, Angst sei schließlich »nicht diskursfähig«.

In Österreich darf man Angst vor zuviel Fremdem äußern – und dürfte man es in Deutschland, es wäre vieles besser, auch für die Ausländer selbst.

Der Staat Österreich versucht, um diese Angst zu steuern, um berechtigte Interessen der eigenen Staatsbürger zu schützen (die Kernaufgabe des Staates), eine restriktive Ausländerpolitik zu gestalten. Österreich hat die drei Ingredienzien des Staates: Staatsvolk, Staatsgebiet und Staatsregierung noch nicht aufgelöst. Es bürgert vorsichtig ein – nach zehn Jahren Aufenthalt eines Ausländers im Lande, natürlich muß er die alte Staatsangehörigkeit aufgeben –, bewacht sein Territorium mit Gendarmerie, Zoll und der Armee und diskutierte in der Frage des EU-Beitritts heftig und gründlich die Frage, ob 75 Prozent seiner Gesetze zukünftig von demokratisch nicht legitimierten Organen in Brüssel gemacht werden sollen.

Österreich hat – durch seine Opferlegende – bis 1988 (Waldheim-»Affäre«) vermeiden können, zum Dauerobjekt einer politisch instrumentalisierten Vergangenheitsbewältigung gemacht zu werden, der die tatsächlichen Leiden der Juden ganz gleichgültig sind. Es geht in Deutschland darum, den politisch noch »nationalen« Gegner anzuschwärzen, »weil nur die Berufung auf die deutsche Schuld ein Hinwegschreiten über die deutschen Interessen in der Gegenwart rechtfertigen kann« (Schrenck-Notzing, Charakterwäsche, Seite 289). Daher hat auch die weltweite Kulturrevolution von 1968 in Österreich keine nennenswerten Flurschäden angerichtet. Daß die ganze Welt »vom deutschen Schuld-konto« leben will (Johannes Gross), das hat die Österreicher eben nicht betroffen und getroffen. Außerdem ist Österreich ein Land ohne Konfessionsspaltung (die Gegenreformation hat ganze Arbeit gemacht; um 1560 waren z.b. 90 Prozent der Steiermark evangelisch), das heißt, die politische Schuldverquältheit des deutschen Protestantismus ist unbekannt. Die vier »B« (Bereuen, Beichten, Büßen, Bessern) des Katholizismus wirken entlastend. Nicht umsonst sind viele Romantiker am Ende katholisch geworden. Carl Schmitt war es immer. Die katholische Erlösungsbedürftigkeit (plus gratia infusa und gute Werke) kennt den innerweltlichen Chiliasmus nicht. Österreichische Mentalität und Politik mißtraut der behaupteten Menschengüte, hier findet kein Immerwährender Evangelischer Kirchentag statt. Man spürt auch instinktiv, daß Schuld, für die man um Vergebung bittet, auch irgendwann vergeben werden muß. So hat sich Heinrich IV. vor Canossa vom Kirchenbann befreit. Danach war er politisch handlungsfähig. Denjenigen, der um Vergebung bittet, auf Dauer in seiner Schulddecke stehen zu lassen, weil man ihm die Vergebung verweigert, ist unmenschlich und jedenfalls unkatholisch, zumal wenn man nicht an kollektivschuldige Menschen glaubt, aber auch nicht – wie die Aufklärung – an den prinzipiell guten Menschen, sondern daran, daß der Mensch »eine liquide Masse« ist (Robert Musil).

Die Dauerretrospektive Drittes Reich, die im bundesrepublikanischen Programmkino läuft, verhindert Vergebung und Neuanfang. Das unablässige Erinnern macht gegenwarts- und zukunftsunfähig; nicht das Vergessenwollen verlängert das Exil, sondern die Unfähigkeit zu Amnesie und Amnestie. Und am schlimmsten ist es dann, wenn man sich politisch auch nicht Makellosen gegenüber dauerhaft ins Unrecht setzen lassen soll. »Man wird dann von ihnen moralisiert, und es gibt keinen unerbittlicheren Richter als den, der im Recht ist« - und auch nicht engelgleich (Ernst Jünger, Tagebuchnotiz vom 16. September 1945). Friedrich Nietzsche hat da elementar recht:»Es gibt einen Grad ... von Schlaflosigkeit, von Wiederkauen, von historischem Sinn, bei dem das Lebendige zu Schaden kommt und zuletzt zugrunde geht, sei es nun ein Mensch oder ein Volk oder eine Kultur.«

In gewisser Weise verhält sich ja das Nachkriegs-Österreich zu Deutschland wie das Problem Vichy zu Frankreich. Frankreich hat eine große Tradition im amtlichen und tatsächlichen Vergessen von Greueln, die die Reintegration der Nation verhindern. Nach den Hugenottenkriegen wurde verboten, an das Vorgefallene zu erinnern, nach Revolution und Napoleon wieder. Die Royalistische Verfassung von 1814, die Charte, gebot im Artikel II:»Jedes Nachforschen nach Meinungen und Stimmungen vor der Wiederherstellung des Königtums ist verboten. Dieses Vergessen ist auch den Gerichten und Bürgern auferlegt.« 1982 erließ Frankreich eine Amnestie für alle Algerienkrieg-Verbrechen, und diese Amnestie hat es auch nach 1945 für Taten und Untaten in Krieg und Nachkriegszeit gegeben. Staatspräsident Mitterrand dazu:»Es gibt in der Geschichte Frankreichs wenige Dramen, die nicht durch eine Amnestie oder durch bewußtes Vergessen in den 20 Jahren danach ausgelöscht wurden ... Man kann nicht ständig mit Erinnerungen und im Groll leben.« (FAZ, 24. 4. 94) Schon de Gaulle hat Pétain begnadigt. Mitterand läßt jedes Jahr einen Kranz auf Pétains Grab legen. Das ist von der Nation aus gesehen richtig. Der Österreicher sieht das auch so, er hat daher keinen Vaterhaß und also keinen Selbsthaß. Der Aufstand verwöhnter Kinder gegen kastrierte Väter fand nicht statt, es»fehlt« in Österreich»das große schwarze Loch mit der Aufschrift: ›Wir mögen uns selber nicht.‹« (Nenning, Die Nation kommt wieder, Seite 119) Und Nenning fährt fort:»Daraus erklären sich alle anderen Eigenschaften der Deutschen: Angst, Aggression, Überheblichkeit, Rücksichtslosigkeit, Selbstgefälligkeit, Minderwertigkeitsgefühl, Sentimentalität.«

Allerdings wäre in Österreich eine solche Monströsität wie

der Asylartikel 16 (alt) des Grundgesetztes auch gar nicht denkbar: ein Menschenrecht, ein Grundrecht auf Einwanderung jedes Menschen dieser Welt nach Deutschland. Der Österreicher unterscheidet – auch rechtlich – Eigenes und Fremdes und schätzt – das ist natürlich – das Eigene höher und verteidigt es gegenüber Fremdem. Der Mensch als Territorialwesen tut das immer und überall auf der Welt; das Gegenteil davon in eine Verfassungsurkunde zu schreiben, fiele in Österreich niemandem ein.

Das heißt: Österreich folgt nicht den – in Deutschland natürlich gnadenlos konsequent zu Ende gedachten – Maximen der Aufklärung: Der Mensch als Mensch ist gut, ist Träger des allgemeinen, überindividuellen Vernunftsprinzips, das herrschen soll, hat daher grundsätzlich überall und zu jeder Zeit geltende Menschenrechte, hat das Recht auf Glück (zumindest darf er überall danach streben), und dazu gehört natürlich auch weltweite Freizügigkeit. Nationalstaaten, Grenzen, unterschiedliche tatsächliche Glücksmöglichkeiten sind in dieser Moralphilosophie skandalös. Die Unterscheidung zwischen Bürger und Fremdem ist undemokratisch, antiegalitär, nazistisch-partikulär – und also Rassismus. Im Endstadium (der Agonie!) dieses Gedankens steht die Überschrift auf Flugblättern von »Pro-Asyl« in Deutschland: »Alles rein!« Eigentlich müßte konsequenterweise auch noch gefordert werden, daß die Bundesrepublik Deutschland für jeden Einwanderungswilligen die Transportkosten zahle, denn es ist nicht einzusehen, daß ein Menschenrecht nur an der Armut scheitert. Das gilt auch für Einwanderungsgesetze und -quoten, die ja eo ipso diskriminierend, unterscheidend sein müßten: Der oder die kann kommen, der oder die nicht. (Das hält Deutschland gar nicht durch!) Denn »wo immer man diese Grenze ziehen wollte, geriete man in Konflikt mit dem Prinzip des humanitären Universalismus, denn derjenige Einwanderer, der als erster abgewiesen werden müßte, könnte darauf bestehen, daß er als Einzelfall und menschliches Individuum von einer ungerechtfertigten Härte getroffen würde . . .

217

Da dieses Argument aber für jeden einzelnen Einwanderer gelten muß, wäre tatsächlich eine politisch definierte Grenze aus universalistischen Prinzipien nicht zu legitimieren.« (Rolf Peter Sieferle, Epochenwechsel. Die Deutschen an der Schwelle zum 21. Jahrhundert, Propyläen Verlag Berlin 1994, Seite 316; ein übrigens höchst lesenswertes Buch) Oder:»Wer jeden Menschen schlechthin in seiner bloßen Menschlichkeit akzeptiert und ihm schon in dieser Daseinsqualität den höchsten Wertrang zuspricht, kann die Ausbreitung dieses Akzeptierens nicht begrenzen, denn auf dieser Bahn gibt es keinen Halt.« (Arnold Gehlen) Daß der multiethnische Traum am Ende in Los Angeles und Beirut, in Ruanda und am Balkan gescheitert ist (demnächst in Südafrika scheitern wird), spricht ja für bundesdeutsche Intellektuelle, nicht gegen das Prinzip. Um so schlimmer für die Wirklichkeit! Und der Frankfurter Stadtrat Daniel Cohn-Bendit weiß das: Die multikulturelle Gesellschaft ist nach ihm »schnell, hart, grausam«, jedenfalls ungemütlich, zumal für Alte, Lahme, Ängstliche. Österreich will dieses Milieu nicht, hier legt man Wert auf ein Schonklima, auch für Inländer.

Der Österreicher weiß universalistische Träume vom immer Partikulären der Realität zu unterscheiden. Er weiß, daß Umgrenzung Umfriedung ist, er kennt die als Antifaschismus getarnte »Inländerfeindlichkeit« (so die Hofgeismarer Jungsozialisten) nicht. Insoweit ist das österreichische Bewußtsein dem der Ex-DDR ähnlich. Österreich ist tatsächlich, nach dem Fall der DDR, vom dritten deutschen Staat zum zweiten deutschen Staat aufgestiegen.

Natürlich wird auch in Deutschland vor einer grenzenlosen Einwanderung gewarnt. Willy Brandt sprach davon, (die »Aufnahmefähigkeit ist erschöpft«, 1973). Heinz Kühn sagte:»Über 10 Prozent Ausländeranteil wird jedes Volk rebellisch« (1980). Helmut Schmidt erklärte:»Mehr als 4,5 Millionen können wir nicht mit Anstand verdauen« (1981), und Herbert Wehner fürchtete gar:»Wenn wir das Problem nicht lösen, kommen nach uns die Faschisten« (1982) – bis hin zu Georg Kronawitter, der »drohende multikulturelle Verslumung der deutschen Großstädte« (1993) auf uns zukommen sah. Der Chor der Gegenstimmen, der diese Warnungen skandalisiert, ist in Deutschland aber ungleich lauter. Dabei ist schon individualpsychologisch die Unfähigkeit, zwischen innen und außen unterscheiden zu können, das klassische diagnostische Kennzeichen der Schizophrenie, des Spaltungsirreseins. Stimmenhören geht damit einher.

Österreich erteilt Aufenthaltserlaubnisse nur noch restriktiv und quotiert, im Inland geborene Ausländerkinder werden auf diese Quote angerechnet. Bei 7 300 000 Österreichern leben bereits 700 000 Ausländer im Lande; allerdings leben auch die 70 000 Kriegsflüchtlinge vom Balkan und die Asylbewerber anders als in Deutschland. In Österreich hängt in den Heimen der »Arbeitsplan« aus, die Männer gehen tagsüber einer gemeinschaftsnützlichen Arbeit nach, die Frauen besorgen das Haus und die Küche. Und wenn im deutschen Fernsehen der Hausmeister eines Asylantenheimes beteuert, die Menschen hätten eben eine ganz andere Kultur, sagt der österreichische Hauswart dem ORF sehr viel Deftigeres. Der Ausländer hat in Österreich kein Recht, Betriebsrat zu werden, eine Gemeindewohnung zu beziehen (in Salzburg: 15 Prozent an öffentlichen Wohnungen für Ausländer frei), er muß seine Aufenthaltsgenehmigung vom Ausland aus beantragen, auch wenn er seit Jahrzehnten in Österreich lebt oder gar hier geboren wurde, muß bei Einreise ausreichende Barmittel, eine Krankenversicherung und – will er bleiben – eine Wohnung von mindestens 10 Quadratmetern pro Person und natürlich einen Arbeitsplatz nachweisen können. Die Beschäftigungsbewilligung ist an den Betrieb, nicht an die Person des Ausländers gebunden. Wird er arbeitslos, erhält er befristet Arbeitlosenhilfe. Sozialhilfe gibt es für ihn nicht. Nach Ablauf der Arbeitslosenhilfe muß er das Land verlassen. Bei anerkannten Asylanten kann auch nach 20 Jahren der Asylgrund noch wegfallen. Konsequenz: Abschie-

219

bung. Straffällig gewordene Asylbewerber werden konsequent abgeschoben, mehrere Verkehrsdelikte reichen. Abschiebung gibt es durchaus auch vor Abschluß des Asylverfahrens. Mit anderen Worten: Die ethische Kategorie Mensch – ohne jeden Zusatz – entfaltet in Österreich keine unmittelbare materielle politische und rechtliche Wirklichkeit. Das Ideal einer Menschheitsunmittelbarkeit des abstrakt-atomistischen Individuums ist keine österreichische Realität. Das Land könnte damit Vorreiter einer Politik der Festung Europa sein. Die Genfer Flüchtlingskonvention (GFK) gerät in Verfall. Sie ist allerdings in ihrer ursprünglichen Gestalt aus dem Jahre 1951 und war damit ein Stück Menschenrechtsrhetorik im Kalten Krieg, galt sie doch (bis 1967) nur in Europa, sah und sieht übrigens Kündigungsmöglichkeiten vor (ein Jahr Kündigungsfrist) und erlaubt geographische und sachliche Vorbehalte der Staaten. (Sie ist natürlich ein Abkommen zwischen Staaten, der einzelne Flüchtling ist nur Objekt, nicht Subjekt dieser völkerrechtlichen Abmachung.) Vor einigen Monaten hat der niederländische Ministerpräsident Lubbers erklärt, sein Land werde langfristig aus der GFK aussteigen; inzwischen werden in den Niederlanden Lager für straffällige Asylbewerber errichtet. Ungarn hat 1989 die GFK unterzeichnet, allerdings gilt sie nur für europäische Flüchtlinge, das heißt vor allem für Ungarn aus Rumänien und der Slowakei. Die Schweiz bereitet die sogenannte »Ausschaffungshaft« (maximal 12 Monate) für straffällig gewordene Asylbewerber vor. Diese Staaten handeln nach dem Wort Arnold Gehlens:»Für ganze Nationen gibt es oberhalb der Selbsterhaltung kein Gesetz«, das heißt, die Familienmoral des Schutzes, der Akzeptanz, der Nähe, des Wohlwollens, der Kinderinteressen, der Risikovermeidung, der Liebe, Hilfe und Hinnahme (also der Frauentugenden, solange sie politisch unverantwortlich waren) ist -- so Gehlen – nicht auf die *family of men*, die *one world* ausdehnbar, jedenfalls dann nicht, wenn man staatliche Identität, das heißt die Unterscheidung von innen und außen, aufrechterhalten will. Der Österreicher, der sein Land verläßt, sagt, er fahre »nach draußen«. Und der Österreicher Günther Nenning besteht darauf: »Das Recht, bei sich daheim zu sein, in seinem eigenen Land, mit Wurzeln, die herunterreichen in alle Tiefen und Untiefen der eigenen Kultur – dieses Menschenrecht gibt es auch (Die Nation kommt wieder, Seite 112).« Ein »fiat justitia, pereat natio« gilt nicht. Österreich ähnelt heute dem, was Ludwig Erhard die »Formierte Gesellschaft« genannt hat. Es ist schon so: Wer nach allen Seiten offen ist, kann nicht ganz dicht sein.

Universalismus zählt in Österreich wenig. Das ist bei einem Alpenvolk, das viel länger als Preußen vorindustriell geprägt war, verständlich. Die Lehre vom humanitaristischen Kosmopolitismus hat ja schon den Stadtstaat der Antike aufgelöst – bis die Alexander kamen und dann die Militärstiefel Roms, das Parieren, das Paradieren, das das Parlieren in den Gymnasien und Räten beendete. Der staatliche Hohlraum wurde dann mit privaten Tugenden wie Wohlwollen, Hilfsbereitschaft, Güte aufgefüllt (oder mit Sophisterei, Zynismus und Stoizismus). »Güte aber«, sagt Hannah Arendt, »kann im Öffentlichen nur einen korrumpierenden Einfluß haben.« (Hannah Arendt, »Vita activa«, Seite 74.) Schumpeter kritisierte schon, der kapitalistische Bourgeois sei geneigt, auf der Anwendung der sittlichen Gesetze des Privatlebens in den internationalen Beziehungen zu bestehen. Da fällt einem die »Famillje« ein. Aber alles Große ist antifamiliär: Die Polis, das Christentum in seiner weltlichen Macht, der Kommunismus, der Kapitalismus, Staat, Künste, Wissenschaften usf. Die Freigeisterei der Wissenschaften etwa, die großen Entwürfe, sie enden ja immer zuerst bei der jungen Mutter. Und an jedem Staatswesen hängt immer auch »Blut und Schmutz und Lüge, und das ist unvermeidlich, denn die im Palast des Staates residierenden Tugenden sind nicht die des Eigenheims, sie zehren offen vom Leben, und nicht versteckt« (Arnold Gehlen).

In Deutschland will man das nicht mehr wissen, springt immer gleich von Krähwinkel in die UNO. Vergleicht man einmal die Abschiedsfeiern für die ausländischen Soldaten in Deutschland und Österreich, so sieht man gleich den Unterschied. In Österreich spielten allerorten 1955 auch die Feuerwehrkapellen Straußwalzer (also Krähwinkel), aber ingesamt war das eine »die junge Nation« einigende, staatliche Feier Österreichs. Deutschland feierte in Berlin den Abzug der alliierten Truppen – mit einem »Welt-Requiem« von Verdi und mit internationalen Starensembles und Orchestern aus London und Moskau. Der Erlös sollte – na, wem wohl? –, richtig: der UNO-Flüchtlingshilfe zufallen. Dabei war auch die internationale pazifistische Organisation »Ärzte gegen den Atomkrieg«. Von alldem sind ein Video und eine Compaktdisc in den Handel gekommen. Da ist alles beisammen: Internationalismus, Universalismus, gute Gesinnung, Pazifismus, schlechtes Gewissen, die UNO und der Kommerz. Das ist Deutschland. Ob eventuell auch die eigenen Maueropfer – soweit sie leben – in den Genuß des Erlöses hätten kommen sollen, hat man gar nicht einmal »angedacht« (»angefühlt« schon gar nicht).

Österreich ist anders. Noch. »Österreich zuerst« war das geflügelte Wort Alois Mocks in den achtziger Jahren, ist es heute bei Jörg Haider. Natürlich kann Österreich seine österreichischen Besonderheiten nur bewahren, wenn es wenigstens mental nicht hundertprozentiges EU-Mitglied wird. Kanzler Kreisky nannte die EWG damals noch »Club der Großkonzerne«, der Banker Vranitzky will hinein, »ohne Wenn und Aber«. Die kommende Verkehrslawine in Salzburg und Tirol muß man dann auch wollen, die Überwölbung österreichischer Legislative durch Brüsseler Gesetze, die Abschaffung des Schilling, den Untergang der eigenen Bauern und Lebensmittelindustrie, die Beseitigung der Neutralität, die Niederlassungsfreiheit von 360 Millionen Europäern (demnächst eventuell auch Ungarn, Tschechen, Polen, Slowenen), die Akzeptanz von in Deutschland oder sonstwo eingebürgerten Fremden als EU-Bürger. Der fremde »ordre public« muß dann der eigene werden – von radioaktiv bestrahlten und gentechnisch veränderten Lebensmitteln zu schweigen. Vor allem: Die noch teilweise vormoderne österreichische Gesellschaft, Gemeinschaft, Kultur wird rasant durchmodernisiert werden. Die »Insel der Seligen« (ein Papstwort) wird an die Weltstrukturen angeschlossen. Die »Erlebnis«-Gesellschaft kommt, der volle Wertepluralismus, die political correctness (»Zigeuner« ist noch ein ganz unschuldiges österreichisches Wort), der Zerfall der partriarchalischen, paternalistischen Volksparteien, der Azubi statt des Lehrlings, die Einheitstomate statt der »Paradiser«. Österreich war anders: voller Hofräte und Zwangskammern, Schutzzöllen und verstaatlichter Industrie, Klientel-Gruppen und roten Gemeindebauten in Wien, mit der »gesunden Watschen« für die nicht »braven« Kinder, mit dem Aufstehen für Erwachsene in der Tram, mit unbeschmierten Hauswänden und ohne S-Bahn-Surfen. Mit Orden, Ehrenringen, stolz gezeigt, mit belobigenden Handschreiben vom Landeshauptmann und fast ohne Datenschutz oder »Waffengleichheit« der Strafverteidiger. Mit dem Begräbnis der Kaiserin Zita in der Kapuzinergruft, aristokratischen Umgangsformen, Pennal-Burschenschaften und Landpostämtern, bürgerlichen Sitten und »Tante-Emma-Läden« (»Greißler«) an der Ecke. Die »holde Kunst« im Radio, die Anrede »Angeklagter« vor Gericht, der »Herr Scheef«, der Kameradschaftsbund mit seinen öffentlichen Aufmärschen, der alte Arbeiter- und Ingenieurstolz, der Frackzwang, die Ballsaison, der Steireranzug, der Exekutor (Gerichtsvollzieher), der weiß, daß er keine Ziege pfänden darf (so steht's in einer »Vurschrift«), das Verbot der United Colors of Benetton-Werbung in Wien (»geschmacklos«, Bürgermeister Zilk). Nein, »weltbürgerliche Haltungen sind beim Österreicher kaum anzutreffen« (»Industrie«-Magazin Wien 15/94). In Niederösterreich gibt es bei Landtagswahlen nicht einmal amtliche Stimmzettel. Den Wahlzettel drücken einem – wie in Deutschland im 19. Jahrhundert – die wahlwerbenden Parteien in die Hand. Das Atomkraftwerk Zwentendorf hat dieses Österreich durch Volksabstimmung abgelehnt, nachdem der Bau fertig da-stand, die Weltausstellung auch und den Kraftwerksbau in den Donauauen bei Hainburg. Sie sind noch nicht »clever«, diese Alpendeutschen. Es ist auch die Akademikerquote sehr niedrig. Viele studieren aus Lust an der Sache – ohne Abschluß (am Institut für Theaterwissenschaften in Wien 90 Prozent Reinschmecker und Abbrecher). Daher ist der Typus des Berufskritisierers, des großstädtischen Zersetzungsdenkers nicht verbreitet. Man hört viel (echte) Volksmusik im Radio. Die Fiaker in Wien ist kein Hütchenspieler, die Hofburg nicht die Als-ob-Kulisse aus Stoffbahnen des weggesprengten Hohenzollern-Stadtschlosses. In der Hofburg liegen die Reichskleinodien.

Österreich ist nicht durchindividualisiert. Die radikale Vollendung des Individualisierungsprozesses bedeutet aber: »Die Kultur des Westens zerstört sich selbst« (der Untertitel des wichtigen Buches Meinhard Miegel, Stefanie Wahl, »Das Ende des Individualismus«, Verlag Bonn aktuell 1993). Die Autoren fürchten: »Halten die Bevölkerungen des Westens nämlich an ihrer individualistischen Kultur fest, dann werden sie abnehmen, bis sie als Träger dieser Kultur ausfallen. Oder sie wollen ihre physische Existenz sichern. Dann müssen sie die Maximen individualistischer Kultur aufgeben. Oder ihr kulturell bedingter Schwund wird fortwährend durch Zuwanderung ausgeglichen. Dann werden sie . . . durch weniger individualistische Kulturen verdrängt« (Miegel/ Wahl, Seite 64). Sollte es überhaupt eine Rettung aus diesem Dilemma geben, so hätte dies zu gelten: »Das Individuum wäre der Gemeinschaft nicht mehr über-, sondern gleichgeordnet, wobei im Konfliktfall seine Interessen denen der Gemeinschaft nachgeordnet wären. Die Rechte der Individuums müßten ab-, die der Gemeinschaft zunehmen.« (Seite 120) (Die Miegel/Wahl müssen aufpassen, daß sie nicht vom Verfassungsschutz beobachtet werden!)

In Österreich geht die Gemeinschaft noch vielfach dem Individuum vor. Das liegt auch daran, daß es noch keine ganz »freie Wirtschaft« gibt. Das Land ist mental und in den konservativen Sektoren Landwirtschaft und Lebensmittelproduktion eher auf Autarkie ausgerichtet gewesen. Die Wirtschaft ist unterkapitalisiert, das heißt, an die größte aller Universalien, das Geld, die internationalen Finanzströme, noch nicht wirklich angeschlossen. Das wird sich in der EU ändern. Eine Nationalökonomie gibt es dann nicht mehr, auch keinen nationalen Sozialstaat nur für Inländer und kein nationales Arbeitskräftekartell (Gewerkschaften) mehr. Es interessiert dann die Arbeitgeber nicht mehr, ob ein Österreicher den Hebel an der Maschine umlegt oder einer aus Uganda. Mann ist Mann. Den Verkäufer interessieren auch die partikularen Eigenschaften des Kunden nicht. Käufer ist Käufer. Insofern gehen allerdings die Interessen der Wirtschaftsmächte dieser Welt völlig konform mit dem »linken« humanitaristischen Universalismus, jedenfalls seitdem die Linke auf »Westbindung« eingeschwenkt ist. (Ein »Verrat« am Antikapitalismus, den merkwürdigerweise niemand beklagt.) Ironie der Geschichte: Der Linke findet sich auf der Seite der Großkapitalisten wieder, der Rechte auf der des Modernitätsverlierers, des einfachen Industriearbeiters, des Nebenerwerbsbauern, des Nicht-Spezialisten, der seine Arbeitskraft nicht im anationalen, höchsten Qualifikationssegment eines Weltmarktes verkaufen kann. Allerdings wird – bei dieser entlang globaler Differenzierungslinien verlaufenden Aufgliederung des Arbeitsmarktes – auch der Appell an das eigene nationale Sozialamt, weil es das eigene ist, leerlaufen. Wir-selbst-Sein können wir nur, wenn wir Autarkie, Abschottung, Provinzialisierung, das heißt im Ergebnis: Ärmer-Werden akzeptieren wollten. Vor dieser letzten Konsequenz scheut auch die konservative Kulturkritik in der Regel zurück. Das ist auch in Österreich nicht anders zu erwarten. Der Appell an den Verbraucher, seinen Masseneudämonismus weiter auszubauen, wird auch hier – früher oder später – fruchten. »Mehr vom Wohlstandskuchen« – das zieht immer. (Die Maxime »Mehr vom Gleichen!« ist aber auch

die Definition der Sucht.) Ein Bahroscher Appell,»die Netze lie-
genzulassen«, wird keinen Widerhall finden.

Das heißt: Österreichs Sendung wird darin bestehen, den globalen Modernisierungstrend zu verzögern, also eine konservative
Haltung in und außerhalb der EU zu verstärken.»Konservativ ist
die Kultur der Trauer über die Verluste an unwiederbringlich Gutem, die der Fortschritt kostet.« (Hermann Lübbe)
Und Österreich wird sich den Bundesdeutschen nähern, gerade
weil die Modernisierung, d.h. auch die weltweite Migration, großen Außendruck auf die eigene Kultur und Identität erzeugt, die
eben der binnendeutschen am nächsten ist. Der weltweite Wande-
rungsdruck, auch auf die österreichischen Grenzen, wird
Deutschland und Österreich näher zusammenbringen. Das, was
nicht vollständig universalisierbar ist, die Sprache, die soziale Herkunft, die ethnische Abstammung, die Tradition, die Mentalität,
der Alltagsgestus, die gemeinsame staatliche und reichische Geschichte, das wird gerade bei Masseneinwanderungen klarer erkannt – und verteidigt. Und vielleicht wächst eines Tages – unter
diesem Außendruck – wieder näher zusammen, was einmal zu-
sammengehörte. Denn in der deutschen Nation – wie in der russischen Puppe – steckt immer noch eine Nation und noch eine und
noch eine.

Bis dahin schaut der Wiener den Tauben zu in seinem Beserl-
Park und denkt an Nestroy:»Der Fortschritt schaut immer viel
größer aus, als er ist.« Der Österreicher glaubt nicht an den universalistischen, humanitaristischen, aufklärerischen, individualistischen, pazifistischen Edelmut des Menschen. Er sieht den Tauben
zu. Diesem Symbol des Friedens und der Liebe. Und er weiß: Die
Taube hat nicht die allergeringste Tötungshemmung gegen ihre
Artgenossen.

JOCHEN THIES

MASSE UND MITTE

Über die Herausbildung einer nationalen Elite

In der deutschen Gesellschaft sind die egalitären Züge des Nationalsozialismus bis zum heutigen Tage spürbar. Eine Kombination von brauner und roter, elitezerstörenden Diktatur, die sich im östlichen Teil des Landes für eine Generation an die 12 Jahre des Tausendjährigen Reiches anschloß, hat zur Ausbreitung einer Mentalität der Mittelschicht geführt, der jeder Gedanke an eine Struktur innerhalb der Gesellschaft, an das Vorhandensein oder die Notwendigkeit von Eliten abhanden gekommen ist. Eine derartige Sehweise muß sich bestätigt sehen durch die Entwicklung und Ausbreitung der elektronischen Massenmedien mit der nahezu totalen Dominanz von Unterhaltung, beliebigen Spielshows und Talk-Runden, die dem Publikum den Eindruck vermitteln, daß alles geht und Vorkenntnisse irgendwelcher Art für den TV-Auftritt eigentlich störend sind.

Dazu einige Eindrücke aus dem deutschen Alltag, in dem die Mittelklasse/KdF-Mentalität an vielen Stellen durchschimmert, etwa zu Beginn des Golfkrieges, als weiße Laken als Zeichen der Aufgabe massenhaft aus den Fenstern hingen, bei nächtlichen Lichtermeeren zugunsten von Ausländern und Asylbewerbern. Ferne Ausläufer kollektiver Prozesse und heimlicher Sehnsüchte, an die die Nationalsozialisten meisterhaft zu appellieren verstanden, sind aber auch in Form von Trimm-dich-Pfaden zu beobachten, auf Volks- und Radwandertagen mit anschließender Medaillen-Ausgabe, wofür sich gelegentlich auch einmal die Politiker in die gefährlich enge Haut eines

Trainingsanzuges begeben, in extremen Fällen sogar ein Bad im Rhein wagen.

Der Huldigung der durchschnittlichen Leistung widerspricht der Eindruck nicht, daß die gleiche, egalitär eingestellte deutsche Gesellschaft an anderer Stelle jene Emotionen sucht, die sie in aller Regel weder in der Arbeitswelt noch in der Freizeit im unmittelbar häuslich-privaten Bereich vorfinden kann. Von daher ist es kein Zufall, daß in einem Bereich die Elite, also das Vorhandensein einer Hierarchie, akzeptiert wird: auf dem Felde des Sports. Die heimlichen Idole des Landes sind Tennisspieler, Schwimmer und Fußballstars. Selbst ihre horrenden Einkünfte lösen keine Neidkomplexe aus. Niemand käme auf den Gedanken, den militärischen Aspekt beim Biathlon, einer Kombination von Langlauf und Schießen, zu kritisieren, einer Sportart, in der die Westdeutschen mit den Ostdeutschen und dem Rest der kommunistischen Welt bis zum Ende des Kalten Krieges an der Spitze wetteiferten.

Derartigen Vorbildern entspricht auch die Weiterentwicklung der deutschen Freizeitgesellschaft, die zunehmend nach Abwechslung und Entspannung im Extrem sucht. Distanzen spielen keine Rolle, Inseln werden bevorzugt, Extremsportarten wie das Drachenfliegen, Gewaltmärsche auf Kreta, Höhenwanderungen im Himalaya gelten als schick. Risiken werden verdrängt. Dutzende kehren in Särgen aus dem Urlaub in die Heimat zurück. Würde dasselbe Schicksal aber einen Bundeswehrsoldaten beim Auslandseinsatz ereilen, wären kollektive Massenhysterien zu erwarten.

Es hat ebenfalls vermutlich mit dem unbewußten Erbe der NS-Zeit zu tun, daß Deutschland im internationalen Vergleich im Dienstleistungssektor zurückhängt. Hunderttausende von Arbeitsplätzen, vor allem für Frauen, könnten geschaffen werden, käme es zu einer Flexibilisierung der Ladenöffnungszeiten. Noch deutlicher wird das Problem jedoch, wenn man alle die Bereiche untersucht, in denen es um Dienste für andere Menschen geht. Man hat Schwierigkeiten, für den Hotelsektor oder das Gaststättenwesen deutsches Personal zu rekrutieren. Den Patienten im Krankenhaus nimmt eine multi-nationale Mannschaft von Krankenschwestern und Pflegern in Empfang. Die Bundeswehr schließlich wird von einer ganzen Reihe von Politikern nur aus dem Grund verteidigt, weil eine starke Reduzierung oder etwa die Abschaffung der Wehrpflicht große Teile des deutschen Sozialsystems zusammenbrechen lassen würde und weil die Zivildienstleistenden fehlten. Ähnlich ist hier übrigens der Stellenwert der Kirche, vor allem der evangelischen, anzusetzen, die im Grunde genommen nur noch aufgrund ihrer sozialen Dienste und als Schulträger den Berechtigungsnachweis für die Zuweisung von Steuermitteln erbringen kann. Das Dienen, der Einsatz für öffentliche Aufgaben, ist der deutschen Mittelklassegesellschaft insgesamt abhanden gekommen. Stilfragen und Umgangsformen werden in Deutschland eher gering geschätzt – anders als in der angelsächsischen Welt, in den Mittelmeerländern, aber auch in Osteuropa. Selbstverwirklichung lautet die Devise oder besser noch: »Genuß sofort«, wie es vor wenigen Jahren ein Aufkleber eines Kaffeeproduzenten suggerierte und der nicht zufällig von vielen Autofahrern an die Scheibe geklebt wurde.

Im Grunde genommen möchten die Deutschen von heute nicht zuletzt dank des Massenwohlstands so aufregend wie jene vorangegangenen Generationen leben, die das Kriegserlebnis prägte. Da es an Vorbildern mangelt, ahnen die meisten jener, die das große Abenteuer draußen suchen, nicht, daß jede Gesellschaft in ihrem Inneren genügend Herausforderungen, Abenteuer »anderer Art« bereithält. Sie müssen nur definiert und als solche vermittelt werden. In einem wiedervereinigten Land, das zum Zusammenwachsen ähnlich wie die Westdeutschen nach dem Zweiten Weltkrieg ein bis zwei Generationen benötigen wird, gibt es außergewöhnliche Herausforderungen. Nur wenn eine Elite existiert – oder sich im Zuge des inneren Einigungsprozesses erneut herausbildet –, kann das große nationale Abenteuer bestanden werden.

Deutschland braucht aber auch wegen seiner Rolle in Europa und seiner nicht kleiner werdenden Aufgaben in der Weltpolitik eine Elite. Nicht nur die Zukunft des Wirtschaftsstandortes Deutschland hängt davon ab, sondern auch die Fähigkeit zur Partnerschaft. Die vielbeschworene deutsch-französische Zusammenarbeit und Freundschaft ist als Beispiel besonders gut geeignet. Denn Frankreich orientiert sich anders als Deutschland nicht an einem Modell einer Mittelklassen-Gesellschaft, sondern nach dem Vorbild einer städtischen, der Pariser Elite. Ähnliche Vorstellungen im Bildungsbereich existieren nicht nur in Großbritannien oder Spanien, sondern auch – und dies ist von grundlegender Bedeutung – in den Vereinigten Staaten von Amerika und bei den kommenden Staaten des Pazifischen Beckens. Bildung wird zunehmend Bestandteil einer privaten Daseinsfürsorge. Und da das deutsche System fortlaufend an Attraktivität verliert, ist es kein Zufall, daß nicht nur deutsche Studenten zunehmend im Ausland studieren, sondern neuerdings auch Schüler private Bildungseinrichtungen im benachbarten Ausland aufsuchen. Dieser Trend wird sich weiter verstärken, wenn Schule und Universität in Deutschland sich nicht zur Auslese und zum Leistungsprinzip bekennen.

Vor allem die deutschen Parteien sollten diese Entwicklung ernst nehmen und sich endlich des Eliten-Themas bemächtigen, das sie auffällig lange tabuisiert haben. Es war der große Fehler der deutschen Parteien, der sie am Ende auch in die Krise befördert hat, daß sie geglaubt haben, ihre Methoden der Personalrekrutierung würden ausreichen, um sich gegenüber dem Rest der Gesellschaft zu legitimieren. Statt dessen haben die Tendenzen zur Verkrustung und Abschottung, eine generelle Öffentlicher-Dienst-Mentalität auch auf die Parteien übergegriffen und die Gesellschaft der alten Bundesrepublik einem Zustand der völligen Erstarrung nähergebracht. Selbst die deutsche Industrie ist von dieser Tendenz einer »Versäulung« der Gesellschaft nicht verschont geblieben.

Es genügt daher nicht, in Brüssel für die Gleichberechtigung der deutschen Sprache zu kämpfen, was hinsichtlich der Entwicklungen in Ostmitteleuropa, des Beitritts von Österreich und skandinavischen Staaten zur Europäischen Union ein durchaus berechtigtes Anliegen ist. Sondern dieses Begehren muß auch mit inhaltlichen Argumenten begleitet werden. Der Deutschunterricht an der Schule, der Stellenwert von Literatur und das Erlernen von Sprachen müssen Belege dafür sein, daß Deutschland sich in Richtung jener Staaten orientiert, die am Elitekonzept in Staat und Gesellschaft festhalten. Dieses darf natürlich nicht auf der Herkunft basieren: Der Eliteanspruch muß von jeder neuen Generation erhoben, nachgewiesen und am Ende durchgesetzt werden. Jede Gesellschaft muß so offen sein, daß sie dieses permanente Ringen jener, die Privilegien haben, mit denen, die sie erst noch erwerben wollen, verkraftet. Schottet sie sich dagegen ab, kann sie den Gedanken des »Abenteuers« nicht vermitteln. Die Folge ist, daß der Grad der Privatheit der Gesellschaft zunimmt – wie im Bereich der heutigen alten Bundesrepublik. Jeder sucht sich dann auf eigene Faust und meistens während des Urlaubs draußen das Abenteuer – eine grandiose Ressourcenverschwendung und eine ahistorische Einstellung. Denn auf diese Weise läßt sich Zeit – weder individuell noch gesellschaftlich – festhalten. Statt dessen bildet sich ein Zustand heraus, in dem sich die Menschen zunehmend auf der Flucht befinden vor jenen Herausforderungen, denen Deutschland als Kollektiv nicht entrinnen kann.

Zu diesen »Herausforderungen« gehört es übrigens auch, mit den Folgen des Wohlstandes fertig zu werden. Interessanterweise leistet sich Deutschland selbst auf Gebieten, wo es sich wie in der Ökologie als internationaler Vorreiter sieht, Lippenbekenntnisse. Fast wie im Stile einer reichen Kolonialmacht werden Abfälle und Müll außer Landes transportiert, weil es zu mühsam ist, einen innenpolitischen Konsens für die Errichtung von Deponien oder den Bau von Verbrennungsanlagen herzustellen.

Was störte es den Gedanken der deutschen Einheit, wenn es bis

231

1989 die Mülldeponie Schöneberg in der DDR wenige Kilometer hinter der Stadt Lübeck gab, auf der die Abfälle vieler westdeutscher Großstädte landeten? Genausowenig scheint das Gewissen der Stadtväter und Bürger der prosperierenden Stadt Ulm geschlagen zu haben, die ihren kompletten Hausmüll jahrelang ins benachbarte Elsaß transportierten, ehe sich dort Unmut regte und der französische Umweltminister über Nacht diese Form der Wirtschaftsbeziehung untersagte. Eine Entsorgungsindustrie, die wegen des politischen Aufstiegs der Grünen aus der Not eine Tugend machte, hatte zuvor aber auch andere Standorte zur Entsorgung und Verklappung entdeckt, die nach dem Fall der Mauer Zug um Zug geortet wurden: fast alle Comecon-Staaten Osteuropas, das bettelarme Albanien eingeschlossen, aus dem nun die Giftfässer herausgeholt werden mußten – auf Kosten des deutschen Steuerzahlers. Der Preis für die Illusion, als großer Industrieort wie an den klaren Gebirgsbächen der Schweiz leben zu können, ist also hoch gewesen und hat viele andere Staaten betroffen, zumeist ehemalige Kolonien in der Dritten Welt.

Die Elite Deutschlands wird sich in den nächsten Jahren in Berlin herausbilden oder gar nicht. Schon heute zieht die zerrissene, mental wie das ganze Land gespaltene Stadt viele mutige, interessante junge Menschen an. Kämen mehr Bonner bald, entstünde jenes Maß an Bürgerlichkeit und Mitte, aus dem heraus der Aufbau einer Elite möglich wäre. Der Zuzug des jüngeren Teils der Bonner Beamtenschaft als Auftakt einer bundesweiten Umorientierung hätte für Berlin vermutlich die gleiche Funktion wie die Ansiedlung der Hugenotten im 17. Jahrhundert, die gleichfalls eine fruchtbare Initialzündung für die Entwicklung zur Metropole gab.

Ein positiver Nebenaspekt wäre das Entstehen einer großen und großzügig strukturierten Presselandschaft, die Deutschland selbst dank der Starthilfe der Alliierten nach 1945 nie vollends aufbauen konnte. Von Ausnahmen abgesehen, haben deutsche Tageszeitungen bisher nicht den Standard der westlichen Vorbilder erreicht. Auch über den Typus des deutschen Journalisten wäre in diesem Zusammenhang einiges zu sagen, wobei sicher scheint, daß jene, die unmittelbar nach dem Zweiten Weltkrieg das journalistische Handwerk erlernten oder zufällig in den Beruf hineingerieten, westlicher und internationaler wirken als die nachfolgende Generation. Aber diese Beobachtung trifft auch auf die deutsche Politik zu. Die Phase der Sonderfaktoren, die ansatzweise nach 1949 auch den Elitegedanken in der Gesellschaft förderten, geht ihrem Ende entgegen. An ihre Stelle ist eine Gesellschaft getreten, die glaubt, sich gegen die Risiken des Daseins, individuell wie kollektiv, versichern zu können. Der Gedanke der Tragik, des Scheitern-Könnens trotz allen guten Wollens ist der deutschen Gesellschaft von heute fremd.

Ein Umzug von Bonn nach Berlin sprengt darüber hinaus rasch das mehr als vierzig Jahre währende Funktions-Dreieck von Politikern, Diplomaten und Journalisten. Gewiß würde Politik auf der einen Seite in Berlin wichtiger, wenn man an die Straßen und großen Räume für Massenprotest denkt, vor dem die politische Klasse am Rhein Angst hat. Auf der anderen Seite würde Politik in Berlin aber auch weniger wichtig, weil die in Bonn isolierte Mini-Elite plötzlich gegen Kulturwelt, Banken, Industrie und vielerlei neuartigen Zuzug konkurrieren müßte. Dies würde allen Beteiligten guttun und übrigens auch auf positive Art und Weise das Konkurrenzverhältnis zwischen Berlin und den großen Städten des Landes stärken. Denn niemand glaubt ernsthaft, daß Düsseldorf, München oder Stuttgart wegen der deutschen Wiedervereinigung und der Verlegung des Regierungssitzes an Bedeutung einbüßen. Der Gedanke einer Renaissance allen Preußischen ist ebenfalls pure Phantasie, obwohl insgesamt ein wenig Bescheidenheit, wie es das heutige Berlin und die neuen fünf Länder auszeichnet, dem gesamten Land nicht schlecht anstehen würde.

Die Elite Deutschlands, um es noch deutlicher zu formulieren, kann nicht auf bloßem Spezialistentum, auf intellektuellen Voraussetzungen aufgebaut werden, es geht auch und gerade um

233

Charaktere und Persönlichkeiten. Niemand anders als die Terroristen der Rote-Armee-Franktion (RAF) haben diesen Umstand erkannt und ihr mörderisches Treiben gegen die wenigen gerichtet, die in der alten Bundesrepublik zur Elite zählten, die seltenen Grenzgänger zwischen Wirtschaft und Politik, die Jürgen Ponto, Hans-Martin Schleyer, Alfred Herrhausen und Detlef-Karsten Rohwedder hießen. Keine andere westliche Gesellschaft war und ist wegen der Verwüstungen, die das Dritte Reich angerichtet hat, auf diesem Gebiet so verwundbar. Und es hätte vermutlich klarerer Solidaritätsbekundungen bedurft, um jene, die zögern, öffentliche Ämter anzunehmen, von der Richtigkeit zu überzeugen, dies weiter zu tun. Insofern hat der fast zwanzig Jahre andauernde, politisch motivierte Terrorismus in Deutschland breitere Spuren hinterlassen, als es sich die deutsche Öffentlichkeit einzugestehen bereit ist. Der Rigorismus, mit dem darüber hinaus jetzt gegen Politiker vorgegangen wird, etwa im Zusammenhang mit ihren Bezügen und Einkünften, wird mittelfristig eher zu einer personellen Ausblutung der Parteien und einer allgemeinen weiteren Nivellierung des politischen Betriebes führen. Politik und ihre Repräsentanten bedürfen von Zeit zu Zeit auch einer Verteidigung, *einer Argumentation für Unterschiede.* Eine funktionierende politische Klasse, eine Elite, die Vertrauen zu sich hat, könnten dies tun.

Infolge der heute selbst auferlegten Begrenzungen und Beschränkungen stoßen zivile Gesellschaften, wie Deutschland gern eine sein möchte, an Grenzen, die das 19. Jahrhundert und die erste Hälfte dieses Jahrhunderts so nicht kannten, als Krieg, Kolonial- und Expansionspolitik, Epidemien und Naturkatastrophen gewissermaßen als schicksalhafte Verknüpfungen der Existenz des einzelnen mit der des Staates begriffen wurden. Die verbliebene Rest-Aggressivität in der Gesellschaft – und es wird immer ein gewisses Maß von ihr geben – muß daher transponiert werden, um den humanen Charakter unserer Gesellschaften zu bewahren. Sport, Reisen oder ein gigantischer Fernsehkonsum sind dabei nur Formen der Abarbeitung, einer Ermattungsstrategie in neuer

Form. Sinnvoll wird Leben in unseren heutigen Gesellschaften, in denen immer mehr Bürger post-materiell werden leben können, nur dann, wenn es neben dem Mehr an Lebensstandard – dem pursuit of happiness – auch nicht-materielle Ziele gibt, spirituelle Ideale und Visionen.

Die jetzt in Deutschland heranwachsenden jungen Menschen haben alle Voraussetzungen dafür, zum Entstehen einer Elite in Deutschland beizutragen. Viele von ihnen treten materielle Erbschaften an, wie es sie in Deutschland seit dem Kaiserreich nicht mehr gegeben hat. Sie können sich daher ganz auf die Ausbildung und Persönlichkeitswerdung konzentrieren, die sie eines Tages zu einem Teil der hoffentlich entstehenden Elite des Landes machen wird. Die Parteien wären gut beraten, sich diesen Menschen zu öffnen, mit Chancen für Seiteneinsteiger, mit Bundeslisten, vielleicht am Ende mit der Einführung des Mehrheitswahlrechts, das Ausdruck einer reifen demokratischen Tradition ist. Nicht wenige deutsche Historiker meinen, daß die Weimarer Republik scheiterte, weil die moderne deutsche Gesellschaft, die bereits während der Wilhelminischen Ära entstanden war, nicht über jene Institutionen verfügte, die ein gefahrloses Durchsteuern durch die Krisen der späten zwanziger Jahre erlaubt hätten. Daß die damaligen Eliten in Deutschland, also der ostelbische Adel und die Industriebarone des Westens, eine vor-industrielle Mentalität hatten, daß die deutsche Gesellschaft somit anders als die Großbritanniens zur Modernisierung auf dem Felde der Politik, zum innergesellschaftlichen Ausgleich, nicht fähig war.

Wenn diese Beobachtung auch nur halbwegs zutrifft, ist eines sicher: Von der Existenz und richtigen Zusammensetzung der künftigen deutschen Elite wird es abhängen, ob der Industrie- und Bevölkerungsgigant in der Mitte Europas nach einer friedlichen Wiedervereinigung, der alle zugestimmt haben, es im dritten Anlauf schafft, seinen Platz im Konzert der Europäer und der Weltpolitik zu finden. Ein irrlichterndes Deutschland, ein riesiger Tanker, den keine Besatzung in der Lage ist zu steuern, wäre eine erneute Katastrophe für Europa – übrigens auch, wenn aufgrund der Erfahrungen von zwei Weltkriegen die falschen Schlüsse gezogen würden und nun Machtvergessenheit das neue Deckmäntelchen des Landes würde.

Europa, das sich bis zum Fall der Berliner Mauer auf dem richtigen Weg wähnte, hält überrascht und erstaunt inne, weil die Vergangenheit – das »Jugoslawien-Syndrom« – über Nacht manche Hoffnung zunichte gemacht hat. Übersehen wird dabei, daß die Zukunft nun neben vielerlei Risiken auch ungeheuere Gestaltungschancen bereithält. Diese können nur von Menschen genutzt werden, die sich kennen und schätzen, die gemeinsam über längere zeitliche Strecken an ihre Aufgaben herangeführt worden sind, die in Krisenphasen aufeinander vertrauen.

Derartige Konstellationen lassen sich nicht in Fernsehsendungen schaffen, wenn eine Runde von mehr oder wenig zufällig zusammengemixten Leuten ein Thema öffentlichkeitswirksam abhakt. Zur Entwicklung eines kühnen, am Ende richtigen Gedankens bedarf es auch der Einsamkeit, der Chance zum Nachdenken. Dabei wird man sich auch bewußt, wie lang der Weg Deutschlands zur Normalität sein wird, einer Normalität, die sich niemals an dem messen darf, was davon bis 1933 in Berlin herrschte.

Es müßten schließlich auch jene Gräben zu überwinden sein, wie es sie wegen der jüngeren deutschen Geschichte, der Teilung des Landes und der ideologischen Frontstellungen so lange gegeben hat. Diese Lagerbildungen machen heute keinen Sinn mehr. Eine von Berlin aus operierende Elite hätte die Chance, die Geschichte des deutschen Nationalstaats zu einem guten Ende zu bringen, in einem Europa, das immer mehr zusammenwächst und damit einem Kontinent eine Orientierung zu geben. Denn die Zukunft unserer Gesellschaften kann nicht in Freizeitaktivitäten liegen, sondern in für die Allgemeinheit sinnvollen Tätigkeiten. Man mag dies einen »grünen« Gedanken nennen. Wenn er dazu beiträgt, das Überleben auf einer kleiner werdenden Erde zu sichern, ist die Aufgabe einer Elite bereits umschrieben.

RÜDIGER SAFRANSKI

DESTRUKTION UND LUST
Über die Wiederkehr des Bösen

Vor 150 Jahren beschrieb Alexis de Tocqueville am Beispiel Amerikas seine Vision der Gefährdung der Demokratie:»Ich erblicke eine Menge einander ähnlicher und gleichgestellter Menschen, die sich rastlos im Kreise drehen, um sich kleine und gewöhnliche Vergnügen zu verschaffen, die ihr Gemüt ausfüllen. Jeder steht in seiner Vereinzelung dem Schicksal aller anderen fremd gegenüber; ... was die übrigen Mitbürger angeht, so steht er neben ihnen, aber er sieht sie nicht; er berührt sie, und er fühlt sie nicht; er ist nur in sich und für sich allein vorhanden ... Über diesen erhebt sich eine gewaltige, bevormundende Macht, die allein dafür sorgt, ihre Genüsse zu sichern und ihr Schicksal zu überwachen. Sie ist unumschränkt, ins einzelne gehend, regelmäßig, vorsorglich und mild. Sie wäre der väterlichen Gewalt gleich, wenn sie wie diese das Ziel verfolgte, die Menschen auf das reife Alter vorzubereiten; statt dessen aber sucht sie bloß, sie unwiderruflich im Zustand der Kindheit festzuhalten.«

Es ist nicht schwer, in dieser Schilderung unsere Situation wiederzuerkennen. Es ist die heile Welt des fürsorglichen Staates und der einsamen Masse, die sich um die eigene Bedürfnisbefriedigung dreht, die vom Gemeinwesen alles fordert ohne ihm, von Steuern abgesehen, etwas zu geben; die verlangt, gegen alle möglichen Lebensrisiken wirksam abgesichert zu sein. Man glaubt, einen Anspruch darauf zu haben, daß es einem»gut« geht, und wer oder was einen daran hindert, ist – böse. Gleichzeitig aber hat man, in einer Mischung aus Harmlosigkeit und infantiler Borniertheit, aufgehört, in sich selbst das Böse zu entdecken, jenen riskanten seelischen Untergrund, der überhaupt erst das stets gefährdete Werk der Zivilisierung nötig macht. Die heile Welt der Wohlstandsgesellschaft hat aus der Enthemmung eine Tugend gemacht. Die Gefahr des Barbarischen war, trotz Nietzsche-Renaissance, kein wirkliches Thema der postmodernen Behaglichkeit. Die heile Welt gab es hierzulande noch bis vor kurzer Zeit. In einem atemberaubenden Tempo ist sie nun dabei, zu zerbersten. Manche, die sich daran gewöhnt hatten, von den geistigen und materiellen Risiken eines Lebens in Freiheit verschont zu bleiben – und das gilt nicht nur für die Bewohner der ehemaligen DDR –, reagieren nun ihre Ängste ab an den Ausländern und da und dort auch schon wieder an Juden.

Noch vor einem Jahr gab es einen soziologischen Bestseller, der unsere Gesellschaft als eine »Erlebnisgesellschaft« beschrieb. Vorherrschend sei, so heißt es in dem gleichnamigen Buch von Gerhard Schulze, die Orientierung an Erlebnissen, welche die einen im schlichten Konsum suchen, die anderen in den Spiralen der Selbstbeobachtung oder in den Ritualen der Selbstinszenierung. Entscheidend seien die »Distinktionsgewinne« durch die jeweilige Art des Genusses. Die einen seien eher auf Gemütlichkeit und Harmonie fixiert, die anderen bevorzugten das Spannungsschema aus Selbstfindung und Emanzipation. Der *homo oeconomicus* vergangener Zeiten sei mutiert zum Erlebnissubjekt, das den Kampf aufgenommen habe gegen die Gefahr des Verblassens des Befriedigungsreizes. Statt Ethik nun also Ästhetik. Und da sich über Geschmacksfragen bekanntlich nicht streiten läßt, so legt ein solches Sozialgemälde die Vermutung nahe, daß wir vielleicht doch auf einen Zustand zugehen, wo es immer weniger Anlaß geben wird, sich zu streiten.

Den Befund »Erlebnisgesellschaft« hat Tocqueville anderthalb Jahrhunderte früher als bedrohliche Infantilisierung bezeichnet und als Unfähigkeit, ins reife Alter einzutreten. Zum reifen Alter gehört die Bekanntschaft mit dem Bösen, in sich und um sich, und

Mut, ihm zu widerstehen. Die gut abgepolsterte Erlebnisgesellschaft und die herrschende Logik der Bedürfnisbefriedigung sind dafür schlechte Voraussetzungen. Nichts anderes meinte Tocqueville, als er von den gefährlichen Schwächen der materiell erfolgreichen demokratischen Massenzivilisation sprach. Sie könnte in prekären Situationen, in denen es auf den Gemeinsinn ankommt, verhängnisvoll versagen.

Manches deutet darauf hin, daß wir nach dem Zusammenbruch des Ostblocks und am Anfang einer neuen gigantischen Völkerwanderung vor eine solche Situation gestellt werden. Eben noch glaubte man, die Kraft der zivilen Gesellschaft entdeckt zu haben, da öffnet sich in ihrer Mitte ein Abgrund aus Haß, Verwahrlosung, Menschenfeindlichkeit und Mordlust. Offenbar sind die Staatsorgane ebenso wie die »gute« und »liberale« Gesellschaft davon vollkommen überrascht worden, auch die Linke, die hinter ihrem gebetsmühlenhaften »Alarmismus« (Klaus Hartung) Schutz sucht vor einer bedrohlichen Wirklichkeit. Symptome der Barbarisierung unserer Zivilisation schlagen jetzt in die politische Szene durch. Die Wüste wächst. Es handelt sich um jene Verwüstungen, die Tocqueville teilweise schon antizipierte: Selbstsucht, Zerstörung des Gemeinsinns, Hospitalismus, Konsumismus. Was Tocqueville noch nicht ahnen konnte, ist die beispiellose Verrohung und Entleerung, welche die moderne Medienwelt im Innern der Menschen angerichtet hat. Die da und dort aufflackernden Pogrome lassen sich verstehen als grelle Manifestationen einer schleichenden Erosion unserer Zivilisation, die sich inzwischen auch auf anderen Gebieten zeigt: Naturzerstörung, Unwirtlichkeit der Städte, der alltägliche Bürgerkrieg im Straßenverkehr, die Gewalt in den Schulen, der Verlust einer substantiellen Kultur.

Eine hilflose Politikpädagogik beklagt die mangelnde Vergangenheitsbewältigung und die fehlende Orientierung bei der Jugend. Das ist politisches Biedermeier, das die Probleme durch mehr Information und Sinnstiftung lösen zu können glaubt, dabei das »Gute« im Menschen voraussetzend. Tatsächlich aber kennen die Gewalttäter und ihre Claqueure die Verbrechen der Nazis, und sie wollen diese Verbrechen; sie sind nicht etwa orientierungslos, sondern sie orientieren sich genau an der Blutspur unserer Geschichte. Sie sind – »geil auf Gewalt«. So hat dies Bill Buford genannt, ein Amerikaner, der einige Jahre unter Skins und englischen Hooligans gelebt und an ihren Gewaltexzessen und ihrem Vandalismus teilgenommen hat. Wie er diese Wirklichkeit beschreibt, läßt erkennen, wie ahnungslos die bloß politische Interpretationskunst diesem Phänomen gegenüber bleiben muß. Der Status des zivilisierten Mitbürgers schreibt Buford, »erscheint mir als Netz, das mich festhält und mich nicht abstürzen läßt. Er erscheint mir als ein Haus, das mich vor der Nacht und ihrer furchtbaren, alle Unterschiede tilgenden Dunkelheit schützt. Aber er erscheint mir auch als Last. Er erscheint mir als Schranke, als Hindernis zwischen mir und etwas anderem, das ich nicht kenne und nicht verstehe. Und mich reizen die Momente, in denen er verschwindet: wenn das Netz reißt, das Gewebe sich auflöst, das Haus brennt. Immer geht es um diese Linie, diese Grenze: Ich bin gebannt, beglückt von dem, was ich auf der anderen Seite finde. Sie erregt mich; ich kenne keine stärkere Erregung. Hier, am Rande eines Erlebens, das seiner Natur nach gesellschafts- und zivilisationsfeindlich, antizivilisatorisch ist, findet man gesteigertes Erleben. Was sind das für Erlebnisse? Der (zugefügte oder erlittene) Schmerz. Brandstiftung. Bestimmte Drogen. Gewaltverbrechen. Sich in einer Masse befinden. Und – noch stärker – sich in einer Masse befinden, die einen Gewaltakt begeht. Was wir dort finden, ist das Nichts, und ich kam nicht los von der simplen Folgerung, die sich mir immer wieder aufdrängte: daß es für die Gewalttätigkeit keinen Grund gab.«

Es gibt keinen Grund für diese Gewalt, sagt Buford, weil diese Gewalt selbst der lustvoll angestrebte Zweck ist. Noch mehr als ihre Opfer, so Buford, verachten diese Gewalttäter jene Polizisten, die zu »schlapp« sind, ihrem Treiben Widerstand zu leisten. Das einzige, was sie beeindruckt, ist die Gewalt, die ihnen entgegengesetzt wird. Nur diese ist für sie satisfaktionsfähig. Und deshalb wirkt auf sie ein Staat, der zurückweicht und »Verständnis« zeigt, nur um so verächtlicher. Sie verstehen nur eine Sprache, und das ist die der Abschreckung und der Einschüchterung. Im Umgang mit ihnen ist man besser beraten, wenn man auf Hobbes statt auf Habermas hört. Diese neue Gewaltbereitschaft wird verharmlost, wenn sie nur als Ausdruck irgendwelcher Frustrationen angesehen wird. Das ist noch der Glaube daran, daß die Gewaltlust, das Böse also, eigentlich etwas anderes will. Aber wie, wenn es genau darum geht: zu zerstören, zu verletzen, zu töten? In einem Hit der rechtsradikalen Musikszene heißt es: »Siehst du einen Türken/ in einer Straßenbahn,/schaut er dich irgendwie/ provozierend an,/ dann stehst du einfach auf/ und haust ihm eine rein,/ du ziehst dein Messer/ und stichst siebzehnmal hinein.«

Wahrscheinlich werden wir wieder lernen müssen, was frühere Jahrhunderte selbstverständlich wußten: daß Zivilisationen nichts anderes sind als Zivilisierungen der latenten Gewaltbereitschaft. Die Gewalt ist nicht Ersatz für irgend etwas, sondern umgekehrt: Die Zivilisation, wenn sie denn gelingt, vermag die Gewalt zu »ersetzen«, die stets im seelischen und gesellschaftlichen Untergrund lauert. Zivilisationen sind Versuche, das Böse zu domestizieren, und Freud hat immer davor gewarnt, die Verläßlichkeit der Sicherungen zu überschätzen. Über die Orgie des Tötens und der Zerstörung im Ersten Weltkrieg schrieb er: »In Wirklichkeit sind sie (die Menschen) nicht so tief gesunken, wie wir fürchten, weil sie gar nicht so hoch gestiegen waren, wie wir's von ihnen glaubten.« Wir müssen mit der Wiederkehr des Bösen, mit der Entsublimierung des in der Zivilisation gebundenen Gewaltpotentials rechnen, und dies um so mehr, weil die imaginäre Welt der Medien uns bereits alltäglich in ein Universum vollkommener Enthemmung versetzt. Eröffnet eine Gesellschaft Chancen für die Freisetzung der »bösen Gelüste«, so wird man erleben, sagt Freud, daß die Menschen Taten begehen von »Grausamkeit, Tücke, Verrat und Roheit, deren Möglichkeit man mit ihrem kulturellen Niveau für unvereinbar gehalten hätte«.

Man kann nicht sagen, daß Freuds Einsichten hierzulande nicht bekannt gewesen seien. Aber von der heutigen Krisenstimmung aus gesehen, fällt auf, wie eigentümlich harmlos und idyllisch das Denken der vergangenen Dezennien gewesen ist und daß in ihm ein Thema, das doch über Jahrhunderte hin das abendländische Denken bestimmt hatte, kaum vorkam: das Böse. Jedes Nachdenken über die *conditio humana,* ob es nun auf das Verständnis des ganzen Seins, der Moral oder der Politik ankam, hatte sich früher stets herauszuarbeiten aus jener alles grundierenden Nacht, die man nannte: das Chaos, das Böse, das Übel. Und jede Helligkeit des Denkens und der Zivilisation hob sich vor diesem dunklen Hintergrund ab. Für das frühe Christentum war die Frage nach dem Bösen fast identisch mit der Frage: Was ist die Welt? Die Definitionen der Welt und die des Bösen waren annähernd deckungsgleich. Damals, mit Christi Geburt, wurde die für einige Zeit wirkungsmächtigste Antwort auf die Existenz des Bösen in der Welt gefunden: der Glaube daran, daß wir zwar in dieser Welt, aber nicht von dieser Welt sind.

Diese neue Spiritualität war ein Triumph des Realismus: Man vertraute auf Gott, rechnete aber in den weltlichen Dingen mit dem Schlimmsten. Diese Welt wird von den Mächten der Finsternis regiert, hieß es. Die Legende der Christusgeburt weiß davon zu berichten. Kaum hat Jesus das Licht der Welt erblickt, schon trachtet man ihm nach dem Leben. Er überlebt das Gemetzel des Herodes gegen die Neugeborenen. Auch für denjenigen, der nicht von dieser Welt ist, kommt zunächst einmal alles darauf an, in dieser Welt zu überleben. Das ist sein erstes Pensum im Kampf mit dem Bösen in der Welt. Das zweite wird dann sein die schließliche »Erlösung von dem Übek«, also die Erlösung von der Welt. Das frühe Christentum lebte aus dem Glauben an die baldige Wiederkehr des Messias, an das Ende der Zeiten. Deshalb auch verkündet die Bergpredigt keine Moral des Überlebens und der Selbstbehauptung – das alles gilt bereits als »böse« –, sondern eine Moral des Reinbleibens bis zum Tage der Erlösung. Widerstehe dem Bösen bedeutet frühchristlich: Halte dich fern von der Logik des weltlichen Verkehrs, du bist hier nicht zu Hause, bewahre deine Seele rein für die Ankunft des Herrn, der dir ein neues Zuhause bereiten wird. Die Plastizität und Anschaulichkeit der früheren Teufelsbilder kann nicht darüber hinwegtäuschen: Das Böse galt als ebenso unergründlich wie Gott selbst. Vielleicht noch unergründlicher, weil das Böse ja keine Ordnung bildet. Es ist eine Nicht-Ordnung, also Chaos. Es ist Verwirrung und Verkehrung, in die kein Verstand eindringen kann. Das Böse soll man nicht verstehen und erklären wollen, man muß ihm widerstehen, es bekämpfen und dabei auf die Gnade vertrauen; sie gibt einem die Zuversicht, daß man nicht unterliegen werde. Von Gott erwartete man, daß er hilft gegen das Böse, im eigenen Herzen und in der Welt, und doch war er als allmächtiger Schöpfer offenbar verantwortlich dafür, daß es das Böse überhaupt gab. Darin lag ein großes Problem. Die ganze Philosophie und Theologie des Mittelalters drehte sich darum. Und noch heute wird das Denken unterschwellig von Motiven bestimmt, die aus jener großen jahrhundertelangen Debatte um die Rechtfertigung Gottes angesichts der Übel und des Bösen in der Welt stammen.

Das kann auch nicht anders sein, denn das Theodizeeproblem der Rechtfertigung Gottes angesichts des Bösen in der Welt war ja im Kern ein Anthropodizeeproblem: Der Mensch, der Tod und Verderben bringt, hatte sich zu rechtfertigen und Gott nur insofern, als er den Menschen geschaffen hatte. Der dunkelste, beharrlichste, unerklärliche Widersacher der guten Ordnung war das Böse, das aus dem Menschen kommt. Und so näherte man sich dem anderen großen Thema: der Freiheit. Aus des Menschen Freiheit sah man das Böse in die Welt kommen. Der Mensch war schon bei den Griechen das Fragezeichen hinter jedem Kosmosgedanken, weil er doch sein *ethos,* also seine Art des Wohnens im Kosmos und in der Polis, selbst gestalten und finden muß, was ihm aber auch mißlingen kann. Daß der Mensch ein riskiertes Wesen ist, hat nicht erst die moderne philosophische Anthropologie entdeckt. Das Böse ist also in verwirrender Weise ins Mysterium der menschlichen Freiheit verschlungen, so schon in der klassischen Antike, so auch bei Augustin und so immer noch bei Kant, dem Begründer unserer Moderne. Für Kant steckt das Böse nicht, wie man vielleicht denken könnte und wie es auch gerne kolportiert wird, in der Natur, im triebhaften Verlangen des Menschen. Es ist kein Naturgeschehen, sondern eine Tat der Freiheit. Es gibt zwar einen naturhaften »Hang«, nicht aber einen »Zwang« zum Bösen, denn wir haben als Vernunftwesen immer noch den Entscheidungsspielraum, welchen Antrieben wir Einfluß auf die »Maximen« unseres Handelns gewähren lassen wollen. Genau diesen Spielraum macht die Dimension der Freiheit aus. Für Kant ist es ausgemacht, daß, wer über die Freiheit redet, auch über das Böse reden muß. Die Möglichkeit des Bösen ist der Preis der Freiheit.

Dieser Gedanke gibt dem Kantschen Geschichtsverständnis seine eigentümliche Offenheit. Wie im Leben des einzelnen, so gibt es auch in der Geschichte keinen teleologischen Zwang hin zum Guten. Die Freiheit der Vernunftbestimmung schließt das aus. Dann aber ist die Geschichte ebenso wie das Leben des einzelnen mit dem Risiko des Scheiterns belastet, so daß offenbleiben muß, »ob nicht die Zweitracht am Ende für uns eine Hölle von Übeln vorbereite, indem sie vielleicht alle bisherigen Fortschritte in der Kultur durch barbarische Verwüstung wieder vernichten werde«. Kants Blick auf die Autonomie des Menschen bleibt realistisch: Nicht nur der einzelne Mensch, sondern eine ganze Zivilisation kann sich zum Bösen bestimmen. Das von Kant geistig auf den Weg gebrachte 19. Jahrhundert aber wird das Risiko des Bösen verdecken. Bei Hegel wird aus der Autonomie des Geistes eine zwangsläufige Erfolgsgeschichte zum Guten. Überhaupt wird die dialektische Kunst, von Hegel bis zu Marx und seinem ideologischen Gefolge, das Bravourstück fertigbringen, das Böse nur als bloße Antithese auftreten zu lassen, die allemal von einer gelingenden, guten Synthese – bei Hegel ist es der preußische Vernunftstaat, bei Marx der Kommunismus – überwunden werden wird. Es gilt hier die Regel, die Goethe seinen Mephisto formulieren läßt:»Nun gut, wer bist du denn?« fragt Faust, und Mephisto antwortet:»Ein Teil von jener Kraft, die stets das Böse will und stets das Gute schafft.«

Diese Mephistoformel vom Guten des Bösen hat lange Zeit die optimistische Illusion genährt, als ob Gesellschaften in der Geschichte auf einen Zustand wachsender Stabilität, also zunehmender Integration des Bösen, zugehen. Deshalb hat auch immer wieder der verführerische Gedanke vom»Ende der Geschichte«, verstanden als gutes Gelingen, Konjunktur gehabt, begleitet allerdings auch stets von seinem Schatten, dem Gedanken der Apokalypse, verstanden als Triumph des Bösen. Die Vision einer»stabilen« Endform aber steckt in beiden Versionen. Welche Ausnahmesituation die stabile Bipolarität der politischen Systeme gewesen ist, wird erst im Rückblick, nach Zusammenbruch des Ostblocks, deutlich. Tatsächlich war die Geschichte, auf der nördlichen Halbkugel wenigstens,»eingefroren« in den Machtblöcken, und sie kehrt jetzt wieder als das zu regelnde und nur manchmal geregelte Chaos, das sie schon immer war.

Indem aber die Geschichte wiederkehrt, wird sich unserem Bewußtsein auch die Wiederkehr des Bösen aufdringen. Die Geschichte wird wieder offen, gefährlich, unberechenbar, ein Chaos der Gewalt, bei dem es immer ungewiß bleibt, ob und mit welchen Opfern und Grausamkeiten sich daraus wieder eine neue Ordnung, neue Gewaltmonopole herausbilden. Die Geschichte ist wieder in den Aggregatzustand ihrer blutigen Unfertigkeit getreten. Nur eine kurze Zeit lang konnte der Zusammenbruch der diktatorischen Regime mit dem Sieg der Demokratie verwechselt werden. Die Wirklichkeit der Ethnisierung der Politik, der Wiederbelebung des Stammeswesens, der Bürgerkriege hat uns eines Besseren belehrt. Auch die Demokratie ist kein Telos, auf das der geschichtliche Weltprozeß zustrebt. Sie ist keine gesicherte und unwiderrufliche zivilisatorische Errungenschaft, sie ist, wie der Blick in die Geschichte lehrt, die Ausnahme, der Glücksfall. Vieles spricht gegen sie, und sie mutet den Menschen vieles zu. Denn sie lebt nicht nur von funktionierenden, machtvollen Institutionen und auch nicht vom wirtschaftlichen Erfolg, sondern davon, daß es eine Bürgergesinnung gibt, für welche die Erörterung der öffentlichen Angelegenheit, die Debatte, die Sorge um das Gemeinwohl nicht nur ein notwendiges Mittel, sondern ein Teil des Lebenszwecks selbst sind. Demokratie als Lebensform ist stets gefährdet, weil sie auf schwankendem Grund errichtet werden muß, auf Pluralität, Selbstrelativierung, Kompromiß, wechselseitige Anerkennung und – der Rede. Hannah Arendt schreibt:»Denn menschlich ist die Welt nicht schon darum, weil sie von Menschen hergestellt ist, und sie wird auch nicht schon dadurch menschlich, daß in ihr die menschliche Stimme ertönt, sondern erst, wenn sie Gegenstand des Gesprächs geworden ist.«

Doch wir reden im Schatten der Gewalt, und wir müssen, in historischer Perspektive, dankbar sein für die kostbaren Augenblicke in der Geschichte, wenn dort, wo Gewalt war, nun die Rede und Wechselrede regiert. Ein solcher Augenblick ist Demokratie, wenn sie denn, ausnahmsweise, gelingt. Darum auch ist sie, wie Donald Kagan sagt,»eines der seltensten und delikatesten Gewächse im Dickicht menschlicher Erfahrung«. Es ist ein Symptom der schon erwähnten Harmlosigkeit des Denkens in jüngster Vergangenheit, wenn etwa die Kommunikationsphilosophie den in Wechselrede erzielten vernünftigen Ausgleich der Interessen nicht als Glücksfall, sondern als Apriori der menschlichen Vergesellschaftung ansetzt. In der Windstille befristeter Sekurität wird der Normalfall, also der Kommunikationsabbruch, die stumme Gewalt, die nicht mit sich reden läßt, ausgeblendet.

Das Böse kommt aus der Freiheit des Menschen in die Welt, sagt die alte christliche Metaphysik. Die Neuzeit glaubt, des Bösen

Herr geworden zu sein. Doch seit einiger Zeit wachsen die Zweifel. Sie werden nicht nur genährt von den Anzeichen moralischer Zersetzung, von denen bisher die Rede war. Denn angesichts der ökologischen Krise wird fraglich, ob gegen die zerstörerische Dynamik der technisch-wissenschaftlichen Zivilisation Moralität überhaupt noch etwas ausrichten kann, ob nicht schon längst die Logik der Sachen gesiegt hat und ob wir nicht schon dabei sind, »von der eigenen Zivilisation verbrannt zu werden« (Arnold Gehlen). In der Semantik des Bösen heißt das: ob nicht der Zivilisationsprozeß selbst das Böse und Unheilvolle ist, das wir zwar in die Welt gesetzt haben, das sich aber unserer Verfügung bereits entzogen hat. Gibt es noch dieses verursachende Supersubjekt »Menschheit« hinter dem Prozeß, ein Supersubjekt, das die Dinge zum Guten oder zum Bösen lenken kann? Oder stecken wir inzwischen ohnmächtig in einer Prozeßlawine, die unaufhaltsam zu Tal donnert?

Wenn es so sein sollte, dann allerdings wären wir die Akteure eines Dramas, das die mittelalterliche metaphysische Spekulation schon einmal, als Prolog im Himmel gewissermaßen, antizipierte. Damals hatte man von Gott gesagt, er habe, als Schöpfer der Welt, den Menschen gerade dadurch gottähnlich gemacht, daß er ihm die Freiheit gab. Der Mensch war dann, mittels seiner Freiheit, Gott aus dem Ruder gelaufen und hatte ihn schließlich sogar totgesagt. Nun haben die Menschen die wissenschaftlich-technische Zivilisation hervorgebracht: ihre Schöpfung. Und vielleicht wird die Zivilisation dem Menschen gegenüber ebenso frei, wie es der Mensch seinem Gott gegenüber war; vielleicht geht die Zivilisation ihre eigenen Wege, und wir müssen es uns gefallen lassen, von ihr eines Tages für tot erklärt zu werden.

Vielleicht müssen wir erst noch begreifen, daß wir uns mit der Logik der wissenschaftlich-technischen Zivilisation auf Strukturen und Kräfte bezogen, die jenseits unserer Verfügungsgewalt liegen, auch wenn sie sich zunächst nur durch unsere Aktivität manifestieren. Wenn es aber die Strukturen und die Systemlogik sind, die uns bestimmen, so sind sie damit für uns zu einer neuen Art des Heiligen geworden, rational und numinos zugleich. Sie wirken durch uns, wir sind ihrer aber nicht Herr. Zu dieser Lage passen denn auch die Überlegungen der Systemtheoretiker, die von den unvorhersehbaren Entwicklungen der autopoietischen Systeme reden. Nachdem die Säkularisierung die Gnade Gottes hat verblassen lassen, hängen wir vielleicht jetzt ab von der Gnade dieser autopoietischen Systeme. Aber vielleicht ist der Unterschied dieser beiden Arten der gläubigen Zuversicht gar nicht so groß.

Auf die Zuversicht kommt es auf jeden Fall an. In prekären Situationen, sagt Kant, gibt es eine Art Pflicht zur Zuversicht, und zwar deshalb, weil die Geschichte offen ist und in Barbarei oder Zerstörung enden kann, ohne doch darin enden zu müssen – es gibt weder eine Fatalität zum Gelingen noch zur Apokalypse hin. Es bleibt uns nichts anderes übrig, als so zu handeln, als ob es Gott und unsere eigene Natur gut mit uns gemeint hätten.

RUDOLF WASSERMANN

RECHT UND GEWALT

Über die Hilflosigkeit des Staates gegenüber dem Verbrechen

Was ist los mit der deutschen Polizei und Justiz? Natürlich gab es auch in der Vergangenheit oft Anlaß, diese Frage zu stellen. Statt sich zu entspannen, hat sich jedoch die Lage zusehends verschärft. Was einst Unbehagen auslöste, wie es Institutionen, die das staatliche Gewaltmonopol ausüben, stets begleitet, hat sich längst zu Ärgernissen ausgewachsen, die das Vertrauen in den Rechtsstaat erschüttern. Unsere Polizei und Justiz, dahin geht die Kritik, sind in der Lage, Parkverstöße zu ahnden, versagen jedoch, wenn es darum geht, die Bürger und Bürgerinnen vor Verbrechen zu schützen, vor allem vor Gewalt. Dieses sich bis zur Hilflosigkeit steigernde Defizit ist um so ernster, als wir es mit einer seit langem grassierenden Kriminalität zu tun haben. Wenn nur noch jede zweite Straftat von der Polizei aufgeklärt wird, ist es vergleichsweise risikolos, Verbrechen zu begehen, zumal wenn man weiß, daß nur ein Bruchteil der aufgeklärten Verbrechen von den Gerichten geahndet wird und dies vor dem Hintergrund des kriminologischen Befundes, daß die Verbrechen immer brutaler, die Täter immer jünger werden.

All das läßt sich statistisch belegen. Aber Zahlen sind dürr. Zu bedenken ist, was an menschlichem Leid dahintersteckt, auch an Bitterkeit und ohnmächtigem Zorn darüber, daß der Staat nicht imstande ist, den Schutz seiner Bürger zu gewährleisten. In der politischen Diskussion steht die Sorge vor der organisierten Kriminalität obenan, eine Erscheinung, die noch in den 70er Jahren in Deutschland nahezu unbekannt war, während heute ganze Verbrechensarten wie z.B. der Rauschgifthandel fest in der Hand krimineller Organisationen sind. Mehr noch bedrückt die Bürger und Bürgerinnen allerdings der Anstieg der Alltagskriminalität. Die Grenzen zwischen dieser und der organisierten Kriminalität sind fließend. Der Diebstahl von Kraftfahrzeugen und deren anschließende Verschiebung ins Ausland, einst ein Individualdelikt, hat sich längst zu einem besonders lukrativen Zweig der organisierten Kriminalität entwickelt.

Besteht beim Autodiebstahl immerhin die Chance, daß die Täter ermittelt werden, so besteht bei anderen Diebstählen, etwa von Autoradios und bei Wohnungseinbrüchen, kaum Aussicht, der Täter habhaft zu werden. Hier wird Kriminalität mehr verwaltet als verfolgt: Der Bestohlene zeigt den Diebstahl bei der Polizei an. Diese aber ist nicht imstande, die Täter zu ermitteln, wenn ihr nicht der »Kommissar Zufall« zur Hilfe kommt, etwa wenn ein Festgenommener bei seiner Vernehmung »reinen Tisch« macht und offenbart, welche Straftaten er sonst noch begangen hat.

Viele Straftaten vollziehen sich vor aller Augen. Am hellichten Tage werden Straßenpassanten überfallen, Menschen niedergeschlagen, Geschäfte – nicht zuletzt Banken – beraubt, wobei Geiselnahmen häufig sind. Manche Straßen und Plätze sind Zonen der Unsicherheit, die der Selbsterhaltungstrieb zu meiden gebietet. Natürlich darf nicht übertrieben werden. Aber man betrete U- und S-Bahn-Züge am Abend. Daran, daß Sitze aufgerissen, Wände beschmiert sind, an diesen Vandalismus, über den auch in den Schulen geklagt wird, haben wir uns gewöhnt. Aber die Menschen, die auf Benutzung dieser öffentlichen Verkehrsmittel angewiesen sind, haben nach den vielen Überfällen, bei denen die Opfer brutal zusammengeschlagen werden, einfach Angst, in die Züge zu steigen. Selbst Schaffner werden verprügelt und bedroht. Es muß auf alle, die Opfer von Straftaten geworden sind – und sei es auch »nur« dadurch, daß nachts Autos aufgebrochen, die Türen und Scheiben beschädigt, die Sitze aufgeschlitzt und das Radio entwendet wurde – als Zynismus wirken, wenn man sie mit dem

Hinweis trösten will, die hohe Kriminalitätsbelastung sei nun einmal der Preis für die Freiheit, die man genieße, und in New York oder Washington sei die Lage weit schlimmer. Soll denn Deutschland ein El Dorado für Verbrecher werden? Daß wir auf dem besten Wege dorthin sind, zeigt sich auch darin, daß Skinheads und Terroristen Menschen, die ihnen mißfallen, niederschlagen, töten und deren Wohnungen in Brand stecken. Überhaupt ist die Rohheit kaum faßbar, mit der die oft jugendlichen Schläger vorgehen. In einer altmärkischen Kleinstadt, um ein konkretes Beispiel aufzuführen, schlug ein 19jähriger sein Opfer in einer Gaststätte zusammen, zerrte es auf die Straße, zog es dort nackt aus und verbrannte die Kleidung des blutüberströmten und sich vor Schmerzen krümmenden jungen Mannes. Und dies ist beileibe kein Einzelfall. Die Lokalteile der Presse sind voll von Taten, die von sittlicher Verrohung zeugen. An einem einzigen Tag im Februar 1994 z.B. wurde von neun Morden berichtet, deren Opfer enthauptet, verstümmelt, zerstückelt, aus dem Fenster geworfen wurden. Ein 21jähriger verletzte einen 51jährigen Mann lebensgefährlich, stach auf vier andere Männer ein, mißhandelte eine Frau und verübte einen Einbruch. Bei einem Überfall wurde ein Geldbote niedergestreckt, der um sich schießende Täter entkam.

Heruntergespielt, ja teilweise sogar verschwiegen, wird andererseits der beträchtliche Anteil, den Ausländer an der organisierten Kriminalität haben. Allen Ernstes haben Innenminister und ehemalige Bundesverfassungsrichter gefordert, in Statistiken und Berichten auf die Angabe der Herkunft von Straftätern zu verzichten, weil sie fürchten, daß dieses Wissen Fremdenfeindlichkeit fördern würde. Es nimmt unter diesen Umständen nicht wunder, daß es erst der unbefangenen Analyse eines Journalisten, Jochen Kummer, bedurfte, um die Wahrheit ans Licht zu heben.

Besonders bedrückend ist der Anstieg der Gewalttätigkeit, die nun schon über zwei Jahrzehnte anhält, auch was die politisch motivierte Gewalt angeht. Die gewaltfreie Demonstrationskultur,

251

von der das Grundgesetz handelt, ist so gut wie passé. Im Schutze falsch verstandener Demonstrationsfreiheit beherrschte in den 80er Jahren der sogenannte autonome Mob die Straße, wann und wo er es wollte. Ein Riesenaufgebot von Polizeibeamten war nötig, um die Gewalttäter in Schach zu halten, und oft genug gelang dies nicht einmal. Auch heute sind die Autonomen aktiv. Zu den – trotz strafbewehrten Verbots! – vermummten Linksextremisten, die sich gern als »Antifaschisten« bezeichnen, sind nicht minder gewalttätige Skinheads und Rechtsextremisten getreten, die in Sachen Taktik von den Autonomen gelernt haben und in der demonstrationen Brutalität ihres Auftretens ihre Lehrmeister oft sogar übertreffen. So schaukeln sich die Gewalttäter von links und von rechts wechselseitig hoch, und der Staat ist nicht imstande, ihnen wirksam genug entgegenzutreten.

Fernsehbilder haben sich als Dokumentation staatlicher Hilflosigkeit dem Bewußtsein eingeprägt, etwa das vom 1. Mai 1989 in Berlin, wo fliehende Polizisten vor plündernden »Demonstranten« Reißaus nahmen, oder die aus Rostock und anderen Orten, wo die Polizei Asylbewerber nicht vor Schlägergruppen mit Brandsätzen und Molotowcocktails zu schützen vermochte. Und kommt es nicht einer Bankrotterklärung gleich, wenn sich der Rechtsstaat nicht imstande zeigt, den reisenden Gewalttätern, die heute hier und morgen dort Krawall machen, das Handwerk zu legen? Deprimierend war die Unfähigkeit, im Mai 1993 bei der Abstimmung über die Asylrechtsänderung den Abgeordneten den ordnungsgemäßen Zugang zum Bundestag zu ermöglichen. Damals schlossen die Gegner der Grundgesetzänderung einen lückenlosen Belagerungsring um das Wasserwerk, in dem der Bundestag seinerzeit tagte, und die Polizei, die mit 4000 Beamten aufmarschiert war, unternahm nichts, um wenigstens eine Durchlaßstelle, geschweige denn den normalen Zugang zum Bundestag offenzuhalten. Wer dennoch als Abgeordneter oder Bediensteter versuchte, zum Bundestag und zum Regierungsviertel zu gelangen, wurde angepöbelt, mißhandelt, mit Farbbeuteln beworfen.

Mit Schiffen und Hubschraubern mußten die Abgeordneten in den Bundestag gebracht werden – ein Szenario, das sie weltweitem Spott und Gelächter preisgab. Straftaten über Straftaten – Körperverletzungen, Beleidigungen, Nötigungen – wurden von den Belagerern am laufenden Band begangen, aber die Polizei lehnte, wenn sie um Schutz gebeten wurde, ein Eingreifen rundweg ab, weil sie strikte Order hatte, sich dessen zu enthalten. Bisland hatte der Bundestag nicht unmittelbar erfahren, was so oft die heutige Polizeiwirklichkeit kennzeichnet: das Zurückweichen vor der Gewalt. Jetzt konnten die Abgeordneten am eigenen Leibe spüren, wohin die als De-Eskalationstaktik verbrämte Zurückhaltung der Staatsorgane führt, zum Triumph des Rabaukentums wie zur Ermutigung von Straftätern, während der einzelne Polizeibeamte, der das alles geschehen lassen muß, demotiviert wird. An Wasserwerfern und Tränengas fehlt es dem Staat nicht, wohl aber an dem Willen, dem Unrecht zu wehren und die Kultur des freiheitlich-demokratischen Rechtsstaates gegen seine Verächter zu verteidigen.

Verfehlt wäre es, darin allein ein Problem politisierter Polizeiführungen zu sehen. Die Skrupel gegen den Einsatz staatlicher Machtmittel setzen sich in der Justiz fort, die sich den Bürgern und Bürgerinnen oft in erstaunlicher Verfassung präsentiert.

Auf das stärkste hat die Blamage, mit der das Honecker-Verfahren zu Ende ging, den Ruf der Justiz als einer vorurteilsfreien, unparteiischen Einrichtung beschädigt. Sowohl die juristischen Tricks, mit denen der Verfassungsgerichtshof des Landes Berlin sich anmaß, Bundesrecht außer Kraft zu setzen und die Aussicht, das Prozeßende nicht zu erleben, zu einem absoluten Einstellungs- und Aufhebungsgrund hinaufstilisierte, als auch die hektische Eile, mit der das Landgericht Honecker unter Nichtachtung der strafprozessualen Vorschriften in Freiheit setzte, bezeichnen einen Tiefpunkt in der Geschichte der bundesrepublikanischen Justiz. Die berühmte Sentenz, die Justiz hänge die Kleinen, aber lasse die Großen laufen, hat der Ausgang des Honecker-Verfahrens bestätigt und damit der Glaubwürdigkeit der Justiz schweren Schaden zugefügt. Die am Honecker-Verfahren beteiligten Richterinnen und Richter müssen sich dessen bewußt gewesen sein. Um so schwerer wiegt die Verantwortung, die sie auch vor der Geschichte zu tragen haben,und wie muß angesichts dieses Justizskandals den Opfern des SED-Regimes zumute sein?

Zur Ironie der Justizgeschichte gehört es, daß die Strafkammer des Landgerichts Berlin, die das Verfahren gegen Hoenecker einstellte und dessen Freilassung verfügte, ein Jahr zuvor bei einem 74jährigen KZ-Wächter, der wegen einer schweren Herzkrankheit auf einer Trage in den Gerichtssaal gebracht werden mußte und einige Tage nach der Urteilsverkündigung verstarb, den Antrag auf Verfahrenseinstellung ohne Bedenken abgelehnt hatte. Vor dem Gesetz sollen alle gleich sein. Aber der eine ist, mit Orwell zu sprechen, offenbar gleicher als der andere, und der Verdacht, daß die Menschenwürde eine unterschiedliche Qualität hat je nach dem, wer vor Gericht steht, hat Anlaß, sich bestätigt zu sehen.

Kann man sich unter solchen Umständen wundern, wenn das Vertrauen in die Justiz sinkt, was ihren Beitrag zur Kriminalitätsbekämpfung angeht? Wohl kaum. Mit Grund wird an der langen oft überlangen Dauer der Strafverfahren Anstoß genommen, die nur zum Teil mit Gründlichkeit erklärt werden kann. Eine auffallende, das Rechtsbewußtsein tangierende Erscheinung ist der Strafenschwund. Bei der Strafaussetzung zur Bewährung hat sich ein fataler Automatismus eingebürgert, der an den auf individuelle Persönlichkeitsprüfung zielenden Intentionen des Gesetzgebers vorbeigeht.

Der breiten Öffentlichkeit kam dieser Mißstand erst zum Bewußtsein, als ein Hamburger Amtsgericht im Oktober 1993 eine Bewährungsstrafe gegen den Attentäter verhängte, der auf die weltbeste Tennisspielerin Monica Seles hinterrücks eingestochen und sie verletzt hatte. Ich kritisiere die verfehlte Anwendung der Bestimmungen über die Strafaussetzung hier nicht zum ersten

Mal und habe dafür Zustimmung gerade auch von Richtern und Staatsanwälten erhalten. Das zeigt, daß Pauschalurteile nicht angezeigt sind.

Es ist auch zu berücksichtigen, daß die »Tatrichter«, die in erster Instanz entscheiden, oft ihre liebe Not mit den ihnen übergeordneten Revisionsgerichten und deren Rechtsauffassungen haben. Deshalb sei aus einem Brief zitiert, mit dem eine Strafkammervorsitzende mit jahrzehntelanger Praxis ihrem Unmut Luft machte:

»Nach dem Gesetz darf die Vollstreckung einer Freiheitsstrafe von mehr als einem Jahr nur dann zur Bewährung ausgesetzt werden, wenn nach der Gesamtwürdigung von Tat und Persönlichkeit des Verurteilten besondere Umstände vorliegen. Längst ist diese Bestimmung von den Obergerichten dahin aufgeweicht worden, daß wir statt »und« »oder« zu setzen haben.

In einem Urteil, das sich mit organisiertem Versicherungsbetrug befaßte, hatte das Landgericht den besonderen Schaden, der durch ein derartiges Verhalten alle Versicherungsnehmer trifft, da die Versicherungen erfahrungsgemäß nach derartigen Verlusten die Prämien erhöhen, strafschärfend gewertet. Das Urteil ist aufgehoben worden mit der Begründung, es sei nicht dargelegt, weshalb gerade diese Angeklagten der Volkswirtschaft Schaden zugefügt hätten.

Grundsätzlich darf eine Strafe nach §§ 21, 49 Abs. 1 StGB nicht mehr gemildert werden, wenn der Täter weiß, daß er nach dem Genuß von Alkohol zu aggressivem Verhalten neigt. Als sich eine Strafkammer des Landgerichts daran gehalten hatte, ist das Urteil im Strafausspruch mit der Begründung aufgehoben worden, diese Rechtsansicht treffe zwar zu, denn hier wisse der Täter, daß er, wenn er Alkohol getrunken habe, aggressiv werde. Das Landgericht habe es jedoch versäumt, festzustellen, daß ihm dies auch just an dem Tattag bewußt gewesen sei, zumal er den Alkohol in fröhlicher Zechrunde zu sich genommen habe!

Vor einiger Zeit hat eine Strafkammer Täter verurteilt, die kreuz und quer mit der U-Bahn durch Berlin gefahren und dabei mit zeitlichem Abstand in drei Fällen ohne jeden Grund auf andere Fahrgäste eingestochen hatte. Die Strafkammer war zu dem Ergebnis gelangt, dieses Verhalten offenbare eine besondere kriminelle Intensität und verdiene strenge Bestrafung. Das Urteil ist im Strafausspruch mit der Begründung aufgehoben worden, die Täter seien durch die ersten Taten erst richtig ermutigt worden, damit fortzufahren, was eher zur Strafmilderung führen müßte.«

Zur Routine ist vielfach auch die Anwendung des Jugendstrafrechts auf die sogenannten Heranwachsenden, also die 18- bis 21jährigen, verkommen. Das kommt gewalttätigen Schlägern zugute, deren kriminelle Energie sich in brutalem Verhalten austobt. Der 19jährige Schläger, von dessen Roheit oben die Rede war, erhielt zwei Wochen Jugendarrest. Ähnlich wurde bei Heranwachsenden verfahren, die Ausländer zusammengeschlagen hatten.

Wer 18 Jahre alt ist, ist nach unserem Recht volljährig. Er darf wählen, selbständig Rechte erwerben und Verpflichtungen eingehen. Auch das Strafrecht sieht in den Heranwachsenden grundsätzlich Erwachsene. Die Anwendung des Jugendstrafrechts ist an die Voraussetzung geknüpft, daß der Täter zur Tatzeit nach seiner geistigen und sittlichen Entwicklung einem Jugendlichen gleichstand oder daß es sich bei der Tat nach der Art, den Umständen und den Beweggründen um eine Jugendverfehlung handelt.

Wenn das Vorliegen der Voraussetzungen nach sorgfältiger Prüfung bejaht wird, hat die Anwendung des Jugendstrafrechts ihre Richtigkeit, nicht aber, wenn sie zur Routine erstarrt und in den Augen der Täter wie der Bevölkerung zur realitätsfremden Farce wird.

Die Neigung, vor dem Verbrechen zurückzuweichen, statt ihm die Stirn zu bieten, tritt auch in der Tendenz hervor, Kompromisse zwischen Recht und Unrecht zu schließen, wie sie der Lehre vom strafprozessualen Vergleich, dem »deal«, zugrunde liegt. Wenn bei komplizierten Verfahren die Verständigung mit der Verteidigung oft der einzige Ausweg ist, um den Prozeß in Raum und Zeit abzuschließen, ist das eine Niederlage für den Rechtsstaat. Der

Staat ist von Verfassungswegen zur Garantie einer funktionierenden Rechtspflege verpflichtet. Warum werden die Verfahren nicht endlich so gestrafft, die Verfahrensordnungen so vereinfacht, daß es auch in Deutschland möglich ist, Verfahren in angemessener Zeit durchzuführen, wie das in anderen Rechtsstaaten geschieht? Die Vorstellung, daß es zwischen Justiz und Verteidigung zu einem »Kuhhandel« kommt, hat dem Rechtsbewußtsein mehr geschadet, als es sich die Protagonisten des »deal« offenbar haben vorstellen können. Unbefriedigend ist auch die Lage im Strafvollzug. Enorme Mittel sind in den Behandlungsvollzug gesteckt, große Hoffnungen auf Anstalten des offenen Vollzuges gesetzt worden, in denen keine oder nur geringe bauliche Vorkehrungen gegen eine Flucht von Gefangenen getroffen werden, die auf ihre Entlassung und Wiedereingliederung in die Gesellschaft vorbereitet werden sollen. Trotz aller Resozialisierungsbemühungen verharrt aber die Zahl der rückfälligen Gefangenen bei rund 70%. Noch höher ist die Rückfallquote beim Regelvollzug des Jugendstrafrechts. Die Bewährungshilfe leidet unter dem Mißverständnis zwischen Probanden und Helfern, sie ist zum großen Teil bürokratische Aktenarbeit und kann sich schon deshalb nicht so entfalten, wie sich das die Resozialisierungsbewegung vorgestellt hat, als sie den Grundsatz »Helfen statt Strafen« proklamiert und als kriminalpolitisches Postulat durchgesetzt hat.

Erinnert man sich, mit welcher Energie Ende der 60er Jahre gegen Mißstände im Strafvollzug vorgegangen und die Reform des Vollzuges in die Wege geleitet wurde, um Mißstände für die Zukunft auszuschließen, so kann man das Bild, das sich heute in vielen Haftanstalten bietet, nur als erschütternd bezeichnen. In den Gefängnissen, in denen tagsüber die Zellentüren offenstehen, wird mehr denn je gequält, ja sogar getötet, aber nicht von sadistischen Wärtern, sondern von brutalen Mitgefangenen, die den Knast beherrschen. Das Vollzugspersonal weicht vor der Gewalt zurück, wie es auch nicht gelingt, die illegalen Geschäfte mit Alkohol und Rauschgift zu unterbinden. Organisierte Kriminelle finden Mittel und Wege, um im Freigang ihren lukrativen Geschäften nachzugehen. Um kein Mißverständnis aufkommen zu lassen: Die Humanisierung des Strafvollzuges war notwendig. Aber die »Nebenwirkungen«, die eingetreten sind, sind verheerend. Während die »Knast-Bosse« und ihr Anhang ein flottes Leben führen, ist das Gefängnis für die gefolterten und sexuell mißbrauchten Mitgefangenen die Hölle, und der hohe, steigende Ausländeranteil verschärft zusätzlich die Probleme.

Wie konnte es zu der skizzierten Entwicklung kommen? Einzuräumen ist, daß Fehleinschätzungen eine Rolle spielten. Aber man darf das Kind nicht mit dem Bade ausschütten. Die Neigung ist groß, die Ursache für die Schwächung des Rechts in der Strafrechtsreform Ende der 60er und Anfang der 70er Jahre zu suchen. Das wäre indessen eine jener »schrecklichen Vereinfachungen«, die den Blick auf die tieferen Ursachen verstellen.

Die Strafrechtsreform war kein historischer Irrtum, sondern eine gesellschaftliche Notwendigkeit. Pate standen die Ideen von Kriminalpolitikern wie Gustav Radbruch und Franz von Liszt. Wie diese gefordert hatten, traten neben den individuellen auch die gesellschaftlichen Faktoren der Kriminalität ins Blickfeld. Das Verbrechen wurde einerseits definiert als antisoziale Handlung von Menschen, die sich gegen die Gesellschaft auflehnen und gegen die sich die Gesellschaft verteidigen muß. Andererseits brach sich der Gedanke Bahn, daß antisoziale Handlungen auch sozialbedingtes Verhalten sind. Der Sinn des Strafrechts sollte nicht mehr metaphysisch bestimmt werden als Vergeltung für getanes Unrecht, sondern innerweltlich als Normverdeutlichung und Gesellschaftsschutz. Keine Gesellschaft kann ohne Normen – Gebote und Verbote – existieren. Die Normen entstammen teils der in der Gesellschaft lebendigen Moral, teils der Setzung durch den Staat als gesellschaftlicher Wirkungseinheit, wobei dem Strafrecht die Aufgabe zugewiesen ist, solche Rechtsgüter zu schützen, deren Verletzung als sozial unerträglich empfunden wird. Wirksamster Gesellschaftsschutz ist die Verhütung künftiger Straftaten durch Resozialisierung, das Gewinnen oder Zurückgewinnen besserungsfähiger Täter für ein straffreies Leben in der freien Gesellschaft.

Als sich diese Ideen gegen die überkommene Vergeltungstheorie durchsetzten, war keine Rede davon, daß alles verstehen alles verzeihen heißt. Im Strafverfahren sollte sozial unerträgliches Unrecht kenntlich gemacht, aber auch dem, der gefehlt hat, der Weg zurück in die Gesellschaft geöffnet werden, als Chance – nicht als Gewißheit. Keine Rede war von dem Verzicht auf Durchsetzung des reformierten Rechts. Im Gegenteil: Während dort, wo der Einsatz des Strafrechts gesellschaftlich als unnötig erschien, das Strafrecht zurückgenommen wurde, sollte eine Durchsetzung dort, wo der in der Strafe liegende Appell als unerläßlich erkannt wurde, intensiviert werden. Nicht im Traum wäre den Reformern jener Jahre, die in allen politischen Lagern zu suchen waren, eingefallen, vor dem Unrecht zurückzuweichen und den Kampf gegen Kriminalität resignierend aufzugeben. Das wäre, nebenbei bemerkt, auch ganz unsozial gewesen. Denn die Sorge um die »kleinen Leute«, die Schwachen in der Gesellschaft, erfordert geradezu die Mobilisierung des Strafrechts in der Auseinandersetzung mit dem Verbrechen. Die Gewährleistung von Sicherheit für den Mann und die Frau auf der Straße, für deren Leib und Leben, Hab und Gut, war unbezweifelt integrierender Bestandteil des Gesellschaftsschutzes.

Nicht übersehen werden kann allerdings, daß sich die Tendenzen in der Strafrechtspolitik wie – und das ist besonders hervorzuheben – in der Strafrechtsanwendung im Laufe der beiden letzten Jahrzehnte auf die bloße Liberalisierung und den Schutz des einzelnen vor dem Staat verschoben, während die Reformkomponente des Schutzes der Gesellschaft vor dem Verbrechen zurücktrat. Das Hervortreten dieser ultraliberalen, die Gesetz gewordenen Ergebnisse der Strafrechtsreform überdehnenden Tendenzen war nicht zufällig, es entsprach dem Zeitgeist, der in überzogenem, teilweise permissivem Liberalismus sich einer Freiheit ohne Grenzen verschrieb, Bindungen zerstörte oder so schwächte, daß sie ihre verhaltensbestimmende Kraft weitgehend verloren, und persönliche Selbstbestimmung und Selbstentfaltung zum höchsten Wert erhob. Liberalität war bis dahin gesetzmäßige Freiheit gewesen. Aber das änderte sich nun. Was liberal gewesen war, wurde libertär, wenn nicht libertin. In ausschweifendem Freiheitsverständnis steigerte sich ins Maßlose, was in Maßen durchaus seine Berechtigung hatte, wie z.b. das Mißtrauen gegen die Staatsgewalt. Die Grundbestimmung zielte auf ein gegen jedermann und jede Richtung tolerantes, repressionsfreies Klima bis hin zu der Vorstellung, in der freiheitlichen Demokratie könne jeder machen, was er wolle (wie dem Verfasser oft bedeutet wurde), und Gesetze brauchten nur befolgt zu werden, wenn man sie persönlich für richtig hielt. Die Lehre vom zivilen Ungehorsam rechtfertigte Rechtsverletzungen insbesondere bei Gewissensbedenken, die oft nur – z.B. in der Angst vor der Aufstellung der Pershing II-Raketen Ende der 70er/Anfang der 80er Jahre – kollektive Neurosen waren. Total verkannt wurde die freiheitsschützende Bedeutung des rechtlich gebundenen staatlichen Gewaltmonopols, das einer Allensbach-Umfrage zufolge in den 80er Jahren von der Hälfte der Bevölkerung abgelehnt wurde.

Wäre es nicht Sache der Justiz gewesen, diesem übersteigerten Freiheitsbegriff entgegenzutreten? Teilweise geschah das auch. Aber zunehmend setzte sich der Zeitgeist durch, einmal mehr, einmal weniger. Die rechtspolitische Quintessenz dieser von ultraliberalen Vorstellungen beherrschten Entwicklung war die Konzentration auf den immer weiter getriebenen und sich immer mehr verfeinernden Ausbau der Grundrechte. Im Straf- und Strafprozeßrecht kam diese Tendenz dem Schutz des Täters bzw. Beschuldigten zugute, dessen Rechte wesentlich verstärkt wurden, während die soziale Komponente des Kriminalrechts – der Schutz der Gesellschaft vor dem Verbrechen – ebenso zurücktrat wie die

Aufgabe, einer pluralistischen Gesellschaft mit unterschiedlichen Wertvorstellungen die Normen des gesellschaftlichen Miteinanders zu verdeutlichen. Die vom Bundesverfassungsgericht vorgenommene Überdehnung des grundgesetzlichen Kunstvorbehalts machte diesen zum Freibrief für die Beschimpfung und Mißachtung staatlicher Symbole und Institutionen und rückte die Bundesrepublik in die Nähe der wertneutralen Weimarer Republik, deren Justiz dies – mit oft spitzfindigen Erwägungen – toleriert hatte.

Präponderant wurde ein verkürzter Rechtsstaatsbegriff, der den Rechtsstaat auf die Fesselung der Staatsgewalt reduziert und die Funktionsfähigkeit der Rechtsordnung ebenso ignoriert wie das elementare Bedürfnis nach Gerechtigkeit, das im Volk lebendig ist. Aber nicht juristische Subtilitäten machen den Rechtsstaat aus. Die Herrschaft des Rechts ist nur gesichert, wenn das Rechtssystem funktionsfähig ist. Das Recht muß respektiert und im Falle seiner Nichtbefolgung durchgesetzt werden. Darüber hinaus bedarf es der Nähe zur Gerechtigkeit. Wenn das, was die Justiz als Recht verkündet, nicht als gerecht empfunden wird, schwindet die innere Anerkennung durch die Mitglieder des Gesellschaftsintegrats, die den Rechtsstaat legitimiert.

Wie weit sich der Rechtsstaat von der Gerechtigkeit gelöst hat, erhellt der Siegeszug jenes Bärbel Bohley zugeschriebenen Diktums, wonach die Menschen in den neuen Bundesländern Gerechtigkeit erwartet, aber den Rechtsstaat bekommen haben. Der Rechtsstaat ist im gesellschaftlichen Bewußtsein kaum noch ein Wort, das die Herzen höher schlagen läßt, sondern weit eher ein Synonym für juristische Förmelei und deren Unfähigkeit, dem Verbrechen wirksam entgegenzutreten. Wenn Verbrecher wie Honecker der strafenden Gerechtigkeit entzogen, das Schließen von Kompromissen mit dem Unrecht in der Strafjustiz üblich und das Recht verbogen wird, um über die Intentionen des Gesetzgebers hinausgehend Milde zu üben, dann sägt die Justiz dem Baum, auf dem sie sitzt, gleichsam die Äste ab und braucht sich nicht zu wundern, wenn man ihr mehr und mehr die der Dritten Gewalt des Staates gebührende Achtung versagt und Politiker glauben, unabhängige Gerichte in Strategien zur »Versöhnung« mit Terroristen einspannen zu können. Allerdings muß man vor allem Polizeibeamten zugute halten, daß sie oft des politischen Rückhalts entbehren, wenn sie z.b. politisch motivierter Gewalttätigkeit effektiv entgegentreten wollen. Kontraproduktiv in der Auseinandersetzung sind auch die Versöhnungskundgebungen, mit denen Politiker, Kirchenobere und auch andere Personen des öffentlichen Lebens politisch motivierten Straftätern, seien es bundesrepublikanische Linksextremisten oder DDR-Funktionäre, Auftrieb geben. Der Wille der Staatsorgane, Kriminalität ohne Ansehen der Person getreu dem Gesetz zu bekämpfen, wird auf solche Weise geschwächt, wie denn auch die Gesetzgebung auf die Polizei frustrierend wirkt, z.B. wenn sie die Verhängung von Haft bei Wiederholungsgefahr an so enge Voraussetzungen knüpft, daß die bei Ausschreitungen Festgenommenen alsbald entlassen werden müssen, auch wenn konkrete Gründe besorgen lassen, daß sie am nächsten Tag bei den Ausschreitungen wieder dabei sind. Wie einst auf Jahrmärkten fahrende Leute die Tanzbären, so führen heute die Gewalttäter den Rechtsstaat vor, bemerkte dazu zutreffend der verstorbene Präsident des Bundesverfassungsgerichts Wolfgang Zeidler. Was muß denn noch geschehen, damit etwas geschieht?

Lange Zeit wurde die Frage überhört, aber jetzt ist sie unüberhörbar geworden. So wie bislang kann es jedenfalls nicht weitergehen: Erfreulich ist, daß diese Einsicht sogar die politischen Parteien ergriffen hat, wobei der Zwang, sich dem Votum des Wählers zu stellen, als Katalysator gewirkt hat. Da die tieferen Ursachen für die gegenwärtigen Kalamitäten jedoch in der hier skizzierten geistigen Krise zu suchen sind, und da die Krise der Funktionseliten auf die gesamtgesellschaftlichen Orientierungsverluste verweist, macht man sich Illusionen, wenn man schnelle Remedur erwartet. Letztlich geht es um die Erkenntnis, daß Freiheit ein zerbrechliches Gut ist und menschliches Verhalten der Bindungen bedarf, damit sich feste Wertorientierungen bilden, die dem menschlichen Leben Sinn und Perspektiven geben. Nicht die Fülle individueller Optionen, die Möglichkeit, jederzeit zu tun, was einem in den Sinn kommt, macht den Raum der Freiheit aus. Freiheit kann es nur durch das Gesetz geben, das die Freiheit des einen mit der des anderen zum schonenden Ausgleich bringt. Dem rücksichtslosen Liberalismus, den wir uns leisten, ist daher der Abschied zu geben. Wir wollen eine freie, aber auch eine verantwortungsbewußte, von Gemeinsinn bestimmte Gesellschaft.

Im Bereich des Rechtswesens bedeutet das die Wiedergewinnung eines unverkürzten Rechtsstaatsbegriffs, der auch die gesamtgesellschaftlichen Funktionen des Rechts in den Blick nimmt und sich nicht, wie heute so oft, als Keule gegen Vorschläge zur effektiveren Verbrechensbekämpfung wie gegen die Kritik wegen ungerechter Justizentscheidungen mißbrauchen läßt. Nötig ist ein strengeres Rechts- und Verfassungsbewußtsein, das Bewußtsein dafür, welch kostbares Gut ein Rechtsstaat ist, der einerseits nicht mehr vor der Gewalt zurückweicht, andererseits aber sich auch streng an das Gesetz hält und damit überzeugend demonstriert, wie man der Brutalisierung der Gesellschaft begegnen kann.

Für die Bekämpfung der Kriminalität ergibt sich die Konsequenz eines Paradigmenwechsels, der den Schwerpunkt vom Täterschutz auf die soziale Verteidigung verschiebt. Das läuft keineswegs auf die Preisgabe der Errungenschaften der Strafrechts- und Prozeßreformen hinaus, wohl aber auf die Abkehr von ihren Auswüchsen und Übertreibungen, von jenen Einseitigkeiten und Überdehnungen, die das geltende Recht zu einer stumpfen Waffe im Kampf gegen die Kriminalität gemacht haben. Vielfach würde es genügen, verfehlte Konzepte zu begraben und extrem liberale, ja libertine Auslegungen der Gesetze zurückzunehmen. So sollte das Polizeikonzept der Deeskalation nach seinem häufigen Scheitern durch die Einsicht ersetzt werden, daß auch in der Auseinandersetzung mit politisch motivierter Kriminalität das Recht nicht zur Disposition steht, sondern durchgesetzt werden muß. In der Strafjustiz wäre viel gewonnen, wenn die Gerichte z.b. die Bestimmungen über die Strafaussetzung zur Bewährung und über die Anwendung des Jugendstrafrechts auf die 18–21jährigen nicht so extensiv wie jetzt auslegten, sondern sich an den Wortlaut der Gesetzesbestimmungen hielten. Bei der Strafzumessung müßte neben der Spezialprävention, die auf die Einwirkungschancen bei dem Täter abstellt, auch dem Prinzip der Verteidigung der Rechtsordnung, in die Gedanken der Generalprävention, der Abschreckung, miteingeschlossen sind, stärker Geltung verschafft werden. Die Androhung der Strafe darf, wie es in dem meistbenutzten Kommentar zum Strafgesetzbuch heißt, nicht auf dem Papier stehen bleiben, das Vertrauen der Bevölkerung, im Schutze der Rechtsordnung in einer Friedensordnung zu leben, nicht erschüttert, die Rechtstreue der Bevölkerung nicht gefährdet werden.

Eine Umkehr ist auch im Strafvollzug vonnöten. Vielfach sind dort offenbar die Wegweiser falsch gestellt. So wird bei der Gewährung von Vollzugslockerungen schematisch verfahren, obwohl in der Theorie kein Zweifel darüber besteht, daß z.B. für den Freigang nur in Frage kommt, wer die Anforderungen, die diese Vollzugsform stellt, erfüllt. Tatsächlich genügen oft Scheinarbeitsverhältnisse, um Freigang zu erhalten. Aufhören sollten auf jeden Fall die Beschwichtigungen, mit denen vertuscht werden soll, daß der Terror häufig ethnisch organisierter Insassen-Gangs die Vollzugswirklichkeit zunehmend bestimmt. Nicht Realitätsverleugnung, sondern das Aussprechen dessen, was ist, gibt die Chance zur Besserung.

Wird es indessen aus freien Stücken zu einer solchen Umkehr kommen? Es hieße das Ausmaß der die Verinnerlichung des libertär-libertinen Zeitgeistes, aber auch das Beharrungsvermögen namentlich der Justiz unterschätzen, wenn man auf einen gleichsam von selbst eintretenden Bewußtseinswandel setzen wollte. Ohne

Anstöße der Gesetzgebung läßt sich nicht viel erreichen. Der Gesetzgeber muß Signale setzen, die zur Bewußtseinsveränderung beitragen.

Solche Signale brauchen sich nicht zu einem ausgefeilten gesetzgeberischen Programm zu verdichten. Es genügt, die Schlüsselprobleme zu benennen, die anders als bisher beantwortet werden müssen. Ein solches Problem besteht beispielsweise in der Tatsache, daß das gesetzliche Verbot, bei Freiheitsstrafen von mindestens sechs Monaten die Strafvollstreckung auszusetzen, wenn die Verteidigung der Rechtsordnung dem entgegensteht, in der Praxis kaum beachtet wird. Der Gesetzgeber hat daher allen Anlaß, den einschlägigen Paragraphen so zu fassen, daß die Bedeutung dieses Verbots angemessen hervortritt. Ebenso ist es angezeigt, die Gerichte bei Verfahren gegen 18-21jährige (die sogenannten Heranwachsenden) zu sorgfältiger Prüfung anzuhalten, ob mildes Jugendstrafrecht oder das strengere Erwachsenenstrafrecht anzuwenden ist. Das könnte durch eine Vorschrift geschehen, wonach auf mündige Bürger grundsätzlich Erwachsenenstrafrecht anzuwenden ist und Jugendstrafrecht nur dann, wenn Tat und Persönlichkeit dies rechtfertigen.

Auf der anderen Seite gibt es auch gesetzgeberischen Handlungsbedarf (um im Jargon der Politik zu sprechen), bei dem es nicht nur um Zeichensetzung geht. Die Verbesserung des strafrechtlichen Instrumentariums zur Bekämpfung der organisierten Kriminalität ist als erstes zu nennen; die Skala reicht hier vom sogenannten Lauschangriff über die Verbesserung des V-Männer-Einsatzes bis zur Geldwäsche, gegen die entschiedener zugegriffen werden muß als in dem kürzlich beschlossenen Gesetz. Dringend ist auch eine Verbesserung der Möglichkeiten, Strafverfahren zu beschleunigen und Straftäter wegen drohender Wiederholungsgefahr in Haft zu nehmen. Eine solche Haft dient zwar nicht der Sicherung des Verfahrensablaufs wie bei den anderen Haftgründen des Rechts der Untersuchungshaft. Aber es besteht ein kriminalpolitisches Bedürfnis, endlich die Serientäter – insbesondere die reisenden Gewalttäter aus den links- und rechtsextremistischen Lagern –»aus dem Verkehr zu ziehen«, die nach der derzeitigen Rechtslage vor ihrer Verurteilung nicht festgehalten werden können, obwohl sie Straftat um Straftat begehen.

Wohl am schwersten fällt es der Politik, an die fällige Revision des Landfriedensbruchstatbestandes heranzugehen, in dessen Schutz Demonstrationen am laufenden Band zu gewalttätigen Ausschreitungen umfunktioniert werden. Die Beschränkung der Strafbarkeit auf diejenigen, die nachgewiesenermaßen Gewalt ausgeübt haben, ist zu eng. Aber die Änderung dieser Strafbestimmung bedeutet für die Reformer von 1969 das Eingeständnis eines Irrtums, und das fällt Politikern außergewöhnlich schwer. Warum eigentlich, ist hier zu fragen. Die geltende Fassung des Tatbestandes ist die Frucht des Aufbegehrens der Studenten in den 60er Jahren. Man glaubte, daß die jungen Menschen die Demonstrationsfreiheit im Sinne demokratischer politischer Kultur nutzen würden. Tatsächlich ist es aber anders gekommen. Abgeschirmt von Demonstranten, die selbst nicht gewalttätig sind, werden Gewalttaten begangen, an deren Urheber die Polizei nicht herankommt. Mit unendlicher Geduld – und hohem polizeilichen Aufwand – hat man in der Hoffnung zugesehen, daß eine Befriedung eintreten würde. Aber jede Langmut muß ein Ende haben. Da auf anderem Wege eine Trennung zwischen friedlichen und militanten Demonstranten nicht möglich ist, sollte eine Entfernungspflicht nach mehrmaliger Aufforderung durch einen Träger der Staatsgewalt eingeführt werden, deren Nichtbefolgung strafbar ist.

Natürlich hätte es Sinn, den Katalog der gesetzgeberischen Eingriffe zu erweitern. Das bisherige Schicksal der Gesetzentwürfe zur Verbesserung der inneren Sicherheit stimmt jedoch nicht optimistisch. Es wird schwer genug sein, auch nur vergleichsweise bescheidene Änderungen, wie sie hier vorgeschlagen werden, zu verwirklichen.

266

MICHAEL WOLFFSOHN

NATIONALSTAAT UND MULTIKULTUR

Über den deutschen Zivilisationsbruch und seine Folgen

Der Germanozentrismus hilft uns weder bei der Ursachenforschung noch bei der Lösung der deutschen Krankheit. Die deutsche Krankheit ist eine europäische Krankheit. Die europäische Krankheit ist die *Europäische Revolution,* und die europäische Revolution ist bei näherer Betrachtung eine *globale,* also eine weltweite *Revolution.* Diese Revolution hängt mit der globalen Migration, das heißt der weltweiten Völkerwandung, zusammen. Beschränken wir uns auf die europäische Revolution. Wie jede Revolution stellt sie die Verhältnisse völlig auf den Kopf, wälzt alles um, dreht alles um.

Die europäische Revolution ist eine fünffache Revolution: Sie ist erstens und vor allem eine gesellschaftliche Revolution, zweitens eine politische, drittens eine wirtschaftliche, viertens eine nationale und fünftens eine kulturelle, genauer: antizivilisatorische Revolution.

Zur *gesellschaftlichen Revolution:* Europa, besonders Westeuropa, auch Deutschland ist nach dem Zweiten Weltkrieg multinational geworden. Ost- und Südosteuropa waren seit jeher multinational bzw. multiethnisch. Die eiserne Klammer der kommunistischen Dikaturen hat dies überdeckt. Nun brechen die Konflikte auf und aus. Von West nach Ost nimmt in Europa die Gewalttätigkeit der gesellschaftlichen Revolution zu.

Zwei Ursachen sind in bezug auf Westeuropa zu nennen: die Entkolonialisierung und die wirtschaftliche Anziehungskraft. Im Zuge der Entkolonialisierung strömten seit den späten vierziger sowie in den fünfziger und sechziger Jahren viele Menschen nach Großbritannien, Frankreich, die Niederlande, Belgien oder (seit Mitte der 70er Jahre) nach Portugal. Diese Wanderungsbewegung betraf Deutschland nicht, denn Deutschland hatte seine Kolonien bereits im Ersten Weltkrieg verloren. Westeuropa wurde also früher als Deutschland (West-Deutschland) multinational. Auch deshalb brachen in Westeuropa die innergesellschaftlichen Spannungen zwischen Inländern und Ausländern früher aus als bei uns. Am Begriff der »Skinheads« kann man die zeitliche Abfolge und die beklemmende Ähnlichkeit der Entwicklung erkennen. In den Armenvierteln der britischen Insel entstand in den sechziger Jahren die Skin-Bewegung. Die weiße Unterschicht, die benachteiligten Weißen, fühlten sich von indischen und karibischen Einwanderern bedroht. Gegen diese ethnischen Gruppen der Noch-Benachteiligteren und nicht gegen die weiße Oberschicht richtete sich die Wut der Skins. Eine politische Ideologie hatten die britischen Skins so wenig wie ihre deutschen Nachahmer, deren Weg offenbar so rein deutsch gar nicht ist, wie sie meinen: Prügeln und Fremdenhaß. Inhaltliche Leere also, ganz unideologisch muß man sie deshalb mit den Mitteln von Polizei und Justiz bekämpfen, ohne auf die langfristig notwendige Wirtschafts-, Sozial-, Ausbildungs-, Freizeit- und Strukturpolitik zu verzichten.

In Deutschland hat allein die wirtschaftliche Anziehungskraft seit den späten 50er Jahren die traditionell nationalstaatliche Gesellschaft in eine multinationale verwandelt; in einem rasanten Tempo. Die gesellschaftliche Revolution, die Öffnung der Grenzen vollzog sich schneller als die Öffnung der Herzen und Köpfe. Über die menschlichen Folgeprobleme zerbrach sich kaum jemand den Kopf. Hauptsache man holte billige Arbeitskräfte ins Land. Produzieren, produzieren, produzieren. Selbst mit minimalen Kenntnissen der Geschichte oder auch nur geringer Einfühlsamkeit hätte jeder erkennen müssen, daß man nicht Menschen wie Waren importieren, nach Belieben abschieben, vernachlässigen oder gar unterdrücken kann. Man muß nicht die Geschichte der Juden in Europa oder der Schwarzen in Amerika kennen, um diese Feststellung zu treffen. Was aber geschah? Gedankenlos und fröhlich empfing man den millionsten Gastarbeiter mit Blasmusik und anderem Tamtam. Gottlob: Austreibungen wie weiland mit den Juden waren nicht mehr möglich. Sklaverei wie einst in Amerika auch nicht. Ratlosigkeit folgte. Bei uns ebenso wie in den anderen Staaten Westeuropas. Die »Macht der Dummheit« (André Glucksman) war also auch eine der Ursachen, die zu fremdenfeindlichen Folgen führte.

Einige Zahlen zur Veranschaulichung der gesellschaftlichen Revolution in unserem Land: 1958 lebten in Westdeutschland 127 000 Ausländer. 1966 waren es 1,3 Millionen; 1972 schon 2,3 Millionen, am Vorabend der Wiedervereinigung 4,8 Millionen, und heute leben im vereinten Deutschland rund 6,5 Millionen. In den letzten drei Jahren also ein Anstieg von fast zwei Millionen Ausländern.

Die Einwanderungsströme aus den Ländern der Dritten Welt haben die nördliche Halbkugel in den vergangenen dreißig Jahren buchstäblich überschwemmt. Rund 30 bis 35 Millionen Menschen sind in diesem Zeitraum von Nord nach Süd gezogen, circa! sechs Millionen illegal. Und die Zahl wächst und wächst und wächst: um jährlich ungefähr eins bis 1,5 Millionen. Sie kommen aus Lateinamerika und Ostasien in die USA. Sie kommen aus Afrika (vornehmlich Nordafrika), Südosteuropa, Osteuropa und auch aus Zentralasien über Rußland nach Europa. Und in Europa ist Deutschland das beliebteste Ziel.

Verunsicherung und Angst waren und sind die Reaktionen. Bei uns mehr als in anderen westeuropäischen Staaten, weil zu uns mehr Menschen schneller kamen. Die Wirtschaftskrise verschärfte die Angst, noch mehr teilen zu müssen. Die Geberlaune der Westdeutschen war schon den eigenen Landsleuten gegenüber alles andere als eindrucksvoll. Gewiß, einzelne deutsche Aussiedler oder Übersiedler unterstütze man gerne, aber gleich Tausende oder gar Hunderttausende? Nein danke. Wiedervereinigung? Ja, sagten Anfang 1990 auch die Westdeutschen, aber bitte zum Fast-Nulltarif. Ausländerfeindlichkeit? Vielleicht auch, aber in erster Linie Geiz und Hartherzigkeit Ausländern und Inländern gegenüber. Die ärmeren Inländer, also die Ostdeutschen, möchten von dem Wenigen, das sie haben, auch nichts abgeben, obwohl sie deutlich mehr haben als die Armen dieser Welt, seien sie in Deutschland oder außerhalb. Spenden ja, aber wirklich teilen? Nein. Solidarität verkommt zur unverbindlichen Phrase. Nur als verordnete Maßnahme ist sie durchsetzbar, als »Solidaritätsabgabe«.

Zur *politischen Revolution.* Von ihr ist Westeuropa nicht betroffen, Osteuropa seit 1989 sehr heftig. Deutschland liegt in bezug auf diese politische Revolution nicht nur geographisch in der Mitte. Im deutschen Osten, nicht im deutschen Westen fand eine politische Revolution statt. Sie veränderte durch die Wiedervereinigung zweifellos auch das westliche Gemeinwesen.

Wieder erkennen wir das West-Ost-Gefälle der europäischen Revolution. Und wieder ist die Umwälzung in Deutschland dramatischer als im übrigen Westeuropa.

Der Westen hat den Kalten Krieg politisch gewonnen. Er hat ihn nicht gewonnen, weil er so gesellschaftlich und politisch stark, sondern weil der Kommunismus so schwach, ein politischer und wirtschaftlicher Papiertiger war, jedoch ein hochgerüsteter.

Die gesellschaftliche Revolution hatte in Westeuropa bereits lange vor 1989 zu den Krisenerscheinungen, auch zu den ausländerfeindlichen Verbrechen, geführt, die uns heute so beunruhigen. Deutschland blieb von ihnen zunächst weitgehend verschont. Großbritannien und Frankreich hatten sie früher durchlitten. Schlagartig und gleichzeitig bricht nun die Welle der Revolution über Deutschland.

Ähnliches gilt in bezug auf die *wirtschaftliche Revolution* in Europa. Sie hängt eng mit der politischen zusammen. Ihr Kennzeichen: der fundamentale Wandel von der kommunistischen Planwirtschaft zur Marktwirtschaft. Gewiß, auch die westeuropäi-

270

schen Staaten durchleiden derzeit eine Wirtschaftskrise. Eine konjunkturelle und strukturelle Wirtschaftskrise. Aber sie ist mit der wirtschaftlichen Revolution in Ost- und Südosteuropa und mit der ostdeutschen, die auf Westdeutschland wirkt, nicht vergleichbar. Sie verschärft vor allem die ohnehin schon vorhandenen gesellschaftlichen Spannungen. Auch hier lastet auf Deutschland ein größerer Problemdruck als auf anderen westeuropäischen Staaten. Und wieder nimmt Deutschland eine Mittelstellung zwischen West- und Osteuropa ein.

Die wirtschaftliche Last und Lage Deutschlands wird durch die ausländerfeindlichen Verwirrungen und Verbrechen zusätzlich erschwert. Warum? Die deutsche Wirtschaft hängt vom Export ab. Der Export hängt nicht zuletzt vom guten Willen der möglichen Käufer im Ausland ab, und dort verringert jede ausländerfeindliche Tat in Deutschland den Konsum-Willen gegenüber Produkten aus Deutschland. »Deutsche Wertarbeit« hin oder »Deutsche Wertarbeit« her, auch die politische Psychologie entscheidet über den Exporterfolg. Warum sollen Ausländer in Goethe-Instituten Deutsch lernen, wenn Deutsche sie anpöbeln oder gar anzünden? Warum sollen Organe der Völkergemeinschaft, der UNO, nach Deutschland verlegt werden, wenn Deutsche (wenngleich eine militante Minderheit) sich selbst aus der Gemeinschaft der Völker hinauskatapultieren? Selbst von Minderheiten möchte man nicht verfolgt werden; erst recht nicht, wenn die gesellschaftliche und politische Mehrheit der Deutschen mit dieser Minderheit (aus welchen Gründen auch immer) nicht fertig wird.

Mit der politischen Revolution ist die *nationale Revolution* verknüpft. Wer sind wir? Was verbindet uns? Welche Tradition leitet uns? Diese und andere Fragen der nationalen Identität bestimmen seit 1989/90 wieder die deutsche und noch heftiger die osteuropäische, die südosteuropäische, nicht jedoch die westeuropäische Diskussion.

Alle Westeuropäer haben, vergleichenden Umfragen zufolge,

271

ein wesentlich ungebrocheneres Nationalgefühl als die Deutschen. Kein Wunder, denn ungebrochen kann eigentlich niemand die deutsche Geschichte des zwanzigsten Jahrhunderts annehmen. Geradezu unmoralisch wäre ein ungebrochener deutscher Nationalismus der herkömmlichen, aggressiven, nach außen gerichteten Art. Aber auch ein nach innen, gegen nichts und niemanden gerichteter? Ein solches Nationalbewußtsein ist notwendig. Wer sich selbst als Person und Nation nicht annimmt, kann auch seine Umwelt nicht akzeptieren. Wer Häme über die Befürworter eines solchen Nationalbewußtseins gießt, betreibt unwillentlich, aber höchst wirksam das Spiel der Fremdenfeinde und Antisemiten. Wer mit sich selbst, nach innen, in Unfrieden lebt, ist auch nach außen nicht friedensfähig. Auch das ist ein Teil der deutschen Krankheit. Alle verfügbaren Umfragen scheinen diese These empirisch zu bestätigen. In den 80er Jahren ließen sich rund 70 bis 80 Prozent der Westdeutschen als mehr oder weniger »nationalbewußt« einstufen. Schon im Juli 1991 waren es nur noch 58 Prozent der Westdeutschen und 52 Prozent der Ostdeutschen. Im März 1993 ein leichter Anstieg: 64 Prozent im Westen, 59 Prozent im Osten. Trotzdem ein deutscher Rückgang im Vergleich zu den früheren westdeutschen Daten.

Zwischen 1990 und 1993 nahm der Nationalstolz also ab. Gleichzeitig zugenommen haben die Gewalt gegen Ausländer sowie antisemitische Aktionen und Drohgebärden. Zufall oder nicht? Eindeutig läßt sich die Frage nicht beantworten. Aber sicher ist, daß eher verunsicherte als gefestigte Menschen andere angreifen – nur weil diese Fremde sind.

Die *kulturelle Revolution* Europas ist älter als die übrigen Umwälzungsprozesse. Den »Untergang des Abendlandes« beklagen vornehmlich Konservative schon seit Jahrzehnten. Nichts Neues also. Wir können und wollen dieses Thema nicht vertiefen; auch nicht den Wertewandel, der in Deutschland, in Westeuropa, im Westen seit den 60er Jahren zu beobachten ist. Hervorheben müssen wir allerdings den *Zivilisationsbruch*. Den Zivilisationsbruch, den die deutschen Nationalsozialisten mit dem millionenfachen Judenmord begangen haben. Im »Historikerstreit« wurde über die Dimension des Zivilisationsbruches und über den zeitlich-inhaltlichen Zusammenhang des Zivilisationsbruches gestritten, nicht über den Zivilisationsbruch an sich. Unabhängig von den Dimensionen ist die Tatsache unbestreitbar, daß dieser Zivilisationsbruch, also die staatlich programmierte und organisierte Volksvernichtung, in diesem grausamen Jahrhundert keineswegs auf Deutschland beschränkt blieb. Millionen von Opfern des sowjetischen, chinesischen und kambodschanischen Kommunismus bezeugen diese Aussage ebenso wie die zahllosen Menschen, die von rechtsautoritären und faschistischen Diktaturen ermordet wurden. Wer heute Nachrichten liest, sieht und hört, erkennt unschwer: Den zumeist sanften Revolutionen von 1989, auch der Sanften Deutschen Revolution von 1989, folgte das unsanfte Erwachen: ein neuer Zivilisationsbruch.

»Über den Prozeß der Zivilisation« hat Norbert Elias wohl am schärfsten nachgedacht. Für ihn ist »Zivilisation« der »gesellschaftliche Zwang zum Selbstzwang«. Zivilisation (so Norbert Elias) dämpft die »spontanen Wallungen«, sie führt zur »Zurückhaltung der Affekte«. Dabei wird die »Bedrohung, die der Mensch für den Menschen darstellt . . . durch die Bildung von Gewaltmonopolen einer strengeren Regelung unterworfen und wird berechenbar . . . Die Gewalttat ist kaserniert.«

Der »Zivilisationsbruch« besteht darin, daß die Gewalttat eben nicht mehr kaserniert, sondern staatlich programmiert ist. Das staatliche Gewaltmonopol wird nicht zur Verhinderung der Gewalttat benützt, sondern zu ihrer Durchführung. Durch den Zivilisationsbruch wird die Welt nicht zuletzt moralisch auf den Kopf gestellt, revolutionär verändert. Die nationalsozialistisch-deutsche Revolution hat dies ebenso gezeigt wie die kommunistisch-europäischen und -außereuropäischen Revolutionen.

Nach 1945 fand zumindest in West-Deutschland eine Rezivilisierung statt. Eine Rückführung in die zivilisierte Welt. Nichts anderes war doch die sogenannte »Umerziehung«, die so oft mißverstanden wurde und doch so notwendig war und gegen die so viel polemisiert wird. Für viele verwirrend, zu verwirrend. Gewalt wurde in Westdeutschland nach 1945 wieder das Monopol des demokratischen und neuerlich zivilisierten Staates; eines Staates, der absichtlich und vernünftigerweise dem Bürger gegenüber geschwächt wurde.

Seit Mitte der 60er Jahre vollzog sich auf der *gesellschaftlichen* Ebene eine allmähliche Änderung, eine antizivilisatorische Rückentwicklung; in Deutschland, in Europa, in der Welt. Einige Stichworte zur Explosion der Gewalt seien genannt: In den USA brannten nicht nur die Ghettos der Schwarzen. Im und aus dem Nahen Osten tobte der palästinensische Terror. Luftpiraterie wurde Alltag im Verkehr zwischen Kuba und den USA. Die mörderische Kulturrevolution der Volksrepublik China wurde in Deutschland und Westeuropa von der Neuen Linken ebenso verklärt wie der revolutionäre Kampf von Che Guevara.

Nicht unter rechten Vorzeichen, sondern unter linken Vorzeichen begann der antizivilisatorische Rückfall in der westlichen Welt, also auch bei uns in Deutschland.

Aber was ändern die Vorzeichen der Gewalt an der Gewalt? Was ändert der qualitative Wandel von der nichtideologischen zur ideologischen Gewalt? Für das Opfer nichts. Nichtstaatliche, gegen den Staat oder gegen bestimmte Gruppen und Personen gerichtete Gewalt wurde linksideologisch wieder legitimiert und schon bald von den altneuen Rechtsextremisten nur allzu gerne kopiert. Der Damm war gebrochen, erst in den Köpfen, dann auf der Straße. Nun wird der zivilisierte Rechts- und Sozialstaat von zwei Seiten eingekeilt. Keineswegs nur in Deutschland, aber besonders dauerhaft und heftig in Deutschland.

Immer feinsinniger wurden seit den 60er Jahren die akademischen Glasperlenspiele in bezug auf die Gewalt. Sei sie »nur gegen Sachen« einzusetzen oder vielleicht doch auch »gegen Menschen«? Gegen Gewalt helfe nur Gewalt. Doch was sei Gewalt?

274

Nur Mord und Todschlag? Nein, an die »strukturelle Gewalt«, nicht zuletzt in Form wirtschaftlicher Abhängigkeit, sei in der westlichen Industriegesellschaft und in der von ihr beherrschten »kapitalistischen« Welt zu denken.

So verwischte man die Grenze zwischen wirklicher und vermeintlicher Gewalt. Was geschah? Die physische Gewalt wurde nur zwei Jahrzehnte nach Auschwitz verniedlicht und salonfähig. Teile von Politik und Gesellschaft weigerten sich, wahre Gewalt zu erkennen und zu bekämpfen. Und nun sollen mit Lichterketten und anderen Aktionen die Menschen wieder vom Selbstverständlichen überzeugt werden: von Menschenwürde und Menschenleben, von der Notwendigkeit der Gewaltlosigkeit im mitmenschlichen Umgang.

Fatal waren die Folgen der Glasperlenspiele mit der Gewalt insofern, als immer mehr Menschen erkannten, daß man fast nur noch durch Einsatz von Gewalt für die eigenen Belange Aufmerksamkeit erregen und Erfolge erringen konnte: Das ehemalige Jugoslawien ist nur eines von vielen Beispielen. Die Völkergemeinschaft nimmt den dortigen Völkermord eher gelassen, bisweilen gelangweilt hin. Bald segnet sie völkerrechtlich die durch Gewalt erzielten Gewinne der Serben und Kroaten ab. Männer, die vor Friedenschlüssen Gewalt angewendet hatten, erhalten internationale Friedenspreise. Zum Beispiel: Arafat, Begin, Henry Kissinger und Le Duc Tho. Was Wunder, daß deutsche Olympiagegner zur Gewalt schritten, um ihre Ziele durchzusetzen? Kein Wunder, daß Peking nur vier Jahre nach dem Massaker auf dem »Platz des Himmlischen Friedens« fast die Olympiade bekommen hätte?

Die Welt steht Kopf, und im Kopf herrscht Verwirrung.

Der faktischen Gewalttätigkeit entspricht häufig die Verrohung der Sprache: Der anders Denkende und anders Handelnde wird (in Deutschland häufiger als woanders) entweder als »Kommi«, »Sozi«, »Nazi« oder als »Wegbereiter des Rechtsextremismus« bezeichnet, so zuletzt Botho Strauß, Hans Magnus Enzensberger, Ernst Nolte und Rainer Zitelmann. Günter Grass verunglimpft

Politiker von demokratischen, ihm fern stehenden Parteien als »Skinheads in Nadelstreifen«. Der Herausgeber des »Stern«, Rolf Schmidt-Holtz, schwingt den verbalen Holzhammer und wirft einem mißliebigen Konservativen (Steffen Heitmann) vor, »verbale Brandsätze« zu legen. Wer seinen Gegner ständig als Vernichter brandmarkt, darf sich nicht wundern, daß die andere Seite nicht anders handelt; mit Wort und Tat – Untat.

Konservative Demokraten haben sich an die Beschimpfung als »Faschisten« längst gewöhnt, und die wirklichen Faschisten reiben sich die Hände. Wenn demokratische Konservative als »Faschisten« oder »Rechtsextremisten« bezeichnet werden, gibt es für die wirklichen Faschisten und Rechtsaußen keinen passenden politischen Begriff mehr, denn rechter als rechtsaußen ist nichts. Wer so die Rechtsextremisten bekämpft, begibt sich der politischen Mittel gegen sie. Das begriffliche und politische Pulver wird nämlich verschossen. Unwillentlich werden somit die sogenannten Antifaschisten zu unfreiwilligen Helfershelfern der wirklichen Faschisten. Lenin hätte von »nützlichen Idioten« gesprochen.

Eine der großen zivilisatorischen Errungenschaften ist im Bereich der Politik die Konfliktaustragung in den Institutionen. Hier ist die Suche nach dem Kompromiß leichter als im außerinstitutionellen, außerparlamentarischen Rahmen oder gar auf dem Schlachtfeld. Der Sinn des Parlaments ist einfach und historisch leicht zu erklären: Die Menschen sahen ein, daß es schonlicher ist, mit Argumenten als mit Waffen aufeinander einzuschlagen. Parlamentarismus als Alternative zu Mord und Todschlag. Eine große zivilisatorische Errungenschaft. Weniger das Ergebnis menschlicher Vernunft als leidgeprüfter Einsicht.

Die Kehrseite der Medaille: Politik wird im Parlament zur formalisierten, oft sinnentleerten Routine und zum Ritual. Sie motiviert die Menschen immer weniger; sie entmotiviert sogar. Um gegenzusteuern, greifen auch Vertreter des parlamentarischen Systems zunehmend zu außerparlamentarischer Politik.

Eine Demonstration jagt die andere – stets für einen guten

Zweck. Die Mobilisierung außerparlamentarischer Aktionen sägt den Ast ab, auf dem wir alle bisher gut saßen. Das alles zeugt von Selbstkritik und ehrenwerten Motiven, aber es erschwert die politische Steuerung, es vermindert dic Legitimität der parlamentarischen Institutionen, die zivilisatorische Errungenschaften sind. Es jagt freilich nicht nur eine Demonstration die andere, sondern auch eine Gegendemonstration die andere Gegendemonstration. Links gegen Rechts und Rechts gegen Links. Mit Gewalt, versteht sich. Gegen Inländer ebenso wie gegen Ausländer.

Wechselnden Minderheiten gelingt es dabei, der Mehrheit die politische Tagesordnung aufzuzwingen oder sie wenigstens umzufunktionieren. Die Gewalttätigkeit von Minderheiten prägt das Bild (»Image«) der Nation nach innen und außen. Mit dem tatsächlichen Bild, mit den wirklichen Mehrheiten, hat das Image nichts zu tun, aber es ist politisch wirksam. So schnell verändern sich Images. Gestern noch die Sanfte Revolution der DDR, heute Gewalt in den Neuen Bundesländern (freilich auch in den alten). 1989 waren die Demonstrationen das einzige Mittel der Menschen, sich der DDR-Diktatur zu widersetzen. Heute haben auch sie die Freiheit, die steuernden Institutionen mitzubestimmen. Mit und in diesen Institutionen muß die Gewalt eingedämmt werden.

Die Gewalt in den neuen Bundesländern hängt paradoxerweise nicht zuletzt auch mit dem Zusammenbruch der ehemaligen DDR-Institutionen zusammen, denen wir trotzdem nicht nachtrauern müssen. Institutionen, selbst die schlimmsten, dämpfen innergesellschaftlich. Die von ihnen ausgehende Gewalt trifft bestimmte Zielgruppen.

Verdrossenheit allenthalben, Auflösungserscheinungen und Glaubwürdigkeitslücken überall. Auch die Institutionen unserer im Kalten Krieg siegreichen westlichen Zivilisation verfügen über immer weniger Legitimation, also innere Zustimmung der Bürger. Das gilt für die Parlamente ebenso wie für Regierung und Opposition, für die Parteien und für die Kirchen, die sich zu wenig mit spirituellen Fragen und zu oft mit Politik oder Sexualtheologie beschäftigen. Dahin ist auch die Glaubwürdigkeit der Gewerkschaften; auch deren Führer sind in Korruptionsskandale verwikkelt. Wer glaubt noch an die Kompetenz der Wirtschaftsbosse? Viele sind »Nieten in Nadelstreifen«. Und die Schulen? Die Universitäten? Längst sind sie zu Diplomandenfabriken verkommen. Studenten? Lästiges Beiwerk für viele Professoren. Forschung? Findet weitgehend woanders statt. Große Geister? Eher graue Mäuse. Bunte Vögel? Fehlanzeige. Das Mittelmaß regeneriert sich selbst durch Kooptation. Deutsche Professoren als politische Vorbilder für Zivilcourage? Eher die Ausnahme als die Regel, in Vergangeheit und Gegenwart. Die Welt der Kunst als »moralische Anstalt«? Aufgeblasene Wortblasenproduktion, moralinübertüncht, tatsächlich aber zynisch. Vergleichbares zuhauf aus der Welt der Medien.

Und das Fundament der zivilisierten Gesellschaft? Die Familie? Auch dieses Fundament wackelt längst. Zwischen aufgelösten Familienverbänden und Kriminalität besteht ein innerer Zusammenhang. Tragischen Anschauungsunterricht liefern die Schwarzen in den USA, die *Braunen* bei uns in Deutschland und Europa.

Die völlig unzureichende Bewältigung der roten Vergangenheit ist zudem ein Rechtfertigungsschub für die Neo-Nazis. Ost- und westdeutsche Spitzenpolitiker oder Kirchenleute, die, wie auch immer, im SED- oder Stasinetz verstrickt waren, sind als moralische Instanz völlig unglaubwürdig. Moralische Instanzen aber brauchen wir in dieser unmoralischen Zeit. SED- und Stasi-Belastete sind als Politiker, Theologen oder Erzieher ungeeignet. Wer sie stützt und nicht stürzt, wird zum unfreiwilligen Helfer der rechtsextremistischen Gewalttäter.

Man meine nicht, daß hier allein von national deutschen Krisenerscheinungen die Rede wäre; es sind kontinentale, sogar globale Probleme.

Die Krise der Institutionen der Zivilisation ist die Krise der Zivilisation selbst, und in der Krise der Zivilisation ist Gewalt entfesselt.

278

Gefesselt werden könnte die Gewalt durch die Polizei. Instrumentell, nicht ideell könnte gesellschaftliche Gewalt durch die Polizei eingedämmt werden. Hierbei hat das heutige, demokratische Deutschland aus höchst einsehbaren, ehrenwerten und historisch offenkundigen Gründen erhebliche Schwierigkeiten. Nach den nationalsozialistischen und kommunistischen Polizei- und Gewaltstaaten verspüren die meisten Deutschen aus gutem Grund keine Neigung, die Polizei zu stärken. Es gibt noch einen dritten Grund: die politische Kultur der 68er. Sie hat aus der Polizei, dem einstigen »Freund und Helfer«, »Bullen« gemacht. Nicht grundlos also wurde die deutsche Polizei zahnlos gemacht. Nun soll sie beißen, zuschnappen und zupacken, vor allem die gewalttätigen Rechtsextremisten. Ihr Biß ist matt, auch gegenüber den linken Gewalttätern. Wie sonst könnte man sich die kümmerlichen Erfolge bei der Bekämpfung des linken Terrors erklären? Man kann aber nicht einerseits nach den Pannen von Bad Kleinen das Gespenst des Polizeistaates an die Wand malen und andererseits (und zwar gleichzeitig) erwarten, daß die Polizei wirksam Rechtsextremisten bekämpft. »Wasch mir den Pelz und mach mich nicht naß.« Das ist derzeit das landesübliche Verhältnis zur Polizei. Beschimpft wird sie, beschützen soll sie.

Die Folge: Verunsicherung und Angst: Knapp achtzig Prozent der Deutschen meinen derzeit, daß die Polizei ihren Aufgaben nicht gewachsen sei. Sie fühlen sich unsicher.

Wenn das zivilisatorische Gewaltmonopol des Staates zerfällt, wächst die Gefahr, daß einzelne oder Gruppen, heute besonders die Rechtsradikalen, das vermeintliche Recht selbst in die Hand nehmen. Ein Rückfall ins Mittelalter, ins vorzivilisatorische Zeitalter, das vor rund fünfhundert Jahren endete. Bürgerkrieg? Das Szenarium zu Ende gedacht: ja. Solch eine Wirklichkeit schilderte Hans Magnus Enzensberger.

Die fünffache Revolution ist in Europa und Deutschland schwer zu steuern. Der gesellschaftliche, politische, wirtschaftliche, nationale und kulturelle Wandel ist fundamental. Er ist national und international. Wenn er aber menschlich bleiben und das Leben von In- und Ausländern sichern soll, müssen wir, zumindest instrumentell kurzfristig, hier und heute, national und international, die terroristische oder expansionistische Gewalt von einzelnen und Gruppen durch die demokratisch legitimierte Gewalt des Staates und der Staatengemeinschaft verhindern. Sonst droht uns der zivilisatorische Rückfall. Und langfristig? Langfristig hilft gegen den antizivilisatorischen Rückfall nur eine Rückbesinnung auf die Grundlagen der Zivilisation.

ANSGAR GRAW

DEKADENZ UND KAMPF

Über den Irrtum der Gewaltlosigkeit

Wir Deutschen aus der früheren Bundesrepublik und der untergegangenen DDR werden nur durch die Möglichkeit des argumentations- statt ideologiegeleiteten Streites miteinander das unverzichtbare Bewußtsein unserer Gemeinsamkeiten, unserer nationalen Einheit entwickeln und erfahren können. Damit aus »Ossis« und »Wessis« Thüringer und Niedersachsen, Berliner und Rheinländer, Nord- und Süddeutsche, Hanseaten von Bremen bis Greifswald – und endlich wieder Deutsche werden. Drängende Fragen bedürfen eines intellektuellen Disputs ohne Verbotszonen »zwischen Linksliberalen und Nationalkonservativen, zwischen Grünen und Roten« (Wolfgang Templin). Wie arbeiten wir die zweite totalitäre Herrschaft in Deutschland innerhalb eines Jahrhunderts auf? Welche verfassungsrechtlichen und politischen Reformen sind notwendig zur Rettung unserer Demokratie? Aber auch die künftige Orientierung Deutschlands innerhalb der internationalen Staatenwelt, die nicht vom politischen Altruismus, sondern von Interessenpolitik dominiert wird, kann nicht gelingen ohne neue, zeitgemäße Synthesen, die – immer noch – aus Thesen und Antithesen entstehen. Wie halten wir es mit dem westzentristischen Maastricht-Entwurf? Welches Verhältnis finden wir zu Mitteleuropa, welches zu Osteuropa, zum krisengeschüttelten Rußland? Was wird aus Deutschland, diesem »Amalgam aus Bismarck-Reich und Rheinbund-Staat« (Arnulf Baring)?

Wenn die Einsicht verweigert wird in die Dimension jener Zäsur der Jahre 1989ff., wenn der Friede mit der eigenen Nation und ihrem Nationalstaat nicht gemacht und der »Rückruf in die Geschichte« (Karlheinz Weißmann) geflissentlich überhört wird, dann operiert man mit den Instrumenten von gestern an der Herausforderung von heute vorbei. »1989 hat sich das Lebensgefühl, für das ›1968‹ steht, als für die Analyse neuer Lagen untauglich erwiesen« (Cora Stephan). Doch weil Gefühl wichtiger erscheint als Lageanalyse, verzichtet man auf das Unbequeme und gibt sich beim Glas Chianti der Illusion hin, außer den Postleitzahlen und Landkarten habe sich nichts wirklich verändert. »Eigentlich wäre dies die Stunde der Intellektuellen. Die aber schweigen und träumen noch immer vom Kalten Krieg, als der Rückzug von der harten Realität der Weltpolitik in das heimische Idyll intellektueller Fundamentalkritik ebenso unproblematisch wie folgenlos war«, konstatiert Gregor Schöllgen. Kann man, zumindest den betulicheren und vorsichtigeren unter ihnen, dieses Schweigen verübeln, wenn Anpassung zur obersten Pflicht der Intellektuellen geworden zu sein scheint und jeder der Ächtung anheimfällt, der dagegen verstößt? Wer Gysi nicht mag, behilft sich mit Geißler.

Die dogmatische Ideologie der *political correctness* (PC) ist zur Korsettstange einer Gesellschaft geworden, die ihrer Inhalte und Werte verlustig gegangen ist. Aus der »Überdehnung der Freiheit im Namen der Freiheit« (Joachim Fest) und aus einer grenzenlosen Vereinzelung heraus hat die Gesellschaft einen tragfähigen Minimalkonsens verspielt. Immer mehr Demokratie, immer mehr Aufklärung, immer mehr Emanzipation wagen – damit verschwanden aber auch Identität, Transzendenz, Bindung. Auf die in Mißkredit geratenen Metamythen folgte die »spirituelle Leere des ›permissiven Überflusses‹« (Zbigniew Brzezinski). Unter dem Eindruck des Traumas vom Dritten Reich und des Schocks von Auschwitz, interpretiert als zwangsläufiges Ergebnis einer unausweichlichen geschichtlichen Notwendigkeit auf dem Sonderweg einer verfehlten Nation, überantwortete man nach '68 die Nation dem Kehrichthaufen der Geschichte, entsorgte damit die politische Realität. Enttabuisierung galt als Fortschritt per se, doch Kulturen können ohne Tabus und ohne Scham nicht überleben. Die Werte Familie und Religion wurden gemeuchelt. Aber weder die Wohngemeinschaften in Form von Kommunen noch die diesem ritualisierten Verlust an Intimität zwangsläufig folgenden Single-Haushalte, weder Hare-Krishna-Experimente noch Esoterik-Boom haben ihre sinnstiftenden Funktionen übernehmen können. Nietzsche erdachte für das Zeitalter »des Todes Gottes« den »Übermenschen«, der Selbstsucht und Lust in positive Werte verwandelte. Doch die Tabubrecher von 1968 waren keine Abbilder des »Zarathustra«, sondern Onanisten des Konsumzeitalters. Der »Flower-Power«-Bewegung folgten die »No-future«-, die »Nintendo«- und nun die »Beavis & Butt-Head«-Generationen. Einem Maximum an individuellen Rechten steht ein Minimum an moralischen Pflichten gegenüber. Summerhill ist gescheitert, die entwürdigende Trostlosigkeit der Selbsterziehung blieb zurück. Man nennt dies »Selbstverwirklichung«.

Einmal mehr hat der Mensch den Menschen überschätzt. An die Stelle von Tradition und Historie setzten engagierte Pädagogen, Journalisten, Sozialarbeiter und Pastoren mit messianischem Anspruch die Heilsbotschaft der permanenten Modernisierung und allumfassenden Utopien. Aber mit dem real existierenden Sozialismus verschwand auch das Vertrauen in sie. Zurückgeblieben sind Leere, Unverbindliches, persönlich nicht Erfahrbares, Abstraktes, beispielsweise für universal erklärte Menschenrechte und die Prinzipien der Verfassung, denen jeder guten Gewissens zustimmen – es aber ebenso gut lassen kann. Das ist das Debakel des Verfassungspatriotismus, vielleicht der Moderne schlechthin. Die politischen und wirtschaftlichen Prinzipien der freien Gesellschaft, die Ralf Dahrendorf als »cold projects« definiert hat, gefallen den meisten, aber sie begeistern niemanden. Insbesondere seit seine ständige Infragestellung, der Ostblock-Sozialismus, nicht mehr als Antipode existiert, hat der liberale Westen sein einziges Ziel, nämlich das der Verteidigung seiner selbst, verloren. »Nichts ist ohne sein Gegenteil wahr« (Martin Walser). Brauchen wir eine neue Bedrohung, vielleicht großrussischer oder nationalbolschewistischer Art? Einen Irrationalisten und Extremisten à la Schirinowskij im Kreml, der durch bloße Worte das schaffen könnte, was die sowjetische Militanz 1953 in der DDR, 1956 in Ungarn und Polen, 1968 in der Tschechoslowakei, 1970 wieder in Polen und 1979 in Afghanistan nicht geschafft hat – nämlich pazifistische Schwärmer von der Notwendigkeit einer entschlossenen Landesverteidigung und damit vom Wert und der Überlegenheit des eigenen politischen Systems zu überzeugen? Oft wurde unsere Demokratie sorgenvoll als »Schönwetter«-Demokratie apostrophiert. Das Gegenteil ist richtig: Wir hatten eine »Schlechtwetter«-Demokratie, die der dunkel drohenden Wolken am östlichen Himmel bedurfte, um ein Mindestmaß an Überlebensfähigkeit zu entwickeln. Jetzt ist die Schlechtwetterfront verschwunden, und statt des von Francis Fukuyama (nicht zum ersten Mal) angekündigten »Endes der Geschichte« könnte das Ende der Demokratie eingeleitet werden.

Denn sie ist nicht mehr Mittel zum Zweck, sondern Selbstzweck. Ihr Handeln hat kein Ziel, und in Zeiten wirtschaftlichen Niedergangs wird dies offensichtlich. Vor 1989, als sich der bundesrepublikanische Staat auf die Rolle des Garanten von Prosperität und Konjunktur reduziert hatte, konnten Girokonten und Sparbücher noch von einem Wertevakuum ablenken, heute sind nicht einmal diese selbstverständlich. Orientierungslos debattieren die wiedervereinigten Deutschen heute über das »global village«, danach über die geschichtliche und kulturelle Verbundenheit mit Ostmitteleuropa und die besondere Verantwortung für die Menschen in den Staaten des vormaligen Ostblocks, um morgen bereits erschüttert einen »Verrat an der Westbindung« hinter dem Bewußtwerden der geographischen Mittellage Deutschlands zu wittern. Die politische Volljährigkeitsbescheinigung in Form der höchstrichterlichen Entscheidung, Adria-, Awacs- und Somalia-Einsätze der Bundeswehr seien verfassungskonform gewesen, geht einher mit rigiden Sparprogrammen im Verteidigungshaushalt. An ihrem Ende wird eine Bundeswehr stehen, die ihren Auftrag im Ernstfall nicht erfüllen kann. Aber wozu auch? Längst stuft die Gesellschaft mehrheitlich den Dienst an der Waffe irgendwo zwischen »lästigem Anachronismus« und »potentiellem Killertum« ein. Kämpfen ist »mega-out«. Hierzulande kuschelt man lieber. Kuscheln ist nicht nur schöner als Kämpfen. Sondern auch wichtiger: Dies ist ein Indiz für das Stadium der Dekadenz, in dem es nichts mehr zu geben scheint, um das es sich zu kämpfen lohnte, und in dem es nur den Hedonismus zu befriedigen gilt, der als alleinige Richtschnur blieb. »Nichts ist ewig; ein Zeitalter vergeht, das andere folgt« (Cicero). Seinen Untergang hat das Abendland noch nicht erlebt, aber seinen Zenit scheint es überschritten zu haben. Physisch zeigen dies die rückläufigen Geburtenraten, das »demographische Minuswachstum«, wie es euphemisiert wird, und psychisch der Trend, auf Kosten der Gemeinschaft Interessen zu partikularisieren und zu individualisieren. Die Germanen, die einst das degenerierte »ewige« Rom überrannten, warten heute in der dritten Welt. Den Heroismus von Ernst Jüngers »Stahlgewittern« haben wir getauscht gegen das andere Extrem, das nur noch »weichen Themen« huldigt und Inferiorität zur Maxime persönlichen wie politischen Handelns macht. Dabei ist es leichter, Betroffenheit zu reklamieren als Nächstenliebe zu praktizieren. Eine »Trendwende« ist nur dann möglich, wenn Werte wiederentdeckt werden, um die zu kämpfen zum Bedürfnis wird, wenn es wieder religiöse und emotionale Klammern gibt, die Opferbereitschaft, Staatsbewußtsein, Nationalbewußtsein erzeugen, wenn neben das aufgeklärte Wissen mit seinen Desillusionierungen auch wieder der demütige Glaube mit seinen Hoffnungen getreten ist. Der Kampf wäre dann kein ständiger, aber die Kampfbereitschaft immer existent. Wer andere Vokabeln vorzieht: Es geht um wehrhafte Demokratie. Aber dieser Begriff wurde ausgehöhlt und seiner Bedeutung beraubt, weil die Wehrlosigkeit und Wehrunwilligkeit gleichsam zum Maßstab der Sittlichkeit gekürt wurden.

285

Doch das Sichwehren ist und bleibt eine ewige Notwendigkeit, weil die Zeitenläufte, äußere Gefährnisse und nicht zuletzt die »ewige Linke« (Ernst Nolte) dem Status quo immer aufs neue den Krieg erklären werden. Davor die Augen zu schließen ist töricht. Man schützt sich nicht vor dem Feind, indem man ihn ignoriert. Die dogmatische Fraktion der Linken hat sich angeschickt, den Rückschlag, den sie durch das Scheitern der sozialistischen Utopie erlitten hat, zu kompensieren. »Antifaschismus« heißt sein Medium, um Volksfrontbündnisse bis weit in das bürgerliche Lager zu begründen und vom Totalitarismus der eigenen Ideologie (einmal mehr) abzulenken. Neue radikalnivellierende PC-Strömungen kommen daher: Sie besingen den »Tod der westlichen, weißen Kultur«, da diese zwangsläufig repressiv und sexistisch sei; sie predigen einen Feminismus, der den Beischlaf schlechthin als Vergewaltigung definiert, da physisch gesehen »die Frau beim Geschlechtsakt besetztes Gebiet« (Andrea Dworkin) sei, und der in den USA bereits zu Lokalverboten für »Playboy«-Leser führt (mithin für Leser eines Blattes, dessen zwischenzeitlicher Erfolg ohne die »sexuelle Befreiung« der Studentenrevolte gar nicht denkbar wäre). Diese »Nachrichten aus dem Jammertal« (Robert Hughes) namens USA hat das masochistische (West-)Europa zu übernehmen sich längst angeschickt. Dabei würde selbst ein Sieg dieser exzessiven Auslegung der Aufklärungs-Verheißungen den Kampf nicht beenden. Für Gerechtigkeit und Freiheit, die sich alle Ideologen aufs Panier schreiben, gibt es keine objektive Meßlatte. Friedrich Tenbruck hat den Kampf gegen tatsächliche und vermeintliche Ungerechtigkeit, dieses *perpetuum mobile* gesellschaftlicher Veränderung, wie folgt beschrieben: »Wenn es gestern um den Hunger geht, so heute um das Gehalt, die Bildung, die Mitbestimmung und danach vielleicht um den gleichen Beruf, die gleiche Intelligenz, die gleiche Gesundheit, die gleiche Schönheit, die gleiche Potenz. Blind ist, wer meint, das könnte jemals ein Ende nehmen und müsse sich jedenfalls abschwächen.« Der Wahn von der Gleichheit des Menschen – Ströme an Blut wurden in seinem

286

Namen vergossen, seit 1789 in Europa, seit 1917 in der ganzen Welt. Und dieser Strom wird weiter anschwellen.

Immerhin sind Zweifel gesät. Der fortschrittsfetischistische Glaube an die Harmonisierbarkeit aller Gegensätze durch die Kraft des endlosen Dialogs scheint vor dem Raster der Realität seltsam widersprüchlich. Angriffe auf Asylantenheime und Brandanschläge auf Wohnhäuser von Ausländern ließen jene, die die Politik entpolistisieren und das Gewaltmonopol entmonopolisieren wollten, jene, die sich von der Hamburger Hafenstraße, dem Brandschatzen und Morden der RAF und der Antifa und den Kreuzberger Mainächten nicht hatten beeindrucken lassen, plötzlich nach staatlicher Autorität, nach Polizei und Verfassungsschutz rufen. Die Kinder aus den Versuchlaboratorien der 68er-Eltern und -Pädagogen hatten begonnen, Herrschaftsfreiheit und Permissivität auf ihre Weise auszuleben. Eine »freie« Generation, die elementare Regeln der Fairneß nicht etwa verachtet, sondern sie gar nicht kennt und »nach den Gesetzen von Lohn und Strafe« niemals erlernt hat, wie es Peter Schneider, einer der Experimentierer von einst, heute konstatiert. Diejenigen, die den Staat entstaatlicht haben, verlangen nun, Leviathan zu reanimieren. Die jahrelange Agitation gegen den »Polizei- und Schnüffelstaat« ist konterkariert. Aber: Der »politische Moralismus«, der »Triumph der Gesinnung über die Urteilskraft« (Hermann Lübbe) wird vorerst trotzdem gewahrt. Ursache für Gewalt gegen Ausländer, die PC schreibt es vor, muß der angeblich irgendwo tief im deutschen Wesen schlummernde »Fremdenhaß« und »Hang zum Herrenmenschentum« sein – und natürlich die Struktur der Gesellschaft, ihre Arbeitslosigkeit, Ungleichheit und Klassenteilung. Im »Kleinen politischen Wörterbuch der DDR« klang dies ungelenker, aber im Kern sehr ähnlich: Konflikte und Kriege seien »nicht im Wesen des Menschen begründet, wie das manche bürgerliche Ideologien nachzuweisen versuchen, sondern eine Folge der sozialen Verhältnisse, die auf dem Privateigentum an den Produktionsmitteln und der Klassenspaltung beruhen«. *Incorrect* war nach dieser Definition und bleibt es mithin, Aggression als »Teil der system- und lebenserhaltenden Organisation aller Wesen« (Konrad Lorenz) zu analysieren und »den Konflikt mit anderen Gruppen« als notwendig »zur Schaffung und zur Festigung der Gruppenidentität« (Lewis A. Coser) anzuerkennen. Daß mithin »Wir«-Gefühl und gleichzeitige Abgrenzung zu Existenz und Wesen »des anderen« einander bedingen und sich Identität nur aus dem Zusammenspiel von Gemeinsamkeiten und Unterschieden entwickeln kann, darf nicht sein. Denn dies würde das multikulturelle Paradies ad absurdum führen und statt dessen den bei Linksdogmatikern längst als anachronistisch abgehakten Nationalstaat (»Nie wieder Deutschland«) legitimieren, »weil es keine anderen Grenzen gibt, die annähernd dasselbe leisten, nämlich den Geltungsbereich des staatlichen Gewaltmonopols und den der Zusammengehörigkeitsgefühle zur Deckung zu bringen. Ohne das Unterfutter von Wir-Gefühlen sind Staaten nur willkürlich konstruierte Gewalthülsen, die unter Belastung zerfallen« (Karl-Otto Hondrich).

Haben die Gesellschaften des Westens, hat das neurotische und an sich zweifelnde Deutschland noch einmal die Kraft, von Irrtümern Abschied zu nehmen, vergessene Werte zu rehabilitieren, eine transzente Sinnstiftung zu entfalten? Wer die aktuelle Situation betrachtet, mag daran zweifeln, und der zum Skeptizismus gleichsam verpflichtete Konservative wird besondere Mühe haben, einen Hoffnungsschimmer zu entdecken.

Wenn die Rettung doch noch gelingen soll, ist eine Aussöhnung mit den Realitäten die erste Voraussetzung. Diese müßte neben der Linken, die vor dem Scherbenhaufen ihres Ideengebäudes steht, auch die Rechte leisten: Wer zum Beispiel glaubt, gerade Deutschland in der Mitte Europas könne in Zeiten der Weltüberbevölkerung, der Armutswanderungen von Süd nach Nord und von Ost nach West, der globalen Flugverbindungen im Stundentakt und der international operierenden Schlepperbanden eine unberührte Insel bleiben, ist von der Wirklichkeit ähnlich weit

288

entfernt wie derjenige, der grenzenlose Zuwanderung fordert und sich, unter Berufung auf die Humanität, anschickt, die Gesellschaft in einer solchen Weise zu überfordern, daß als Ergebnis nur Bestialität entstehen kann. Wer die europäische Integration als den »nationalen Interessen schädlich« verdammt, am liebsten aus der EU ausstiege und mit nationalstaatlicher Autarkie liebäugelt, ist genauso wenig politikfähig wie es jene »Europhoriker« sind, die die Vereinigten Staaten von Europa via Maastricht überhaupt und möglichst innerhalb der nächsten Legislaturperiode verwirklichen wollen. Wer das Erinnern an den nationalsozialistischen Massenmord für »überholt« hält, korrespondiert mit jenen Schönfärbern, die die Verbrechen des Stalinismus im allgemeinen und Mauer, Stacheldraht und Stasi-System der Honeckers, Mielkes und Wolfs im besonderen als »unumgängliche Härten« eines von innen wie außen bedrohten gesellschaftlichen Experiments bezeichnen. Jene, die der organischen Gesellschaft aus der Epoche vor der Aufklärung nachtrauern, werden zum historischen Kompromiß mit denen finden müssen, die von der Allmacht emanzipatorischer Vernunft träumen.

Die Irrtümer, die uns heute existentiell bedrohen, sind vor allem Ergebnisse linksdogmatischer Bewußtseinsveränderer und liberaler Zeitgeistsurfer. Den von PC unbeeindruckten Intellektuellen und Politikern bietet sich ein weites Feld der Therapie. Ansatzpunkte ergeben sich aus Beobachtungen des in den USA lebenden Emigranten Franz M. Oppenheimer, der nach einem Deutschlandbesuch Anfang 1994 in der *Frankfurter Allgemeinen* zusammenfaßte, wo nach seiner Analyse die »deutlichen und tatsächlichen Gefahren für die Zukunft der deutschen Kultur und Demokratie« (aber auch für das übrige Europa und die Vereinigten Staaten) liegen: »Nicht beim Nationalismus, der praktisch ausgestorben ist, oder beim Superpatriotismus, der völlig verschwunden ist, sondern im Multikulturalismus; nicht im Elitedenken, sondern im Analphabetismus; nicht beim Polizeitstaat, sondern in der Kapitulation vor den Kriminellen; nicht beim Antisemitismus, sondern im Verschwinden des Glaubens überhaupt; nicht in der Verehrung des Staates, sondern der Konsumgüter – kurz, tödliche Gefahren sind Konsumismus, ungezügelter Hedonismus und anarchische Nachgiebigkeit. Dort wie hier in all unseren Staaten wurde dem jüdisch-christlichen, abendländischen Erbe der Krieg erklärt, und wir sind dabei, diesen Krieg zu verlieren.« Nehmen wir die Kriegserklärung endlich an! Der Kampf kann gewonnen werden, wenn wir uns den Denk- und Frageverboten, der unheiligen Inquisition namens *political correctness* verweigern. Eine geistig-moralische »Wende« ist nötig, wie sie bereits einmal versprochen wurde, sich dann aber als leere Wahlkampfhülse erwies. Wahrscheinlich sind Parteien und Koalitionen von der Größe dieser Aufgabe, von der Schwere dieser Korrektur der Verwerfungen und Deformationen einer ganzen Epoche überfordert. Gelingen wird sie nur, wenn sie entschlossen und *selbstbewußt* von der *Nation* getragen wird. Ihre Rehabilitierung und Wiedergeburt ist in einer von der One-World-Utopie weitestmöglich entfernten multipolaren Welt die einzige Alternative zum »allgemeinen Bürgerkrieg« (Hans Magnus Enzensberger) und zur Tribalisierung im Weltmaßstab.

FELIX STERN

FEMINISMUS UND APARTHEID
Über den Krieg der Geschlechter

Feministisches Gedankengut ist, getarnt als »Gleichstellung von Mann und Frau«, mittlerweile in Parlamente, Koalitionsvereinbarungen, Grundsatzprogramme, Personalentscheidungen, Gesetzgebung und Wirtschaft eingedrungen. Von dort aus beginnt der sexistische Virus unsere Gesellschaft zu spalten, Frauen und Männer zu entsolidarisieren. Dieser Beitrag dokumentiert einige Stationen auf dem Weg in die feministische Sackgasse. Er wendet sich gegen eine falschverstandene Frauenfreundlichkeit und tritt für eine von Frauen und Männern gleichermaßen getragene Menschenrechtsbewegung ein, in der die Emanzipation von Frau und Mann partnerschaftlich und in gegenseitiger Achtung und Verantwortung möglich wird.

»Und gäbe es ein anderes Wort für Revolution, wir würden es benutzen«, postulierte Shulamith Firestone, eine der einflußreichsten autonomen Ideologinnen der US-Frauenbewegung, die 1969 nach Europa herüberschwappte. Und es gab ein anderes Wort: Krieg, nämlich der Krieg zwischen den Geschlechtern. Die Feministinnen entfachten ihn auf allen nur denkbaren Ebenen vom Campus aus über die Bettkante bis in die Parlamente hinein. Über Nacht war aus der Emanzipationsbewegung ein politischer Geschlechterklassenkampf geworden, an dessen Spitze sich eine kleine linksradikale lesbische Frauenelite stellte. In ihren Manifesten zur Abschaffung der Männer degradierten sie den Mann zum liebesunfähigen Triebwesen, das einer Frau nicht würdig sei, ein

Gewalttier, vor dem Frauen gewarnt, beschützt und rechtlich in jedem Lebensbereich bessergestellt werden müßten. Der Mann als Sexist, Belästiger, Erniedriger, Unterdrücker und vor allem: Ausbeuter von Frauen, der als »Kapitalist« weibliche Arbeitskraft ausbeutet wie die Industriellen den Arbeiter im Gründerzeitalter. Er müsse erst zum Menschen reifen und sei für alles kapitalistische Übel verantwortlich, vom Frauen-Niedriglohn über den Hunger in der Dritten Welt bis hin zur Umweltzerstörung. Grund genug, dringend vom Umgang mit Männern abzuraten und wo immer möglich, sich als Frau vom Manne zurückzuziehen in eigene weibliche Räume.

In sechs Thesen, die alle mit der Kampfformel beginnen »Frauen organisieren sich separat«, formulierten die Radikalfeministinnen 1972 auf dem 1. Bundesfrauenkongreß ihr Sexismußprogramm; dessen »Ansprüche gehen weiter, als eine formale oder inhaltliche Gleichberechtigung mit Männern zu erstreben . . .«, heißt es dort in Punkt 6. »Der Separatismus«, so im Münchener Frauenjahrbuch 1976 nachzulesen, »ist der Versuch, sich aus allen heterosexuellen Zusammenhängen möglichst weit zurückzuziehen, um sich dem Aufbau einer Frauenkultur zu widmen.«
Ihr separatistischer Kurs, die Abspaltung von allem Männlichen, und ihr hegemonistisches Frauenkulturstreben sabotierte nicht nur die auf integrative Emanzipation und Gleichstellung bedachte Frauenrechtsbewegung (z.B. Deutscher Frauenring, »Grundgesetzfrauen« wie Dr. Elisabeth Selbert usw.). Vielmehr gelang es den kulturrevolutionären »Frauenbefreierinnen« seit Mitte der 70er Jahre immer stärker, ihren autonomen Emanzipations-Rassismus über Plena, Parteischiene, Parlamente, Behörden, Gesetzgebung und umfangreiche Frauenpublizistik ins bürgerliche Lager zu tragen. Sie verstanden es mit ihrem autonomen Engagement, den frauenpolitischen Konkurrenzkampf, beispielsweise unter den Parteien, derart anzuheizen, daß die Logik der politischen Macht schon ganz allein für immer neue, die Gegenseite

an »Frauenfreundlichkeit« übertreffende Ansätze sorgte. Der frauenpolitische Übereifer machte blind und erzeugte von ihm wirtschaftlich abhängig gewordene Konformisten, die den einmal in die falsche Richtung losgetretenen Geschlechterklassenkampf als Gleichstellungsbemühungen institutionalisierten und damit über die Dimension einer außerparlamentarischen autonomen Projektarbeit weit hinausgingen. Ein Höhepunkt ungewollter, aber wirksamer Unterstützung des autonomen Separationsgedankens war sicher auch die voreilige Gründung sogenannter Frauenministerien, also behördlicher Gleichstellungsstellen auf höchster Ebene, ohne die Männer im Behördennamen mitzunennen. Kann eine Gleichstellungspolitik noch sexistischer verkauft werden? Oder ist sie gar so gemeint, wie sie sich darstellt?

Bedrohlich an der gegenwärtigen Entwicklung ist vor allem, daß den wenigsten frauenpolitisch Engagierten kaum mehr auffällt, was sie zum Teil täglich für einen Sexismus praktizieren, wenn sie Gleichstellung ohne Männer oder allgmeine soziale Familien-, Erziehungs-, Bildungs-, Berufs-, Arbeitsmarkt- oder Wohnungs-Fragen zu Frauenfragen isolieren; daß sie nicht erfühlen, was es bedeutet, wenn sie den Geschlechterklassenkampf in die Jugendarbeit, in Schulen, in Kultur, in den Gesundheitsbereich und wo auch immer hineintragen; wenn sie nicht spüren, wie sie die Menschen vielfach verunsichern und eben nicht heilend, sondern trennend wirken. (Selbst-)Kritik ist sowieso tabu. Statt irgend welche Zweifel am eingeschlagenen einseitigen Frauenbefreiungsweg aufkommen zu lassen, werden eher die Kassandras mundtot gemacht, etwa durch Verschweigen oder Fehlinterpretation ihrer Werke, durch Ausgrenzung, Kündigung von Zusammenarbeit bis hin zur öffentlichen Diffamierung als »Frauenfeind« oder Androhung von Gewalt (vgl. Abschnitt Mißbrauch mit dem Mißbrauch).

Sicher, der Feminismus ist längst nicht mehr so spektakulär wie in den 70er und 80er Jahren. Vielmehr begegnen wir dem feministischen Separationalismus immer häufiger im modifizierten bürgerlich-etablierten Gewand öffentlicher Würdenträger, staatlicher Gesetzgebung, hochoffizieller Rathausfeierstunden oder auf teuren Hochglanzprospekten. Aber genau das macht die zum »Salonfeminismus« gewandelte »Frauenbefreiung« viel unberechenbarer als beispielsweise eine »Autonomen-Demo«, bei der die Fronten klar sind. Denn in dieser Etablierung und Normalisierung des meist gar nicht mehr als Sexismus empfundenen Geschlechter-Rassismus und in der Verführbarkeit, hieraus politisches, berufliches und wirtschaftliches Kapital zu schlagen, liegt ja die eigentliche Gefahr dieser Bewegung.

Niemand stört sich daran, wenn eine Großbank in Anlehnung an autonome Terminologie (»Nur für Frauen« oder »Männer bedienen wir nicht!«) einen Finanzwerbeprospekt betitelt: »Das geht Männer nichts an!« Unser feministischer Zeitgeist erlaubt nicht nur, er fördert geradezu eine Art Gesinnungsfeminismus als progressive emanzipatorische Leistung auf Kosten der Männer. Wehe aber die Großbank hätte einen Prospekt mit der Headline gemacht: »Das geht Türken nichts an!«, nur dann wäre so ein Schriftwerk sofort, und mit Recht, als »rassistisch« inkriminiert worden.

Wo soll die Entwicklung einer Gesellschaft hinführen, die im vermeintlichen Bestreben, mehr Gleichberechtigung und Gerechtigkeit herzustellen, immer mehr latent rassistische Aktionen und Projekte hervorbringt? Erinnert sei an die wachsende Zahl von Frauenreisen, Frauenhotels, Frauenreiseführer, Frauenkrimis, Frauenmessen, Frauenunternehmensberatungen, Frauenzentren und Frauenkulturveranstaltungen bis hin zu PR-trächtigen Preisverleihungen für den »frauenfreundlichsten Betrieb« in Hessen. Die feministischen Netzwerke, ob von Frauenverbänden, Journalistinnen oder Behörden, nehmen bis hin zur EG-Ebene ständig zu. Mädchenarbeit in der Schule und bei kommunaler und kirchlicher Jugendarbeit hat sich fest etablieren können, so daß bereits die Jüngsten, ähnlich wie in jedem totalitären System, feministisch indoktriniert werden können. Der Sprachfeminismus ist auf dem Vormarsch, und die Frauenforschung hat sich auf den Universitäten und außeruniversitär (z.B. freie Frauenforschungsinstitute) etablieren können.

Mit ihrem zumeist unwissenschaftlichen Ansatz (Parteilichkeit für Frauen, Subjektivität und Frauen-Betroffenheit lauten die Parameter) will die feministische Forschung auf allen nui denkbaren Gebieten die jeweiligen Frauenaspekte herausfiltern. Erinnert sei in diesem Zusammenhang an die feministische Geschichts- und Matriarchatsforschung, mit deren abenteuerlichen Thesen von der Urherrschaft der Frauen moralisch der hegemonistische Frauenführungsanspruch gerechtfertigt werden sollte. Oder die Benachteiligungsforschung: die uns variantenreich »beweist«, daß Frauen, die arbeiten müssen, wegen Doppelbelastung diskriminiert seien, diejenigen, die nicht arbeiten müssen, vom Einkommen des Mannes unterdrückt und vom Arbeitsmarkt her als Frau diskriminiert seien. Wann Frauen glücklich sind, wurde noch nicht erforscht. »Frauen müssen benachteiligt sein«, das ist jedenfalls die ihnen vom feministischen Zeitgeist und der Forschung zugedachte Rolle. Beispielsweise gibt uns die von namhaften feministischen Professorinnen und Alice Schwarzer in Buchform gegossene Studie »Auf Kosten der Frauen« (Weinheim 1988) ein gutes Lehrstück dafür, wie man mit Statistiken »beweisen« kann, daß die gegenwärtigen Sozialleistungen für Frauen in Wirklichkeit männliche Instrumente weiblicher Domestizierung darstellen. Zum Urgestein feministischer Betroffenheitswissenschaft zählen die Untersuchungen zu Sexualität, sexuellem Mißbrauch, Vergewaltigung und allgemeiner Gewalt gegen Frauen. In diesem Sektor werden meist immer wieder von neuem die Thesen vom penetrierenden Patriarchat aufgewärmt, um das »Feindbild Mann« aufrechtzuerhalten und den finanziellen Forderungen zur Schaffung von Frauenschutzzonen, wie Frauenkommunikationszentren, Frauentreffs usw. im Gemeinderat mehr Nachdruck zu verleihen. Durch diese Ten-

295

denzforschung werden gute und wichtige Arbeiten leider entwertet oder zugedeckt.

Ein Beispiel angewandter Tendenzforschung ist die »Bedrohungsanalyse« von 1990, die die Frauengleichstellungsstelle Wiesbaden beim »Feministischen Interdisziplinären Forschungsinstitut (fif)« in Frankfurt am Main in Auftrag gegeben hatte, um »wissenschaftliches« Material zu sammeln, mit dem dann unter anderem Frauensonderparkplätze, städtische Förderung von Frauenkampfsportkursen und andere Maßnahmen durchgesetzt oder verstärkt debattiert werden konnten. Die Wissenschaftlichkeit der Analyse bestand u.a. in suggerierender Fragestellung, z.B. Frage 1: »Kennen Sie Orte, an denen Sie unangenehme Reaktionen von Männern erwarten, so daß Sie sich an diesen Orten unsicher fühlen?« Alle nur denkbaren, aus Krimis bekannten gruseligen Orte waren zum Ankreuzen aufgezählt. Mehrfachnennungen waren möglich. Das Ergebnis: 94,3 Prozent der befragten Frauen aus Wiesbaden fühlen sich unsicher bzw. bedroht. Die Bedroher sind Männer. Als Empfehlung zur Abhilfe wird unter anderem »Unterstützung und Ausbau vorhandener Beratungs- und Hilfsangebote der autonomen Frauenbewegung« angeregt, da hier anders als bei traditionellen oder konfessionellen Einrichtungen Mädchen und Frauen »in einem viel umfassenderen Sinn Beratungsmöglichkeiten und/oder Hilfe zur Selbsthilfe« erhalten.

Auch fehlt nicht die Auseinandersetzung mit der sexuellen Belästigung am Arbeitsplatz: ». . . gilt es in den nächsten Jahren, die Problematik der sexuellen Belästigung am Arbeitsplatz weiter aufzudecken und entsprechend zu thematisieren. Hier müssen Frauen dementsprechend gestärkt und das diesbezügliche Verhalten der Männer kritisiert werden. Zu überlegen ist zudem, ob und wie gegen belästigende Männer gesetzliche Schritte eingeleitet werden können.« Diese sind drei Jahre später beispielsweise auch im Hessischen »Gesetz über die Gleichstellung von Frauen und Männern und zum Abbau der Diskriminierungen von Frauen in der öffentlichen Verwaltung« festgelegt worden, um den männlichen Triebterror gegen die Frauen – zumindest in Behörden – durch Ahndung als Dienstvergehen einzudämmen. Als sexuelle Belästigung gelten nach dem Gesetz »unerwünschte sexuelle Annäherungsversuche und Körperkontakte sowie sexuell abfällige oder abwertende Bemerkungen, Gesten oder Darstellungen, die von der betroffenen Person als beleidigend, erniedrigend oder belästigend empfunden werden.« Nun haben sie's erreicht, den kleinen Flirt, die Anmache im Büro unter Strafe zu stellen, mit Kanonen auf Spatzen zu schießen, wo es einst auch die Ohrfeige zur rechten Zeit tat oder man im Rahmen von Betriebsratsaufgaben hätte Lösungen finden können. Nein, Täter müssen kriminalisiert werden, nur das hilft, das Image vom »bösen« Mann aufrechtzuerhalten. Damit hat die Heteroliebe am Schreibtisch endlich kaum noch aussichtsreiche Chancen, wäre doch für jeden die Gefahr zu groß, bei Sympathiekundgebungen mißverstanden oder gar als Arbeitskollege oder lästiger Konkurrent mit der Schmollmund-, Blusen- oder Honigschoßfalle beruflich kaltgestellt zu werden. Fürwahr eine feministische Meisterleistung, wo doch schon längst die Verwaltungen der großen Dienstleister wie Banken, Versicherungen und Behörden zum anerkannt größten und notwendigen Heiratsmarkt für den ohnehin bezugsarmen Menschen geworden sind. Liebe im Büro verletzt nämlich nicht nur, sondern kann auch beflügeln. US-Studien haben hier Erstaunliches herausgefunden – warum dies den Menschen nicht selbst überlassen, sondern ideologisch verbieten, womit man selbst vielleicht nicht klarkommt. Schon die Tatsache, daß Männer bei den Umfragen über sexuelle Belästigung am Arbeitsplatz nicht mal mitbefragt wurden und daß zwischen 1984 und 1991 die Umfrageergebnisse von 30 auf 72 Prozent sich »schon mal am Arbeitsplatz belästigt fühlender Frauen« hochschnellten, zeigt die Beliebigkeit von Frauenforschungs-Ergebnissen, mit denen entsprechend Stimmung zur Durchsetzung von feministischen Zielen gemacht wird.

Für die diffamierten und vielfach regelrecht verfolgten Männer ist der feministische Mißbrauch mit Mißbrauch aber noch weitaus schlimmer als der »Sexistenvorwurf«. Fernsehen und andere Medien berichteten ausführlich über die Folgen falscher Verdächtigungen, die Väter ins Gefängnis, Kinder gegen ihren Willen ins Heim und Familien an den Rand ihrer Belastbarkeit brachten. Besonders gegen Kritiker des sexuellen Mißbrauchs geht die radikalfeministische Szene intolerant und kompromißlos vor, wie die Berliner Übergriffe beim Kongreß »Sexueller Mißbrauch« Anfang 1994 zeigen. Hunderte Frauen und Männer boykottierten hier mit Trillerpfeifen und Hupen, Buttersäure und Blockaden nicht nur den Kongreß, um den Vortrag der Berliner Autorin Katharina Rutschky über Erkenntnisse zum Mißbrauch mit dem sexuellen Mißbrauch zu verhindern. Vielmehr bedrohten sie die Frau auch körperlich: »Für das, was du sagst, gehört dir die Fresse poliert« oder »Deine Thesen sind Täterthesen«. Seit Rutschky vor zwei Jahren in einem Buch den therapeutischen Umgang und die öffentliche Behandlung des Themas sexueller Kindesmißbrauch anprangerte, wird sie auch mit bitterbösen Briefen attackiert.

Auch ist die Masche mit dem sexuellen Mißbrauch von Kindern als ideale Scheidungswaffe zur Durchsetzung von Unterhaltsforderung und zum Boykott jeglichen Besuchs des Vaters äußerst nützlich. Der »lästige Vater« kann im Zweifelsfall nicht das Gegenteil beweisen. Das Klima ist bis in die Familien hinein so vergiftet, daß Väter sich darum drücken, ihre kleinen Töchter zu baden und sich lieber »Rabenvater« statt »Kinderschänder« schimpfen lassen. Die Unsicherheit wächst, und jeder junge Mann, der Erzieher werden will, sollte sich dieses wirklich gründlich überlegen. So rückt auch hier das fundamentalfeministische Ziel »Auch ohne Vater zum Kind« und die damit verbundene Abschaffung der Traditionsfamilie wieder ein Stückchen näher. Und diejenigen, die wie auf dem Kasseler Grünenkongreß »Los und Ledig« vom 11. November 1990, in einschlägigen Thesen zur Abschaffung der Heterofamilie rieten und vom »Eheschließungs-schlußgesetz« träumten, sind doch auch jene Frauenkämpferin-nen, die, oftmals dank Parteischiene (z.B. in Hessen), öffentliche Ämter im Sozialbereich innehaben!

Nur über die Parteischiene war auch das Vordringen feministi-schen Sprachgebrauchs in Behörden und im Sozialbereich mög-lich. Es handelt sich um die als »Neutralisierungsmaßnahmen« deklarierte Frauensprache, in der Männer nicht einmal mehr mit-gemeint sein sollen. Professor Luise Pusch, die Vordenkerin und vielbeschäftigte Beraterin in Sachen feministischer Linguistik, be-gründet die sprachliche Revolution so: »Es besteht kein Zweifel, daß die Frau sprachlich (natürlich auch in jeder anderen Hinsicht) extrem benachteiligt ist. Was ihr zusteht und was sie braucht, ist nicht Gleich-, sondern Besserbehandlung, kompensatorische Ge-rechtigkeit (. . .). Es wird ihm guttun, es im eigenen Gemüt zu er-leben, wie es sich anfühlt, mitgemeint zu sein, sprachlich dem an-deren Geschlecht zugezählt zu werden, diesen ständigen Identi-tätsverlust hinzunehmen« (Alle Menschen werden Schwestern, Frankfurt 1990, S. 97).

Wie Pusch unterstellen die feministischen Sprachfrauen, daß die gegenwärtige Sprache eine die Männer bevorzugende Män-nersprache sei und geben vor, nun auch sprachlich die Gleichstel-lung herstellen zu wollen. Einmal abgesehen von dem auf der Ver-wechslung von Sexus (natürliches) und Genus (grammatikali-sches Geschlecht) herrührenden irrigen Annahme, die Mutter-Sprache sei den Frauen zu ihrer Unterdrückung von den Männern übergestülpt worden, wollen die Fundamentalfeministinnen mehr als nur Sprach-Neutralisierung. Vielmehr wird eine weibli-che Sprachvorherrschaft, die Voraussetzung einer Frauenkultur, angestrebt, wie sie sich – erkennbar am großen »I« in der Wortmit-te – vielerorts unter rot-grüner Flagge bereits durchzusetzen be-ginnt: Aus Bewerbern werden BewerberInnen (männliche und weibliche gemeint), aus Heimbewohnern HeimbewohnerInnen oder aus Senioren SeniorInnen, etwa in dem offiziellen Periodikum des Hessischen Ministeriums für Jugend, Familie und Gesundheit, das sofort nach dem Wahlsieg der Rot-Grünen aus »Hessische Senioren-Information«»Informationen für Hessische SeniorInnen« machte. Und als Herausgeber firmiert das Ministerium mit kleinem »i«, der reinen Weiblichkeitsform, unter »Herausgeberin Hessisches Ministerium für Jugend, Familie und Gesundheit«. Die Sinnhaftigkeit der Sprachfeminisierung zeigt sich besonders an folgenden Beispielen: »Deutschkurse für AusländerInnen« (Ev. Bildungswerk) oder wenn ohnehin sprachlich unsichere Hauptschüler mit feministisch frisierten Berufsbezeichnungen wie »BäckerIn«, »FeinoptikerIn«, »LackiererIn«, »WerkzeugmacherIn«, »AnlagenmechanikerIn« usw. zusätzlich verwirrt werden (in: Betriebliche Ausbildungsmöglichkeiten im Raum Bad Kreuznach/Kirn, Stand: 1993). Oder wenn »progressive« Personalabteilungen in Stellengesuchen mit dem Grammatikalischen Schwierigkeiten bekommen: »... suchen wir zum 1. 4. eine/n ErgotherpeutIn.« Es ist doch offensichtlich, daß eine derartige Schreibweise erst auf den geschlechtlichen Unterschied hinweist, der angeblich kompensiert werden soll. Und vielfach wird durch solche »geschlechtsneutralen« Stellenausschreibungen ausgerechnet dort das Geschlecht wieder ins Spiel gebracht, wo es wirklich keine Rolle spielen sollte, im Berufsbereich. Besonders der soziale Sektor ist ein fruchtbarer Boden für dererlei Sprachverkünstelungen geworden. Es gibt praktisch keine Fachzeitschrift, in der nicht diese unsinnigen weiblich eingefärbten Sprachformeln auftauchen.

Vielfach wird auch das Indefinitpronomen »man« gegen »frau« ausgetauscht, was ja nicht nur hinsichtlich der »Neutralisierungsbemühungen« nichts bringt, sondern erst den sexistischen Konflikt schürt. Schon im 18. Jahrhundert ist im Sprachlexikon bei Adelung zu lesen: »Man, ein unbestimmtes Pronomen, welches nur allein conjunctive (verbundene) mit der dritten einfachen Person eines Zeitwortes gebraucht wird. Es bestimmt von dem Sub-

300

jecte, welches es ausdrückt, weiter nichts, als daß solches zum menschlichen Geschlechte gehörte, ohne übrigens die Zahl, das Geschlecht, oder sonst einen anderen Unterschied auszudrukken.«

Realitätsfern sind auch sämtliche feministischen Versuche, die kulturell gewachsenen symbolischen Sprachaussagen durch wörtliche Auslegungen in ihrer »maskulinen« Sprachoberfläche (in ihrer Lautung oder Schreibung) verändern zu wollen: So ist doch ein Junggeselle kein »junger Geselle«, sondern ein noch unverheirateter Mann, ein Büstenhalter keine männliche Bruststütze, und eine »Milchmädchenrechnung« ist keine »Rechnung eines Milchmädchens«, sondern eine »selbsttrügerische oder naive Rechnung«. Ein Bürgersteig ist also nicht ein »Steig für männliche Bürger« und muß demnach auch nicht in »BürgerInnensteig« getauft werden, sondern in unserer Vorstellungswelt ein »erhöhter Fußweg neben einer Fahrbahn«. Besonders lächerlich sind auch Bemühungen, die angeblich sexistischen »Phraseologismen«, also geflügelte Worte und Redewendungen, entpatrifizieren zu wollen. Aus »Otto Normalverbraucher« muß wirklich keine »Ottilie Normalverbraucherin« werden, denn die Wendung bedeutet doch nichts anderes als »Durchschnittsmensch ohne besondere Ansprüche«.

Regelrecht an Sprachparanoidität erinnert aber, wenn feministische Linguistinnen auf alles einschlagen, was etwas Männliches enthält, wenn ihre krankhaften Ängste vor dem maskulinen Genus dazu führen, statt »Säugling« »Baby« zu sagen und selbst die Pluralendung »er« als frauenfeindliche Provokation eingestuft und an »Mitglieder« noch ein »Innen« angehängt wird oder aus »Gast« »GästIn«, aus »Himmlische Heerscharen« »Siescharen«, aus »Erziehung«, »Sieziehung«, aus »Mannschaft« »Frauschaft« wird. Selbst altes Liedgut, Bibeltexte und klassische Literaturen sind vor kleingeistigen, linguistischen Manipulationen nicht verschont geblieben, wenn beispielsweise aus Schillers »alle Menschen werden Brüder« »Schwestern« werden. Eine derart totalitäre »Sprachbereinigung« hat bisher noch kein »ismus« hervorgebracht. Wehret den Anfängen! Es ist einfach nicht einsehbar, aus sprachideologischem Kalkül kulturell gewachsene Sprache in feministisch komplizierte Terminologie zu verbiegen und mit den uneindeutigen verwirrenden Wortneuschöpfungen uns selbst, Ausländer und vor allem kommende Schülergenerationen auf das sprachliche Glatteis zu führen. Mit »frau« statt »man« und dem großen »I«, das nicht einmal als solches aussprechbar ist, provozieren die Radikallinguistinnen eine vorsätzliche sprachliche Männerdiskrimierung.

Nicht nur beim Deutschen Gewerkschaftsbund gilt das Motto »Frauen gehen vor« (So firmierte die DGB-Aktion 93/94 zur Beeinflussung der Grundgesetzänderung des Artikels 3). Das ist anscheinend auch emanzipatorische Marschrichtung bei Landes- und Bundesregierung, wie schon ein Blick in die einseitigen »Frauenfördergesetze des öffentlichen Dienstes« oder besser noch in die frauenpolitischen Absätze der Koalitionsvereinbarungen der rot-grünen Niedersachsenregierung (v. 19. Juni 1990) und der Hessenregierung (v. 1. März 1991) bestätigt. Hier bekommt man auch nochmals schriftlich die These bestätigt, wonach autonomes Gedankengut mit amtlicher Billigung in Parlamente und Gesetzgebung vordringen darf: Beispielsweise bekennt sich die rot-grüne Hessenregierung in ihrer Koalitionsvereinbarung zur basisorientierten Frauenarbeit: »Die Landesregierung wird den Erkenntnissen der Frauenbewegung bezüglich der Differenz zwischen Frauen und Männern und dem damit verbundenen gesellschaftlichen Wandel Rechnung tragen«. Was dies in der frauenpolitischen Arbeitspraxis tatsächlich meint, darüber gibt uns die Arbeit aus den mittlerweile 1256 Frauengleichstellungen Aufschluß.

So führt der »Zweite Bericht über die Gleichstellungsstellen in Bund, Länder und Kommunen« insgesamt 56 einschlägige Aufgabenfelder der Frauengleichstellungsstellen auf. Nach zehn Rubriken geordnet, erinnern diese eher an ein feministisches Manifest zur weiblichen Kulturrevolution als an einen ernstzunehmenden Katalog von Gleichstellungsaufgaben zwischen Mann und Frau.

Obwohl die gemeinsame Aufgabe,»sich mit den Fragen der rechtlichen und tatsächlichen Gleichstellung von Frauen und Männern zu befassen«, zu Beginn artikuliert wird, taucht der Mann in dem Aufgabenkatalog aber dann nicht ein einziges Mal mehr auf. Es gibt als Gleichstellungsaufgabe die Rubrik:»Frauen in besonderen Lebenslagen«, doch an»Männer in besonderen Lebenslagen« denkt niemand. Ebenso, daß die»besonderen Lebenslagen« von Frauen oder von Männern geschlechtliche Überschneidungen, etwa in Familie, in der Erziehung, Existenzsicherung usw., haben könnten. Dann werden die Aufgaben wie folgt benannt:»Maßnahmen zur beruflichen Integration von Sozialhilfeempfängerinnen«, die»Förderung von Projekten von wohnungslosen Frauen«,»Programme für behinderte Frauen«,»Maßnahmen zur Integration von straffälligen Frauen«. Das ist ja alles sicherlich schön gedacht und notwendig, aber doch völlig einseitig und gesamtgesellschaftlich betrachtet eher ärgerlich für die andere Menschheitshälfte, die Männer. Dank solcher von oberster Länderstelle vorgegebenen Frauenbevorzugung haben beispielsweise in Frankfurt seit November 1993 rund 600 obdachlose Frauen im städtischen Frauenreferat und einer ausschließlich für Frauen geplanten Koordinationsstelle eine zusätzliche Lobby, während ca. 83 Prozent aller Wohnsitzlosen, also der Hauptanteil von schätzungsweise 4000 bis 6000 Frankfurter Stadtstreichern, nur wegen ihres männlichen Geschlechts außen vor gelassen wurde. Auch im Bundesdurchschnitt sind rund 85 Prozent aller Obdachlosen männlichen Geschlechts. Hätte nicht eine Gleichstellungsstelle, die vorgibt, für Gerechtigkeit von Frau und Mann einzutreten und dafür erkleckliche Steuermittel einstreicht, die dringende Pflicht, dies auch für die männlichen Betroffenen gleichermaßen zu tun? Ähnliches gilt auch für die einseitige Förderung straffälliger Frauen, die lediglich 20 Prozent in der Straffälligkeitsstatistik ausmachen.

303

Nicht nachvollziehbar ist die als Gleichstellungsmaßnahme vorgesehene Sonderförderung weiblicher Behinderter: Ist denn beispielsweise eine weibliche MS-Erkrankung anders zu würdigen als ein männliches MS-Leiden? Statt den Geschlechterklassenkampf bis ins Behindertenlager hineinzutragen, hätten die behinderten Menschen mehr von tatsächlicher, zusätzlicher lebenspraktischer Hilfe.

An die frühere Apartheid in Südafrika erinnert gar die Rubrik »Wohnungsbau, Stadt-, Verkehrs- und Raumplanung«. Man stelle sich vor, daß in 763 Kreisen und Orten der Bundesrepublik Frauenbeauftragte die Aufgabe haben, sich im »Wohnungsbau«, bei »Stadt-, Verkehrs- und Raumplanung«, bei der »Erarbeitung kommunaler Umsetzungsstrategien für frauen- und mädchenorientierte Stadtplanung« verdient zu machen. Sie haben sich für »frauenrelevante Aspekte in den Bereichen Wohnungsbau, Wohnumfeldgestaltung, Stadtentwicklung und Verkehrsplanung sowie der Entwicklung frauenpolitischer Zielsetzungen für die Landesplanung« einzusetzen. Was soll »frauen- und mädchenorientierte Stadtplanung« sein? In Hessen jedenfalls versucht man, Antworten auf diese Frage zu finden.

So lobte beispielsweise das rot-grüne hessische Wohnungsbauministerium zum 1. November 1993 einen Wettbewerb »Frauengerechtes Bauen« für 25 Wohneinheiten aus, um die frauenfeindlichen Visionen vom männerfreien Wohnen und Leben in der Zukunftsstadt ohne »Angstträume« voranzutreiben. Auf einem für die enggewordene Rhein-Main-Region ungewöhnlich großzügig bemessenen 3600 Quadratmeter großen Neubauareal in Mainz-Kastel soll das urbane feministische Frauenbollwerk entstehen. Inhaltlich betreuen Architektinnen und Frauenbeauftragte aus Wiesbaden, Frankfurt, Darmstadt und Gießen das aus der Perspektive von Frauen zu planende 5 Millionen Mark teure Vorhaben, dessen Baubeginn voraussichtlich Ende 1994 sein wird. Was aber weiblich an der Architektur sein soll, die lediglich aus den Normen des Sozialen Wohnungsbaus und des behinderten- und altengerechten Bauens besteht, ist schleierhaft. Schon seit den 70er Jahren weiß man über die familien- und kinderunfreundliche Bauweise des 50er und 60er Jahre-Wohnungsbaus mit zu kleinen Kinderzimmern usw. Bescheid. Statt die schon lange in zahlreichen kommunalen Schubladen liegenden Konzepte für familien- und kindergerechtes Bauen mit größeren Wohn- und Spielzimmern, mehr Gemeinschaftsräumen etc. umzusetzen, betreiben die Bau-Damen nicht nur Etikettenschwindel, indem sie bestehende Konzepte adaptieren und aus kinderfreundlichem Wohnen ein frauenfreundliches Wohnen machen. Letztlich scheint es hier wieder einmal um autonome Familienideologie zu gehen, die indirekte Förderung der Frauen-Alleinerzieherfamilie durch bauliche Ausgrenzung der Väter, für die einfach kein Zimmer miteingeplant wird. Auch die zusätzlichen »Kommunikations- und Gemeinschaftsräume als Treffpunkt für Frauen und für die gemeinsame Kinderbetreuung« sind ganz auf die feministische Kleinfamilie, bestehend aus alleinerziehender Mutter und Kind, zugeschnitten, und das alles mit öffentlicher Bauförderung.

Ebenso beginnen Frauen den Nahverkehrsbereich zu feminisieren, natürlich unter Ausschluß der Männer. Ging es beispielsweise in Hannover um den lächerlichen Streit, die zur Kennzeichnung der Fahrradwege vorgesehenen aufgemalten Fahrräder ohne »männliche Verbindungsstange« darzustellen, so wurden in Frankfurt Frauen zu »Frauen-Informationsbörsen« und »Frauen Stadtgesprächen« eingeladen, in denen Margarete Nimsch nicht nur von frauenspezifischen Verbesserungen träumte: »Ich wünsche mir eine Stadt, in der sich junge Frauen entfalten können und alte Frauen nicht mehr einsam sind.« Vielmehr wollten die Fachfrauen auch die Benachteiligungen der Frauen im Nahverkehr dokumentieren, um, unterstützt von einer Studie »Frauen im Nahverkehr« des Frankfurter Instituts für Frauenforschung (fif), den »Freiheitsgrad der Bürgerinnen durch einen besseren Ausbau des öffentlichen Nahverkehrsnetzes zu vergrößern«. Männer, die wie die »Tiger im Dschungel« die Städte »frauenfeindlich« geplant hätten, hatten auch als Hausmänner oder alleinerziehende Väter keine Chance mitzureden – vielleicht auch deswegen, weil sie ohnehin aus den Frauenstadtteilen der Zukunft verschwinden werden? Mit Frauenparkplätzen und einem Verein »Berufswege für Frauen« wird im Rhein-Main-Gebiet bereits begonnen, ganz im Sinne der »Gleichstellungs-Beauftragung« eine weibliche Verkehrs-Infrastruktur aufzubauen. Wie lange aber wird es angesichts dieser Entwicklungen dann noch dauern, bis erste Bushaltestellen, Parkbänke, Schwimmbäder, Bibliotheken, Einkaufscenter, Freizeitparks und männerfreie Wohngebiete »nur für Frauen« entstehen?

Hat womöglich der Weg in die feministische Apartheid schon begonnen? Es wäre der Beginn einer totalitären Separierung von Frau und Mann. Diese letzte aller großen totalitären Utopien überträfe an Unmenschlichkeit alle bisherigen totalitären Ideologien. Denn die feministische Utopie erführe dadurch, daß sie bis in den letzten zwischenmenschlichen Intimbereich und in das Menschsein hineinwirkt, noch eine deutliche totalitäre Steigerung. Die neue Apartheid zwischen Mann und Frau trennt Menschen nicht »nur« aufgrund unterschiedlicher Weltanschauung oder ethnischer Herkunft, sondern entzweit sie in ihrem Menschsein untereinander und auf psychischer Ebene innerseelisch, weil der neue »feminisierte« Mensch womöglich als männlich definierte seelisch-geistige Eigenschaften innerlich ablehnt. Das Ergebnis wäre die totale menschliche Entfremdung vom anderen Geschlecht und von der Vollkommenheit des Menschseins an sich. Doch das Maskuline und das Feminine sind nicht einander feindlich ausschließende Gegensätze, sondern zwei untrennbar ineinander verzahnte und sich bedingende Dimensionen, die nur in der Einheit und Ergänzung ihren Sinn erhalten. Nur eine ganzheitliche, humanitär ausgerichtete Welt hat Sinn und Zukunft.

III. INTERESSE

»Es ziehen aber Konflikte herauf, die sich nicht mehr ökonomisch befrieden lassen; bei denen es eine nachteilige Rolle spielen könnte, daß der reiche Westeuropäer sozusagen auch sittlich über seine Verhältnisse gelebt hat, da hier das »Machbare« am wenigsten an eine Grenze stieß. Es ist gleichgültig, wie wir es bewerten, es wird schwer zu bekämpfen sein: daß die alten Dinge nicht einfach überlebt und tot sind, daß der Mensch, der einzelne wie der Volkszugehörige, nicht einfach nur von heute ist. Zwischen den Kräften des Hergebrachten und denen des ständigen Fortbringens, Abservierens und Auslöschens wird es Krieg geben.«

Botho Strauß

KARLHEINZ WEISSMANN

HERAUSFORDERUNG UND ENTSCHEIDUNG
Über einen politischen Verismus für Deutschland

Als »Verismus« bezeichnet man in der Kunstgeschichte eine Tendenz, die die Dinge ihrer »wahren« Natur gemäß zeigt, d.h. auch vor der »häßlichen Wahrheit« nicht zurückscheut, sondern dem Betrachter alles, wie es ist, vor Augen führt. Unter politischem »Verismus« sei deshalb eine Position verstanden, die sich der Realität verpflichtet weiß, die »Tabuierung der Wirklichkeit« (Armin Mohler) ablehnt, den tröstlichen Unsinn meidet und dem inflationär gewordenen Schonungsbedürfnis mißtraut. Im folgenden dazu zehn Thesen:

Erste These: Das Ende der Nachkriegszeit hat das internationale Staatensystem in Unordnung gebracht, eine Unordnung, die aber nur vordergründig chaotisch ist: Der Planet nähert sich allerdings wieder seinem natürlichen Zustand, dem des Pluriversums, das immer in Bewegung bleibt und nur vorübergehend stabil wird.

Die Historiker setzen geschichtliche Zäsuren nicht mit glatten Daten, sondern an Hand der epochalen Ereignisse. Ihr 19. Jahrhundert war ein »langes« Jahrhundert, das vom Beginn der Französischen Revolution, 1789, bis zum Ausbruch des Ersten Weltkrieges, 1914, oder bis zum Kriegseintritt der USA bzw. bis zum Ausbruch der bolschewistischen Oktober-Revolution in Rußland, 1917, andauerte. Demgegenüber werden die Historiker das 20. Jahrhundert als ein »kurzes« Jahrhundert bestimmen, denn es endete nach einem verzögerten Anfang schon 1989. Damals begann der überraschende Zerfall des sowjetischen Imperiums. Die bipolare Ordnung des Planeten, wie sie seit dem Ende des Zweiten Weltkriegs selbstverständlich gewesen war, verschwand.

Damit verschwand aber auch ein stabilisierendes Moment der internationalen Beziehungen, denn die Teilung in »Ost« und »West« bot zumindest den Vorteil einer relativen Übersichtlichkeit. Die Hoffnung, daß das »Ende der Geschichte« (Francis Fukuyama) und damit die unbestrittene Vorherrschaft der Vereinigten Staaten gekommen sei, erwies sich bald als trügerisch. Die nordamerikanische Union besaß nicht die Macht, eine monopolare Ordnung zu errichten, und niemand spricht mehr von George Bushs *new world order* oder vom 21. als dem »amerikanischen Jahrhundert«. Statt dessen zeichnet sich eine Erosion in der Struktur des Welt-Staatensystems ab, die durch den Emanzipationsprozeß der »Dritten Welt« schon länger vorbereitet wurde.

Es steht aber kaum das oft befürchtete außenpolitische Chaos bevor, vielmehr kehrt die Erde vom »globalen Ausnahmezustand« (Serge Maiwald) der Zweiteilung wieder in den »Normalzustand« des politischen Pluriversums zurück. Wenn nicht alles täuscht, dann wird es zukünftig neben Großmächten auch Mittelmächte und kleine Mächte als selbständige politische Faktoren geben und Formen direkter Abhängigkeit, aber vor allem zahlreiche Varianten einer sanften Hegemonie. Die Wahrnehmung von Unübersichtlichkeit ist in diesem Zusammenhang vornehmlich eine späte Folge der herrschenden Selbstdeutung in den beiden großen Weltbürgerkriegslagern: Denn jede Seite, die sowjetische ebenso wie die amerikanische, hatte im Falle ihres Sieges die Errichtung einer neuen universalen Ordnung verkündet. Der Glaube an die Verheißungen einer planetaren *pax americana* oder *pax sovietica* wurde in den vergangenen Jahrzehnten zwar abgeschwächt, erhielt sich aber in Resten, so daß das Ausbleiben der Parusie nicht ohne weltanschauliche Folgen sein konnte.

310

Zweite These: Am Ende des 20. Jahrhunderts muß man die Frage nach seinem Ertrag stellen. Da die Geschichte offensichtlich nicht beendet ist, sind wir gezwungen, eine nüchterne Bilanzierung vorzunehmen, die ermöglicht, frei von Illusionen die Zukunftsaussichten zu bestimmen.

Wenn das 19. Jahrhundert von der »Religion der Freiheit« (Benedetto Croce) bestimmt war, der spannungsreichen Weltanschauung eines fortschrittsgewissen liberalen Nationalismus, dann wird das 20. Jahrhundert geprägt vom »Glauben an die Demokratie«. Mit der Durchsetzung der Massengesellschaft zuerst in Europa und dann in den semi-europäischen Staaten der beiden Amerika entstand ein neues soziales Gebilde, das am stärksten durch die Idee der Demokratie integriert wurde. Der demokratischen »Fundamentalrevolution« (Ernst Nolte) konnte weder die alteuropäische Ständeordnung noch das zögerlich gewordene liberale Bürgertum widerstehen, das seine gerade erworbene Privilegien gerne gegen den Anstrum der Plebs verteidigt hätte. Seit dem Beginn des 20. Jahrhunderts gibt es endgültig keine andere Quelle der Legitimität mehr als das souveräne Volk.

Allerdings ist damit noch nichts über die Einheit der demokratischen Strömung gesagt, die nebeneinander konstitutionelle (die parlamentarischen und Präsidialrepubliken Europas und Nordamerikas), autoritäre (der Bonapartismus, der argentinische Peronismus) und totalitäre Formen (Kommunismus und Nationalsozialismus) ausgebildet hat. In der ideologischen Auseinandersetzung stellte man zwar den »demokratischen« Anspruch der feindlichen Partei in Frage, aber auch der »Endsieg des Westens« (Peter Glotz) war nicht nur ein Sieg über gegnerische Prinzipien, sondern vor allem ein Sieg über feindliche Brüder.

Ist die konstitutionelle Demokratie nach Karl Popper »bei weitem die beste, die freieste, fairste und die gerechteste Gesellschaft, die es jemals in der Geschichte der Menschheit gegeben hat«, so besagt das noch nichts über ihre Lebensfähigkeit auf lange Dauer.

Es dürfte kaum bestreitbar sein, daß diese Staatsform nicht »natürlich« (George F. Kennan) ist und keineswegs den selbstverständlichen Höhepunkt der politischen Organisationsgeschichte darstellt, sondern auf sehr konkreten historischen Bedingungen – Zugehörigkeit zum europäischen Kulturkreis, Teilhabe an der Aufklärung – und auf Wohlstand beruht. Heute mehren sich außerdem die kritischen Stimmen, die der Befürchtung Ausdruck geben, daß die »offene Gesellschaft« immer weniger durch ihre »Feinde« und immer stärker durch sich selbst bedroht ist. Es gibt eine schleichende Totalisierung, eine neuartige »Herrschaft des Verdachts« (Georg Wilhelm Friedrich Hegel), die durchaus terroristisch werden kann, aber vor allem auf dem informellen Druck der *political correctness* beruht, und durch die von den Medien produzierte sekundäre Wirklichkeit gestützt wird. Noch viel grundlegender wirkt sich aus, daß die demokratischen Staaten der Wohlstandszone heute nicht mehr durch den Kampf gegen eine antagonistische Weltanschauung zusammengehalten werden. Sie beginnen in der Konsequenz ihres eigenen »Überbaus« in eine Zahl von Individuen auseinanderzufallen, die den *pursuit of happiness* als Aufforderung zur Wahrnehmung eigener Interessen ohne Rücksicht auf die Gemeinschaft verstehen. Der angloamerikanische Historiker Paul Kennedy prognostiziert, daß die Staaten des Nordens ihre freiheitlichen Verfassungen kaum über den Beginn des 21. Jahrhunderts hinaus retten werden, wenn sie nicht neue Möglichkeiten der Integration finden. In Deutschland gab Joachim C. Fest schon vor einiger Zeit zu bedenken, daß das »metaphysische« Defizit den modernen europäischen und amerikanischen Gesellschaftsformen die Basis der eigenen Existenz rauben könnte. Der neuerdings so intensiv diskutierte »Kommunitarismus« stellt in erster Linie einen Versuch dar, das »westliche« Denken vor seinen eigenen Folgen zu bewahren.

Demgegenüber plädieren die Linke und ein konstruktivistischer Liberalismus für »das Experiment eines riskanten Lebens ohne Fundamente« (Adam Michnik). Aber die »Zivilgesellschaft«, die einzig und allein auf »Publizität und Partizipation unter Voraussetzung einer verfahrensmäßig, durch Recht gesicherten individuellen Unabhängigkeit aller Bürger« (Hauke Brunkhorst) beruht, hat niemals existiert, und sie wird niemals existieren. Diese politische Reißbrettkonstruktion ist nicht nur utopisch, sie ist auch unästhetisch. Die Anschauung, daß nur »Publizität und Partizipation« eine menschliche Gemeinschaft zusammenhalten könnten, erscheint sofort grotesk, wenn man eine realexistierende Staatsordnung betrachtet. Die *civil society* als Klein-Utopie überfordert und unterfordert den Menschen gleichermaßen, der kein durchgängig rationales, aber ein in der geschichtlichen Tradition gebundenes Lebewesen ist. Eine absolute Emanzipation aus diesen Bindungen bleibt unmöglich, solange die Individuen schon durch ihre Sprache und alle kulturellen Selbstverständlichkeiten so wesentlich entlastet werden.

Hier bricht allerdings ein Grundproblem der konstitutionellen Demokratie wieder auf, das der Staatsrechtler Hermann Heller bereits unter dem Eindruck der Krise des parlamentarischen Systems in den zwanziger Jahren auf die folgende Formulierung gebracht hat: »Voraussetzung jeder Staatsbildung ist die Betätigung eines gemeinsamen Willensgehaltes, der fähig ist, die ewig antagonistische gesellschaftliche Vielfalt zur staatlichen Einheit zu integrieren. Denn der Staat, das Volk als politische Einheit, existiert weder vor noch über dem Volk als Vielheit, noch entsteht er durch ein bloß vernünftiges sich ›Vertragen‹ dieser Vielheit. Entscheidend ist deshalb stets die Frage, wieviel als Einheit, als gemeinsamer ›organischer‹ Willensgehalt in jedem Augenblick vorgegeben ist, und wieviel rational vereinheitlicht, ›organisiert‹ werden kann und muß . . . In viel höherem Grade als die autokratische Staatsform ist die Demokratie von dieser vorgegebenen Einheit abhängig.«

Für Heller war es selbstverständlich, daß der »organische Willensgehalt« nur auf der Nation basieren konnte, die vor allem in Europa die ausschlaggebende und Identität verbürgende politi-

313

sche Gemeinschaft bleibt. Die neuerdings mit dem Hinweis auf seine »Künstlichkeit« (Jürgen Habermas) motivierte Polemik gegen den Nationalstaat wirkt um so befremdlicher, je deutlicher sich zeigt, daß gar keine über »Natürlichkeit« stabilisierte politische Organisation des Menschen existiert, sondern nur je verschiedene und konkrete historische Ordnungen, die nicht beliebig ersetzbar sind.

Dritte These: Also geht die Bedrohung nicht von den traditionellen Beständen, sondern von ihrer Vernichtung aus. Wer auf die radikale Individualisierung und Denaturierung des Staates und der Staatengesellschaft aus ist, muß das Gegenteil seiner eigenen Absichten hervorbringen.

Joseph de Maistre, einer der brillantesten Köpfe der europäischen Gegenrevolution, schrieb 1796 in seinen *Betrachtungen über Frankreich:* »Nun aber gibt es auf Erden keinen Menschen schlechthin. Ich habe in meinem Leben Franzosen, Italiener, Russen usw. gesehen. Dank Montesquieu weiß ich sogar, daß man Perser sein kann. Einen Menschen aber erkläre ich, nie im Leben gesehen zu haben, er müßte denn ohne mein Wissen vorhanden sein.« De Maistre hat die appellative Kraft an das Menschentum schlechthin unterschätzt, wie er auch die wirklichkeitsverändernde Kraft des Universalismus unterschätzt hat, der ja nicht nur von den Ideen der Aufklärer und Revolutionäre gespeist wurde, sondern auch in älteren europäischen Traditionen der Antike und des Christentums wurzelte und einer gewandelten Wahrnehmung der Welt seit dem Beginn der Neuzeit entsprach. Das besagt allerdings noch nichts gegen die Berechtigung seiner Warnung, denn tatsächlich ist die Menschheit in entscheidenden Punkten keine Einheit. So kann sie vor allem nicht zum politischen Subjekt werden, um einen anderen Konterrevolutionär zu zitieren: »Wer Menschheit sagt, will betrügen« (Carl Schmitt) – sich selbst oder die anderen.

314

Der Versuch, die Gliederungen der Menschheit zu ignorieren, indem man die »eine Welt« propagiert und sich zu ihrem Sachwalter aufwirft oder sie zur Zielprojektion macht, aus der man aber normative Folgerungen für die Gegenwart zieht, ist zum Scheitern verurteilt. Wen der Hinweis auf das »Paradoxon der Konsequenzen« (Max Weber) nicht beeindruckt, der dürfte in Zukunft unangenehme Erfahrungen machen: Das Pathos des Universalen wird immer schneller verzehrt und ein zynischer Mißbrauch seiner Formeln oder die offene Propaganda des *sacro egoismo* hervorgerufen. Ein solcher Prozeß ist in bezug auf die Auseinandersetzung um die Menschenrechte schon lange eingetreten. Ihre formelle allgemeine Akzeptanz in der Staatenwelt hat nicht verhindern können, daß der Konflikt zwischen ihrer individuellen Deutung durch den reichen Norden einer kollektiven Deutung durch den armen Süden gegenübersteht: »Die allgemeine Anerkennung der Menschenrechte wird . . . nicht die Grundlage für weltweite ethische Verständigung, sondern vielmehr das gemeinsame Schlachtfeld abgeben, auf dem jede der konkurrierenden Seiten um die Durchsetzung der eigenen Interpretation von Menschenrecht gegen andere Interpretationen kämpfen wird. Es muß vor der Täuschung gewarnt werden, der Nominalwert von Ideen könne ihre polemische Instrumentalisierung verhindern.« (Panajotis Kondylis)

Jede Verheißung der universalen Einheit geht an der Tatsache vorbei, daß der Mensch anders als das Tier nicht an sich existieren kann, sondern immer schon in einer »Situation« steht. Diesen Sachverhalt mit dem Hinweis auf die Zufälligkeit solcher Situationen abzuwehren, führt gar nicht weiter. Unsere Existenz ist abhängig von den Bedingungen der »chaotischen Mannigfaltigkeit« (Hermann Schmitz), in der wir gewöhnlich zu leben haben. Die in den vergangenen beiden Jahrhunderten unternommenen Versuche, diese Einsicht zu überspringen, um vom einzelnen direkt zur Menschheit zu gelangen, waren jedenfalls zum Scheitern verurteilt. Von der »Situation« kann sich der Mensch nur bedingt emanzipieren, sie umgibt ihn immer schon als kulturelle Sphäre. Die aus dem Vorhandensein der Kulturen folgenden Differenzen sind nicht unerheblich oder im naiven Sinne aufhebbar, denn die Kultur ist die eigentliche, die »zweite Natur« (Arnold Gehlen) des Menschen.

Vierte These: Das Ende der alten Universalismen muß nicht zwangsläufig zu einem planetarischen »Kulturkampf« führen, aber die Differenzen zwischen den Zivilisationen werden sich eher vertiefen, weil sie gerade unter den Bedingungen technischer Vereinheitlichung einen Anker für das menschliche Orientierungsbedürfnis bieten.

Der Vorstellung von der »Welt als Dorf« (Marshall McLuhan) entspricht selbstverständlich die Realität einer durch moderne Technik möglich gewordenen Vernetzung aller Kontinente. Andererseits täuscht die Formel eine Nähe vor, die in Wirklichkeit nicht vorhanden ist: Denn nur wer über den Zugang zu den notwendigen Apparaten verfügt, kann die Erfahrung dieser Nähe machen. In der alltäglichen Lebenswelt eines Europäers oder Nordamerikaners spielt der Sachverhalt schon kaum noch eine Rolle – wie erst für einen Indianer des Amazonasbeckens, für die Kabylen des Rif oder für die städtischen Massen Neu-Delhis?

Darüber hinaus sollte man sich immer vor Augen halten, daß gerade der Modernisierungsprozeß, der mit der »Europäisierung der Welt« (Hans Freyer) einherging, in den Menschen ein Bedürfnis nach Eindeutigkeit und Unterscheidung hervorgerufen hat, das allerdings elementar zum Humanum gehört und keineswegs durch den Hinweis auf die Identität des einzelnen erledigt werden kann. Auch wenn man sich die Kulturen kaum noch als fensterlose Monaden vorstellt, die nicht miteinander kommunizieren können, läßt sich in ihrem geschichtlich bedingten »Eigensinn« (Friedrich Tenbruck) ein Wert erkennen. Die Differenzen erneuern sich in immer neuen Prägungen, und die Abwehr der Homogenisierung ist insofern verständlich und berechtigt. Sie muß nicht so gewaltsam erfolgen wie im Falle des islamischen oder des Hindu-Fundamentalismus, sie kann auch sanfter sein und sich erfolgreich der entwickelten Technologien bedienen wie im Fall des neuen Asianismus. Ob es tatsächlich zu einem weltweiten »Kulturkampf« zwischen dem christlich-abendländisch-nordamerikanischen und dem islamisch-konfuzianisch-arabisch-asiatischen Raum kommen muß, wie das der Amerikaner Samuel Huntington prophezeit hat, bleibe deshalb dahingestellt, aber die konservative Dynamik der einzelnen Zivilisationen darf nicht unterschätzt werden, sie zu ignorieren, wird immer unliebsame Folgen zeitigen.

Die Europäer stehen hier selbstverständlich vor einem besonderen Problem. Das hängt nicht nur mit ihrer Neigung zu kollektivem Masochismus zusammen, wenn es um die Wirkungen der europäischen Kultur seit dem Beginn der Neuzeit geht, es handelt sich auch um eine Denkschwierigkeit, die sich in ihren Grundlagen seit dem Ende des 19. Jahrhunderts nicht wesentlich verändert hat. Das im Historismus geborene Bewußtsein der geschichtlichen Relativität aller Kulturen führt notwendig zu der Frage: »Wie aber soll man sich mit letzter Verantwortlichkeit für etwas einsetzen, auf dessen So-und-nicht-Anders es im Grunde nicht ankommt und das daher eines solchen Einsatzes nicht wert ist!« (Michael Landmann) Es hat den Versuch gegeben, diese Frage im Sinne des Nihilismus unbeantwortet zu lassen oder durch einen biologischen Integrismus eine vollständige Gewißheit zurückzugewinnen, die unwiederbringlich verlorengegangen ist. Nichts davon hat zum Ziel geführt, so wenig wie ein bloßer Relativismus als Ausweg gelten kann. Eine »vollständige« Lösung ist für den modernen Menschen tatsächlich gar nicht denkbar, er muß die Bedingtheit der eigenen Kultur akzeptieren, seine Zugehörigkeit aber nicht als Zufall, sondern als Schicksal verstehen, da die Kultur das notwendige Gehäuse seiner Existenz ist. Eine absolute Emanzipation ist hier nur im Räsonnement möglich und führt bestenfalls zu einer abrahamitischen Existenz.

317

*Fünfte These: Die Welt als Pluriversum wird auch zukünftig agonal
bestimmt sein, selbst der »Kulturkampf« ist weit von einem rein geistigen Konflikt entfernt, er hängt mit konkreten Interessen und real-
politischen Optionen auf das engste zusammen.*

Man hat den Golf-Konflikt an der Jahreswende 1990/91 als den ersten Krieg eines neuen Typus bezeichnet. Tatsächlich unterlag
diese militärische Auseinandersetzung nicht mehr der Block-
Logik des »Kalten Krieges«, und der Irak konnte auch nicht mehr
den Bonus des nationalen Befreiungs- oder Selbstbehauptungs-
kampfes eines Volkes der »Dritten Welt« in Anspruch nehmen.
Der Soziologe Karl Otto Hondrich hat zu Recht vom »Lehrmeister Krieg« gesprochen, der dem ideologischen oder faktischen
Pazifismus der westlichen Staaten eine Lektion erteilte. Die immer regelhafter werdende Tendenz zum Kompromiß in den entwickelten Industriegesellschaften hatte zu dem Fehlschluß geführt, daß auch alle zwischenstaatlichen Beziehungen nach dem
Muster parlamentarischer Verfahren geregelt werden könnten.
Dem gegenüber betont Hondrich, daß die Entscheidungen von
internationalen Gerichtshöfen, die Beschlüsse von Völkerrechts-
konferenzen und selbst die Maßnahmen der UNO zur Eindäm-
mung von Konflikten nur mäßige Erfolge hatten: Die Fähigkeit
der Vereinten Nationen, regionale Auseinandersetzungen einzudämmen oder zu verhindern, sank kontinuierlich (von 40% zwischen 1955 und 1960 auf 8% zwischen 1980 und 1984). Der »Quasi-
Weltstaat« funktioniert nur über die faktische Dominanz der
Großmächte und über die Zwangsmaßnahmen, die sie gegen auf-
sässige Staaten einleiten können.
   Die Tatsache, daß die Großmächte dabei nicht uneigennützig
handeln, liegt auf der Hand. Insbesondere die USA folgen der Maxime Henry Kissingers, der gemäß ein Staat seine Interessen
wahrnehmen müsse, wenn das auch noch im ethischen Sinne be-
grüßenswert sei, um so besser. Es ist jedenfalls völlig ausgeschlossen, daß der Globus in einen konfliktfreien Zustand übergeht, in

dem die Menschheit nur noch nach moralischen Gesetzen handelt oder eine *Crew* von Weltpolizisten die Einhaltung solcher Gesetze erzwingt. Andererseits macht es die Existenz von vagabundierenden Atom-Waffen nach dem Zusammenbruch der Sowjetunion ebenso wie die Möglichkeit für kleinere Staaten, sich moderne militärische Technologie zu verschaffen, notwendig, innerhalb des Welt-Staatensystems Sicherungsformen für die Hegung von Konflikten zu entwickeln.

Die Aufmerksamkeit, die man heute in Frankreich der *polémologie,* der Lehre vom Krieg, widmet, ist ein wichtiger Hinweis darauf, daß auch die geistige Neuorientierung bereits im Gange ist. Ganz ähnliches gilt für die Renaissance der Geopolitik; diese lange verpönte Konzeption kann schließlich wichtige Aufschlüsse über die Interessenlage von Staaten vermitteln. Wie sehr Moskau in den Kategorien der Landmacht und des *heartland* (John Halford Mackinder) denkt, wird jenseits aller ideologischen Vorstellungen immer deutlich, wenn es um die Frage des zukünftigen Gebietsumfangs oder um das Verhältnis zu den »slawischen Brüdern«, etwa den Serben, geht; wie sehr Washington die Rolle der Thalassokratie verinnerlicht hat, kann man an der Intervention in Panama zum Schutz des »amerikanischen Mittelmeers« ebenso ablesen wie an der Intervention in Somalia, das am Horn von Afrika den Zugang zum arabischen Golf deckt. Daß es in Deutschland nur eine feuilletonistische Debatte über die »Mittellage« und ihre Konsequenzen für die nationale Politik gibt, ist insofern ein Krisensymptom. Denn in einer pluralen Staatenwelt gelten wieder stärker die klassischen Gesetze des politischen Handelns, und d.h. in diesem Zusammenhang: »Alle politischen Ideen, soweit sie nicht rein ethischen Charakter tragen, sind geopolitische Ideen.« (Peter Richard Rohden)

Sechste These: Ganz gleich, was die Geschichte bereithält, heute wird darüber entschieden, wer zu den Subjekten des künftigen historischen Geschehens gehört.

Die Geschichte ist wieder »sozialdarwinistisch gestimmt«, schrieb Rudolf Augstein 1990 unter dem Eindruck der Widerstände, die sich gegen die deutsche Vereinigung bei den europäischen Partnern abzeichneten. Die internationale Politik ist natürlich kein Vorgang, den man einfach nach dem Muster des *survival of the fittest* interpretieren könnte, es geht nicht um ein »Gesetz des Dschungels« oder um die Vorbereitung von Vernichtungsschlägen gegen einen irgendwo auftauchenden Feind, aber die internationale Politik ist auch kein therapeutisches Spiel ohne Sieger und Verlierer, und sie erschöpft sich sicherlich nicht in der Herstellung einer »gerechten Weltwirtschaftsordnung« am grünen Tisch. Die Drohung von asiatischen und afrikanischen Staaten, die Produktion ökologisch gefährlicher Stoffe fortzusetzen, wenn man ihren finanziellen Forderungen nicht nachkommt, oder die prekäre Wasserversorgung in Teilen des Nahen Ostens können ebenso zu Ursachen zukünftiger Konflikte werden wie die wachsende Population des Maghreb, die das reiche Europa vor Augen hat.

Mit der naiven Vorstellung von Umverteilung oder Ausgleichsabgaben ist dem nicht beizukommen, hier geht es um Fragen der Macht. Und dabei muß man sich von der reinlichen Scheidung der äußeren und der inneren Lage eines Staates verabschieden. Das wird besonders deutlich an dem Problem der Masseneinwanderung. Selbst die eifrigsten Verfechter einer multikulturellen Gesellschaft sind mittlerweile etwas zögerlich geworden, was ihre Voraussagen über die Funktionstüchtigkeit eines solchen Gemeinwesens angeht. An die Stelle der Utopie vom friedlichen Miteinander schieben sich Schreckensszenarios, die in dem Maße Glaubwürdigkeit erlangen, in dem die Bedrohtheit Europas erkennbar wird. Der Jurist Horst Afheldt, ein Mitarbeiter Carl Friedrich von Weizsäckers am Max-Planck-Institut in Starnberg, erklärte zum Beispiel vor einiger Zeit, daß die große Migration zwangsläufig zur Destabilisierung des alten Kontinents führe. Sehr bald könnte die Fähigkeit zur Integration der Einwanderer durch die wachsenden wirtschaftlichen Probleme erschöpft sein:

»Die Reaktion der Gesellschaft auf diesen Zerfall der sozialen Ordnung ist vorhersehbar: Rechtsradikalismus, Rassismus, Rufe nach dem Polizeistaat. Bleibt bei zunehmender Kriminalität der Polizeistaat aber aus, tritt Selbstjustiz an seine Stelle, zunächst von einzelnen Betroffenen, schließlich organisiert, als Bürgerwehr. Privatarmeen für die Reichen wie in Amazonasstaaten oder ›Todesschwadronen‹... kennzeichnen eine mögliche weltweite Entwicklung.«

Siebente These: Wir müssen zukünftig nicht weniger, sondern mehr »Staat« haben, wenn unsere Lebensform weiterexistieren soll.

Friedrich Nietzsche nannte den »Rousseauschen Tarantelbiß« die unausrottbare Illusion, derzufolge der Mensch an sich »gut« und zum friedlichen gesellschaftlichen Verkehr geneigt sei. Tatsächlich hat sich von der ersten zur zweiten Aufklärung hin der anthropologische Optimismus verblüffend gehalten, nicht zu beeindrukken durch historische, psychologische oder ethnologische Erkenntnis oder den gesunden Menschenverstand. Dem entspricht eine notorische Unfähigkeit, die eigentlichen Grundlagen staatlicher Existenz zu verstehen und zu bejahen. Was hier infolge der Kulturrevolution der sechziger Jahre an Beständen zerstört wurde, tritt erst allmählich ins Bewußtsein. Eigentlich bemerkt die Öffentlichkeit das ganze Ausmaß der Verwirrung nur, weil einige linke Renegaten von den fatalen Folgen der »positiven Anthropologie« (Daniel Cohn-Bendit) zu sprechen begonnen haben, frühere Verfechter des »Libidoprogramms« (Peter Schneider) von der notwendigerweise harten Erziehung der Jugend schwärmen und andere sogar einen Vorgang der »Desinformation« ausmachen, mit dessen Hilfe die ganze Gesellschaft seit drei Jahrzehnten neu konditioniert wurde: »Im Zuge eines langen, politischen Wandlungsprozesses wurden Drogen, RAF, DDR-Terror, sogenannte gerechte Kriege allgemein verharmlost, Abwehrkräfte geschwächt und paralysiert. Auf der anderen Seite wurden Staatsgewalt, Justiz und Polizei, Drogenfahnder, Antiterroreinheiten wie

die GSG 9, Antiterrorgesetzgebung ständig unter einen pauschalen Faschismusverdacht gestellt . . .« (Klaus Rainer Röhl).

Das Problem, vor das wir uns heute gestellt sehen, zeigt vor allem deshalb so dramatische Züge, weil keine Zeit zur Verfügung
steht, um die Transformation in umgekehrter Richtung ablaufen
zu lassen. Vielmehr ist rasches Handeln geboten, um die akute
Gefährdung der inneren Sicherheit, die Schwierigkeiten der Wirt-
schafts- und Sozialpolitik sowie den Disfunktionen im Erzie-
hungswesen wirksam zu begegnen. Man kann hier im Grunde nur
der »normativen Kraft des Faktischen« (Georg Jellinek) vertrauen, die auf die einfache Bevölkerung noch nie ihre Wirkung
verfehlt hat. Tatsächlich gehört zu den im Zusammenhang mit der
»Parteien- und Politikverdrossenheit« häufig übersehenen Motiven ein Bedürfnis nach Befreiungsschlägen, durch die der Zusammenhang zwischen den Äußerungen der Verantwortlichen und
der erfahrenen Wirklichkeit wieder hergestellt werden soll. Diese
Basisbewegung allein wird aber nicht ausreichen, um die Institutionen auf eine tragfähige Grundlage zu stellen und jenen Ausgleich von Freiheit und Ordnung neu herzustellen, der jede gute
Staatsordnung ausmacht.

*Achte These: Der Kern der neuen »Deutschen Frage« ist, ob diese
Nation noch die Kraft und den Willen hat, auf eine säkulare Herausforderung zu antworten.*

Im Jahr 1971, also auf der Lebensmitte der alten Bundesrepublik,
schrieb der Staatsrechtler Ernst Forsthoff, der westdeutsche Staat
sei »nicht das Ergebnis einer politischen Entscheidung, sondern
das Produkt einer Lage«. Nicht so spürbar wie in der DDR, aber
durchaus zu erkennen blieb, daß die Teilung Deutschlands mit
der Teilung der Welt und der Teilung Europas gegeben war. Die
Separation geschah unfreiwillig und wurde durch Bedingungen
aufrechterhalten, die zu verändern nicht in der Macht der Deutschen stand. Nach dem Verlust Ostdeutschlands und der Reduzie-

322

rung der Sowjetischen Besatzungszone bzw. der DDR auf einen halbkolonialen Status, wies die westdeutsche Situation aber einige Merkwürdigkeiten auf. Die Schaffung der Bundesrepublik hatte sich 1948/49 selbstverständlich unter Anleitung und Aufsicht der Alliierten vollzogen, aber das Procedere, mit dem das Grundgesetz in Kraft gesetzt wurde, zeigte schon alle Seltsamkeiten der Sonderstellung zwischen Entmachtung und schrittweisem Rückgewinn der Souveränität, die für diesen Staat kennzeichnend blieb.

Dabei ist zu betonen, daß die Westdeutschen das Souveränitätsdefizit in ihrer großen Mehrheit nicht als Belastung empfanden. Der verlorene Krieg und die kollektive Überanstrengung, die dieses Jahrhundert den Deutschen abgefordert hatte, produzierte dazu noch eine psychologische Auffälligkeit: Die Deutschen waren allzu bereit, sich mit der einmal gegebenen Lage abzufinden, sie entwickelten sogar eine besondere Form politischer Metaphysik, mit der sie ihre Ohnmacht als gerechte Buße, als gottgegeben, wohltätig und für die Völker der Welt vorbildlich deuten konnten. Und nichts fürchtete man so sehr wie eine Veränderung der Lage, die dann zu Entscheidungen zwingen konnte.

Zwar ist der Prozeß der Vereinigung durchaus als ein Vorgang zu beschreiben, bei dem die Schwerkraft der Ereignisse eher gewirkt hat als die politische Dezision, aber die unmittelbar nach der Wiederherstellung Deutschlands in rascher Folge auftretenden Irritationen lassen sich nur so erklären, daß man eben der Notwendigkeit, entscheiden zu müssen, weitgehend entwöhnt war, ja sogar vergessen hatte, daß es so etwas wie Entscheidungen gibt. Alle Themen, die seither die öffentliche Diskussion bestimmt haben – »innere Vereinigung«, »Anti-Politik«, »Mulitkulturalismus«, »Westbindung«, »Europa oder Nationalstaat« –, zeugen von dem Unwillen, die neue Lage zu begreifen. Offensichtlich hat es in der politischen und intellektuellen Klasse einen Ausleseprozeß gegeben, in dem der »Entscheidungsflüchter« (Walter Hildebrandt) Selektionsvorteile genoß. Da es damit jetzt vorbei ist, verlangt die neue Situation immer gebieterischer nach Männern und Frauen, die Entscheidungen treffen, ohne Rücksicht auf die Harmoniebedürfnisse des bürgerlichen Lagers oder die Empfindlichkeiten der Linken, die ihren Einfluß verteidigt, indem sie die Realität ignoriert. Die damit bevorstehenden Auseinandersetzungen werden kaum glimpflich abgehen, denn das Ressentiment ist schon längst eine gesellschaftliche Großmacht geworden und zielt gegen alle Tugenden, die der »Täter« braucht.

Neunte These: Die neue Lage verlangt ein neues Denken. Tatsächlich zeichnen sich in Deutschland allmählich die Umrisse eines Meinungslagers ab, das im innenpolitischen Streit eine exzentrische Position bezieht, die jenseits der alten Abgrenzungen liegt.

Die politische Auseinandersetzung wird auch in der neuen Bundesrepublik von einer »Mitte« beherrscht, die einen diffusen »Liberalismus« verficht, der trotz oder gerade wegen seiner Unschärfe die Chance hat, zum allgemein anerkannten Grundkonsens zu werden. Es handelt sich im Kern um ein Gemisch aus hedonistischen, individualistischen und reduktionistischen Vorstellungen, das unter den Bedingungen einer Wohlstandsgesellschaft, wie sie in Westdeutschland seit den sechziger Jahren entstand, große Anziehungskraft entwickeln konnte.

Selbstverständlich hat es immer Einzelgänger gegeben, die an der Seichtigkeit dieser Ideologie ein Ungenügen empfanden, aber erst mit der großen Kehre, die sich seit 1989 vollzogen hat, entstand ein Impuls, der dazu führen kann, eine neue intellektuelle Formation zu bilden. Schon mit der Öffnung der Mauer und infolge der deutschen Hysterie während des Golf-Krieges entstand ein »Meinungslager«, das mit den »Westlern« ebensowenig gemein hat wie mit den »Achtundsechzigern« oder mit den älteren Positionen der »Weimar-« oder der »Potsdam-Deutschen« (Barbro Eberan). Die von Peter Glotz nicht zu Unrecht als »Normalisierungsnationalisten« bezeichnete Gruppe von Intellektuellen ist noch eine buntscheckige Versammlung, die sich vor allem in ihren Aversionen einig ist und die Befürchtung teilt, daß die Bundesrepublik den zukünftigen Herausforderungen nicht gewachsen sein kann. Aber sie reicht doch von Arnulf Baring über »einige junge Männer um Rainer Zitelmann« (Heinz Bude) bis zu Einzelgängern wie Karl Heinz Bohrer und jenen Linksnationalen wie Peter Brandt, Herbert Ammon, Karl Otto Hondrich, Wolfgang Templin und Tilman Fichter, die von ihrer Seite aus versuchen, Dämme gegen den inflationären Wirklichkeitsverlust zu bauen.

Mit einer gewissen Berechtigung könnte man auch Botho Strauß den »Normalisierungsnationalisten« zurechnen, aber sein im Februar 1993 erschienener Essay *Anschwellender Bocksgesang* ist nicht einfach als eine Art politisches Manifest zu lesen. Das mag überraschen, da Strauß sich hier ausdrücklich als »rechts« bezeichnet; aber er versteht das »Rechts-Sein« als »Akt der Auflehnung« gegen eine vordergründige Zivilisation, in der selbst das Bewußtsein der Brüchigkeit der eigenen Existenzbedingungen längst abhanden gekommen ist. Sein Rekurs auf das tragische Weltempfinden hat eine metapolitische Dimension, die dem »Verismus« noch fehlt, die er aber gewinnen muß, denn er will ja einen neuen Gestaltungswillen freisetzen: »Rechts zu sein, nicht aus billiger Überzeugung, aus gemeinen Absichten, sondern von ganzem Wesen, das ist, die Übermacht einer Erinnerung, die den Menschen ergreift, weniger den Staatsbürger, die ihn vereinsamt und erschüttert inmitten der modernen, aufgeklärten Verhältnisse, in denen er sein gewöhnliches Leben führt.«

Zehnte These: Es kann keine Rede davon sein, daß mit der Bildung eines neuen Meinungslagers auch schon eine neue politische »Doktrin« entstanden wäre.

Alle großen politischen Verschiebungen haben vor allem einen Wandel der Mentalitäten zur Folge. Das gesellschaftliche Klima schwankt erst unmerklich, dann deutlicher, was Auswirkungen auf die kollektiven Wertvorstellungen und Dispositionen hat. In diesen Zusammenhang gehören zum Beispiel die Phasen der großen Ernüchterung in der Geschichte, etwa der Übergang zur »Realpolitik« nach den Blütenträumen der 48er Revolution im 19. Jahrhundert. Dem vergleichbar ist der »Verismus« bis jetzt nur ein Niederschlag der veränderten politischen Atmosphäre, es handelt sich noch nicht um eine »Weltanschauung« und sicherlich nicht um eine »Lehre«. Es entsteht vielmehr eine Plattform für Denkversuche, man beläßt es bis auf weiteres bei der Möglichkeit zur Revision und bewahrt sich davor, allzu schnell die notwendiger Weise schwierigen Überlegungen abzuschließen. Das sind aber nur erste Schritte: »Eine politische Idee, welche dazu angetan ist, den Geist des Zeitalters zu erobern, soll und wird sich allerdings früher oder später auch des staatlichen Stoffes bemächtigen – aber es ist eine handgreifliche Torheit, den bloßen Gedanken zum Herren der Dinge machen zu wollen, solange ihm der Wille und der Arm der Menschen nicht zu Gebote steht« (Ludwig August von Rochau).

KARL-ECKHARD HAHN

WESTBINDUNG UND INTERESSENLAGE
Über die Renaissance der Geopolitik

Der Kontext, in dem sich die deutsche Außenpolitik von 1949 bis 1989 bewegt hat, ist zerbrochen. Hergebrachte Begriffe und Maßstäbe taugen nur noch bedingt, um die Lage der Nation in Europa und der Welt zu beschreiben, zu werten und außenpolitische Ziele zu bestimmen. Wir sind Zeugen tastender Versuche der Politik und der interessierten Öffentlichkeit, sich in der neuen Wirklichkeit zurechtzufinden. Sie hat mit jener der Jahrzehnte vor dem Zweiten Weltkrieg mehr zu tun, als vielen lieb ist, denn dieser Umstand hindert sie daran, die Geschichte des deutschen Nationalstaates vorrangig unter dem Blickwinkel moralischer Bedürfnisse nach Hitler zu betrachten.

Die Erfahrungen der Großväter und Urgroßväter werden heute plötzlich wieder auf ganz andere Weise aktuell. Weil die Probleme sich ähneln, kommen auch Begriffe wieder, die mit der Lage des Kalten Krieges vordergründig wenig zu tun hatten und auf Eis lagen. Es handelt sich um vermintes Gelände: Alle Schwierigkeiten mit politischen Kategorien, Erfahrungen und Maximen, die vor und neben dem Nationalsozialismus existiert haben, von diesem aber mißbraucht worden sind oder auch partielle Gemeinsamkeiten mit ihm aufwiesen, sind wieder da.

Sie können heute aber nicht mehr als Wegbereiter oder Spielarten des Bösen zu den Akten gelegt werden, weil es sich niemand leisten kann, die Wirklichkeit zu ignorieren. Sowohl mit Blick auf die äußere Lage als auch die innere Disposition zur Außenpolitik hat diese Diskussion begonnen. Termini wie »Mittellage« oder

»Mitteleuropa«, die Mitte der 80er Jahre als Sakrileg wider die Westbindung noch heftig befehdet wurden, haben sich längst den Weg in die Leitartikel der Tageszeitungen gebahnt. Das neue Deutschland beginnt sich als Mischung Adenauerscher und Bismarckscher Traditionen abzuzeichnen, weil es gar nicht anders sein kann.

Im Zuge dieser begrifflichen Ablösungs- und Neuschöpfungsprozesse erfreuen sich auch einzelne Versatzstücke der politischen Geographie und Geopolitik wieder größerer Beliebtheit, die Jürgen Habermas 1986 noch zusammen mit der Mittellage-Debatte unter überwunden geglaubtem »geopolitischem Tamtam« verbucht hatte. Heute erregt es kein Aufsehen mehr, wenn Richard von Weizsäcker einen Vortrag beginnt: »Deutschland wird, wie jedes Land, primär von seiner nur ihm eigenen Geographie und Geschichte bestimmt. Wir liegen in der Mitte unseres Kontinents, umgeben von neun Nachbarn. Kein anderes Land kommt uns darin gleich. Auf diese Weise wurde unsere Geschichte reich und schwer zugleich.« Und sogar das Thüringer Landesentwicklungsprogramm würdigt des Freistaats »neu gewonnene zentrale geopolitische Lage in Deutschland und Europa«.

Nun erschöpft sich Geopolitik allerdings nicht in knappen Hinweisen auf die Lage eines Staates oder einer Region, aus der dann, mal mehr, mal weniger oder auch gar keine Konsequenzen gezogen werden. Es handelt sich um einen jener Begriffe, die in der alten Bundesrepublik Deutschland mit einem Tabu belegt waren. In erster Linie, weil die US-Amerikaner der Ansicht waren, daß die deutsche Geopolitik Hitler die Stichworte und Argumente für seine Expansionspolitik geliefert habe. Allen voran Karl Haushofer, der bekannteste Vertreter der Geopolitik.

Diese von den Tatsachen nicht gedeckte Konstruktion führte dazu, daß die Beschäftigung mit der Geopolitik in Deutschland praktisch abriß. Auch die höchst kontroverse Diskussion um den Erklärungswert und die Methoden dieser seinerzeit noch sehr jungen Disziplin konnte nicht weitergeführt werden. Liefert sie den

Stoff für »Biertischpolitiker«, wie zeitgenössische Kritiker behaupteten, oder ist sie in der Lage, die aus geographischen und historischen Gegebenheiten erwachsenden Grenzen und Optionen politischen Handelns mit zu erklären?

Das Fundament der Geopolitik ist die politische Geographie. Sie berücksichtigt wirtschaftliche, ökologische, demographische, soziale, kulturelle, religiöse, politische und militärische Faktoren, sofern sie einen territorialen Bezug haben. Das gilt zum Beispiel für das Auseinanderklaffen ethnischer und staatlicher Grenzen in zahllosen Nationalitätenkonflikten, aber auch für die Sicherung der Ölquellen oder die Verfügbarkeit von Wasser und Ackerland, um einige neuere wirtschaftliche und ökologische Aspekte zu erwähnen. Es geht also nicht um eine wie auch immer geartete Naturmystik, sondern um die Einheit von natürlichen Faktoren und dem, was der Mensch daraus gemacht hat.

Der Geopolitiker zieht die Schlußfolgerungen aus diesen räumlichen Konfigurationen. Er identifiziert Interessen und Ziele, die sich aus ihnen ergeben, und beschreibt Möglichkeiten, mit welchen Mitteln sie im gegebenen Kontext umgesetzt werden können. Ist die politische Geographie wissenschaftliche Analyse, so drängt die Geopolitik zum politischen Handeln. Yves Lacoste, Herausgeber der »revue de géopraphie et géopolitique«, hat daher zu Recht darauf verwiesen, daß es die Geopolitik als solche nicht gibt, sondern nur verschiedene nationale Geopolitiken, »die mehr oder weniger den Zielen und Interessen dieses Staates« entsprechen. Sie ist immer politische Strategie.

Geopolitik ist denn auch keine deutsche Spezialität. Schon früh haben sich die angelsächsischen Staaten mit geopolitischen Fragen befaßt. 1890 und 1892 veröffentlichte der amerikanische Marineoffizier Alfred Thayer Mahan zwei Werke zum Einfluß und zur Herausbildung von Seemächten. Er weitete damit den amerikanischen Blick auf das Meer und auf seinen Wert für den Handel. Mahan hatte seinen Anteil an der Abkehr Amerikas vom Isolationismus. Noch der Ausbau der sowjetischen Seemacht vom Ende der 70er Jahre an war von diesen Gedanken inspiriert.

Bekannter und noch einflußreicher war der Engländer Sir Halford Mackinder, der seine wesentlichen Thesen zu Anfang unseres Jahrhunderts formulierte. Im Mittelpunkt seines Denkens stand die eurasische Landmasse, die er als Weltinsel oder Kernland bezeichnete, um das sich ein Halbkreis maritimer oder kontinentaler Staaten schließt. Ihnen stehen Seemächte gegenüber, die den äußeren oder insularen Gürtel beherrschen, damals Großbritannien mit seinen Kolonien und die USA. Die Macht über Eurasien sicherte Mackinder zufolge die Weltherrschaft. Der für die Seemächte schlimmste Fall war danach die alleinige oder einvernehmliche Herrschaft Deutschlands und/oder Rußlands über Eurasien.

Am Anfang der deutschen Geopolitik stand der Geograph Friedrich Ratzel (1844–1904), der erstmals systematisch die Bezüge des Staates zum Boden untersuchte. Er warf den Staatswissenschaften, der Soziologie und Geschichtswissenschaft vor, den Boden des Staates »nur wie eine größere Art von Grundbesitz« zu betrachten. Ganz im Stil seiner Zeit versuchte er, aus seinen Einsichten allgemeine Gesetze abzuleiten. Seine Gedanken wurden durch den schwedischen Staatswissenschaftler Rudolf Kjellén aufgegriffen und weiterentwickelt, der seinerseits Karl Haushofer stark beeinflußt hat.

Kjellén verstand unter Geopolitik »die Lehre vom Staat als geographischem Organismus oder als Erscheinung im Raum«. Sie war Teil eines Systems, zu dem daneben die Ethnopolitik, die Ökopolitik (hier im Sinne von Ökonomie), die Soziopolitik und die Kratopolitik gehörte. Letztere sollte sich mit den im engeren Sinne politischen und rechtlichen Fragen befassen. Das war der Stand, als nach dem Ersten Weltkrieg in vielen Ländern die Geopolitik eine Blüte erlebte und in den Dienst außenpolitischer Ziele gestellt wurde.

Populärster Vertreter der geopolitischen Schule in Deutschland wurde der 1869 geborene bayrische Offizier Karl Haushofer, der 1919 eine späte wissenschaftliche Karriere als Hochschullehrer an der Universität München begann. Wie die meisten seiner Zeitgenossen litt Haushofer unter der Niederlage Deutschlands, die er vor allem mangelnder Weitsicht und politischer Bildung in den Eliten des Kaiserreichs und im Volk zuschrieb. Er bemängelte, daß es in Deutschland keine Politikwissenschaften wie in der einen oder anderen Form bei den Entente-Mächten gab. Geographie, Volkswirtschaft, Soziologie und Geschichte blieben in der vorrangig juristischen Ausbildung ausgeblendet. Seine Geopolitik sollte »eben gerade jenen eisernen Bestand von lehrbarem und lernbarem politischem Wissen« liefern, »der als notwendige Brükke bis an den Absprung zum politischen Handeln« reichte.

Dieser breite Ansatz ist wichtig, weil Haushofer die Geopolitik im Grunde in einer Lückenbüßerfunktion sah, als eine nun freilich stark geographisch ausgerichtete Politikwissenschaft. Damit hat er die fachlich umstrittene Disziplin von Anfang an überlastet, über deren Platz im Gebäude der Wissenschaft er mit dem Verleger Kurt Vowinckel bis zum Kriegsende immer wieder ohne Ergebnis stritt. Wie kaum anders zu erwarten, wuchs die Geopolitik unter der Forderung auf, die Ergebnisse des Ersten Weltkrieges zu revidieren. In ihrer Zweckbestimmung, vom ersten Tag an »die gewonnene Raumkenntnis auf die Erlangung, Erhaltung und Umschichtung der Macht im Raume einzustellen«, sah Haushofer angesichts der revisionistischen Ziele der deutschen Außenpolitik durchaus eine gewisse Gefahr für seine Lehre als »Wissenschaft«. Darauf ist er auch im November 1945 in seiner »Apologie der Geopolitik« noch einmal zurückgekommen.

Gleichwohl hat Haushofer daran festgehalten, daß zu den Aufgaben der Geopolitiker auch die erzieherische Breitenarbeit gehöre; trotz der damit zwangsläufig verbundenen vereinfachenden, propagandistischen Sichtweise. Gerade darin hat ihm sein Sohn Albrecht, Leiter des Instituts für politische Erdkunde an der Universität Berlin, dem einzigen seiner Art, heftig widersprochen. Albrecht, der, anders als sein Vater, das akademische Handwerkszeug von der Pike auf gelernt hatte, sah die Risiken im wissenschaftlichen Neuland schärfer: Er gewichtete die geographischen Faktoren zurückhaltender, wandte sich gegen die Organismusanalogie für den Staat und hielt es für bedenklich, komplexe Probleme aus propagandistischen Gründen kartographisch zu vereinfachen.

Trotzdem haben beide Haushofers in enger Zusammenarbeit das geopolitische Feld in allen Richtungen ausgeschritten: von der Wirtschafts- und Wehrgeographie über die innere Gliederung des Reiches, Volksgruppenprobleme, Grenzfragen, Untersuchungen zu raumbildenden und -überwindenden Kräften, Regionalismen, Panbewegungen, den Gegensatz von Land und Meer usw. Viele Ergebnisse waren falsch, andere nur zum Teil aussagekräftig, aber etliche haben sich als richtig erwiesen, einige sind auch heute noch von Wert. Die Geopolitik teilt dieses durchwachsene Ergebnis mit der nach 1945 in Deutschland eingeführten politischen Wissenschaft. Ihre prognostische Kraft im Hinblick auf die Deutsche Frage und den Sozialismus hat Jens Hacker in seinem Buch »Deutsche Irrtümer« gewürdigt. Jede politische Wissenschaft, auch die Geopolitik, lebt bis zu einem gewissen Grade im Spannungsfeld von Wunsch und Wirklichkeit.

Das politische und zeitgeschichtliche Interesse hat sich zunächst auf die Verbindungen zwischen dem Nationalsozialismus und der Geopolitik konzentriert. War der eng mit Rudolf Heß befreundete Karl Haushofer geistiger Vater von Hitlers Lebensraum- und Expansionspolitik? Ganz ohne Zweifel hielt Haushofer mit Blick auf die Bevölkerungsdichte und die Folgen von Versailles die Deutschen für ein »Volk ohne Raum« in geopolitisch höchst nachteiligen Grenzen. Den Lebensraum zu schützen und zu vergrößern war nach 1919 ein, wenn nicht sein entscheidendes Motiv. Dieses Ziel war aber begrenzt: Karl Haushofer wollte die Volksgrenze mit der Staatsgrenze in Übereinstimmung bringen

und allenfalls -»unter williger Mitarbeit der Angegliederten« -
Böhmen und Mähren als»uraltes deutsches Land« angegliedert
sehen.

Auch wenn Haushofer, der ein Kenner des Fernen Ostens war,
nach dem Hitler-Stalin-Pakt noch einmal Hoffnung auf eine Zusammenarbeit zwischen Deutschland, Rußland und Japan
schöpfte, so hat er doch um die Jahreswende 1938/39 eingesehen,
daß Hitler Ziele verfolgte, die weit darüber hinaus gingen, und daß
seine Politik in den Untergang führen mußte. Das galt vor allem
für den Krieg mit der Sowjetunion und die verhängnisvolle deutsche Besatzungspolitik. Nach dem Englandflug seines Freundes
Heß, im Mai 1941, hat Haushofer resigniert. Als Mitwisser dieser
Mission, und dann noch einmal 1944, war er kurzzeitig inhaftiert.
Sein Sohn Albrecht hat als Ergebnis seiner geopolitischen Erkenntnisse schon im Sommer 1938 die drohende Katastrophe präzise vorausgesagt und»Narren und Verbrecher« am Werk gesehen. Da Albrecht um die Attentats-Pläne Stauffenbergs gewußt
hat, wurde er im Dezember 1944 gefangengenommen und am
23. 4. 1945 von der Gestapo ermordet. Karl Haushofer scheint lange zwischen den von Heß und seinem Sohn vermittelten Eindrük-
ken gestanden zu haben. Mitglied der NSDAP war er nie. Am
10. 3. 1946 hat er seinem Leben zusammen mit seiner Frau ein
Ende gesetzt.

Mit der»Tragödie der Familie Haushofer« (Hans-Adolf Jacobsen)
und dem Untergang des Dritten Reiches hatte auch die Geopolitik
in Deutschland ihre Basis verloren. Daran waren in erster Linie
die Umstände schuld, unter denen die Geopolitik angetreten und
durch die sie letztlich überfordert war. Haushofer selbst hatte als
ausgesprochener Vielschreiber seinen Anteil daran. Durch den
Rückgriff auf historische Klischees, aus der Zeit verständliche inhaltliche Berührungspunkte mit dem Nationalsozialismus und
methodische Mängel bot Haushofer hinreichend Angriffsflächen,
um ihn in den»antifaschistischen« Bann zu tun.

Die im engeren Sinne fachliche Kritik hat es sich mit der Geopolitik leicht gemacht. Sie ist angetreten, um, wie es Raymond Aron formuliert hat, »die Illusionen oder die Legenden über einen Determinismus des Klimas und des Geländes zu zerstreuen«. Dieser Kritik liegt allerdings ein zu einfaches Bild der Geopolitik zugrunde. Gerade Haushofer hat immer wieder betont, es komme darauf an, Geographie, Geschichte und Soziologie zusammen zu betrachten. Vor allem in seinen wehrgeographischen Arbeiten hat er als Kenner der Materie auf die Bedeutung der Technik verwiesen, die den Lagewert geographischer Faktoren radikal bis hin zur Bedeutungslosigkeit verändern kann.

Carl Schmitt hat in seinem Essay »Land und Meer« diese Linie noch weiter ausgezogen und auf die Bedeutung des »Raumbildes« hingewiesen. Wenn sich dieses Bild wandelt, werden auch die einzelnen Elemente anders beurteilt. So konnte für Schmitt England aus seiner Insellage nur etwas machen, weil es ein »Inselbewußtsein«, eine maritime Anschauungsweise entwickelte: »Die englische Welt dachte in Stützpunkten und Verkehrslinien. Was für die anderen Völker Boden und Heimat war, erschien ihr als bloßes Hinterland.« In der technischen Welt unseres Jahrhunderts sah er eine neue »raumrevolutionäre Zeit«, die die Maßstäbe von Grund auf ändern würde.

Daß die Geopolitik nach 1945 keine Rolle mehr spielte, hing allerdings nicht nur mit den offenen Flanken zusammen, die Haushofer bot, und mit der um das Thema gelegten Tabuzone. Ein wesentlicher Faktor war auch die bipolare Welt von Jalta, die den Entscheidungsspielraum der Bundesrepublik radikal verkürzte und an der sich die Händel dieser Welt in der einen oder anderen Form ausrichteten. Das atomare Patt auf einem mörderisch hohen Niveau schien das letzte Wort zu sein und verstellte den Blick auf andere Konfliktformen, die ebenfalls möglich sind. Die Sprachlosigkeit angesichts der neuen alten Nationalitätenkonflikte hängt damit zusammen.

Wie dem auch sei: Die Entscheidungssituationen waren vergleichsweise einfach und haben den außenpolitischen Orientierungssinn verkümmern lassen. Dieser Weg von der »Machtbesessenheit zur Machtvergessenheit« (Hans-Peter Schwarz) hat hellsichtigere Geister allerdings schon einige Jahre vor der Wende beunruhigt. Daß nach Macht und Interessen in Politik und Geschichte wieder gefragt wurde, war Teil jenes Wetterleuchtens aus Historikerstreit, Mitteleuropadebatte, nationaler Identitätsdebatte und Wertediskussion, mit denen sich Mitte der 80er Jahre der Einsturz der Nachkriegsordnung ankündigte.

Mit der neuen Welt, in der sich Erfahrungen der Zwischenkriegs- mit jenen der Nachkriegszeit durchdringen, in denen selbst die 1945 nur wieder hergestellte Ordnung von 1919 zu zerfallen beginnt, ist nun alles wieder anders. Die Erfahrungen der letzten vier Jahre legen den Deutschen nah, sich mit der Geopolitik neu zu beschäftigen und auch deren Interpretation aus den verflossenen vier Jahrzehnten noch einmal neu zu überdenken. Deutschland gewönne damit Anschluß an andere Großmächte, die auch nach 1945 zu keinem Zeitpunkt darauf verzichtet haben, ihre geopolitischen Interessen zu definieren und zu verfolgen.

Werden die stark zeitgebundenen thematischen und sprachlichen Elemente abgetragen, so kommt auch in der deutschen Geopolitik mehr Brauchbares zum Vorschein, als vielfach angenommen; auch bei Karl Haushofer. Manches liest sich heute anders als in der einfachen Welt vor 1989. Gleichwohl braucht jede Zeit ihre eigene Geopolitik, in der die Ziele bestimmt und die relevanten Faktoren neu gewichtet werden. Wie Karlheinz Weißmann zutreffend schreibt, »zeichnet sich einmal mehr ab, daß die Geopolitik politische Wissenschaft im doppelten Wortsinn ist: Sie trägt nicht allein zur Analyse von staatlichen Organisationen, Machtverhältnissen und internationalen Beziehungen bei, sie bleibt auch abhängig von Impulsen, die erst durch die politische Entwicklung entstehen.«

Deutschland liegt als (noch) volkreichster und wirtschaftlich mächtigster Staat in der Mitte Europas und hat, wie eingangs bereits zitiert, mehr Grenzen und Nachbarn als jeder andere Staat der Erde. Doch was hatte das historisch, was hat es heute zu bedeuten? Dieses Land kann Drehscheibe und Sperriegel sein. Es kann durch seine Parteinahme über den Erfolg und Mißerfolg von Koalitionen bzw. Bündnissen entscheiden. Es ist damit für die Nachbarn potentiell bedrohlich und läuft im Gegenzug leicht Gefahr, eingekreist zu werden. Die Randmächte haben daher immer versucht, in Deutschland mitzuregieren, vom Westfälischen Friede (1648), über den Wiener Kongreß (1815) bis zu Versailles und Potsdam. Die Versuche, darauf durch Hegemonialstreben oder Schaukelpolitik zu reagieren, sind gescheitert. Die Lage birgt aber noch andere Risiken. Deutschland hatte über viele Jahrhunderte keine eindeutigen Grenzen, wie sie etwa die Alpen, die Pyrenäen oder der Kanal darstellen. Dafür waren diese Grenzen um so länger, und die Zahl der Nachbarn beschreibt zumindest die Zahl der potentiellen Gegner. Ein dicht besiedeltes Binnenland mit offenen und langen Grenzen ist auch wehrgeographisch ungünstig. Es kann sich nicht durch ein Ausweichen in die Tiefe verteidigen, wie etwa Rußland. Daß diese Umstände vor dem atomaren Zeitalter einen »Zwang zu angriffsweiser Verteidigung« (Jordis von Lohausen) beinhaltet haben und darin ein zusätzliches Risiko für die Nachbarn lag, ist leicht nachvollziehbar. Schon die eigene Lage verurteilt Deutschland zu Bündnissen. Die Abhängigkeit von den Interessen der Nachbarn und der Mächte mit einem überregionalen Wirkungsradius ist höher als bei vielen anderen Staaten. Die geopolitische Analyse wird an erster Stelle die Ziele der anderen zu berücksichtigen haben.

Maßgebliche Macht ist auf absehbare Zeit die USA. Am 19. 10. 1944 schrieb Karl Haushofer:»Nach dem Kriege werden die Amerikaner einen mehr oder minder breiten Streifen an der europäischen West- und Südküste sich aneignen und gleichzeitig in irgendeiner Form England an sich anschließen, . . . Sie handeln dabei nach dem uralten Streben jeder Seemacht, die Gegenküste in die Hand zu bekommen und das dazwischen liegende Meer vollständig zu beherrschen ... Schließlich korrigierte Amerika gleichzeitig so gut wie möglich einen Kardinalfehler des britischen Seereiches: Britannien hielt ein uneiniges Europa für notwendig. Ein schwaches und zerrissenes Gebiet im Rücken ist jedoch kein dauerndes Positivum in einer weitgreifenden Außenpolitik, es stört leicht im ungeeignetsten Augenblick alle Pläne.« Daß Deutschland im »gefahrvollen Zerr- und Kampfraum« Gefahr lief, geteilt zu werden, sah er ebenfalls.

An diesem Grundinteresse der USA hat sich auch mit dem Untergang der Sowjetunion nichts geändert. In bemerkenswerter Offenheit hat der amerikanische Diplomat und Deutschlandexperte William Richard Smyser im September 1992 darauf hingewiesen: Westdeutschland ist geschützt worden, weil es sich dem Westen eingegliedert und »den maritimen Mächten eine wichtige strategische Basis auf dem eurasischen Kontinent« gesichert hat. Heute habe Deutschland die Aufgabe, Westeuropa gegen die alte de Gaullesche Versuchung europäischer Sonderwege in der von den »atlantischen Staaten« geprägten Weltordnung zu verankern, den Osten zu integrieren und sich an der Reform des globalen Systems zu beteiligen.

Dieses System wurde von Großbritannien und später von den USA »nach ihrem demokratischen und marktwirtschaftlichen Bild geformt mit dem Ziel, damit ihren Wünschen und Bedürfnissen zu dienen«, wie Smyser schreibt. »Sie wollen nicht, daß das System von ihren Prinzipien abweiche oder von einem anderen System ersetzt werde. Sie haben Herausforderer bekämpft und geschlagen, darunter Napoleon, Wilhelm II., Hitler und das Sowjetimperium.« In diesem globalen Koordinatensystem bleibt Deutschland in der Zerrzone zwischen Europa und Asien für Amerika der wichtigste Partner in der Europäischen Union (EU), in Ostmitteleuropa und in Welthandelsfragen. Die Grenzen dieser »partnership in leadership« liegen allerdings genauso klar zu Tage.

Die Containmentpolitik hatte mit dem Schutz für eine Wertgemeinschaft nur indirekt zu tun.

Smyser deutet nur taktvoll an, wie gründlich die USA Großbritannien beerbt und zum Ende seines Kolonialreiches beigetragen haben, da es der amerikanischen Politik der offenen Tür ebenfalls im Wege stand. Der Londoner Politik, sich mit Hinweis auf die »special relationship« zu den USA und die besonderen Interessen im Commonwealth vom Kontinent fernzuhalten, ist längst die Grundlage entzogen, und England spielt in Europa nicht mehr die maßgebliche Rolle. Der Umgang mit der europäischen Integration nach dem Muster der Echternacher Springprozession spiegelt diesen schmerzlichen Ablösungsprozeß wider. Was bleibt, ist das Ziel, innerhalb der EU und darüber hinaus auf dem ganzen Kontinent keine Hegemonialmacht zuzulassen.

Wichtigster Partner und Gegenspieler zugleich innerhalb der EU ist Frankreich. Paris betont die Identität der EU stärker, als den USA recht ist und langfristig sein kann. Das größere Gewicht, das der WEU für die Verteidigungsidentität zugewiesen wird, und die Auseinandersetzungen um das GATT sind dafür nur Symptome. Die Integration ist seit Ende der 40er Jahre das Mittel Frankreichs, mit dem es den mächtigen Nachbarn im Osten zu binden trachtet. Auch heute ist für Paris die Leitfrage, »wie eine Einbindung Deutschlands möglich ist, die Frankreich gegenüber den USA zum kontinentalen Hauptpartner macht und in Europa eine privilegierte Zusammenarbeit mit Großbritannien zuläßt« (Uwe Nerlich). Die Integration dient der nationalen Sicherheit und dem Erhalt der eigenen Macht zugleich.

Die Frage, warum in der EU die Deutsche Mark zur Disposition steht, nicht aber der französische Sitz im Sicherheitsrat und die französischen Atomwaffen, ist vor diesem Hintergrund ebenso legitim wie die nach der Substanz einer gemeinsamen Außen- und Sicherheitspolitik in der EU. Die Aufforderung an Deutschland, zwischen Frankreich und den USA wählen zu sollen, und die Unmöglichkeit, diese Wahl treffen zu können, hat die gesamte Geschichte der Integration begleitet. Dieser Zwiespalt wird bleiben. Die Integration ist als rationale Reaktion auf die Mittellage im deutschen Interesse, nicht aber ein letztlich französisch geleiteter Kontinentalblock mit antiamerikanischem Akzent. Er ist es nicht, weil er die atlantische Verklammerung gefährden und für Washington die Mackindersche Frage nach der Kontrolle der eurasischen Randzone neu aufwerfen würde. Er ist es nicht, weil Deutschland seinen innereuropäischen Einfluß auch dem guten Verhältnis zu den USA verdankt. Amerika allein hat weitgehend unverkrampft auf die sich 1989/90 abzeichnende Wiedervereinigung reagiert. Er ist es aber auch nicht, weil die Interessen noch in anderer Weise divergieren: Frankreich geht zögernder als Deutschland mit den Beitrittsgesuchen der ostmitteleuropäischen Staaten um und wünscht andererseits, daß die EU sich stärker auf seine südliche Gegenküste, die Maghreb-Staaten, orientiert. Beides ist geopolitisch verständlich.

Die Antwort auf diese Lage kann nicht darin bestehen, die Integration abzulehnen und die EU auf den Status einer Freihandelszone herunterzudrücken. Im Gegenteil: Es ist eine geradezu klassische Aufgabe der Geopolitik, unterschiedliche Räume mit divergierenden Interessen zu einem funktionierenden Ganzen zusammenzufassen. Das war schon bisher nicht leicht, weil bereits die alte EG in verschiedene geographische, kulturell zum Teil sehr unterschiedlich geprägte Räume gegliedert war, die ein starkes Wohlstandsgefälle aufgewiesen haben; zentrifugale Faktoren, die eher vermuten ließen, daß die inzwischen zur Union mutierte Gemeinschaft das Ende des Ostblocks nicht lange überleben würde. Die verbleibenden Argumente für die Integration haben sich einstweilen als stärker erwiesen, sie müssen aber gekräftigt werden. Eine aktive Integrationspolitik setzt für Deutschland allerdings voraus, daß wir Europa nicht als Ersatzvaterland begreifen, sondern als ein engmaschiges Regelwerk, in dem nationale Interessen ausgeglichen und vielleicht eines Tages auch relativiert werden; aber das ist ferne Zukunftsmusik. Gegenwärtig scheint sich die Meinung durchzusetzen, daß die Integrationsmodalitäten, die bis zu den Verträgen von Maastricht geführt haben, nicht mehr ausreichen oder zum Teil sogar kontraproduktiv sind. Auch für das größere Europa scheinen die innereuropäische Machtbalance und das politische Methodenarsenal nicht mehr zu stimmen. In Rom haben Ende 1993 erstmals zwei Professoren für politische Philosophie, Angelo Bolaffi und Lucio Caracciolo, ein »geopolitisches Konzept« für Europa gefordert. Sie setzen sich kritisch mit dem »Ökonomismus« in der Union, aber vor allem mit dem derzeit populären »Europa der Regionen« auseinander, das den Bestand der Mitgliedstaaten durch Separatismus und Zersplitterung bedrohe und die Demokratie gefährde. Diese habe einen »eigenen geopolitischen Raum: den Nationalstaat«. Werner Weidenfeld und Josef Janning, prominente europapolitische Berater des Bundeskanzlers, sprechen von einer »Formkrise« nach innen und außen.

Für die Mainzer Europaforscher haben sich nach dem Ende des Kalten Krieges »neue Gravitationslinien des Kontinents« gebildet. Frankreich rücke perspektivisch an den Rand, die Tschechei und Slowakei von der Peripherie des Ostblocks an das westeuropäische Zentrum. Deutschland sehe sich als Teil des Westens dennoch zwischen dem Westen und dem Osten gelegen, und Österreich werde »mit Ansprüchen, Erwartungen und Einflußchancen in seiner Nachbarschaft konfrontiert, die im außenpolitischen Kalkül Wiens zuvor tabu waren . . . Neue Zonen entstehen in Europa, deren Lagedifferenzen den Kontext nationaler wie integrationspolitischer Strategien erklären.« Innerhalb der EU wachsen die nationalen Kräfte und damit die Verantwortung der führenden Mitgliedstaaten.

Die zukünftigen Aufgaben werden maßgeblich von der gerade im deutschen Interesse liegenden Erweiterung der EU um unsere mitteleuropäischen Nachbarstaaten bestimmt. Die Bundesregierung hat sich innerhalb der EU längst zu einem Fürsprecher der

340

zwischeneuropäischen Staaten entwickelt. Daran, ob es gelingt, dieses Ziel umzusetzen, wird sich zeigen, ob das größere Deutschland mit seinen geopolitischen Interessen in der Gemeinschaft den nötigen Entfaltungsraum findet. Fraglos wird der bisherige Integrationsrahmen dadurch weiter überdehnt. Auch aus diesem Grund ist es eine zentrale Herausforderung für die Europapolitik, institutionell neue Wege zu gehen und die raumbildenden Elemente zu stärken. Weidenfeld/Janning prognostizieren zwei Trends: zu einer gestrafften und effektiveren Führung in Europa und zu einer stärkeren Lagerbildung. Sie halten ein südwesteuropäisches und nordosteuropäisches Lager für wahrscheinlich, in dem sich die Führungserwartungen an Frankreich bzw. Deutschland richten. Würde sich die erweiterte EU so entwickeln, wäre die Last von uns genommen, eine Entscheidung zwischen der west- und mitteleuropäischen Option fällen zu müssen.

Und um genau diese Frage geht es wie eh und je:»Wenn einmal die Sowohl-als-auch-Schleicher weggeblasen sind, wird entweder ein deutsches Mitteleuropa oder eine neue europäische Konstruktion unter deutscher Mitwirkung entstehen« (Ralf Dahrendorf). Weil das letztlich alle wissen und die erste Variante nicht wollen, sind die deutschen Karten nicht so schlecht. In der EU nicht, und in Ostmitteleuropa allen historischen Belastungen zum Trotz auch nicht. Die ehemaligen sowjetischen Satellitenstaaten und das Baltikum suchen ihr Heil im Westen und Hilfe dafür bei Deutschland. Der Weg in die NATO und ein integriertes Europa entsprechen dabei präzise ihren Interessen, weil es, wie Jiri Dienstbier im Vorfeld des NATO-Gipfels vom 10. 1. 1994 geschrieben hat, zu früh ist, das»Ende der Geographie«zu verkünden und kein zwischeneuropäisches Land an einseitigen amerikanisch-russischen oder deutsch-russischen Kompromissen interessiert ist.
Aus russischer Sicht stellt sich die Situation freilich anders dar.

Rußlands Raumvorteil ist durch die Entwicklung seit 1989/90 rapide geschrumpft. Die Distanzen zu seinen Kernräumen sind kürzer geworden, und es hat den Satellitengürtel als cordon sanitaire und Ausgangsbasis einer offensiven Politik verloren. Praktisch ist Rußland auf den Gebietsstand der vorpetrinischen Epoche zurückgeworfen worden. Nach einer Phase der Orientierungslosigkeit ist es jetzt dabei, seinen Einfluß in den alten russischen Ausdehnungsräumen wieder aufzubauen und aus der GUS zumindest einen »Großraum mit Interventionsverbot« (Carl Schmitt) zu machen, in dem Moskau die unbestrittene Ordnungsmacht ist.

Ebenso offensichtlich ist, daß es in dem zentraleuropäischen Zwischenbereich, der Haushoferschen Zerrzone, kein Sicherheitsarrangement ohne oder gar gegen Rußland zulassen wird. Und es scheint so zu sein, als werde das von Washington auch akzeptiert. Im ersten Quartal 1994 haben sich die Vereinigten Staaten als westliche Führungsmacht in Europa zurückgemeldet und sich zuerst mit Rußland arrangiert: Das zeigt sich im ehemaligen Jugoslawien, in dem gemeinsamen erfolgreichen Bestreben, der Ukraine ihre Atomraketen abzunehmen, ohne daß Kiew dafür etwas erhalten hätte, und es zeigt sich nicht zuletzt an der »Partnerschaft für den Frieden«, die so lange ein »Ersatzzuckerl« (Jiri Dienstbier) für die NATO-Mitgliedschaft bleiben wird, wie Rußland es will. Ein Hauch von Jalta weht durch Zwischeneuropa.

Deutschland wird in dieser Situation zum Bezugspunkt unterschiedlichster Ansprüche und Hoffnungen als zusätzlicher Mitspieler und Moderator. Sei es in der Idee eines österreichisch-deutsch geprägten Bündnisses der Donaustaaten, wie es von bulgarischer Seite vorgeschlagen worden ist, oder in einem Sicherheitsarrangement der Ostseeanrainer mit Deutschland und Rußland als wesentlichen Partnern, durch das den baltischen Staaten eine gewissen Existenzsicherheit gegeben werden soll. Auch das Problem der russischen Militärkonzentration in Königsberg ist in seiner geostrategischen Bedeutung für das Baltikum, Polen,

Litauen und die Ostsee deutlich geworden. Weitere Beispiele ließen sich mühelos finden.

Als potentiell mächtigster Faktor zwischen den USA und Rußland wäre Deutschland durchaus in der Lage, in Zentral- und Osteuropa eigene Akzente zu setzen. Wir sollten endlich über das amerikanische Angebot der Partnership in leadership nachdenken und unsere Interessen verfolgen. Mit dem Eisernen Vorhang ist auch die Linie entfallen, mit der die USA und Rußland als die jeweils größte Land- und Seemacht ihre Einflußzonen abgegrenzt haben. Sie wird unweigerlich neu gezogen, und in diesem Rahmen haben wir unsere Ziele zu definieren. Die heißen gegenwärtig vor allem: stabile Verhältnisse an unseren Ostgrenzen. Zusammen mit den USA und Frankreich können wir eine plausible Ostpolitik entwickeln, die über ein Angebot an alle mit Garantien für niemanden hinausgeht. Moskau muß klar gesagt werden, wer zur EU (und damit über die WEU indirekt auch zur NATO) gehören wird. Jenseits davon wird Moskau in seinem alten Einflußgebiet nolens volens das letzte Wort haben.

Alles in allem sind die Herausforderungen für die deutsche Außenpolitik immens, und mit jedem Tag wird deutlicher, daß Geographie und Geschichte uns mit großen Schritten einholen, sich aber auch neue Konstellationen herausbilden. Ankara propagiert einen Großraum der Turkvölker, der bis nach Kasachstan reicht. Die Türkei, ein Bollwerk des säkularisierten Islam, will diesen Raum als Sperriegel vor einer Zone des muslimischen Fundamentalismus verstanden wissen, der sich zwischen Arabien und Eurasien schiebt. Es gibt einen neuen Asianismus der Schwellenländer im Fernen Osten. Noch völlig unklar ist, wie sich China als Machtfaktor herausbilden wird oder wie sich die Verhältnisse in der die Weltwirtschaft beherrschenden »Triade« zwischen den USA, Japan und der EU entwickeln werden.

Sicher ist nur eines: Treiben lassen können wir uns in einer Welt im Wandel nicht. Sie verlangt täglich nach ordnender politischer

Kraft, nach verläßlicher Analyse der Grundlagen, einer rationalen Definition der Ziele und Auswahl der Mittel. Die Gesamtschau der klimatisch-geographischen, der historischen, soziologischen, völkerkundlichen, ökonomischen und ökologischen Faktoren wird immer wichtiger. Politisch geht es dabei auch heute darum, »die gewonnene Raumkenntnis auf die Erlangung, Erhaltung und Umschichtung der Macht im Raume einzustellen« (Karl Haushofer). Denn der politische Gestaltungswille setzt Macht im Raum voraus. Dabei geht es heute nicht mehr um territoriale Besitzansprüche, sondern um das ganze Spektrum unterschiedlich dichter Einflußmöglichkeiten, wie es einer vernetzten Welt entspricht.

Elemente der politischen Geographie spielen aber auch im Inneren unseres Landes eine wichtige Rolle. Das wird in der wieder aufkeimenden geopolitischen Diskussion zu oft übersehen: Ein ausgeprägtes stammhaftes Gefüge, geographisch unterschiedlich beschaffene und orientierte Räume, ein kräftiger Föderalismus sind traditionelle zentrifugale Elemente. Sie haben zusammen mit äußeren Einflüssen und Interessen dazu beigetragen, daß das alte Reich an den Rändern im Westen und Süden in den Jahrhunderten abgebröckelt und der deutsche Kulturraum zum Schauplatz politisch-weltanschaulicher Machtkämpfe, wie den Reformationskriegen und dem österreichisch-preußischen Dualismus, geworden ist. Deutschland ist als »verspätete Nation« auf die Weltbühne getreten und seine Identitätsprobleme nie losgeworden.

Zu dem zentrifugalen Erbteil kommen heute die Folgen der 40jährigen Teilung. Die Einheit der Nation ist auch eine geopolitische Aufgabe: Die unterschiedlichen Teile des Landes müssen strukturell und durch Gemeinschaft stiftende Elemente verklammert, Trennendes kompensiert werden. Der deutsche Föderalismus und das Europa der Regionen können nur so gestaltet sein, daß die Länder und Regionen nicht im Namen Europas die Handlungsfähigkeit unseres Nationalstaates gefährden.

344

ALFRED MECHTERSHEIMER

NATION UND INTERNATIONALISMUS
Über nationales Selbstbewußtsein
als Bedingung des Friedens

Vor mehr als 75 Jahren wurde Rosa Luxemburg in Berlin ermordet. Heute halten viele ihre Theorien für aktueller denn je. Kein Teil der kommunistisch-leninistischen Lehre hat die Niederlage des Staatssozialismus so unbeschadet überstanden, wie die Kritik am Nationalen. In den neuen ethnischen Konflikten sehen nicht nur Marxisten eine Bestätigung jener Theorie, nach der Nationalstaat und Krieg Synonyme sind. Daß die nationalistischen Aggressionen in den postsozialistischen Ländern eine Reaktion auf die Vergewaltigung der Nationen und Volksgruppen durch die kommunistischen Diktaturen sein könnten, wird nicht in Erwägung gezogen. Das Verteufeln alles Nationalen ist im heutigen Deutschland fast parteiübergreifender Konsens. Zumindest gilt die Nation als anachronistisch. Und das ausgerechnet in einem Land, das durch seine überraschende Wiedervereinigung zu einem unwiderlegbaren Beweis für die gewaltige Kraft des Nationalen geworden ist.

Rosa Luxemburgs edle Randbemerkung von der Freiheit, die stets die Freiheit der Andersdenkenden sei, schloß – wenn überhaupt Nichtkommunisten – gewiß nicht die Anhänger des Nationalstaats ein. Denn das Nationale war für sie nicht nur eine der wichtigsten Kriegsursachen, sondern auch ein Hindernis auf dem Weg zum kommunistischen Paradies. Lenin wollte die »völlige Verschmelzung der Arbeiter und Bauern aller Nationen der Welt zu einer einheitlichen Welt-Sowjetrepublik«. Nach Friedrich Engels sollten die Nationen von der Revolution gefressen werden;

345

erst dann sei Gerechtigkeit und Frieden möglich. Kommunismus und Proletariat seien Gegensätze; denn bei Marx und Engels hat der Arbeiter kein Vaterland. Für das demokratische Selbstbestimmungsrecht der »Nationen und Natiönchen« hatte Rosa Luxemburg nur Hohn und Spott übrig: »Vermoderte Leichen steigen aus hundertjährigen Gräbern, von neuem Lenztrieb erfüllt, ... verspüren einen heftigen Drang zur Staatenbildung.« Heutigen Sozialdemokraten wie Peter Glotz oder Hans-Ulrich Klose ermangelt es solcher Sprachgewalt, aber auch sie gehören zu Luxemburgs Erben.

Es ist ein Indiz für die Urkraft des Nationalen, daß auch in der kommunistisch-sozialistischen Bewegung dieser Antinationalismus stets umstritten war. Bereits 1887 hatte Karl Kautsky gewarnt, eine der Nation feindliche Politik sei für das Proletariat »reiner Selbstmord«. In Deutschland suchten Nationalbolschewisten nach einem eigenen Weg, und die KPD, eine Sektion der Komintern, verabschiedete 1929 ein Programm für ein »Sowjet-Deutschland«. Austromarxisten wie Otto Bauer und Karl Renner verknüpften die marxistische Theorie mit dem Nationalitätenprogramm der SPÖ. Doch eine tragfähige Verbindung, wie sie etwa der katholischen Kirche als einer anderen universalistischen Kraft gelang, konnten Kommunisten mit dem Nationalen nicht eingehen, dafür war gerade in Deutschland der theoretische Antagonismus doch zu groß.

Heute ist die Distanz der meisten Sozialisten zum Nationalen größer denn je. Wer eine deutschpositive Haltung zeigt, wird zum Sündenbock einer zwangspädagogischen »antifaschistischen« Vergangenheitsbewältigung. Selbst ein aufgeklärter nationaler Ansatz ist für ein breites linksliberales Spektrum der einigende Feind, ja der Inbegriff des Bösen, was die Aggressionen gegen solche Linke wie Günter Nenning, Rainer Zitelmann, Tilman Fichter oder Wolfgang Kowalsky erklären mag, die sich der antinationalen Polemik verweigern. Die Verbitterung der Luxemburgschen Erbengemeinschaft kommt wohl aus dem für sie katastrophalen Verlauf der Geschichte: Die Nationen wurden von der Revolution nicht gefressen, sondern die polnische, ungarische, kroatische oder auch die deutsche Nation haben den hundertjährigen Kampf gegen die Revolution gewonnen. Der antinationale Affekt linker Intellektueller ist deshalb so stark, weil ihnen das geistige Instrumentarium fehlt, um die elementare Bedeutung von Volk und Nation zu erkennen. Da bleibt nur ohnmächtige Wut über eine totgesagte Kraft, die mitgeholfen hat, das mit so großen Hoffnungen beladene sozialistische Modell aus der Geschichte zu verweisen.

Mit Erstaunen werden im Westen die Wahlsiege von zu nationalen Führern gewandelten ehemaligen kommunistischen Funktionären registriert, etwa bei Leonid Krawtschuk in der Ukraine. Die Menschen in der Sowjetunion hatten offenkundig die Abhängigkeit von Moskau stärker abgelehnt als das kommunistische System. Die epochale Befreiung der ostmittel- und südosteuropäischen Länder feiert der Westen im nachhinein als seinen Sieg, obwohl er vor allem von den dortigen Nationen errungen wurde. Noch im August 1991 verurteilte US-Präsident George Bush in Kiew den ukrainischen Nationalismus und plädierte für den Fortbestand der schon fast aufgelösten Sowjetunion. Das westliche internationale System unterscheidet sich in der Ablehnung des Nationalstaats nicht prinzipiell vom kommunistischen Internationalismus. Beide, Kommunismus und Kapitalismus, verdrängen die Nationalstaaten, wenn auch mit unterschiedlichen Mitteln: bei der Sowjetunion mit militärischer Macht und Repression, im Westen mit ökonomischer Verflechtung, subtiler Abhängigkeit und zivilisatorischer Penetration des gesamten politischen und gesellschaftlichen Systems. Der »links-liberale« veröffentlichte Grundkonsens in der Bundesrepublik, wie er sich in Blättern wie der »Zeit« oder der »Süddeutschen Zeitung« wirkungsvoll manifestiert, spiegelt eine moderate Form dieses westlichen Antinationalismus wider.

Beim Golfkrieg 1991 fiel auf, wie bereitwillig bisherige Apologeten des sowjetischen Internationalismus der westlichen Supermacht bis in den Krieg folgten. Offenkundig aus Scheu vor einer multipolaren Welt der Nationalstaaten unterwarfen sich viele Intellektuelle der verbliebenen Supermacht USA. Früher waren sie blind für den totalitären Charakter des sowjetischen Systems, jetzt übersehen sie, daß der bislang von ihnen bekämpfte »US-amerikanische Imperialismus« zwar den großen Gegner verloren, sich selbst aber nicht geändert hat. Die Sehnsucht nach einer übernationalen Macht verdeckt das kaum getarnte nationalistische Großmachtinteresse der US-Außenpolitik.

Nur selten wurden andere Völker ohne ideologische Begründung unterjocht und ihrer Rechte beraubt. Die Kolonialmächte gaben vor, den Naturvölkern die Zivilisation zu bringen, Napoleon wollte Europa befreien. Aber die intelligenteste Rechtfertigung ist zweifellos die Behauptung, der Verlust der Souveränität erfolge zugunsten einer neuen Weltordnung, in der es Unterdrückung und Ausbeutung nicht mehr gebe, weil alle Nationalstaaten abgeschafft würden. In der Praxis hat sich dahinter stets ein Ultranationalismus versteckt: Die Russen beherrschten die Ukrainer, Balten, Ungarn, und die Serben raubten den Kroaten, Slowenen, Bosniern und Albanern ihre politische und kulturelle Freiheit. Dort wo ein synthetischer Bürger, der »Jugoslawe«, der »Sowjetmensch« oder der »Brite«, entstehen sollte, war Binnenimperialismus die Folge. Hinter den supranationalen Ideologien verbergen sich in aller Regel imperialistische Interessen wirtschaftlicher und politischer Art. Es ist ein aufregender Befund, daß nur durch die Pervertierung des Nationalen einzelne Völker und Nationen vorübergehend aus der Politik verbannt werden konnten. Wenn die Führer mächtiger Staaten von Wertegemeinschaft, Völkergemeinschaft oder ähnlichem reden, dann sollten die schwächeren Staaten auf der Hut sein.

Diese Machtpolitik ist dann besonders erfolgreich, wenn sie

ohne direkte Gewalt auskommt, weil die Opfer unfähig geworden sind, ihre Interessen zu erkennen, und deshalb bereitwillig der Hegemonialmacht dienen. Völker ohne nationale Identität sind nicht Pioniere einer neuen Weltordnung, sondern Opfer fremder Interessen, weil sie die fremden mit den »gemeinsamen« Interessen verwechseln. Die ausgebeuteten Länder der Dritten Welt müssen sich der Macht der Industriestaaten beugen, Deutschland ruiniert sich freiwillig: Es trägt die finanzielle Hauptlast für den EU-Haushalt, für die postsozialistischen Länder Osteuropas, für die Kriegsflüchtlinge aus Ex-Jugoslawien und für den Golfkrieg, obschon die historische Aufgabe der deutschen Wiedervereinigung alle Kräfte beansprucht. Die meisten Deutschen sind blind für jene fremden Interessen, die, nachdem sie die Wiedervereinigung nicht verhindern konnten, das größere Deutschland wirtschaftlich schwächen und politisch niederhalten wollen. Neu ist diese Selbstverleugnung nicht; denn schon Bismarck hatte erkannt: »Die Neigung, sich für Fremde auf Kosten des Vaterlandes zu opfern, ist eine Krankheitsform, die auf Deutschland beschränkt bleibt.« Solche Abnormität droht immer ins andere Extrem umzukippen.

In Frankreich beschließt auch ein Kommunist eine Parteitagsrede mit »Vive la France!«. In Deutschland würde ein solches patriotisches Bekenntnis eine Diffamierungskampagne auslösen. Rudolf Bahro berichtet von einer Veranstaltung, bei der die Teilnehmer seine Bemerkung, es sei doch wohl klar, daß fast alle Versammelten Deutsche seien, mit Empörung quittierten. Wer in der Bundesrepublik als Intellektueller gelten will, tut gut daran, sich eine antinationale Attitüde zuzulegen. National ist man nur bei Kritik an »den Deutschen«. Dies ist ein umgekehrter Nationalismus, bei dem das eigene Volk nicht nationalistisch überhöht, sondern diskriminiert wird. »Deutschland verrecke!« rufen die sogenannten Antifaschisten, die aus einer demokratischen Pflicht zum Widerstand gegen Totalitarismus ein Instrument gegen Andersdenkende gemacht haben. Zwar propagieren nur linksextreme Minderheiten diesen Ungeist:»Die Linke ist antideutsch, oder sie ist nicht«(»Konkret«), doch die Übergänge bis zur politischen Mitte sind fließend, oft liegen die Unterschiede in der Wortwahl. Dieser Ekel vor dem Nationalen ist nicht generell, sondern spezifisch antideutsch. Den Kurden wird das Recht auf einen Nationalstaat zuerkannt, und»nationale«Befreiungsbewegungen und bedrohte Völker in aller Welt werden unterstützt. Doch im eigenen Land dezimieren dieselben Kräfte die nationale Identität. Statt gerade nach der nationalsozialistischen Perversion des Nationalen ein aufgeklärtes Verhältnis zum eigenen Volk anzustreben, folgt der Deutschtümelei die Antideutsch-Tümelei.

Das gestörte kollektive Selbstwertgefühl und der pathologische Umgang mit dem Fremden hat praktische Folgen. In der Bundesrepublik ist eine sachliche Diskussion des folgenden Satzes nicht möglich:»Nach wie vor importiert Deutschland organisierte Kriminalität, Mißbrauch von Sozialleistungen, illegale Beschäftigung, Verschärfung der Wohnungsnot und der Obdachlosigkeit«(Carl-Dietrich Spranger). Politische Ziele wie soziale Gerechtigkeit, Rechtssicherheit und innerer Frieden gelten wenig, wenn sie gegen Ausländer durchgesetzt werden müssen. Den sieben Millionen Ausländern die Schuld an den wachsenden Problemen in Deutschland zuzuschreiben, ist xenophob. Andererseits ist es xenophil zu bestreiten, daß viele Probleme durch Steuerung der Zuwanderung gelindert werden könnten. Derzeit wandern jährlich rund 300 000 Ausländer ein, die der Arbeitsmarkt nicht benötigt, die aber die Beschäftigungschancen von älteren deutschen Arbeitnehmern und besonders von Frauen verschlechtern. Im Jahr 1993 wurden 300 Millionen Mark an Sozialausgaben eingespart, weil die Arbeitserlaubnis für Ausländer etwas restriktiver erteilt wurde als zuvor.

Die Bundestagsparteien sind heute»nationsfrei«. Das war zu Beginn der Bundesrepublik anders, als es in allen Parteien starke nationale Flügel gab. Die SPD hatte mit Kurt Schumacher einen Vorsitzenden, der die soziale Demokratie und die Nation zusammenführen wollte und Adenauer 1949 »Kanzler der Alliierten« nannte. In der CDU standen Jakob Kaiser und Ernst Lemmer, in der FDP Karl Georg Pfleiderer für eine nationale Politik. Sogar in der außerparlamentarischen linken Kritik steckte noch eine nationale Komponente, wie Martin Niemöllers Polemik über den westdeutschen Teilstaat als in »Rom gezeugt und in Washington geboren« zeigt. Die Geschichte der Bundesrepublik ist ein Prozeß schleichender Entnationalisierung, die ab den sechziger Jahren auch von der oppositionellen SPD mitgetragen wurde. Diese Partei war dann nach der Zustimmung zum NATO-»Nachrüstungsbeschluß« unter Kanzler Helmut Schmidt bis ins Jahr 1989 hinein die treibende Kraft der antinationalen deutschen Zweistaatlichkeit. 1970 waren bei einer Umfrage nur 37 Prozent der Bewohner des potentiellen Schlachtfelds des »freien Westen« stolz auf ihre Nationalität; in den anderen europäischen Ländern waren es doppelt so viele.

In der DDR verlief die Entwicklung auffallend parallel. Viele Kommunisten wollten ein »Neues Deutschland« aufbauen. Der Antifaschismus eines Johannes R. Becher oder Wolfgang Harich war nicht antideutsch. Mit zunehmender Verfestigung der Teilung wurde die gesamtdeutsche Orientierung verdrängt. Diesem antinationalen deutsch-deutschen Sonderweg sind die Nachbarn im Westen und Osten nicht gefolgt. Frankreich und Polen haben zu keinem Zeitpunkt ihre nationale Identität dem jeweiligen Bündnis geopfert.

Als die Menschen in der DDR 1989 das kommunistische Regime gewaltfrei davonjagten, löste dies im Westen große Begeisterung aus. Aber die Westdeutschen, die ihre Nation »so klein und schlecht gemacht haben« (Martin Walser), fanden weder auf den demokratischen Aufschrei »Wir sind das Volk!« noch auf den nationalen Ruf »Wir sind ein Volk!« eine gebührende Antwort. Die explosionsartig ausgebrochene unmittelbare Demokratie und nationale Selbstbestimmung wurden vom westdeutschen System folgenlos vereinnahmt. Sozusagen als Dank für ihren Volksaufstand dürfen die neuen Bundesbürger nun nicht einmal das Staatsoberhaupt direkt wählen, was in fast allen Demokratien möglich ist. Statt nach der Wende in nationaler Gemeinschaft ein neues Deutschland zu schaffen, flüchtet sich die politische Klasse in eine Supranationalität, die den anderen Europäern fremd ist.

»Einigungsbedingt«, so heißt es amtlich, wurde durch den Einigungsvertrag vom 31. August 1990 aus der Präambel des Grundgesetzes der Wille des Deutschen Volkes gestrichen, »seine nationale und staatliche Einheit zu wahren«. Mit der Streichung dieser Verpflichtung, die ja erst nach der deutschen Vereinigung einen Sinn gemacht hatte, ist im ersten Satz der Verfassung nur noch vom Willen des deutschen Volkes zu einem vereinten Europa die Rede. Die meisten Änderungen der Gemeinsamen Verfassungskommission (GVK) dienen der Anpassung an die Verträge von Maastricht und nicht dazu, die überfällige neue Verfassung zu schaffen. Dem Volk werden keine plebiszitären Mitwirkungsrechte eröffnet, aber die Aufgaben der Bundesbank können einer Europäischen Zentralbank übertragen werden (Artikel 88 GG). Es ist irgendwie folgerichtig, wenn das Volk des wiedervereinigten Deutschland über seine Verfassung nicht abstimmen darf.

Beim Bestreben, die nationale Einigung hinter der europäischen zu verstecken, spielt in Bonn auch so etwas wie Dankbarkeit für die Zustimmung der Westmächte zur Wiedervereinigung eine Rolle (als ob diese bei der Spaltung Deutschlands nicht beteiligt gewesen wären). Aber mit der Fixierung auf Maastricht betreibt die politische Klasse kein Täuschungsmanöver, sie will den europäischen Bundesstaat tatsächlich. Sie wird dabei von den Medien unterstützt, die, ähnlich wie die meisten Intellektuellen, in der Europafrage sonderbar unkritisch sind. In der deutschen Bevölkerung gibt es keine Begeisterung für diese Europapolitik, aber Ängste vor dem Ausland und Ängste vor der deutschen Vergangenheit führen zu einer diffusen Haltung, mit der die Europäisierung (und schleichende Amerikanisierung) aller Lebensbereiche wie ein Naturgesetz hingenommen wird.

Deshalb wird kaum debattiert, weshalb der globalen Tendenz zur Auflösung der Vielvölkerstaaten in Europa ein neues Reich entgegengesetzt werden soll. Ein gemeinsamer Markt, wenn er nicht zur Camouflage einer Zentralverwaltungswirtschaft dient, kann – sieht man von den ökologischen Folgen ab – wirtschaftliche Vorteile bringen. Aber dazu bedarf es keines europäischen Zentralstaates, der bis zur Abmessung der Kondome alles vereinheitlichen möchte. In der ideologisierten Europadebatte wird die Kritik an Maastricht oft als Europagegnerschaft und als Nationalismus abgetan. Dies ist absurd, weil die Europäische Union mittelfristig bestens zum Aufbau eines »deutschen Europas« genutzt werden könnte (und auch manche EU-Zustimmung erklären mag). Eine deutsche Distanz zur Maastricht-Politik ist gerade nicht nationalistisch.

Kein Politiker, der sich von den Interessen der Verbraucher, Arbeitnehmer, Steuerzahler, der Umwelt, der Dritten Welt oder der Demokratie leiten läßt, dürfte das EU-Europa anstreben. Einem marginalen Gewinn stehen gravierende Nachteile gegenüber, die größer sind als bei bürokratischen Großorganisationen unvermeidlich. Sonderinteressen, die von diesem Europa profitieren, können sich nur wegen des nationalen Nihilismus in Deutschland so stark durchsetzen. So wird in dem politisch ursprünglich so vielgestaltigen Europa der »globalen Vermarktung aller Dinge« der Weg bereitet, und die Nationen und Kulturen als die größten Hindernisse dieses Machtstrebens werden nivelliert.

Mehr noch als in Europa wirken die antinationalen Kräfte auf der globalen Ebene. US-Präsident George Bush mißbrauchte zur Rechtfertigung seiner Politik gegen den Irak den Ausdruck »Neue Weltordnung«, mit dem die »South Commission« unter ihrem Vorsitzenden Julius Nyerere 1990 die Forderung des Südens nach

Gerechtigkeit, Gleichheit und Demokratie unterstützen wollte. Aber schon der Golfkrieg zeigte, daß sich die USA ihre Rolle als Zwingherr der Dritten Welt von den anderen ökonomischen Großmächten finanzieren lassen muß. Ziel des US-Establishments sind strategische Rahmenbedingungen, in denen die USA den »Club der reichen Männer« (Noam Chomsky) anführen und von Fall zu Fall mit dem »big stick« (Theodore Roosevelt) die ungebärdigen Länder züchtigen können, mal Irak, Nordkorea, Libyen, Kuba, Haiti mal andere. So wird verhindert, daß die USA mehr Macht als unvermeidlich an die multipolare Staatenwelt abtreten muß.

Ein interessantes Konzept zur Legitimation und Sicherung der US-Vorherrschaft nach dem Kalten Krieg liefert der Politologe Samuel P. Huntington mit der Theorie der konkurrierenden Zivilisationen. Die Nationalstaaten sind auch bei ihm die Akteure, aber sie gehören zivilisatorischen Klassen an. Die Bruchlinien (fault lines) des »Krieges der Kulturen« verlaufen zwischen dem »Westen« und der moslemischen, konfuzianischen, japanischen, hinduistischen, lateinamerikanischen und slawisch-orthodoxen Zivilisation.

Statt Solidarität über die religiösen, kulturellen und wirtschaftlichen Grenzen hinweg, sollen die Machteliten in einer neuen globalen Freund-Feind-Konstellation ihre außen- und innenpolitische Stellung festigen. Statt die westlichen Industriestaaten von innen zu erneuern und die Unverletzlichkeit des Territoriums anderer Staaten als Grundlage der Zivilisation anzuerkennen, wird der Süden im Auftrag einer fiktiven »Weltgemeinschaft«, wie im Golfkrieg oder bei den »humanitären Interventionen« in Afrika, erneut kolonisiert. Die neue West-Ost-Grenze nach Huntington erklärt auch, weshalb die ehemaligen Warschauer-Pakt-Staaten nicht Mitglied der NATO werden dürfen: Sie gehören überwiegend zur slawisch-orthodoxen Zivilisation und somit nicht zum priviligierten Westen. Der »Limes« (Jean Christophe Rufin) verläuft jetzt nicht mehr entlang der Elbe, sondern etwas weiter östlich. Die Theorie der konkurrierenden Zivilisationen ist nicht neu. Bereits nach dem Zweiten Weltkrieg hatte Winston Churchill in verblüffender Offenheit gefordert, die Welt müsse von den saturierten Nationen regiert werden; die hungrigen Nationen könnten den Frieden nicht bewahren.

In dieser globalen Plutokratie spielen die Vereinten Nationen eine wichtige Rolle. Dort sind zwar alle Nationalstaaten durch ihre Regierungen vertreten. Aber nicht diese bestimmen die Politik der Weltorganisation, sondern das Machtkartell der fünf ständigen Mitglieder im UN-Sicherheitsrat. Die USA und in zweiter Linie die anderen Siegermächte des Zweiten Weltkrieges haben sich mit den sogenannten »Vereinten Nationen« und mit der Weltbank und dem Internationalen Währungsfonds (IWF) Instrumente zugelegt, mit denen sie ihre politischen und ökonomischen Interessen gegenüber dem Rest der Welt und nun auch gegenüber den Ländern im ehemaligen sowjetischen Herrschaftsbereich verfolgen. Es ist phänomenal, wie nach einem halben Jahrhundert und auch nach Ende des Ost-West-Konflikts die Menschheit immer noch von den großen Siegern des Zweiten Weltkriegs beherrscht wird. Deutschland ist mit neun Prozent der drittgrößte Beitragszahler der UNO, hat aber auf deren Politik kaum Einfluß (Frankreich stellt im Sekretariat der Vereinten Nationen bei einem Haushaltsanteil von 6 Prozent 836 Beschäftigte, Deutschland nur 190). Keines der 35 höchsten UN-Ämter hat ein Deutscher inne. (Was freilich nicht bedeutet, daß ein deutscher Beamter so wie sein französischer Kollege selbstverständlich stets die Interessen seines Landes im Auge hätte.) All dieser Widersinn wäre kein großes Problem, wenn die Vereinten Nationen ihre Aufgaben erfüllen würden. Aber das tun sie nur unzulänglich: Die Zahl der Hungernden, Analphabeten und Arbeitslosen wächst, die Not in den meisten Ländern wird größer. Es gibt kein postnationales Zeitalter. Die Staaten waren und sind Akteure – im guten wie im schlechten. Wenn der Irak bombardiert oder in Somalia militärisch interveniert wird, dann entscheidet dies die US-Regierung. Und wenn in Bosnien oder Nahost Friedensabkommen erreicht werden, dann nicht von den Vereinten Nationen und der Europäischen Union, sondern von Washington, Moskau oder einer anderen nationalen Regierung.

Die bisherigen Kritiker westlicher imperialistischer Politik sind weitgehend verstummt, weil sie ihre mächtigen Verbündeten im Osten fast völlig verloren haben. Kritik am US-Imperialismus wäre nicht mehr Unterstützung des sozialistischen Lagers, sondern der Nationen, die man ja zumindest in Europa dezimieren will. Da wird mancher Linke wie etwa Jürgen Habermas zum NATO-Befürworter, um mit diesem angelsächsischen Bündnis nationale Sonderwege zu unterbinden.

Die Grünen befinden sich in einem ähnlichen Dilemma. Ihre weitreichenden umwelt- und friedenspolitischen Forderungen, die gewiß nicht im europäischen Gleichschritt zu verwirklichen sind, tragen ihnen den Vorwurf eines »national-ökologischen Sonderkurses« ein (Münchner Abendzeitung vom 15. 3. 1994). Aber ihre zumeist sozialistische Herkunft und der Zeitgeist verbieten ihnen den konzeptionellen nationalen Weg. Weil sie ihn aber faktisch fordern, müssen sie vor einem »Rückfall« in den Nationalstaat warnen, und obwohl sie die Maastricht-Verträge beim Bundesverfassungsgericht zu Fall bringen wollten, streben sie jetzt nach einer »echten politischen Union«. Der antinationale Komplex treibt absonderliche Blüten.

Die gängige Vorstellung, wonach in Deutschland »national« und »rechts« Synonyme seien, ist infolge der skizzierten gesamtdeutschen Entnationalisierung insofern richtig, als heute links und in der Mitte nur selten nationale Positionen zu finden sind. Andererseits gibt es selbst in der Mitte und Rechts antinationale Politiker, Wissenschaftler und Journalisten. In dieser Frage stehen sich der »europäische Illusionist« Helmut Kohl und der »multikulturelle« Heiner Geißler nicht fern. Der CSU-Politiker

Edmund Stoiber kritisiert zwar vehement die Maastricht-Verträge, stimmte ihnen aber im Bundesrat zu. Und auch keineswegs nur linke Wissenschaftler schreiben über den »Wahn des Nationalen« (Dieter Oberndörfer).

Die Gleichsetzung von »national« und »rechts« ist theoretisch keineswegs zwingend, sondern ein deutsches Spezifikum als Ergebnis des Nationalsozialismus und ausländischer Einwirkung. Diese Deformation der politischen Kultur wird erst überwunden sein, wenn der nationale Problemlösungszugang gegenüber dem gesamten politischen Spektrum grundsätzlich als neutral gilt. Ob beispielsweise ein »national-pazifistischer« Ansatz dem rechten oder linken Spektrum (oder einem Dritten) zuzuordnen ist, kann erst eine genaue Prüfung ergeben.

Der internationalistischen Ideologie kommt die Sprache zu Hilfe, die auch in der wissenschaftlichen Literatur häufig nicht zwischen »national« und »nationalistisch« deutlich unterscheidet, obwohl es Gegensätze sind. National hat mit nationalistisch noch weniger gemein als sozial mit sozialistisch. National bezieht sich auf die Nation, das heißt auf eine Willensgemeinschaft von Menschen, die neben ihrem Recht auf Gemeinsamkeit ihr »Recht auf Unterschied« (Henning Eichberg) politisch in Anspruch nehmen. Das Gemeinsame eines Volkes mag einmal mehr auf Kultur, Sprache, Religion oder Geschichte beruhen; die Nation manifestiert sich erst in einem politischen Bewußtsein der gemeinsamen Wertvorstellungen und Interessen und der Selbstbehauptung.

Eine strengere Definition von »Nation« würde der bunten Vielfalt nicht gerecht werden, zumal die Definitionsgewalt bei der Nation selbst liegt. Gerade die emotionale Komponente, die die Beziehung des einzelnen zu seiner Nation bestimmt, ist von Land zu Land verschieden. Der »Verfassungspatriotismus«, der als Kampfbegriff gegen die Nation gestellt wird, ist Bestandteil und nicht Gegensatz eines aufgeklärten nationalen Selbstverständnisses.

Der Nationalismus oder das Nationalistische ist in des Wortes exakter Bedeutung eine Perversion, das heißt, die Umkehr eines normalen Zustandes. Niemand würde aber eine Sache allein deshalb bekämpfen, weil sie pervertiert werden kann. Die Nation ist das wesenhaft Tägliche, könnte man in Abwandlung eines Wortes von Ortega y Gasset sagen. Offenkundig befriedigt die Nation das soziale Grundbedürfnis des Menschen nach Zugehörigkeit in besonders intensiver Weise. Und die Maslowsche Theorie, wonach dieses Bedürfnis bei Nichtbefriedigung keineswegs erlahmt, sondern bis zur Aggressivität verstärkt wird, scheint durch die Entwicklung in Ost- und Südosteuropa bestätigt zu werden. Dort gibt es keine Wiedergeburt, sondern eher ein plötzliches Erwachen des bislang unterdrückten Nationalen. Jedenfalls ist »die Nation wieder da und der Nationalstaat mit ihr« (Ralf Dahrendorf), und in der angelsächsischen Literatur wird immer häufiger konstatiert: »Die Nation tauchte als Hauptdarsteller auf der Bühne der Geschichte wieder auf« (Harold James).

Wer dennoch die Nation als eine »Geistesverwirrung« (Peter Glotz) denunziert, begünstigt, was er verhindern möchte. Klüger ist es, die nationale Kategorie als eine reale Größe auch künftiger Politik zu akzeptieren und den Versuch zu unternehmen, sie als Instrument der Demokratisierung und für den Frieden nutzbar zu machen. Wahrscheinlich kann auf diesem Weg auch Nationalismus und Rassismus wirksamer begegnet werden als durch die gängige Diffamierung alles Nationalen.

Dort, wo den Nationen die Freiheit vorenthalten wird, bleibt die Demokratie auf der Strecke. Dies gilt nicht nur bei offener Besatzung durch fremde Truppen, sondern auch bei schleichendem Souveränitätsverlust. Der westeuropäische Integrationsprozeß hat mit jeder Stufe die Kompetenzen der nationalen Parlamente geschmälert und die Macht der Exekutive gestärkt. Der Souveränitätsverzicht ist ein Demokratieverzicht. Die in Maastricht geschaffene Europäische Union ähnelt einem monarchischen Reich mit einem schwachen Parlament. Im »Europa ohne Völker« gilt der Satz: Wer in der EU etwas zu sagen hat, ist nicht vom Volk gewählt, und wer vom Volk gewählt ist, hat nichts zu sagen.

Dieser Demokratieverlust wäre weniger gravierend, würde er durch höhere Effizienz kompensiert werden. Das aber ist gerade nicht der Fall. Die Europäische Union ist eine Großorganisation mit einer ineffizienten und kaum zu kontrollierenden Bürokratie. Mit einem Haushalt von jährlich über 150 Milliarden Mark hat sie sich eine Gefolgschaft aus Subventionsempfängern und überbezahlten Funktionären zugelegt, deren Einfluß an den überproportional wachsenden Zahlungen an Brüssel abzulesen ist. Vermutlich wandern jährlich rund 20 Milliarden Mark in dunkle Kanäle.

Es gibt nicht die geringsten Anhaltspunkte dafür, daß durch die EU die fundamentalen Probleme der Volkswirtschaften gelöst werden könnten. Die gegen Null tendierenden Wachstumsraten führen so oder so zu wachsender Arbeitslosigkeit und steigender Staatsverschuldung. Die Integration führt allenfalls zu negativen synergetischen Effekten. Mit der dualen Struktur aus politischer Vielfalt und europaweitem Handel ist Europa in der Vergangenheit nicht schlecht gefahren. Jeder Versuch, die »Vereinigten Staaten von Europa« zu schaffen, endete in einer Katastrophe.

Auch die UNO ist eine staatsbürokratische Organisation, deren Aufgaben zu einem Großteil von privaten Trägern besser und zu niedrigeren Kosten erledigt werden könnten. UN-Generalsekretär Butros-Ghali räumt ein, daß nur die Hälfte seiner 30 000 Beamten wirklich arbeitet. Auch andere globale Kooperationsversuche wie die G 7-Gipfeltreffen oder der Umweltgipfel von Rio 1993 haben bisher auch nicht ansatzweise die in sie gesetzten Erwartungen erfüllt. Sie werden von den Regierungen als Vorwand genutzt, diejenigen Fortschritte, die auf subnationaler und nationaler Ebene durchaus möglich wären, zu unterlassen. Globale Rhetorik statt der Hausaufgaben! Wenn eine Sache nicht erfolgreich ist, sagte der österreichische Philosoph Leopold Kohr einmal, dann meistens deshalb, weil sie zu groß ist: »Small is beautiful!«

Nun gibt es ein starkes Argument, das alle Bedenken gegen die Internationalisierung der Politik zu erdrücken scheint: die positive Wirkung für den Frieden. Bei genauerem Besehen ist dies die Begründung für eine gute Nachbarschaft. Ob in Europa Frieden herrscht, entscheidet sich an den deutsch-französischen und deutsch-russischen Beziehungen. Für den europäischen Frieden bedarf es keines Mammutstaats. Eher sind bei einem krampfhaften Integrationsversuch zusätzliche Konflikte zu erwarten. Die derzeitige Europapolitik ist lernpathologisch, weil sie aus den Mißerfolgen keine konzeptionellen Konsequenzen zieht. Alle fünf sogenannten »gemeinsamen Aktionen« der EU-Außenpolitik (Rußlandhilfe, Bosnien, Nahost, Südafrika und Balladur-Initiative) sind gescheitert. Die EU-Staaten haben offenkundig jenen optimalen Punkt überschritten, jenseits dessen die Gemeinsamkeiten abnehmen. Weil sie einen zu hohen Berg erklimmen wollen, drohen die 12 bzw. 16 Länder abzustürzen. Europa trägt mehr zum Frieden bei, wenn neben einer engen Konsultation jedes Land dort seinen Beitrag leistet, wo es aus historischen und anderen Gründen dazu in der Lage ist. Das ist nicht nur eine Aufgabe der größeren Mächte wie Deutschland, sondern auch der kleineren Länder, so wie das Norwegen im Nahost-Friedensprozeß getan hat.

Die verbreitete Zustimmung zu den internationalen Institutionen beruht auf den Hoffnungen der Menschheit auf den Weltfrieden. Doch die machen blind für das Versagen dieser Institution, genauer, das Versagen der Mächte, die diese Institution dominieren. Die UN hat zweifellos in vielen Fällen durch Verhandlungen und durch Blauhelmeinsätze den Frieden gefördert. Dem steht jedoch gegenüber, daß die UNO häufig zum Instrument einer Politik gemacht wurde, die den Prinzipien der UN-Charta widersprechen. Niemand behindert die nukleare Abrüstung und fördert die

Weiterverbreitung der Atomwaffen so sehr wie die fünf ständigen Mitglieder des UN-Sicherheitsrats, weil sie nicht bereit sind, auf ihre Nuklearrüstung zu verzichten. Niemand ist so sehr an der Militarisierung der Welt durch Waffenexporte beteiligt wie diese Mächte. Es ist nicht zu erwarten, daß von einer »Weltregierung« des »global village« von oben mehr Frieden erzwungen werden kann, als durch eine friedliche Entwicklung in den einzelnen Nationen von unten heranwächst. Selbst wenn eine wirkliche Reform der UNO eines Tages möglich werden sollte, so gilt dennoch: Ist eine solch große Organisation handlungsfähig, dann ist sie undemokratisch, ist sie demokratisch, ist sie nicht handlungsfähig.

Den gewaltigen globalen Problemen der Menschheit stehen untaugliche globale Lösungskapazitäten gegenüber. Es ist eine verständliche aber falsche Erwartung, daß auf der Ebene der Probleme auch die Lösung liegt. Multinationale Kooperationen haben sich als erfolgreicher erwiesen als supranationale Strukturen. Die großen Projekte, die in aller Welt als Symbole erfolgreicher europäischer Zusammenarbeit gelten, haben mit der Brüsseler EU-Bürokratie nichts zu tun. Dazu gehören der Airbus, die Trägerrakete Ariane der ESA, CERN oder die EUREKA-Forschungsagentur. Dort, wo die Kräfte eines Landes überfordert werden, sind grenzüberschreitende Kooperationen zweckmäßig, wobei die legitimen Interessen aller beteiligten Länder gewahrt bleiben und keine Machtstrukturen entstehen, die dazu tendieren, ihre Eigeninteressen über die Aufgabe und die Menschen zu stellen. Der Dauerskandal um den europäischen Agrarmarkt, dem bei weitem größten EU-Projekt, ist ein Schulbeispiel ruinöser Supranationalität.

Anders als in den sonstigen europäischen Ländern muß in Deutschland erst wieder eine Nation entstehen. Dazu bedarf es auch des Bewußtseins einer eigenen, wenn auch lückenhaften demokratischen Tradition, die vom Hambacher Fest 1832 bis zum

Aufstand in der DDR 1989 reicht. Das ist keine Restauration, sondern eine Fortentwicklung, die gerade wegen des Nationalsozialismus zu einer aufgeklärten Nation führen sollte. Die Bezeichnung »deutschnational« ist unkorrekt, weil sie den universellen Charakter des Nationalen und die Gleichheit aller Nationen verdeckt. Auch für einen völkischen Nationalismus sollte in Deutschland mit seiner mitteleuropäischen Mischbevölkerung kein Platz sein.

Die Nation ist kein Mythos und keine politische Religion, und sie darf nicht von einem hypertrophierten Nationalstaat gefesselt werden. Der Staat gehört der Nation, nicht die Nation dem Staat. In einer Zeit, in der ein wachsender Teil der Gesellschaft von sozialem Abstieg bedroht ist, wird der Solidargemeinschaft viel abverlangt. Wie anders können die Ich- und die Wir-Tugenden in ein Gleichgewicht gebracht werden, wenn nicht über die nationale Solidargemeinschaft? Wenn in der Gesellschaft die Selbstentfaltungswerte immer stärker beansprucht und die Pflicht- und Akzeptanzwerte immer geringer geschätzt werden, braucht es Bezugsebenen und Identifikationsrahmen für soziale und ökologische Tugenden. Ohne innere Bindung können Entsolidarisierung, Gewalt und Naturzerstörung nicht zurückgedrängt werden.

Deutschland hat für einen modernen Nationalstaat günstige Voraussetzungen, weil in seinen Grenzen keine größeren ethnischen Minderheiten leben und die ausgeprägte föderative Struktur der landsmannschaftlichen Vielfalt breiten Raum läßt, wodurch auch die grenzüberschreitende regionale Kooperation begünstigt wird. Darin unterscheidet sich das Land in Europas Mitte von den meisten Nachbarn, die mit der Hypothek vordemokratischer Grenzen leben müssen.

Es wäre nur eine Umkehrung des verhängnisvollen Antinationalismus, wenn sich die deutsche Nation von der internationalen Staatenwelt abschließen würde. Schon allein die – freilich in diesem Maß problematische – Export- und Importabhängigkeit

Deutschlands steht dem entgegen. Aber ein natürliches nationales Selbstbewußtsein ist Voraussetzung für ein weltoffenes Deutschland in einer national bestimmten europäischen und globalen Umwelt. Internationale Politik muß, wenn die Sprache einen Sinn macht, die Nationen als Akteure voraussetzen. Wer sich für die gesamte Menschheit verantwortlich fühlt, denkt richtig, aber handeln kann man verantwortungsbewußt nur in überschaubaren Räumen mit einem menschlichen Maß. Vor stürmischer Fahrt reißt man auf dem Schiff nicht die Schotten raus.

Die bisherige Politik der Selbstverleugnung nationaler Interessen wird, so scheint es, in der deutschen Bevölkerung künftig keine Akzeptanz mehr finden. Dann wird ein Nationalismus der Massen mit einem Antinationalismus der Eliten kollidieren, mit schweren Belastungen für die Stabilität des Landes und seine Beziehungen zu den Nachbarn.

Deutschland dient seiner globalen Verantwortung und seinen nationalen Interessen am besten, wenn es sich zu einer Friedensmacht nichtmilitärischer Größe entwickelt. Die Energien, die andere Staaten in einen kontraproduktiven Interventionismus stecken, sollten zur Reform der Bundesrepublik genutzt werden. Die Menschheit würde weniger Not leiden, wenn alle Regierungen das, was sie in anderen Ländern kritisieren, in ihrem eigenen Zuständigkeitsbereich verbessern würden. Nach einem neuen nationalen Verständnis sollten Atomwaffen, Rüstung und Waffenhandel als »undeutsch« gelten, Frieden und Deutschland müssen zu neuen Synonymen werden. Immanuel Kant fürchtete bei einem Zusammenschmelzen der Staaten einen »seelenlosen Despotism«. Es sei das Verlangen jedes Staates, sich auf diese Art »in den dauernden Friedenszustand zu versetzen, daß er womöglich die ganze Welt beherrscht. Aber die Natur will es anders.« Sie will nach Kant keine Vermischung der Völker, keine Vereinigung der Staaten: »Es ist der Handelsgeist, der mit dem Kriege nicht zusammen bestehen kann, und der früher oder später sich jedes Volks bemächtigt.« Königsberg gegen Bonn!

MICHAEL J. INACKER

MACHT UND MORALITÄT

Über eine neue deutsche Sicherheitspolitik

Die deutsche Außen- und Sicherheitspolitik hat seit 1989 einen schmerzlichen Verlust zu beklagen. Es ist der Verlust interalliierter Geborgenheit, das Ende deutscher Staatsanomalie, des Sich-Versteckens hinter der Scheinwelt kollektiver Sicherheitsstrukturen und damit verbunden die Entlassung Deutschlands in eigenverantwortliches sicherheits- und militärpolitisches Handeln.

Während der politischen Klasse diese äußeren Veränderungen erst allmählich bewußt werden, ist man noch weit davon entfernt, daraus die richtigen Folgerungen für die Bestimmung einer souveränen deutschen Politik und den damit verbundenen nationalen Interessen, eines notwendigerweise veränderten wehrpolitischen Bewußtseins sowie des Umgangs mit den eigenen Streitkräften zu ziehen.

Deutsche Sicherheitspolitik erschöpfte sich bis 1989 in einer Art Beitragspolitik: Deutschland leistete zunächst und vor allem Beiträge für die gemeinsamen Belange des Westens; Beiträge in Form von Solidaritätsbekundungen, in Form der Präsenz (nicht des Willens zum Einsatz) der Bundeswehr, in Form der Zurverfügungstellung des eigenen Territoriums für verbündete Streitkräfte. Deutsche Außenpolitik war zu einem großen Teil nichts anderes als Mitverwaltung in der Allianzpolitik. Diese Beiträge waren der »Preis dafür, daß ein anderer, ein Wesen namens NATO, die Bundesrepublik schützte. Verteidigung war NATO-Sache, und Weiteres glaubte man nicht erwägen zu müssen« (Günther Gillessen). Sicherheits- und militärpolitisch war das geteilte Deutschland zumeist Trittbrettfahrer. Diese Mentalität des Verantwortungsneutralismus wurde im Zeitalter der Ost-West-Konfrontation von Bonns westlichen Bündnispartnern und den internationalen Sicherheits-Gremien zunächst gefördert, späterhin allerdings nur noch toleriert. Bereits der Golfkrieg zeigte, daß man in den anderen Hauptstädten nicht mehr gewillt war, deutsches Wegtauchen in den Augenblicken auch militärischer Entscheidung zu akzeptieren. Und im Juli 1994 hat das Bundesverfassungsgericht der außenpolitischen Lebenslüge von SPD und FDP – die Bundeswehr könne aus verfassungsrechtlichen Gründen nicht außerhalb des NATO-Gebiets an internationalen Militäreinsätzen teilnehmen – ein Ende gesetzt.

Deutschland war und ist teilweise immer noch auch in der Außen und Sicherheitspolitik in einer Phase der historischen Bewährung, unter dem Zwang, die eigene Friedfertigkeit ständig beweisen zu müssen. Deutsche und europäische Geschichte war zunächst und vor allem, so schrieb Thomas Kielinger in der Zeitschrift »Außenpolitik« (III/1991), die Geschichte einer politischen Rehabilitation: »Der Proband gibt von Zeit zu Zeit gegenüber den Gremien, die über die Dauer seiner Bewährungsfrist zu befinden haben, beruhigende und versichernde Erklärungen ab, welche besagen sollen, daß er seine Zeit der Bewährung genutzt und zu einem vollkommen gewandelten und reformierten Mitglied der ›Familiy of Man‹ geworden ist.«

War ein gepflegter Nadelstreifen-Pazifismus deutscher Diplomatie bis zum Ende der Ost-West-Konfrontation Voraussetzung für die internationale Akzeptanz der wachsenden wirtschaftlichen Macht Deutschlands, so wurde dieser in der zweiten Hälfte der achtziger Jahre mehr und mehr zur Kollektiv-Ausrede gegenüber militärischer Verantwortungsübernahme überhaupt. Noch im Februar 1991 versuchte der damalige Bundespräsident Richard von Weizsäcker zu prophezeien, »es wird sich bald zeigen, daß die Welt gar nicht wiederentdecken will, was für gute Soldaten die

Deutschen sein können«. Damit zeigte Weizsäcker als »brillanter Notar des bundesdeutschen Zeitgeistes« (Wolfgang Jäger), wie deutsche Sicherheitspolitik irregeleitet werden kann: Über das Vergangenheitsargument wird jegliche Debatte über nationale Interessen und neue Verantwortung des vereinten Deutschlands erstickt. Unbequeme Wahrheiten – weil angeblich dem Zeitgeist widersprechend – werden weiterhin der Nation verschwiegen. Dabei drängt sich insbesondere beim deutschen Verhalten gegenüber eigener militärischer Verantwortungsübernahme im Balkan-Konflikt der Eindruck des Unehrlichen auf. Weil dort deutsche Soldaten im II. Weltkrieg viel Leid und Unheil angerichtet haben, soll heute ein Einsatz tabu sein. Doch mit diesem Argument wäre künftig bei allen Krisen im europäischen Umfeld – und schließlich sind diese Regionen die für deutsche Sicherheit am bedeutendsten – kein Einsatz der Bundeswehr außerhalb der Landesgrenzen zu rechtfertigen. Die politische Klasse in Deutschland bauscht »Schuld« auf, um sich verweigern zu können. Damit leisten sich nur die Deutschen als Partner im westlichen Bündnis die Unvernunft, so Hans-Peter Schwarz (Die Welt v. 1. 3. 1994), »noch fast 50 Jahre nach Kriegsende deswegen propagandistisch verletzlich zu sein und psychologisch erpreßbar. Genauer gesagt: Sie werden nicht erpreßt, sondern sie erpressen sich selbst durch Dauerbeschwörung der Gespenster des Zweiten Weltkriegs.«

Tatsache ist aber: Was in Kriegen geschieht und geschehen kann, ist immer zu bedauern, ist schrecklich. Aber es bleibt für die Räson einer neuen deutschen Verteidigungspolitik äußerst fragwürdig, so Hans-Peter Schwarz weiter, »die aktuelle Außenpolitik von kollektiven Schuldgefühlen über längst vergangene Vorgänge beeinflussen zu lassen, an denen die Großvätergeneration beteiligt war«.

Vor allem die jüngere Generation ist aufnahmebereiter, als die veröffentlichte Meinung glauben machen will: Zumindest ist ihr schwer zu vermitteln, warum ausgerechnet die Nation, die mit dem Bekenntnis zum »Nie wieder« teilkonstituiert wurde, abseits steht, wenn wieder das Selbstbestimmungsrecht von Staaten – wie in Kuwait – oder die Menschenrechte ethnischer Gruppen mißachtet – wie im ehemaligen Jugoslawien – werden.»Es kann . . . nicht die Lehre aus unserer Geschichte sein, daß wir uns mit Betroffenheit begnügen . . ., wenn andere Völker auf unserem Kontinent bereit sind, kollektiv zu handeln, um den Frieden zu bewahren oder bedrohte Leben zu schützen« – dies schreibt der Generalinspekteur der Bundeswehr, General Klaus Naumann, in seinem Buch »Die Bundeswehr in einer Welt im Umbruch«.

Gefordert ist also zunächst ein Anknüpfen auch an die »positiven Orientierungspunkte« deutscher Geschichte, wie dies der Zeithistoriker Karl Dietrich Bracher beschrieben hat (Aus Politik und Zeitgeschichte v. 14. 3. 1987): »Die Negativlektionen von 1933 und 1945 waren gewiß für die ältere Generation bestimmend, als Negativlektionen vor allem der älteren Zeitgeschichte; sie waren motivierend für Anstrengungen, es nun besser zu machen, standen im ständigen Kontrast zu den Erfahrungen der Weimarer Zeit und der deutschen Diktatur. Dasselbe trifft freilich nicht für jene Mehrheit der Bevölkerung zu, die inzwischen geboren und herangewachsen ist. Sie steht in einem anderen historisch-politischen Bezugssystem. Ihrem veränderten Erfahrungshorizont entspricht das natürliche Bedürfnis nach positiven Orientierungspunkten auch in einer gebrochenen Geschichte.«

Für die deutsche Sicherheitspolitik bedeutet dies, zur Würde und Gelassenheit zurückzufinden, mit denen die politische Klasse in England, Frankreich und Amerika in Zeiten der Krise zu handeln pflegt.

Bereits die Gründung der Bundeswehr basierte nicht oder nur teilweise auf einem patriotischem Fundament. Ihre Legitimation erhielten die deutsche Verteidigungspolitik und die Bundeswehr aus der kollektiv von den westlichen Staaten wahrgenommenen konkreten Bedrohung durch den Ostblock. Auf diese rein funktionale Legitimation hat der Bonner Staatsrechter Josef Isensee in einem

Essay über »das Recht und die Freiheit des deutschen Volkes« (in: D. Wellershoff, Frieden ohne Macht, Bonn 1991) hingewiesen. Aufbau und Auftrag der Bundeswehr, so schreibt der Staatsrechtler Isensee, wurden »nicht der Bundesrepublik als einzelnem Staat zugerechnet, sondern dem Bündnis des Westens, in das die Bundesrepublik von vornherein einbezogen war. Was immer ihr an nationaler Entscheidungskompetenz verblieb, so war ihre Streitmacht von vornherein übernational bedingt; sie stand in einem übernationalen Zusammenhang. Die Bundeswehr wurde nicht um der Bundesrepublik willen geschaffen, sondern um der westlichen Welt willen.« Damit löste sich die Frage nach der nationalen Selbstbehauptung und der Identitätsnot der eigenen geteilten Staatlichkeit auf im weltweiten Bündnis- und Konflikthorizont.

Doch in dem Maße, wie dieser globale Konflikt, der Weltbürgerkrieg überwunden worden ist und durch ein internationales Macht- und Interessengeflecht eher klassischer Prägung ersetzt wird, in dem Maße, wie sich für die deutsche Staatlichkeit Normalität hergestellt hat, sind wesentliche Voraussetzungen auch für die Normalisierung des wehrpolitischen Bewußtseins in Deutschland geschaffen worden.

Es stimmt zwar, daß das heldische Pathos nationaler Aufopferung verbraucht ist. Fremd geworden ist einer hedonistischen Gesellschaft – deren Militär unter dem Schlagwort Primat der Politik domestiziert und wohl auch pazifiziert worden ist – Friedrich Julius Stahls Deutung der kriegerischen Macht nicht bloß als Mittel der Erhaltung der äußeren Ordnung, sondern »zugleich auch an sich sittliche Betätigung der Nation, indem sie auf äußerster Aufopferung, sittlichem Mute, unbedingter Hingebung an das gegliederte Heer, als Geist des einzelnen Bürgers wie des gesamten Heeres, ruht«. Doch wenn schon nicht auf Pathos, so sind die politische Klasse und die Bürger auf die Vermittlung ihres Staates als einer wehrhaften Demokratie, als einer notwendigen Schutz- und Selbstbehauptungsgemeinschaft angewiesen.

Instrument und – vor allem – Symbol dieser Schutz- und Selbst-behauptungsgemeinschaft der Nation ist und bleibt die Bundes-wehr. Sie verleiht der Nation als Schicksalsgemeinschaft (Wolf-gang Schäuble) ihre äußere Form und – als ultima ratio der Politik – ihre äußerste Wirksamkeit. Zugleich wird in den Streitkräften die staatsphilosophische Idee von der wehrhaften Demokratie für den einzelnen Bürger sicht- und erfahrbar: Die Bundeswehr holt die Nation als Selbstbehauptungs- und Risikogemeinschaft aus der Abstraktion zurück und macht sie zu einem anschaulichen Vorgang.

Das Bewußtsein vom Staat als Schicksals- und Selbstbehaup-tungsgemeinschaft kann auch dem Patriotismus die politische Kraft zurückgeben, dem staatlichen Zusammenleben das Fer-ment und der Demokratie das Einheitsbewußtsein ihres Träger-verbandes, des Demos, vermitteln. Dies setzt freilich die Abkehr vom Negativpatriotismus der alten Bundesrepublik voraus, der ja zumeist von den Anwälten des Zeitgeists auch mit der Flucht vor der nationalen Selbstbehauptung und dem Infragestellen der Bundeswehr verbunden war.

Dabei bleibt nationale Selbstbehauptung in einer Zeit wachsen-den Konfliktpotentials an den Rändern Europas, in einer Zeit mo-derner weitreichender Raketentechnologien und Verbreitung von Massenvernichtungswaffen immer bündnisgebunden, eingebun-den in die NATO und das Bündnis mit der einzig verbliebenen in-ternationalen Führungsmacht und treuestem Freund der Deut-schen, den USA. Nur in einem Bündnis gleichgesinnter und an gleichen Werten orientierter Staaten lassen sich die inzwischen globalstrategischen Gefährdungen staatlicher Souveränität und Existenz bewältigen. Dies bedingt eine gleichberechtigte Partner-schaft innerhalb des westlichen Bündnisses – also weder Vorrech-te für die einen noch Sonderrechte auf Enthaltsamkeit für die an-deren. Der Wille zur nationalen Selbstbehauptung ist also nicht Mittel für eine nationalistisch-isolationistische deutsche Verteidi-gungs- und Militärpolitik, sondern erst Voraussetzung für ein gleichberechtigtes und souveränes Mitwirken Deutschlands an der internationalen Politik mit den Sicherheitssystemen von NATO, Europäischer Union und UNO.

Nation – Europa – Westbindung: Aus diesem Dreiklang ergibt sich die außen- und sicherheitspolitische Staatsräson Deutschlands. Generalinspekteur Naumann formuliert diesen Zusammenhang so:»Die Deutschen brauchen ... ein gesundes Maß an Patriotismus, um in der Internationalität zu bestehen. Wir können Integration und Multinationalität der Streitkräfte nur gewährleisten, wenn wir uns zu einer Identität als Deutsche bekennen.« Doch dieser Selbstbehauptungswille, so schreibt Hans-Peter Schwarz in seinem Buch über die machtvergessenen Deutschen, setzt eben»Vaterlandsliebe« voraus,»also auch Opfer- und Risikobereitschaft. Wo die alten republikanischen Tugenden aber vergessen sind, wo sie nur noch Anlaß zum Gespött oder zur Besorgnis abgeben, ist auch nicht zu erwarten, daß sich ein Volk in den Wirbeln der Machtpolitik auf Dauer behauptet.«

Deutschland ist ein fester Partner im westlichen Bündnis. Ohne die NATO fehlt jeder deutschen Regierung das Fundament einer souverän ausgestalteten Außen- und Sicherheitspolitik. Sowohl als Nichtnuklearmacht als auch als militärische Mittelmacht im Zentrum Europas bleibt Deutschland auf eine bündnisgemeinsame und teilintegrierte Sicherheits- und Militärpolitik angewiesen.

Doch spiegeln die Streitkräfte- und Führungsstrukturen von NATO und Bundeswehr tatsächlich die veränderten politischen Rahmenbedingungen? Wird Deutschland – gemessen an seinen militärischen Beiträgen für die Bündnisverteidigung – als gleicher Bündnispartner unter Gleichen behandelt, oder finden sich nicht vor allem in den Streitkräftestrukturen Reste jenes alten Denkens wieder, das vom Mißtrauen gegenüber der demokratischen Reife der Deutschen geprägt ist und deshalb die Bundeswehr mehr, vor allem mehr als militärisch notwendig, integriert als alle anderen Streitkräfte im Bündnis.

Die NATO war auf der Ebene ihrer Kommando- und Führungsstruktur aus gutem Grund multinational zusammengesetzt. Nach dem Ende der Ost-West-Konfrontation sollte diese Entwicklung aber auch auf die Ebene der größten westlichen Verbandsstruktur – die Korps – übertragen werden, stellenweise bis auf die Ebene der Divisionen. Doch es zeichnet sich ab, daß multinationale Korps weder im süd- noch im nordeuropäischen Kommandobereich der NATO entstehen, sondern nur in der Zentralregion – in Deutschland. Obwohl Multinationalität von allen NATO-Partnern beschworen wird, bleiben in Deutschland als einzigem Land Europas ausländische Landstreitkräfte stationiert. Die Folge: Auf dem Territorium der alten Bundesrepublik behält die Bundeswehr kein einziges national eigenständiges Korps mehr. Nur in den neuen Bundesländern bleibt es wegen des 2 + 4-Vertrages für eine Übergangszeit bei einem deutschen Korps-/Territorialkommando Ost. Damit ist Deutschland, so formulierte es der verteidigungspolitische Korrespondent der FAZ, Karl Feldmeyer, »in eine Situation geraten, welche die Bundesregierung früher stets vermeiden wollte: die der Singularisierung. Nur in Deutschland bleiben fremde Truppen, und nur deutsche Korpskommandos verlieren durch den Beschluß, multinationale Korps aufzubauen, ihre Homogenität« (FAZ v. 24. 8. 1993). Zwar geben auch Nationen innerhalb der NATO nationale Korpsstrukturen auf, doch sind dies ausnahmslos Staaten mit kleineren Landstreitkräften.

Damit stellt die Bundeswehr in Zukunft vor allem eins: Beiträge für multinationale Großverbände. Diese Großverbände sind es, die es anderen, ihre Landstreitkräfte radikal abrüstenden, Nationen erlaubt, Generalsstellen zu besetzen, die ihnen vom Mannschaftsumfang gar nicht mehr zustehen. Keine andere Armee der NATO hat ihre Verbände in einem solchen, kaum noch zu durchschauenden Wirrwarr von Unterstellungsverhältnissen wie die Bundeswehr. Dies bedeutet, daß das deutsche Heer neben seiner drastischen Verkleinerung von einst 42 auf 28 Brigaden und der Aufgabe der bisherigen Gliederung in 12 Divisionen und drei rein deutsche Armeekorps außerdem einen militärischen Multikulturismus zu bewältigen hat, der an den Kern des Streitkräfte-Bewußtseins geht. So, wie zumindest Teile des Maastricht-Abkommens auch die Einbindung Deutschlands – als Beruhigungspille für die Wiedervereinigung – um ihrer selbst Willen vorsehen, damit den durchaus vernünftigen Gedanken europäischer Einigung belasten, so verläuft es ähnlich mit der militärischen Integration. Die Bundeswehr wird so weit integriert, daß sie ihre eigene, ihre deutsche Identität zu verlieren droht: Die Bundeswehr eben nicht als Instrument zur bündnisgemeinsamen, aber souveränen Ausgestaltung deutscher Außenpolitik und Interessen, sondern vor allem als Teil eines anonymen und unübersichtlichen Militärapparats.

Die Folge: Erstens schwächt sich in der Truppe, insbesondere im Offizierskorps, das Bewußtsein vom Dienst für das Vaterland, das Bewußtsein vom Dienen in einem wichtigen institutionellen Glied einer Schicksals- und Selbstbehauptungsgemeinschaft. Ob die Bundeswehr – ohnehin finanziell gebeutelt – für diejenigen, die sie als Soldaten gewinnen will, attraktiver wird, ist fraglich. Ähnliches gilt, zweitens, für das Bewußtsein in der Gesellschaft. Je weiter man die Bundeswehr aus dem gemeinschaftlichen Willen zu nationaler Selbstbehauptung herauslöst und sie internationalisiert, um so stärker wird das ihr zugrunde liegende gesellschaftliche Ethos und ihre patriotische Begründung verwässert.

Die Frage nach einer militärisch überflüssigen Streitkräfte-Integration bedingt zugleich eine weitere Frage, nämlich die nach der nationalen Führungsfähigkeit der Bundeswehr. Zu Zeiten der Ost-West-Konfrontation, als nur der bündnisgemeinsame Einsatz der Bundeswehr in der europäischen Zentralregion vorstellbar war, gab es noch keinen Bedarf für eine nationale Führung der Bundeswehr. Doch auch hier hat der Zeitenbruch von 1989 eine drastische Veränderung gebracht. Inzwischen haben die international notwendig gewordenen Einsätze der Bundeswehr in der Golfregion, bei der Kurdenhilfe, in Kambodscha sowie in Somalia verdeutlicht, daß die Bundeswehr neben den NATO-Strukturen eigene nationale Planungs- und Führungsstrukturen braucht. Es ist schlichtweg unverständlich, daß die größte Industrienation Europas ihre Einsätze außerhalb der NATO aus wechselnden Referaten führt, daß es keine zentrale Verantwortlichkeit gibt. Die Teilstreitkräfte haben zwar inzwischen *Führungskommandos* aufgebaut, doch eine alle Teilstreitkräfte umfassende Führungsorganisation – besser unter dem Begriff Generalstab bekannt – fehlt, ebenso wie umfassende strategische Aufklärungsfähigkeiten. Um der internationalen Handlungsfähigkeit Deutschlands willen muß daher die Politik endlich die Frage nach einem nationalen Streitkräfteführungskommando mit einem nationalen militärischen Befehlshaber an der Spitze beantworten.

In einer Gesellschaft, in der wichtige Gruppen Rechts- und Staatsnihilismus als den Ausweis politisch korrekter Gesinnung gepflegt haben und bei den Vorstellungen ihrer Sicherheitspolitik gegenüber kommunistischen Diktaturen »bis zum Verrat der Freiheit« (Konrad Löw) bereit waren, wird eine weitere Konstante sicherheitspolitischen Handelns nur schwer zu vermitteln sein: Daß in einem von internationaler Macht gefährdeten System Gegenmacht zur Selbstbehauptung und Stabilisierung unerläßlich ist.

Der Einsatz von Gewalt und Macht zum Schutze der Freiheit verpflichtet die Demokratie, ist Teil ihres Selbstverständnisses und gehört zur europäischen Tradition seit der Erklärung der Menschen- und Bürgerrechte von 1789, deren 12. Artikel lautet: »Die Sicherung der Menschen- und Bürgerrechte erfordert eine Streitmacht. Diese Macht ist also zum allgemeinen Vorteil aller eingesetzt, nicht nur zum separaten Nutzen derer, die über sie befehlen.« Das Grundgesetz hat diese Tradition aufgegriffen, indem es alle staatliche Gewalt, also auch die militärische Gewalt, zum Schutze der Menschenwürde verpflichtet.

Dieser Teil der Tradition von Aufklärung und Humanismus – als deren Erben sie sich ansonsten zu bezeichnen pflegen – wurde von der deutschen Linken und den Liberalen mit ihrem Salon-Progressismus verleugnet. Vor allem der ehemalige Außenminister und führende FDP-Politiker Hans-Dietrich Genscher, Bonns Außenminister für die Schönwetterlagen internationaler Politik, hat einen Gegensatz zwischen schlechter »Machtpolitik« und guter »Verantwortungspolitik« zu konstruieren versucht. Dieser Gegensatz wurde von einer machtvergessenen politischen Klasse bis zum Äußersten kultiviert. Dabei ist der Wille zur Selbstbehauptung, zur Wahrung nationaler Interessen und einer souverän ausgestalteten Sicherheitspolitik eng an ein aufgeklärtes und wieder normales Verständnis von *verantwortungsbewußter Machtpolitik* verbunden. Eine solche Machtpolitik bedeutet nicht »Wilhelminismus«, sondern Orientierung eigener Machtentfaltung an den Werten von Frieden, Freiheit, Menschenwürde sowie den Schutz der äußeren Hülle souveräner Freiheit, des Staates nämlich, und damit den Erhalt nationaler und bündnisgemeinsamer Selbstbestimmung. Insoweit finden auch Patriotismus und der – leider durch die Verwendung bei Habermas mißbrauchte – Begriff des Verfassungspatriotismus als Grundlage gesellschaftlichen Handelns zusammen. Patriotismus und das aus dem Verfassungspatriotismus, der Liebe zur eigenen freiheitlichen Verfassung, erwachsende Konzept der wehrhaften Demokratie nach außen und innen bedingen einander. Denn vor allem »dieses Bewußtsein demokratisch legitimierter Wehrhaftigkeit, auf Schulen und Universitäten gebildet, in den Institutionen gepflegt und vor verantwortungslosen Medien geschützt, ist die unverzichtbare Existenzbedingung aller offenen Gesellschaften« (Heimo Schwilk).

Nur legitimierte Macht kann in der internationalen Politik die Bedingungen eigener staatlicher Freiheit schaffen und sichern, in dem sie Regeln setzen und durchsetzen hilft, unter denen die Freiheit des einen Staates mit der Feiheit des anderen bestehen kann.

Dies verlangt von der politischen Klasse eine Abkehr vom domestizierten Leviathan, vom Verständnis des Staates als einer kollektiven Schrebergartenkolonie, und die Rückkehr zu jener de-

374

mokratischen Wehrhaftigkeit, wie sie allen historisch verankerten Demokratien zu eigen ist und wie allein sie vor Extremismus schützen kann – nach innen und außen. Solange man aber Sicherheitspolitik vorrangig mit der Mentalität einer Kleingruppe im Bewußtsein eines allseits anerkannten menschlichen Umgangs betreibt, ist eine der neuen deutschen Lage entsprechende Machtpolitik nicht möglich. »Kleingruppen-Mentalität und Kleingruppenmoralität haben zwar«, so schreibt Hans-Peter Schwarz in seiner Analyse über das deutsche Machtverständnis, »ihre hohe, positive Bedeutung – im Familienverband, im Freundeskreis, in der Nachbarschaft, am Arbeitsplatz, in der Gemeinschaft politisch Gleichgesinnter oder unter den im Glauben Vereinten. Korrumpierend wirkt aber ihre naive Übertragung auf die politischen Institutionen, auf den Staat und auf die zwischenstaatlichen Beziehungen. Dort ist ein anderes Ethos gefordert: Wachsamkeit, Kampfbereitschaft, Durchsetzungsvermögen, Sinn für Rechtsregeln und Machtverhältnisse, Rationalität, umsichtiger Kalkül, Kaltschneuzigkeit.«

Diese Prinzipien sind im Rahmen einer neuen deutschen Sicherheits- und Militärpolitik Öffentlichkeit und Gesellschaft zu vermitteln. Es läßt sich nicht übersehen, in welchem Maße erhebliche Teile der einschlägigen Universitätsausbildung, der sogenannten »Friedensforschung«, der politischen Bildung, der Kirchen und ihrer angegliederten Institutionen vorwiegend moralisierende, unrealistische, schiefe Vorstellungen von internationaler Macht entwickeln und weitergeben.

Deutschland braucht eine klare Sprache bezüglich der wirklichen Machtverhältnisse, der Risiken für seine Existenz und der Notwendigkeit eigener Machtentfaltung – national und im europäisch-atlantischen Bündnis. Wenn über die Grundlagen der Politik mit ihren zentralen Bestimmungsfaktoren von Macht und Gegenmacht ein möglichst breiter Konsens erzielt werden kann – dann läßt sich auch die Akzeptanz für die daraus entstehenden Verteidigungslasten, den Einsatz der Bundeswehr und den Einsatz sowie den Erhalt des westlichen Bündnisses erzielen. Beispiel: Eine Öffentlichkeit, die vom militärischen Einsatz in Bosnien überzeugt ist, würde auch eher verstärkte Flugmanöver oder andere militärische Übungen im eigenen Land hinnehmen.

Über Unbequemes spricht man nicht. Deshalb hat ein großer Teil der politischen Klasse in Deutschland verlernt, den Krieg als Ultima Ratio, als manchmal einzig verbleibende Alternative zur ohnmächtigen Duldung einer fremden Aggression, zu begreifen. Ganz im Sinne von George Orwells Neusprech wird jegliches militärisches Vokabular oder auch angebliche militärische Symbolik verschönt, entmilitarisiert und teilweise tabuisiert. Bei der Neuen Wache in Berlin wird mit der Bundeswehr Versteck gespielt, einen Regierungs- und Führungsbunker – wie ihn alle normalen Staaten besitzen – halten inzwischen SPD-und CDU-Politiker für überflüssig; selbst der konservative Verteidigungsminister Volker Rühe spricht bevorzugt nicht von Verteidigungs- und Militärpolitik, sondern – ganz im Zeitgeist des rechten vorauseilenden Gehorsams – von »Verteidigungskultur«. Vielleicht wird künftig auch der Begriff des Militäreinsatzes, des Kampfes um die eigene Existenz auf dem Gefechtsfeld, zu dem neuen Begriff von der »Gefechtskultur« verändert.

Die Begriffsveränderungen offenbaren das gebrochene Selbstverständnis deutscher Sicherheitspolitik: Die Deutschen sind für den Frieden zuständig und andere Nationen für den Krieg. Gegenüber Konflikten jenseits des eigenen Horizonts reagiert die deutsche Außenpolitik, vor allem die der deutschen Linken, karitativ und rhetorisch: Gefordert werden zumeist Resolutionen internationaler Gremien, Hilfe für die Opfer von Gewalt und die durch Krieg notleidende Bevölkerung – internationale Katastrophenhilfe also. In der deutschen politischen Klasse werden Kriege als Katastrophen, nicht als Vorgänge begriffen, deren Ursachen und deren innewohnendes Kräftespiel oftmals keine gewaltlose Konfliktbeendigung mehr ermöglichen. Entsprechend sucht die deutsche Politik auch da immer noch nach gewaltfreien Lösungen, wo nur noch Soldaten helfen können, Gewalt zu beenden.

Diese deutsche Eigenheit, Außenpolitik in Krisengebieten als ein Art internationalisierte Sozialpolitik zu verstehen, hat ebenso negative Auswirkungen auf das politische Verständnis vom Einsatz militärischer Macht wie auf das Selbstverständnis der Bundeswehr. Es wird immer mehr vom »humanitären Einsatz« als Aushängeschild deutscher Streitkräfte geredet, während man den primären militärischen Auftrag der Streitkräfte und die damit verbundenen Konsequenzen verdrängt. Die Folge: Aus der Bundeswehr wird zunehmend eine Art technisches Hilfswerk im Kampfanzug. Ein solches Verständnis von Bundeswehr ist moralisch äußerst schick; denn eine solche humanitäre Truppe beruhigt das Gewissen der politisch Handelnden (man hat ja deutsche Soldaten zur Hilfe Notleidender entsandt) und entbindet zugleich die Politik von vielleicht notwendigen harten Entscheidungen über Krieg und Frieden. Humanitäre Hilfe setzt aber eine relative Ordnung voraus, die ihrerseits nicht mit humanitären Mitteln errichtet werden kann.

Das Elend mit der humanitären Hilfe für die Opfer der Kriege besteht in jüngerer Zeit gerade darin, daß dritte Staaten nicht Ordnung stiften wollen, sondern nur »humanitär« helfen. Der Trend verstärkt sich, Streitkräfte zu benutzen, um Hilfsgüter mit Flugzeugen abzuwerfen, mit Schiffen anzuschaffen, mit Soldaten zu verteilen. Doch der Ursache für diesen Einsatz, einer Aggression, will man sich nicht entgegenstellen.

Damit sind aber Streitkräfte im »humanitären« Einsatz nichts anderes als eine Begriffsprägung, mit deren Hilfe von Links und von Bundeswehr-Kritikern Verwirrung gestiftet werden soll. Denn Streitkräfte, das sagt schon ihr Name, sind für den Streitfall da. Sie können mit technischen Mitteln in Naturkatastrophen Hilfe leisten, und einen solchen Einsatz kann man »humanitär« nennen. Wenn dritte Staaten in bewaffnete internationale oder innerstaatliche Konflikte eingreifen, um den Krieg zu beenden, läßt sich dies nur in einem weiteren Sinn als »humanitäre Intervention« begreifen. Aber wenn die traditionelle deutsche Außenpolitik davor zurückschreckt und mit der Bundeswehr lediglich karitativ wirken will, so ist dies nichts anderes als die Flucht vor Verantwortung und den Realitäten internationaler Politik. Generalinspekteur Naumann warnt daher eindringlich vor solchen Begriffsverwirrungen: »Ungeachtet der neuen Aufgaben, die mit den Begriffen Schützen, Bewahren und Helfen beschrieben werden können, wird das Wesen der Streitkräfte durch die Fähigkeit definiert, Gewalt als Gegengewalt zur Wirkung zu bringen, um dadurch Konflikte zu verhindern, einzudämmen oder zu beenden.«

Zu einer neuen deutschen Verteidigungspolitik gehört darüber hinaus der Bruch mit einem weiteren Tabu: der Behauptung, nationale Interessen zu haben, sei etwas für Staaten in der moralischen 2. Klasse. Vor allem in der deutschen Linken wird der Eindruck erweckt, daß der Einsatz militärischer Macht nur noch dann legitim sei, wenn er nicht mehr auf nationalem Ratschluß, sondern auf kollektiver Grundlage erfolge. Insbesondere die UN erhalten in dieser Argumentation den Rang einer überstaatlichen Rechtfertigungsinstanz. Sicherlich bleiben die UN ein wichtiger Faktor internationaler Einflußnahme auf mögliche Konflikt- und Krisenherde. Doch zunächst gilt: Wer auf die »Weltinnenpolitik« setzt und für jeden Bundeswehr- und NATO-Einsatz außerhalb des nordatlantischen Bündnisgebietes einen Beschluß der UN verlangt, der muß wissen, in welche Geiselhaft er sich mit seiner Politik begibt. Die Vorstellung einer »Weltinnenpolitik« bedeutet in letzter Konsequenz die Aufkündigung des Kerns eigener außen- und sicherheitspolitischer Souveränität, wie sie Raymond Aron definiert hat. Nach Aron sind souveräne Staaten politische Einheiten, »deren jede das Recht für sich in Anspruch nimmt, ihr eigener Richter zu sein und alleiniger Herr über die Entscheidung, zu kämpfen oder nicht zu kämpfen«. Sicherlich bedeutet auch die deutsche Mitgliedschaft in der Europäischen Union und der NATO die Übertragung außen- und sicherheitspolitischer Souveränität auf ein internationales Gremium, doch liegt hier vielmehr eine demokratische Legitimation, die Möglichkeit eigener Mitsprache und Kontrolle sowie eine grundsätzliche Werte- und insbesondere Interessenidentität vor.

Doch im Zuge einer Weltinnenpolitik würde Deutschland seine Entscheidungsfreiheit zur Wahrnehmung deutscher und verbündeter Interessen in ein Gremium legen, in dessen inzwischen fast 180 Mitglieder zählenden Vollversammlung mehrheitlich Vertreter von Diktaturen und autoritären Regimen sitzen und in dessen Sicherheitsrat so schwer zu kalkulierende Staaten wie Rußland und China jederzeit ihr Veto einlegen können; ihr Veto auch gegen eine Maßnahme, die möglicherweise von großer Bedeutung für deutsche, europäische oder transatlantische Interessen wäre.

Gefordert ist also eine Entsakralisierung der UN. Die Aufklärung der deutschen Öffentlichkeit darüber, daß die Organisation UN nichts anderes ist als ein Gremium zur Kanalisierung unterschiedlicher Macht- und Einflußinteressen auf der Basis des zu Euphemismus neigenden Völkerrechts. Bei diesem Spiel kann aber letztlich nur der teilhaben und die Spielregeln mitbestimmen, der seinerseits eine klare Vorstellung seiner nationalen Interessen hat. Folgt man hierzu jedoch dem Vorsitzenden der deutschen Sozialdemokratie, Rudolf Scharping, dann nehmen nur »andere Staaten aus nationalen Interessen eigene Interventionen« vor. Deutschland aber, so der SPD-Vorsitzende in der Attitüde des moralisch sauberen Politikers, »sollte sich davon unterscheiden« (Die Zeit v. 3. 9. 1993).

Nach dieser Auffassung sind also nationale Interessen prinzipiell verwerflich. Auch so kann man Unbehagen im Ausland wecken und international seinen Ruf als zuverlässiger Bündnispartner verspielen: Denn das immer wieder auftretende internationale Unbehagen über die deutsche Politik entspringt dem Verdacht, daß zuviel Idealismus in der Politik entweder ein Zeichen von

Realitätsverfehlung sei oder eine Strategie zur Tarnung von Interessen, über die man nicht gerne spricht.

Es ist ein altes deutsches Phänomen, sich für politisch-moralisch höherwertig zu halten als die durch ihre Interessen und ihren politischen Pragmatismus verdorbenen Bündnispartner. Denn diese werden mit einem solchen Diktum besonders getroffen und reagieren zugleich mißtrauisch gegenüber einem Deutschland, das sich jener Normalität verweigert, wie sie der britische Außenminister Douglas Hurd für sein Land charakterisiert hat:»Die britische Außenpolitik hat die Aufgabe, britische Interessen zu schützen und zu fördern. Trotz des Wandels in der Welt hat sich an dieser grundlegenden Wahrheit nichts geändert. Die Frage, was das britische Interesse ist, muß in jeder Generation neu beantwortet werden.« (FAZ v. 25. 3. 1993)

Diese Normalität im Umgang mit den eigenen Interessen ist zentrale Aufgabe bei der Vermittlung deutscher Sicherheits- und Militärpolitik. Daß diese Normalität bislang noch nicht erreicht wurde, hängt weniger mit Moral zusammen als mit der Scheu vor den möglichen Konsequenzen: Denn das Bestimmen nationaler Interessen führt in jedem Fall zu der Notwendigkeit, das internationale Umfeld, von dem Sicherheit und Wohlstand der Deutschen abhängen, aktiv zu gestalten, führt zu der Notwendigkeit, eigenständig handeln oder entscheiden zu müssen – das Risiko von Fehlentscheidungen inbegriffen. Und Interessenbestimmung führt zwangsläufig zu einem veränderten Verständnis von militärischer Macht, des Einsatzes von Streitkräften sowie auch und gerade der Form ihrer Ausstattung und finanziellen Unterhaltung. Eine neue deutsche Verteidigungspolitik wird eben teurer – dies ist es wohl, was ein Land, das seinen Selbstwert zunächst und vor allem aus den Wachstumsraten seiner Tourismusbranche bezieht, vom Erkennen seiner staatlichen Normalität abhält.

MANFRED BRUNNER

EUROPA UND NATION

Über die Notwendigkeit
der Souveränität

Die Idee Europas ist, um mit Botho Strauß zu sprechen,»den Kräften . . . des ständigen Fortbringens, Abservierens und Auslöschens« in die Hände gefallen. Es sind Kräfte, die auf den Geist der Französischen Revolution setzen. Deren Philosophie hat damals der Präsident der Nationalversammlung, Rabaud de St. Etienne, mit den Worten beschrieben:»Alle Arten von Verfassungen befördern das Unglück des Volkes; um das Volk glücklich zu machen, muß man es umschaffen, seine Ideen ändern, seine Gesetze ändern, seine Sitten ändern, die Sachen ändern, die Worte ändern, alles zerstören, ja, alles zerstören, weil alles von neuem gebaut werden muß.«

Edmund Burke zitiert St. Etienne in seinen»Betrachtungen über die Französische Revolution«, in denen er den Irrweg einer Pseudo-Demokratisierung dieser Art dem evolutionären Reformansatz Englands gegenüberstellte. Der preußische Reformer Freiherr vom Stein leitete aus Burkes Buch»die Notwendigkeit einer glücklichen Mischung des Erhaltungs- und Verbesserungsprinzips« ab, von der die EU-Konstruktivisten lernen könnten. Wer die Zukunft in einem europaoffenen Nationalstaat als Verfassungsstaat sieht, nicht im zentralistischen Ersatzvaterland Europa, der braucht»den Mut zur Sezession, zur Abkehr vom Mainstream«. Er muß ein eigenes Konzept vorlegen und durchfechten.

Dieses Europa souveräner Staaten erlaubt uns keine Flucht mehr vor unserem eigenen Nationalstaat. Denn nur der Nationalstaat ist der geopolitische Raum der Demokratie. Nur er kann substantiell Verfassungsstaat sein. »Es ist lebensgefährlich«, sagt Ralf Dahrendorf, »den Nationalstaat zu demontieren, bevor etwas besseres an seine Stelle getreten ist. Er allein garantiert Bürgerrechte und Bürgerchancen.« Im Schutz der Burg, nicht unter dem Turm von Babel, wurde der Mensch vom Untertan zum Bürger. Oder mit den Worten Willy Brandts auf das wieder zusammenwachsende Deutschland bezogen: »Mit Sicherheit hat falsch gelegen, wer gemeint hat, den Westdeutschen mittels westeuropäischer Integration zu einem Ersatz-Vaterland verhelfen zu können. Dieser Gedanke war selbst bei dem von mir so verehrten Jean Monnet vorhanden. Ich darf daran erinnern, daß es ja nicht der Nationalstaat schlechthin gewesen ist, der in Auschwitz mündete und Europa in die Katastrophe führte, sondern der NS-Staat.«

Das Bekenntnis zum Nationalstaat ist auch ein Bekenntnis zur Nation. Es erlaubt keinen aggressiven Besonderheitsanspruch, aber auch keinen umgekehrten Rassismus, nämlich den gegen das eigene Volk. Die Subsidiarität, die der deutsche Nationalliberale Carl von Rotteck in seinem »Staatslexikon« definierte, hatte die besondere soziale Verantwortung für den Nächsten zur Grundlage. Danach müssen zuerst Pflichten gegenüber der eigenen Nation erfüllt werden, um schließlich nachbarschaftliche Verantwortung ausüben zu können.

Hinzu kommt: Der Nationalstaat ist der gemeinsame Rahmen, in dem sich ethnische, religiöse und kulturelle Unterschiedlichkeit entfalten können. Mitten im Versuch, ihn durch die Möglichkeit mehrfacher Staatsbürgerschaft aufzuweichen, sollte der Satz Raymond Arons nicht überhört werden: »Die Juden meiner Generation werden nicht vergessen, wie zerbrechlich die Menschenrechte in dem Augenblick werden, in dem sie nicht mehr Staatsbürgerrechten entsprechen.«

Das Europa souveräner Staaten verlangt von unserer Außenpolitik, die Definition deutscher Interessen wieder zu erlernen. Nationale Interessendefinition ist notwendige Vorstufe des europäischen Kompromisses. Der Satz, es gebe keine deutschen Interessen, die nicht zugleich europäische seien, ist entweder oberflächliche Schwärmerei oder verdeckter Hegemonialanspruch. Deutschland muß seine Angst verlieren, in geopolitischen Zusammenhängen zu denken. 1915 veröffentlichte der liberale Politiker Friedrich Naumann, auf den sich später Theodor Heuss und Thomas Dehler beriefen, sein Buch »Mitteleuropa«, in dem er einen Bund souveräner Staaten vorschlug: »Es mag dem reinen theoretischen Denker nicht gefallen, aber ... Mitteleuropa ist eben kein Neuland. Es liegt demnach im Interesse aller Beteiligten, daß nicht uferlose Pläne der Verschmelzung aufgestellt werden. Mit anderen Worten: Es wird unter der Überschrift Mitteleuropa kein neuer Staat geschaffen, sondern ein Bund existierender Staaten geschlossen ... die Nationalitätsidee war aber immer und überall eine liberale, eine demokratische Idee, sie war die Idee des ganzen Volkes .... Indem wir unsere Nationalität hochhalten, sollten wir die der slawischen Nationen mit unseren Händen tragen.« Sitz des Generalsekretariats der Mitteleuropäischen Gemeinschaft sollte Prag sein.

1918 nahm Naumann »vorläufigen Abschied« von der Mitteleuropa-Idee: »Mitteleuropa im ganzen ist zerschlagen, als wäre es eine größere Balkanhalbinsel.« Da aber die Idee nicht künstlichen, sondern natürlichen Erfordernissen folge, »treten diese Naturverhältnisse« eines Tages ganz von selbst wieder an die Oberfläche. Der Wahn vergeht, das Wirkliche aber ist nicht totzumachen.

Mitte der achtziger Jahre griff der ungarische Dissident György Konrad den Gedanken Naumanns auf: »Die Idee Mitteleuropas macht nicht das Verblassen der Besonderheiten der mitteleuropäischen Nationen erforderlich, sondern eher die wechselseitige Anerkennung dieser Besonderheiten. Mitteleuropäisch ist eine Anschauung, die sich gern eine blühende Vielfalt kulturethnischer Elemente vorstellt. Im allgemeinen gefallen dem mitteleuropäischen Menschen die territorialen und nationalen Besonderheiten.« Mitteleuropa ist die »Vision vom kreativen Pluralismus ... Möglicherweise könnte die Europäisierung Europas

durch die Mitteleuropäisierung Mitteleuropas erst richtig voran-
kommen . . . Prinzip des Euronationalismus sind die Autonomie,
die Gleichberechtigung und die demokratische Föderation der
Völker Europas.«

Die Äußerungen bewirkten eine anhaltende Diskussion unter
ungarischen Antikommunisten. György Dalos sah durch die gemeinsamen kulturellen Grundelemente des Alltags eine natürliche Verbundenheit »von München und Wien bis Prag, Budapest,
Laibach, Agram, Krakau, Preßburg und Klausenburg«. Der Philosoph Mihaly Vajda erklärte: »Wenn ein demokratisches Deutschland darin seine neue Funktion findet, scheint das Projekt Mitteleuropa eher zu helfen, die deutschen Energien in eine positive
Richtung zu kanalisieren, als diese als Brennmaterial sich anhäu-
fen zu lassen.«

Die Mitteleuropa-Diskussion griff seit 1986 auf die damalige
Tschechoslowakei (Milan Kundera) und Polen (Bohdan Jalo-
wiecki) über. Die westeuropäische Debatte dazu wurde 1988 von
dem britischen Historiker Garton Ash begonnen. Markus Schu-
bert hat das Thema in Deutschland vertieft.

Dieses Mitteleuropa muß (unter Wahrung seiner besonderen
Interessen) mit der alten westeuropäischen Gemeinschaft und einer neuen angelsächsisch-nordeuropäischen Sphäre in Harmonie
gebracht werden. Dessen Interessen müssen auch wir – die wirtschaftlich und politisch Begünstigten Mitteleuropas – definieren
und formulieren helfen. Deutschland hat eine besondere mittel-
europäische Verantwortung. Der Versuch der EU, sich diese Länder mit Abschottungsverträgen, die sich auch noch »Assoziie-
rungsverträge« nennen, vom Leib zu halten, ist unmoralisch und
unklug. Unmoralisch, weil man den Menschen dieser Länder
sagt: »Ihr seid 40 Jahre Eures Lebens vom Kommunismus um Eu-
re Zukunft betrogen worden. Leider müssen wir Euch jetzt nochmals betrügen. Ihr seid wenige Minuten zu spät auf dem Bahn-
steig der Geschichte erschienen. Der Zug ist voll und fährt ohne
Euch ab.« Unklug, weil dies einer Aufforderung zur Völkerwande-

rung gleichkommt, mit der gerade der EU-Mitgliedstaat Deutschland zum Einwanderungs-Frontstaat würde. Ein neues Europa braucht also normal gewordene Deutsche. Diese Normalität erfordert, sich von »Europa« als deutscher Ersatzidentität zu verabschieden, um Deutsche und Europäer zugleich werden zu können.

Für denjenigen, der dem Gedanken eines Staatenbundes Europa, mit einem zu sich selbst zurückgefundenen Deutschland in seiner Mitte, nicht folgen will, stellt sich derzeit die Frage, ob eine neue deutsche oder gar europäische Verfassung den Weg zum Bundesstaat Europa freimachen kann. Einige durchaus idealistische Bürger wollen die totale europäische Integration, aber sie wollen das vereinigte Europa nicht mit der Preisgabe des Verfassungsstaates bezahlen. Eine Verfassung für Europa müßte die Prinzipien der nationalen Verfassungen aufnehmen, also ihren überall vorhandenen Souveränitätskern, demzufolge alle Staatsgewalt vom Volke ausgeht. Eine Europäisierung auf der Ebene der Führungen und Funktionäre, der Sprach- und Organisationseliten aber kann kein europäisches und kein zur Selbstbestimmung befähigtes Volk schaffen.

Zu Recht stellt deshalb Bundesverfassungsrichter Professor Dr. Dieter Grimm ein eklatantes Demokratiedefizit für das Europäische Parlament fest:

»Parlamentarismus ist nicht mit Demokratie identisch. Demokratie heißt zu allererst, daß die Staatsgewalt vom Volk ausgeht und in seinem Auftrag von den staatlichen Organen ausgeübt wird. Die müssen sich wiederum vor dem Volk dafür verantworten. Parlamentarische Vertretungen sind dabei nur ein Hilfsmittel, wenn auch unter den Bedingungen bevölkerungsreicher Flächenstaaten, komplexer Probleme und permanenten Entscheidungsbedarfs ein unentbehrliches. Sie vermitteln zwischen der Meinungs- und Interessenvielfalt in der Bevölkerung und der notwendigen Einheitsbildung im Staat und sorgen zugleich für die Transparenz des politischen Entscheidungsprozesses, ohne die öffentliche Meinung und Interessenartikulation keinen Ansatzpunkt hätten.

Parlamente können diese Leistung allerdings nicht allein erbringen. Sie sind ihrerseits auf die Vermittlungsdienste gesellschaftlicher Institutionen wie der Parteien, Interessenverbände, Bürgerinitiativen, Medien angewiesen. Verselbständigen sich diese von ihren Wurzeln, beeinträchtigt das auch den Demokratiebeitrag des Parlaments. Parlamentarische Formen gewährleisten noch keine demokratische Substanz.

Angesichts der außerparlamentarischen Voraussetzungen parlamentarischer Demokratie muß man die Frage stellen, ob die EG als demokratisiert gelten könnte, wenn das Europäische Parlament die in den nationalen Verfassungen üblichen Kompetenzen erhielte. Die Antwort fällt negativ aus. Dem Parlament würde der politisch-soziale Unterbau fehlen, von dem seine demokratische Leistungsfähigkeit abhängt. Dabei ist freilich zu differenzieren: Auch ohne große prognostische Fähigkeiten läßt sich voraussagen, daß die Umwandlung des Parlaments von einer Beratungs- in eine Entscheidungsinstanz über kurz oder lang eine Europäisierung des Parteiensystems nach sich ziehen würde. Schon heute gliedert sich das Europäische Parlament in programmatisch, nicht in national ausgerichtete Fraktionen. Dem entsprechen aber keine europäischen Parteien. Die Parteien sind vielmehr national organisiert und haben sich auf europoäischer Ebene nur zu lockerer Zusammenarbeit verbunden. Das ist bei einem Parlament ohne Entscheidungsbefugnisse nicht hinderlich. In einem entscheidenden Parlament wäre aber die Kluft auf Dauer unüberbrückbar. Mit wachsendem politischen Gewicht der EG würden übernationale Parteien entstehen. Auch die Interessenverbände würden mit großer Wahrscheinlichkeit ihre nationalen Bindungen abstreifen und sich europaweit organisieren.

Ebenso zuverlässig kann man freilich voraussagen, daß es sich dabei um eine Europäisierung auf der Leitungs- und Funktionärsebene, nicht auf der Mitgliederebene der Parteien und Verbände handeln würde. Der Abstand zwischen Basis und Spitze droht noch größer zu werden als er ohnehin schon ist. Davon werden besonders stark Parteien betroffen sein, die eher Unterschichten als Oberschichten vertreten, und Verbände, die Interessen von Personen statt von Unternehmen repräsentieren. Mit einer Europäisierung der Medien wäre vollends nicht zu rechnen.

Kommunikation, auch politische, ist an Sprache und sprachlich vermittelte Welterfahrung und Weltdeutung gebunden. In der EG werden derzeit neun Sprachen gesprochen. Wenn davon auf der politisch-administrativen Ebene zwei oder drei vorherrschen werden, ändert das nichts daran, daß breite Schichten der Bevölkerung sich nur mittels ihrer Muttersprache informieren und am politischen Meinungsbildungsprozeß beteiligen können.

Information und Partizipation als Grundvorausstzung demokratischer Systeme bleiben sprachlich bedingt. Eine europäische Öffentlichkeit und einen breiten öffentlichen Diskurs auf europäischer Ebene wird es deswegen noch auf lange Sicht nicht geben. Ein europäisches Staatsvolk, dem die Hoheitsgewalt zugerechnet werden könnte, ist gar nicht in Sicht.

Ohne ein europäisches Staatsvolk und einen europäischen politischen Diskurs kann sich das Europäische Parlament aber nicht in eine Volksvertretung verwandeln. Darin liegt der fundamentale Unterschied zwischen der europäischen Integration im 20. Jahrhundert und der deutschen Reichsgründung im 19. Jahrhundert. In Deutschland mit seiner einheitlichen Sprache und gemeinsamen Kultur hat sich längst eine Nation ausgebildet und mehr als ein halbes Jahrhundert auf einen Nationalstaat gedrängt, ehe dieser 1871 entstand. Darin liegt auch der fundamentale Unterschied zur Gründung der Vereinigten Staaten von Amerika im 18. Jahrhundert, deren einzelne Glieder selber nie Nationalstaaten mit unterschiedlichen Sprachen und national geprägten Traditionen und Denkweisen gewesen waren.

In Europa dagegen stellt der Maastrichter Vertrag die Weichen in Richtung auf einen europäischen Bundesstaat, ohne daß diesem schon ein europäisches Staatsvolk entspräche oder in naher Zukunft entsprechen könnte. Es entstünde zwar ein Wahlvolk, aber außerhalb der Wahl vermöchte es als europäisches nicht in Erscheinung zu treten. Vielmehr müßte es für Meinungsbildung und Interessenartikulation wieder in nationale Partikel zerfallen, die jedoch keinen staatlichen Adressaten hätten. Das europäische Demokratiedefizit ist aus diesem Grund strukturell bedingt und kann durch institutionelle Reformen nicht prinzipiell behoben werden. Die Errungenschaften des demokratischen Verfassungsstaates lassen sich vorerst in vollem Umfang nur auf nationaler Ebene wahren.«

Welcher Politiker auch immer den Weg des parlamentarischen europäischen Einheitsstaates gehen wollte, er kann dies nur dem deutschen Volk für dessen eigene Entscheidung vorschlagen. Das Monopol des deutschen Volkes auf die Ausübung der Staatsgewalt ist nach den Artikeln 20 und 79 III des Grundgesetzes ein, zumindest für den Verfassungsgeber, unantastbarer Ewigkeitswert. Eine europäische Verfassung könnte also erst dann von einem europäischen pouvoir constituant geschaffen werden, wenn vorher das deutsche Volk durch eine von ihm angenommene neue deutsche (Übergangs-)Verfassung ohne den Ewigkeitswert der deutschen Volkssouveränität den Weg dazu freigemacht hätte.

Noch schwieriger wird das Thema, wenn man der staats- und verfassungsrechtlichen Auffassung folgt, daß nicht nur der Verfassungsgesetzgeber, sondern auch der Verfassungsgeber, also das Volk selbst, die Ewigkeitswerte des Grundgesetzes nicht überschreiten darf.

Diese Fragen werden bei den auch weiterhin anstehenden Diskussionen über eine neue, vom ganzen deutschen Volk in freier Entscheidung beschlossenen Verfassung mitdiskutiert werden müssen. Zwar ist Artikel 5 des Einigungsvertrages nicht aufgegriffen worden, die Formulierung einer neuen Verfassung und die Frage einer Volksabstimmung ernsthaft zu prüfen, aber Artikel 146 GG ist ja damit nicht obsolet geworden. Die Forderung nach mehr plebiszitären Elementen wird sicher im Mittelpunkt dieser aufgeschobenen, aber nicht aufgehobenen Verfassungsdiskussion stehen. Dann wird sich allerdings zeigen, daß im Europa des Maastricht-Vertrages unmittelbare Demokratie nicht möglich ist. Eine Europäische Union, die auf immer mehr politischen Feldern zum Mehrheitsprinzip übergeht, muß scheitern. Nur ein Europa der Vaterländer ermöglicht Demokratie, auch im Sinne direkter Demokratie, wie sie beispielsweise in der Schweiz praktiziert wird.

Was ist also jetzt zu tun, um Europa gerecht zu werden und Maastricht-Europa zu verhindern? Bei der Beantwortung dieser Frage muß das Maastricht-Urteil des Bundesverfassungsgerichts zugrunde gelegt werden. Damit hat das oberste deutsche Gericht die Spur für ein Europa freier Völker gelegt, indem es urteilt:

»Ziel der Gemeinschaft muß es sein, eine Konföderation Europäischer Staaten zu schaffen, die regionale und kommunale Selbstverwaltung achten. Der Versuch, über eine Wirtschafts- und Währungsunion einen europäischen Bundesstaat zu bilden (Maastricht-Vertrag), wird aufgegeben.«

IV. WIDERSTAND

»Es ist überhaupt keine Frage, daß man glücklich und verzweifelt, ergriffen und erhellt leben kann *wie eh und je,* freilich nur außerhalb des herrschenden Kulturbegriffs. Was sich stärken muß, ist das Gesonderte. Das Allgemeine ist mächtig und schwächlich zugleich. Der Widerstand ist heute schwerer zu haben, der Konformismus ist intelligent, facettenreich, heimtückischer und gefräßiger als vordem, das Gutgemeinte gemeiner als der offene Blödsinn, gegen den man früher Opposition oder Abkehr zeigte.«

Botho Strauß

HEIMO SCHWILK

SCHMERZ UND MORAL
Über das Ethos des Widerstehens

> »Aber man erfährt auch mit Er-
> staunen, daß neben dem
> Schmerz, den die Wahrheit be-
> reitet, ein nationaler Schmerz
> existiert, der durchaus, wie der
> Wissenschaftler sagt, einen ›so-
> matischen Ausdruck eines unge-
> lösten psychischen Schmerzes‹
> finden kann.«
>
> Siegfried Lenz,
> *Über den Schmerz*

Seit 1989 hat sich die Erfahrung, in einer von Auflösung und Streit
bestimmten, partiell »bösen« Welt zu leben, für die Deutschen
zum verstörenden Veränderungsschmerz verdichtet. Jetzt werden
die Risse sichtbar, die immer schon das Gespinst aus künstlichen
Sicherheiten und Wohlstandsblenden durchzogen. Im Sieg des
Westens über den Sowjetkommunismus und mit der deutschen
Wiedervereinigung brach der letzte moralisch begründete Antagonismus zusammen, mit dem es auch in Westdeutschland gelungen war, jenes *Ethos des Widerstandes* zu begründen, ohne das
Gemeinschaft nicht auskommt. Die politisch-militärische Grenz-
abwehr und Selbstverteidigung der »freien Welt« (die vor allem
auch als Interessenwahrung in Erscheinung trat und daraus hierzulande ihre stärkste Legitimation bezog) hypermoralisch zu un-
tergraben, war den Kritikern des »Kalten Krieges« nicht gelungen,
obschon sie die Widerstandskräfte mit Hilfe eines populären Glo-
bal-Pazifismus gefährlich geschwächt und entmutigt hatten. Dabei war Widerstand schon 1962 von Max Horkheimer auch spirituell eingefordert worden: »In der Auseinandersetzung mit dem

393

Osten« falle dem Denken »eine spezifische Rolle zu. Daß seiner totalitären Herrschaft ein eigener Sinn, nicht etwa Rationalisierungen entgegengesetzt werden, ist die Verantwortung der Philosophie. Der Wettlauf mit dem Osten betrifft nicht bloß die Steigerung der Produktivität, sondern die Wahrheit, der zu dienen der Westen einmal als seine eigenste Mission betrachtet hatte.«

Nach der Teilnahme an zwei Weltkriegen, die millionenfachen Tod und apokalyptische Vernichtung über Deutschland und die Welt brachten, ist der Schmerz für die Deutschen zu einer traumatischen Erfahrung geworden. *Schmerzvermeidung* wurde zur stillschweigenden inneren Voraussetzung des Wiederaufbaus von Staat und Gesellschaft nach 1945. Dazu gehörte im ersten Jahrzehnt der Bundesrepublik die Aufrichtung des Tabus der Wiederbewaffnung; seine Revision war der Preis, den die sich in die westliche »Wertegemeinschaft« integrierende Teilrepublik schließlich bezahlen mußte. Wobei mit der »Demokratisierung« der Bundeswehr der radikale Bruch mit den eigenen militärischen Traditionen aller Welt vor Augen geführt und die historische Selbstläuterung des demokratischen Deutschland demonstriert werden sollten. Die Aussöhnung mit den Nachbarn im Westen und die Annäherung an Osteuropa beschäftigte deutsche Regierungen drei Jahrzehnte lang. Seit den endsechziger Jahren korrespondierte den außenpolitischen Entspannungsbemühungen aber auch ein Pazifizierungsprozeß nach innen, der die bundesdeutsche Gesellschaft radikal von überkommenen Autoritätsmustern und »bösen« Mentalitätshypotheken reinigen sollte. Der deutsche Mensch wurde systematisch seiner nationalen Identität entkleidet, um am Ende als geschichtsloser »Verfassungspatriot« wiederaufzuerstehen. Das Ergebnis war die umfassendste Neurotisierung der Generations- und Autoritätsverhältnisse, die Deutschland in seiner Geschichte erfahren hat. Über die Aggressionspotentiale einer schrankenlosen Hypermoral kehrte mit dem deutschen Selbsthaß ein Ersatzfeindbild in die wohlstandsberuhigte Gesellschaft zurück.

Die Herausbildung einer »humanitär-masseneudaimonistischen Gesinnungsmoral«, wie sie Arnold Gehlen in »Moral und Hypermoral« auf dem Höhepunkt der 68er Umtriebigkeit, nämlich 1969, historisch-genetisch nachzeichnete, war die logische Folge der deutschen Traumatisierung nach 1945. Sie leistete die »Ethisierung von Glück und Wohlstand für alle« und bekräftigte gleichzeitig jene verantwortungsfreie »Fernstenmoral«, mit der das eigene Wohlleben hypermoralisch entlastet werden konnte. Im Zusammenspiel mit der wertneutralen Effizienz der Marktwirtschaft ist die materialistische Einebnung der Gesellschaft, die Austreibung alles echt Individuellen bei gleichzeitigem notorisch schlechtem Gewissen aller Beteiligten, ihr fatales Resultat. Die systematische Austilgung von *Schmerzwiderstand* und *Selbstüberwindung,* d.h. die völlige Diskreditierung aller asketischen Ideale aufgrund einer partiell verunglückten Nationalgeschichte, die *Schmerzüberwindung* anhand einer patriotischen Opfertheologie gefordert und gefeiert hatte – dieser moralhypertrophe Mißgriff bestimmt bis heute die prekäre Beziehung der Deutschen zu sich selbst als Volk und Nation.

Das Lustprinzip als kategorischer Imperativ der Gesellschaft – als Maxime des Handelns hat allein zu gelten, was Spaß macht – ist eine zu klassische Forderung des Liberalismus, als daß man es zu einer deutschen Spezialität erklären könnte, ist doch die »pursuit of happiness« verbrieftes Verfassungsrecht auch in den USA: Aber als aus leidvoller Geschichtserfahrung destilliertes Therapeutikum gegen die Renationalisierung der Deutschen erschien das Lustpostulat in seiner deutschen Einkleidung von Anfang an als besonders erfolgversprechend. Bertrand Russells Behauptung, »daß nichts das moralische Niveau einer Gesellschaft mehr hebe als wachsender Wohlstand«, wurde zur stillschweigenden Raison d'être der Bundesrepublik.

Die »Null-Bock-Generation«, die sich aus den Kulturkämpfen der siebziger Jahre herausgemendelt hat, definiert deutsche Interessen folgerichtig ausschließlich an privaten Nutzeffekten oder an den Interessen anderer Völker, deren Lebensrecht grundsätzlich über das deutsche gesetzt wird. Die deutsche Selbstverkleinerung, die ihre Anhänger vor allem im Milieu der Intellektuellen und der Medien, aber auch in der Politik findet, präsentiert sich so als perennierende Wiedergutmachungsleistung für die deutsche Selbstüberhebung zwischen 1933 und 1945. Allerdings werden die Opfer, die für die Aufrechterhaltung der materiellen Standards in Deutschland erbracht werden müssen (globale Sicherung der Handelswege und Ressourcen, Erzeugung von Atom-Strom, Erhaltung der militärischen Option), an die Verbündeten delegiert. Dem Maß der reklamierten Lust auf der deutschen entspricht so das Maß der erwarteten Schmerzbereitschaft auf der nichtdeutschen Seite.

Die Pazifizierung der Gesellschaft zum Zwecke konsequenter Schmerzvermeidung kulminiert heute in ihrer Effeminierung, bewirkt durch Konsum-Hedonismus und die kulturrevolutionären Umtriebe des Feminismus. Den Zusammenhang von weiblich bestimmter »Familienmoral« mit einem weichen »Humanitarismus« hat Arnold Gehlen bereits 1962 herausgearbeitet: »Der Pazifismus, der Hang zur Sicherheit und zum Komfort, das unmittelbare Interesse am mitfühlbaren menschlichen Detail, die Staatswurstigkeit, die Bereitschaft zur Hinnahme und acceptance der Dinge und Menschen wie es so kommt – das sind doch Qualitäten, die ihren ursprünglichen und legitimen Ort im Schoße der Familie haben, und in denen folglich der Feminismus seine starke Farbe dazutut, denn die Frau trägt instinktiv in alle Wertungen die Interessen der Kinder hinein, die Sorge für Nestwärme, für verringertes Risiko und Wohlstand. Hier liegen die Vorbedingungen zu einer endlosen Erweiterung des Humanitarismus und Eudaimonismus, wenn die Gegengewichte, die im Staatsethos liegen, kompromittiert, verboten oder verfault sind.« Ob die militanten Feministinnen jemals ideologiekritisch überprüft haben, aus welchem Bauch sie ihre Überzeugungen beziehen?

396

»Nenne mir dein Verhältnis zum Schmerz, und ich will dir sagen, wer du bist.« Ernst Jüngers Essay »Über den Schmerz« diagnostizierte Anfang der dreißiger Jahre die Heraufkunft einer schmerzfordernden und schmerzgestählten Epoche. Belege dazu fand der Autor in den globalen Rüstungsanstrengungen und in den Verhärtungsformen einer Zivilisation, die den Menschen seinen technischen Artefakten anzugleichen beginnt. Heute ist seine Schmerz-Philosophie neu und aktuell zu lesen. Nun interessiert vor allem, wie es Jünger gelingt, das Phänomen des Schmerzes ontologisch zu deuten. Die Schlußfolgerungen, die daraus im Essay für die moderne Gesellschaft gezogen werden, sind in hohem Maße einleuchtend: »Kein Anspruch ist jedoch gewisser als der, den der Schmerz an das Leben besitzt. Wo an Schmerz gespart wird, stellt sich das Gleichgewicht nach den Gesetzen einer ganz bestimmten Ökonomie wieder her, und man kann unter Abwandlung eines bekannten Wortes von einer ›List des Schmerzes‹ sprechen, die ihr Ziel auf allen Wegen erreicht. Wenn man daher den Zustand eines breiten Behagens vor Augen sicht, darf man ohne weiteres fragen, wo die Last getragen wird. Man wird in der Regel nicht weit zu gehen haben, um den Schmerz aufzuspüren, und so finden wir auch hier selbst den einzelnen mitten im Genusse der Sicherheit nicht völlig von ihm befreit. Die künstliche Abschnürung von den Elementarkräften vermag zwar die groben Berührungen zu verhindern und die Schlagschatten zu bannen, nicht aber das zerstreute Licht, mit dem der Schmerz dafür den Raum zu erfüllen beginnt. Das Gefäß, das dem vollen Zustrome verschlossen ist, wird tropfenförmig erfüllt. So ist die Langeweile nichts anderes als die Auflösung des Schmerzes in der Zeit.«

Abgesehen davon, daß das Maß an Langeweile in der bundesdeutschen Gesellschaft schon daran ablesbar ist, wie krampfhaft sie sich in eine »Erlebnisgesellschaft« zu verwandeln versucht, findet Ernst Jüngers Prognose Bestätigung in den Forschungen der funktionalistischen Schmerz-Theorie und bei den Behavioristen, die nachweisen, daß Organismen sich in einem Schmerzzustand befinden können, ohne irgend etwas davon zu bemerken. Der wachsende Erfolg der Freizeitindustrie könnte so auch als Flucht der Konsumenten vor der Langeweile des total verwalteten Lebens gedeutet werden.

Die Glücksgesellschaft hat es bislang aber auch nicht geschafft, Schmerz und Leiden in seiner sichtbaren, kruden Form zum Verschwinden zu bringen. Daß es »keine Lage gibt, die vor dem Schmerz gesichert ist« (Ernst Jünger), zeigt schon der Blick in die Unfallstatistiken. Achttausend Menschen sterben jedes Jahr auf den Straßen in Deutschland, 50 000 werden verletzt. Das sind Zahlen, die an die Opferstatistiken der Schlachtfelder erinnern. Zum Vergleich: Der Vietnam-Krieg (1964–1975) forderte 50 000 amerikanische Opfer, beim Golfkrieg von 1991 fielen auf alliierter Seite »nur« 350 Soldaten. Die automobilistische Aggression stellt sich so als Triebabfuhr des künstlich pazifizierten Bundesmenschen dar. Und würde man das in Deutschland vielfach beobachtete Phänomen der »Angst« und der Orientierungskrise dem zuschlagen, was Jünger als »Auflösung des Schmerzes in der Zeit« beschrieben hat, dann ließe sich das Gefäß des Schmerzes auch in einer leidensscheuen Gesellschaft mühelos füllen.

Zu den Opfern der komfortzivilisatorischen Tristesse zählen ebenso die Hunderttausende Psychiatriekranken, Alkohol- und Drogenabhängigen. Eine Million Menschen in der Bundesrepublik ist medikamentenabhängig, 200 000 Menschen sterben jährlich an Krebs, 450 000 an Herz- und Kreislaufleiden. Die explodierende Zahl der Raubmorde, Vergewaltigungen, von und an Ausländern begangene Gewalttaten, der Eigentumsdelikte und das wachsende Vandalentum führen augenfällig vor, daß auch heute an Schmerz und Gewalt nicht gespart wird. Mindestens dreißigtausend Kinder werden jährlich in Deutschland schwer mißhandelt, bei hundert endet das tödlich, die gleiche Zahl nimmt sich das Leben. Der Chor Hunderttausender wimmernder Kinder, die jährlich aus dem Bauch ihrer Mütter gesaugt und in Stücke zerrissen werden, müßte uns wie das Geheul aus Dantes Inferno in den tauben Ohren klingen. Trennungsschmerz und Sinnkrise durch zerstörte Familien und gescheiterte Ehen sind der Leidenszoll, den eine permissive Gesellschaft von denen einstreicht, die sie in ihren Paradiesen lustwandeln läßt.

Die Philosophie hat dem Schmerz immer eine zentrale Bedeutung für das Glück des Menschen zugeschrieben. Für Kant ist er der »Stachel der Tätigkeit«, der der Langeweile vorbeugt und den von ihm Affizierten zum »Bessern« zwingt. Hegel faßt die ethische Qualität des Schmerzes weiter und erkennt in ihm einen Teil der Natur des Geistes, der dem Menschen Freiheit erschließt und Schöpfertum ermöglicht. »Wir müssen beständig unsre Gedanken aus unsrem Schmerz gebären«, heißt es bei Nietzsche, der im Schmerz den großen Lehrmeister moralischer Praxis begrüßt. Ihm verdankt Ernst Jüngers Schmerz-Affirmation seinen geistesaristokratischen Kern: »Die Höhe des Ranges und die Tiefe des Schmerzes stehen in unmittelbarem Zusammenhang.«

Ist nicht tatsächlich jedes tiefere Erleben an *Überwindung* und *Ausdauer* gebunden, moralisch stark jener, der sich billiger Erfüllung entzieht, *nein* sagt, ausharrt? Wer in einer sich permanent entäußernden Gesellschaft Zeit findet, in sich hineinzuhorchen, das Selbst als wahres Eigentum zu erfahren, dem bildet sich Gewissen als Selbst-Wissen, als eine Art Sokratisches *daimonion,* das Eigen-Wege aus dem Mainstream weist. Wo alles auf Geschwindigkeit und Konsum, auf Umsatz und *Mobilmachung* ankommt, die Gesellschaft sich in eine selbststeuernde Mega-Maschine zu verwandeln droht – wird da nicht schon Selbstreflexion und Nachdenklichkeit als Modus der *Verlangsamung* zum Akt des Widerstands? »Die Entdeckung der Langsamkeit« (Sten Nadolny) könnte so den Wendepunkt der auf die Mobilisierung aller Ressourcen gerichteten Umsatz- und Freizeitgesellschaft markieren. Dazu gehört vor allem auch der selbstbestimmte Umgang mit den Medien, der resistent macht gegenüber den Einflüsterungen einer Zerstreuungsindustrie, die Meinung als Information, Spannung als Horror, Kultur als Betrieb und Liebe als Pornographie verkauft. Wer nicht gelernt hat, substantiell zu widersprechen, sich zu verweigern, der wird auch nicht widerstehen können, wenn der Totalitarismus des Konsumierens umschlägt in totalitäre Politik.

Anders als die schmerzfeindliche Gesellschaft, die alle Widerstände einebnet, die Erziehung »angstfrei« zu machen sucht, den Bürger zum Sicherheits-Neurotiker deformiert, das Sterben ausgrenzt und den Tod tabuisiert, nimmt der »riskante Mensch« sein Schicksal an. Jener freie und autonome Mensch, dessen Albert Camus im »Mythos von Sisyphos« gedacht hat: »Ich sehe wieder Sisyphos vor mir, wie er zu seinem Stein zurückkehrt und der Schmerz von neuem beginnt.« Den Schmerz immer neu beginnen zu lassen in Selbstüberwindung und liebender Weltzuwendung, das ist die Maxime einer *Ethik des Schmerzes,* die im höchsten Bewußtsein die tiefste Form der Menschlichkeit erkennt. Wer sich dem Schmerz der verzögerten Erfüllung aussetzt, gewinnt dafür jene tiefe *Erinnerung,* die aus lebendiger Erfahrung erwächst.

Peter Sloterdijk hat, in deutlicher Anlehnung an Heideggers »Ethik der Eigentlichkeit« (Rüdiger Safranski), das philosophische »Selbstgespräch« beschworen, das gewissensbildend wirke: »Individuelle Gewissen wären intelligente Sensoren einer Welt, die eben durch deren Auftreten in ein Selbstheilungsverhältnis zu sich treten kann.« Auch wer an diese mystische Beseelung des Ganzen durch exponierte einzelne nicht glauben mag, muß doch zugestehen, daß Sloterdijk den einzig gangbaren Weg aufzeigt, die technifizierte Massengesellschaft über die Moralisierung des einzelnen zu verändern. Der Philosoph Hans Ebeling formuliert in seiner Subjekt-Philosophie angesichts eines planetarischen Technik-Terrors, der »Selbst-Lose als Kriminelle ohne Schuld erzeugt«, als Ausweg ähnliches wie Sloterdijk: daß nämlich »nur eine Herstellung des bewußten Seins, die die Nöte des Existierens und die Vernunft des Sprechens als Widerständigsein vereinigt«,

400

den Amoklauf der die Welt und den Menschen vernutzenden Technik verlangsamen und schließlich zum Stillstand bringen könnte.

Diese Art der individuellen Selbstbesinnung, die den gesellschaftlichen Übereinkünften Widerpart leistet, ohne die Flucht ins Aussteigertum anzutreten, läßt sich massenhaft kaum zur Geltung bringen. Der Mut zur »Absonderung« (Botho Strauß) und zu existentiellem Ernst, der alle Formen des Menschlichen immer auch als *ästhetische* begreift, wächst subversiv und muß auf lange mit dem Risiko der gesellschaftlichen Ächtung rechnen. Carl Schmitt, der als das innere Bewegungsprinzip des Katholizismus den Willen ausgemacht hat, »Form gegen Chaos zu stellen«, fürchtete nichts mehr als eine gänzlich ökonomisierte, metaphysiklose Welt ohne politische Bewährung und existentielle *Feindschaft*. Denn die eindimensionale Welt des Ökonomischen ebnet Rangunterschiede ein und enthmythisiert alle höheren Werte der Repräsentation. Am Ende wird der Staat zur leeren Hülle der Souveränität und die Nation zum Popanz. Weil sich aber die *Intensität* einer politischen Idee (und die Durchsetzungsbereitschaft der damit verbundenen Interessen) nur in der Affektivität politisch vergemeinschafteter Menschen zum Ausdruck bringt, bedeutet die Neutralisierung des Staates, seiner Repräsentationen und Symbole das Ende echter Politik überhaupt. Erst eine politische Ästhetik des Erhabenen, die den Bürger sich über seine physische Existenz erheben und den eigenen Tod riskieren läßt, erhöht »die Seelenstärke über ihr gewöhnliches Mittelmaß« und läßt »ein Vermögen zu widerstehen von ganz anderer Art in uns entdecken« (Carl Schmitt). Das *Widerstehen* der einzelnen verbündet sich zum *Widerstand* der Nation.

Eine *Ethik des Widerstandes,* deren Zweck es ist, den modernen Menschen resistenter gegen die Nivellierungen und Vereinnahmungen der technisierten und mediatisierten Gesellschaft zu machen, ist ohne die Besinnung auf das asketische Ideal nicht denkbar. Nietzsche hat (in seiner Schrift »Zur Genealogie der Moral«) das Sinnstiftungspotential des asketischen Ideals herausgestellt: »Die Sinnlosigkeit des Leidens, *nicht* das Leiden, war der Fluch, der bisher über der Menschheit ausgebreitet lag – *und das asketische Ideal bot ihr einen Sinn!*« Die Rettung des Willens, besser: des Behauptungswillens gegenüber einem Nihilismus des Machens und Gemachtwerdens, wäre die zeitgemäße Fortschreibung und Ausdeutung dieses Nietzsche-Gedankens.

Ist nach Jünger die *Disziplin* »die Form, durch die der Mensch die Berührung mit dem Schmerz aufrechterhält«, so wird deutlich, daß Schmerz und Disziplin als Kernelemente der Askese bzw. Konsumenthaltsamkeit aufeinander bezogen sind. Arnold Gehlen sieht in ihrer Herausbildung das beste Mittel, ein *Staatsethos* zu erzeugen, das *Dienst* für die Gemeinschaft ermöglicht und die auf das private Wohlleben fixierte »Binnenmoral« zu transzendieren vermöchte. Wo der einzelne schwach ist, ermutigt und trägt ihn das »Ethos der Institutionen« (Arnold Gehlen). War es das Anliegen der Aufklärung, den Geist sich von den Institutionen emanzipieren zu lassen, so ist es ein genuines Anliegen einer schmerzbewußten Gegen-Aufklärung, diese mit neuem Geist und neuer Legitimität zu erfüllen. Wo alles auf der schiefen Ebene ins Chaos der Auflösung rutscht, geben allein die Institutionen Halt.

Daß Institutionen wie Familie, Schule, Universität, Recht, Wissenschaft, Militär und Kirche selbst längst vom Geist der Zersetzung heimgesucht sind, spricht nicht gegen ihre Daseinsnotwendigkeit. Allerdings bedarf es diverser Bedeutungskorrekturen, ohne die der Formverfall nicht aufzuhalten ist. So ist die Ehe als Institut der festgezurrten Leidenschaft kaum zu retten, auch wenn Zuneigung zu ihren wichtigsten Voraussetzungen zählt. Was not tut, ist ihre Versachlichung zurück auf das, was sie einmal vor ihrer Romantisierung war: eine auf Daseinsfürsorge und menschliche Fortpflanzung gerichtete Partnerschaft auf Dauer, Keimzelle jener großen Gemeinschaft, die wir Nation nennen und die ähnliche Tugenden wie Selbstdisziplin, Solidarität und Beständigkeit einfordert.

Wenn Verantwortung allein aus *Nähe* entsteht, dann erscheint die Fernstenmoral als eine Fiktion, die eben das verhindert, was sie so unermüdlich postuliert: Mit-Leiden. Solidarität ist nur in der konkreten Gemeinschaft lebbar, in der wir auf selbstverständliche Weise zu Hause sind, möge das Familie, Gewerkschaft, Kirche, Partei – oder die Nation sein. Strukturen des Bösen zerstören Nähe und delegieren Verantwortung an andere, sie sind das Ergebnis des dialektischen Umschlags von Aufklärung in die Barbarei der Distanz. Das *Ethos des Widerstehens* bricht diese Strukturen auf und öffnet die Augen für die allerorten in Menschen und Dingen verborgenen Biotope des Wunderbaren.

Der Schmerz, sagt Siegfried Lenz sechzig Jahre nach Ernst Jünger, »ist ein Seinsereignis, das zum Menschen gehört, und je länger wir über ihn nachdenken, desto entschiedener rät uns die Vernunft, ihn nicht allein als Unheil zu betrachten. Wenn wir ihn mit gelassener Aufmerksamkeit bestimmen, zeigt es sich, daß er auch einen Offenbarungscharakter hat: er eröffnet uns nicht nur unsere Ohnmacht und Verletzlichkeiten, sondern läßt uns auch eine tröstliche Möglichkeit der Existenz erkennen – die Möglichkeit einer Bruderschaft im Schmerz.«

UWE WOLFF

TRADITION UND TRANSZENDENZ

Über religiöse Erziehung
im Zeitalter der Zerstreuung

>>›Wehret den Anfängen!‹...
Ach! Setzt selber einen brauchbaren!«

Botho Strauß

Jahrtausendwende – Gottesdämmerung. Erinnern wir uns: Religion, so nannten wir einst die Begabung, Bindungen einzugehen,
die über die eigene Lebenszeit hinausweisen. Als Verwurzelung
im Unendlichen war Religion die Einbindung des Lebens in eine
göttliche Geschichte, die es von Anfang bis Ende umgreift. Religion war eine Sehschule für die Welt hinter der Welt, eine Kunst
des Durchblicks, eine Ästhetik epiphanischer Augenblicke. Religion war die Kunst der Transformation von Transzendenz in Leit-
linien für das Leben. Fest und Feier, Kult und Anbetung, Lob und
Klage, Dialog mit dem Lebensgrund, Erinnerungsarbeit und Ge-
schichtsgründung, Tradition aus Transzendenz.

Erinnern wir uns: Die kulturellen Hervorbringungen des Menschen waren religiös motiviert. Alles Singen und Sagen, Dichten
und Komponieren, Malen und Tanzen war Antwort auf Gottes
Anruf. Kunst und Kultur waren Formen des Gebetes, Techniken
der Annäherung an Transzendenz.

Erinnern wir uns: Wir wurden, als wir antworteten und mit
Gott ins Gespräch traten. Seit den Höhlenmalereien von Lascaux
und Altamira, seit Davids Psalmen und Gilgameschs Klage über
die Sterblichkeit, seit Echnatons Sonnengesang und der jahwisti-
schen Erinnerung an das Paradies.

Unsere Geschichte ist nur ein Wimpernschlag in der Weltzeit
des Universums, doch liegt bereits ein Hauch von Überlebtheit,

404

von Abschied und Verwesung in der Luft. Jahrtausendwende – Gottesdämmerung. Nichts wird mehr sein, wie es war. Verlust der Transzendenz, Verlust der Tradition. Die Geschichte unserer Herkunft ist unverständlich geworden, bestenfalls museal oder folkloristisch. Mit dem Transzendenzverlust geht ein Sprach-, Geschichts- und Identitätsverlust einher. Der Himmel ist verlorengegangen. Um so gieriger suchen wir das Paradies auf Erden. Inselfrühling und Alpenglühn, letzte Zufluchten und schnelles lukullisches Abräumen, bevor die Heuschreckenschwärme aus der Südhalbkugel einfallen.

Nach der Jahrtausendwende wird nichts mehr sein, wie es einmal war: Abschiedsbesuche und späte Sehnsucht. Der Ewige Deutsche ist geschichtshungrig, weil ohne Geschichte, begierig nach Sinn, weil er das Vakuum in seiner Seele verspürt, sehnsüchtig lauscht er den Lamas, weil ihm die religiösen Lehrer fehlen, er betreibt Astrologie, weil ihm der Himmel leergefegt worden ist, er meditiert, weil man ihm die Mitte und die Maßstäbe genommen hat.

Religiöse Amnesie. Die große Nacht hat begonnen und das große Vergessen. Hier und da ein letzter Nachglanz längst erloschener Sterne, späte Feier inhaltsleerer Rituale. Verlust der Maßstäbe, Gottesdämmerung. Der Pastorensohn aus Röcken hatte einst Gott getötet und den Horizont zu neuen Aufbrüchen geöffnet. Aber der Ewige Deutsche ist nicht freier geworden. Er wollte über den Menschen hinauswachsen und hat nur den Unmenschen aus sich freigelassen, die blonde Bestie. Von Gott und Göttern verlassen, hat er neuen Halt in der Überhöhung des Lebens und den politischen Ideologien gesucht. Monte Verità, Glaubensgemeinde Ugrino, Goetheanum, Bayreuth, Reichsparteitage, Aufmärsche, Weihen, der Messias aus Braunau, Vergasungen, Immanenz der Rasse.

Am Ende des Jahrhunderts ist der Ewige Deutsche liberal geworden. Es herrscht die große Beliebigkeit und eine Privatisierung der Religion. Soll jeder glauben, was er will. Freiheit, Toleranz,

Aufklärung sind Synonyma für Bindungslosigkeit geworden. Krischna oder Christus, Karma oder Kirche – alles ist gleich gültig, und so herrscht die totale Gleichgültigkeit. Über Glauben wird so wenig gestritten wie über Werte. Toleranz als Dekadenzphänomen. Beliebt sind die Gleichgültigen, verhaßt alle, die noch Stärke zeigen und dem Zeitgeist widerstehen mit Papst, Zölibat und Sexualmoral. Unbeschränkte Reise- und Konsumfreiheit sind dem Ewigen Deutschen die letzten heiligen Restbestände. Vor den Tabus der religiösen Überlieferung steht er wie der Ochs vorm Berge. Dies ist die Stunde der Rattenfänger. Sie besetzen die geräumten Stellungen mit neuen Fundamentalismen. »Die verlassenen Altäre werden von Dämonen bewohnt.« (Ernst Jünger)

Noch gliedern christliche Feste den Jahresrhythmus. Restbestände des Heiligen wetterleuchten über dem Lebenslauf. Noch wird getauft, gefirmt, konfirmiert, das Sakrament der Ehe gespendet und kirchlich beerdigt. Es sind punktuelle Ekstasen, aus denen keine Verbindlichkeiten mehr erwachsen. Weihnachten und Ostern lösen große Fluchtbewegungen vor der Begegnung mit dem Mysterium aus. Im Kurzurlaub ist man sicher vor dem Anspruch des Heiligen. Was sollte auch die Familie im Gottesdienst? Sie kennt weder die Lieder Gerhardts noch Tersteegens und schon gar nicht die Liturgie. Der religiöse Sprachverlust hat das Stadium der Aphasie erreicht. Die Gebete sind verstummt. Da hilft kein Appell und keine Klage. Unmöglich zu sprechen über das Fehlende. Eine religiöse Scham verschließt die Zunge. Gottessehnsucht ist etwas Unsittliches.

An wen sich wenden, wenn man der Lebenshilfeliteratur und der Kunst des positiven Denkens überdrüssig geworden ist, wenn die neuen Sakramente ihre Kraft ausgehaucht haben? Edelsteinmagie und Blütentherapie, Chakrenmeditation und Schattenboxen, Tantra und Tarot. Mit wem sprechen, wenn sämtliche Therapien erprobt, alles aufgearbeitet worden und nichts Erlösung verspricht? Rebirthing und Urschrei, Logotherapie und kreatives

Schreiben, Orgonkiste und freie Liebe. Wohin mit der Sehnsucht nach Heil und Himmel? Sterndeuter und Channeling, Seth und Reinkarnation, Anthroposophie und Spiritismus: Wo sind die religiösen Führer, die noch den Himmel erzählen können? Ein Jahrhundert der Psychotherapien geht zu Ende. Das Universum der Seele ist bis in die letzten interstellaren Räume durchleuchtet worden. Kein Halt, nirgends. Wohin gehen mit der Gottessehnsucht? Das Sakrament der Buße wird vor Millionenpublikum auf der Versöhnungscouch gespendet, die Ehe vor der Fernsehgemeinde geschlossen. »Verzeih mir« und »Night-Talk«, Seelsorge um Mitternacht im Kreis der Fernsehgemeinde. Noch lebt das Gespür für die Macht der öffentlich vollzogenen Rituale.

Doch wer käme allen Ernstes auf die Idee, die Restbestände seiner Gottessehnsucht einem verbeamteten Gottesdiener anzuvertrauen? Wer glaubt noch, Gehör und Seelengeleit zu finden? Die einstigen Seelsorger haben andere Sorgen. Den Gesang der Buk-kelwale, die Revolution in Nicaragua, die Schwulenordination, die 35 Stunden Woche. Ein Gespräch über den Himmel machte sie verlegen. Ihre Ethik ist ohne Transzendenz. Ihr Schmalspurgott, das liebe Gottchen, wäscht wie der Kuschelgott des Eugen Drewermann alle Sünden rein bis zur Farblosigkeit. Wie das ängstliche Kaninchen hat die Kirche auf die Schlange der theologischen Wissenschaft gestarrt und ohnmächtig der Verwandlung ihrer Lehre in Leere zugesehen. Aus Theologen wurden Theolügner. Sie haben den himmlischen Vater verleugnet, die Jungfrauengeburt, die leibliche Auferstehung, den Himmel, das Paradies. Sie haben den Himmel leergefegt und alles beseitigt, woran der Zeitgeist Anstoß nehmen könnte. Der Verlust der Transzendenz hat das Mysterium geschwächt, den Sakramenten die Kraft genommen, die Gebete und Rituale zu bloßen Formen der Selbsttranszendierung verharmlost. Ohne Gott im Himmel gibt es keine Werte und Normen auf Erden. Ohne göttliche Zumutung erwächst aus der Predigt kein Zuspruch. Ohne Sünde keine Erlösung.

Wohin mit der Gottessehnsucht? Einmalig in Europa ist der in Deutschland verfassungsmäßig garantierte Religionsunterricht, doch wird er zunehmend von Ersatzfächern abgelöst. Der Verlust an religiöser Bildung und spiritueller Sensibilität unter den Pastoren, ihre Unfähigkeit, das Zentrum christlichen Lebens – die Lektüre der Bibel, das Gebet und den Gottesdienstbesuch – als geistigen Erlebensraum erfahrbar zu machen, haben sich auf den Religionsunterricht ausgewirkt. Der Religionslehrer und seine Schüler und Schülerinnen reden von religiösen Erfahrungen, die für beide so exotisch sind wie der Voodozauber in den Zuckerrohrplantagen Haitis oder der Animismus der Ureinwohner Papua-Neuguineas. Ohne Bindung an Tradition und Transzendenz ist der Religionslehrer Mittler seiner eigenen Wahrheit. Nach dem Abbruch der gemeinsamen Tradition triumphiert nun der Solipsismus. Formschwäche und Reibungsverluste auch hier. Der Lehrer ist »Gesprächspartner« und »Betroffener«, der »ehrlich und authentisch« die Jugendlichen »irgendwie betroffen« für eine konturenlose »religiöse Dimension« mit Kuscheleffekt machen will.

Fern vom Vaterhaus hockt der verlorene Sohn in der Fremde und hütet die Säue. Er hat sich völlig verausgabt, sein väterliches Erbe verpraßt und steht nun ohne Orientierung in der Gottesferne. Doch hier in der Fremde ist die Stunde der Besinnung und Umkehr. Eine neue Zeit beginnt. Der verlorene Sohn erinnert sich an den Vater und macht sich auf den Weg. Lukas, der Evangelist der katholischen Kirche, hatte dies Gleichnis für kommende Zeiten des Transzendenz- und Traditionsverlustes aufgezeichnet. Gottesdämmerungen haben ihren Hintersinn. Der Weg vom Vater in die Fremde war notwendig, denn erst in der Gottesferne wurde die verlorene Tradition zur Heimat. Erst im Dämmerlicht leuchtete die Gestalt des Vaters. Der Heimkehrer wird am Ende seines Umweges mehr erfahren haben als der daheimgebliebene Bruder. Damit folgt er den Spuren der Inkarnation seines Gottes.

»Europa oder die Christenheit« – das war schon zu Novalis' Zeiten eine Vision zukünftiger Zeiten. Ein Volk ohne religiöse Werte und Normen geht zugrunde. Die Religion, die das abendländische Denken und seine humanen Werte hervorgebracht hat, ist das Christentum. Wenn Europa das Christentum vergißt, wird es nach der Jahrtausendwende selbst vergessen sein. Das Land der Reformation ist bereits Missionsland geworden.

Buchreligionen wie das Christentum erneuern sich durch den Rückgriff auf ihren Ursprung. Der Weg aus der vaterlosen Gesellschaft zu neuer Bindung führt über die Bildung zur Wiederaneignung der vergessenen Überlieferung.

Welchen Auftrag hat die Kirche in der Jahrtausendwende?
1. Sie muß ihre eigene Tradition erneuern wollen. Das Bett des christlichen Überlieferungsstromes ist wie unsere Flußlandschaften begradigt worden. Es harrt der Renaturierung: Auen, Überschwemmungsgebiete mit Butterblumen, Wiesenschaumkraut und Lilien, fruchtbare spirituelle Nischen, Kinderstuben für kräftige Fische, die gegen den Strom des Zeitgeistes schwimmen werden. Wir brauchen kirchliche Erfahrungsräume und Wachstumsnischen. Mit einem anderen Bild gesprochen: Der Kirchenputz muß von den Wänden gekratzt werden, damit die ursprüngliche Gestalt der christlichen Überlieferung wieder sichtbar wird. Farbige Fresken hielten einst dem Volk die eigene Glaubensgeschichte lebendig vor Augen. Die Wandbilder erzählten die Geschichte der Einzelkämpfer für den Glauben, Märtyrer für das Nichteinverstandensein mit der Welt wie sie ist. Tradition, Transzendenz und Gegenwart verschmolzen hier im Opfermut der Heiligen. Sie waren Zeichen des Himmels, Vorbild und Aufruf zur Nachfolge.

Man hat aus Unverständnis und Unverstand die Kirchenwände geweißt und uns damit die Vergangenheit genommen. Doch Gott, Christus, Engel und Heilige harren unter dem Kirchenputz der Wiederentdeckung. Jetzt ist die Zeit der Traditionserneuerung, rekonstruktive Phantasie und reformatorischer Eifer sind gefragt. Wir müssen uns zum spirituellen Kern unserer Tradition zurückarbeiten. Misereor auch für die verdrängte Tradition, geistliches Brot für die Welt!

2. Kirche muß den einzelnen wieder entdecken. Sie muß ihn durch sein Leben begleiten wollen, Höhe- und Wendepunkten, Lebensglück und -krisen durch die Macht der Rituale Ausdruck verleihen. Jesus hatte den einzelnen zur Umkehr gerufen, Menschen geheilt, miteinander versöhnt, Maßstäbe gesetzt. Auf Dich kommt es an! Dir sind von Gott Talente verliehen worden. Nutze sie! Vergleiche Dich nicht mit anderen. Frage nicht, was sie tun. Fange bei Dir an. Besinne Dich auf das Fundament Deines Lebens. Du bist wie ein Baum. Bedenke: Wo sind Deine Wurzeln? »Ein guter Baum kann nicht schlechte Früchte bringen« (Mth 7.18), heißt es in einem Gleichnis der Bergpredigt, das für Martin Luther zentral war. Er, der Familienvater, Lehrer, Seelsorger, Dichter und Politiker, hat das Jesuswort in ein Erziehungsprogramm umgesetzt: »Wer gute Früchte haben will, muß zuvor beim Baum anfangen und den gut setzen.« Kirche muß Pflanzschulen für gute Bäume ins Leben rufen.

Bildungs- und Erziehungsarbeit ist gefordert, Glaubenserziehung in Familie, Gemeinde und Schule. Es ist kein Zufall, daß dem Transzendenzverlust in unserer Gesellschaft der Verlust der Kindheit zur Seite steht. Zu Hunderttausenden werden sie jährlich abgetrieben, und die geborenen Kinder werden der Zerstreuungsindustrie in den Rachen geworfen. Kinder brauchen jedoch Erziehung, sie suchen Orientierung, Maßstäbe und Grenzen. Der Traditionsbruch fängt in der Familie an und muß hier überwunden werden. Tugenden wie Geduld, Rücksichtnahme, Verständnisbereitschaft oder Verantwortung werden im Erfahrungsraum Familie gewonnen. »Es gibt keinen größeren Schaden in der Christenheit, als Kinder zu vernachlässigen. Denn will man der Christenheit wieder helfen, so muß man fürwahr bei den Kindern anfangen, wie vorzeiten geschah.« (Martin Luther)

Christliche Werterziehung im Kindergarten muß wieder als gemeinsamer Auftrag von Erzieherinnen und Eltern begriffen werden. Wenig ist für das Kleinkind gewonnen, wenn es biblische Geschichten, Gebete und kirchliche Feste kennenlernt, ohne deren Lebensrelevanz im Familienalltag wiederzuentdecken. Eltern können nicht die religiöse Erziehung an Kindergärtnerinnen, Religionslehrer oder Pastoren delegieren. Sie sind zur Verantwortung gerufen, die Bäumchen im Garten der Kindheit zu pflegen. Elternschaft ist eine große Chance, auch in Glaubensdingen gemeinsam mit dem Kind zu lernen – im Kindergottesdienst, beim Kommunions- und Konfirmandenunterricht, beim gemeinsamen Gottesdienstbesuch.

3. Kirche muß aus der Defensive treten und die Gesellschaft formen wollen. Jesus hatte Jüngerinnen und Jünger zur Nachfolge berufen, einzelne, die zur Gemeinde zusammenwachsen sollten, die christliche Werte unerschrocken vor den Mächtigen der Welt und dem Trend des Zeitgeistes verteidigen, die Sauerteig und Salz der Welt, Licht auf dem Berge sein sollten. Auf den einzelnen kommt es an und seinen Mut zum Bekenntnis in der Öffentlichkeit. Ein Fußballspieler, der sich nicht um jeden Preis dem Erfolgszwang beugt, ein Talk-Show-Moderator, der nicht den Abgott der Einschaltquoten anbetet, ein Politiker, der nicht ausschließlich auf die nächste Wahl blickt, ein Busfahrer, der Scherze und Neckereien der Schulkinder fröhlich erwidert, ein Lehrer, der um jeden einzelnen Schüler besorgt ist.

Kirche muß Flagge zeigen, Licht der Welt sein wollen. Raus aus den Fluchtburgen! Zu lange hat sie der Schlange Wissenschaft in den Rachen geblickt, statt sie im Nacken zu packen, zu lange larmoyant die eigene Vergangenheit aufgearbeitet, zu lange widerspruchslos dem theologischen Schwachsinn der Ranke-Heinemänner und -frauen und den öffentlichen Hinrichtungsritualen einer destruktiv-nihilistischen Medienszene zugesehen.

Kirche braucht keine Marketingexperten, die die Adoption des Zeitgeists besorgten. Sie besinne sich auf ihren Auftrag und werde wieder Fels in der Brandung statt Trendsurfer auf den Wellen des Zeitgeistes. Kirche hat eine gesellschaftliche Aufgabe. Sie gibt Menschen eine Geschichte, Herkunft, Heimat, Lebensbegleitung und Lebenssinn, sie fordert den Einsatz des einzelnen für eine bessere Gesellschaft. Im Rausch der Bilder kann sie Momente der angehaltenen Zeit, Unterbrechungen, Momente der Stille, des Verweilens, Rituale der Zeitaufhebung und Einwurzelung stiften. Die Kirche des 21. Jahrhunderts wird eine spirituell widerständige Kirche sein – oder sie wird nicht mehr sein.

4. Kirche muß in die pädagogische Offensive gehen und eigene Schulen gründen. Das Bedürfnis nach Pflanzstätten für Bäumchen ist groß. Kirche darf das Privatschulwesen nicht den Anthroposophen überlassen und den Religionsunterricht nicht den Ideologen. Wir brauchen eine Pflanzstätte für die Bildungshungrigen unter der Masse der Gymnasiasten, für junge Menschen, die nach mehr dürsten, die ihre anvertrauten Talente nutzen und tief in den Mutterboden der christlich-abendländischen Tradition einwurzeln wollen. Wir brauchen sie, damit sie einst mit weitausladenden Wipfeln ihre Zeit überragen, Stürmen standhalten, zu Orientierungspunkten in der Landschaft werden. Einzelne vom Zeitgeist unabhängige Geister mit Herkunft und Tiefgang, Vorbilder in Weisheit und Wissen, Entschiedenheit, Gestaltungskraft, in Opferbereitschaft und Demut. Junge Menschen, die ihre anvertrauten Talente zum Nutzen aller entdecken wollen. Eine Elite des Dienens mit beiden Beinen in der Welt stehend, aber nicht aus der Welt lebend.

5. Kirche muß die Ausbildung der Religionslehrer und Pfarrer erneuern. Sie braucht Persönlichkeiten, Erzieher, Vorbilder mit dem Willen zur Gestaltung, Felsen, auf die man bauen, starke Bäume, an denen sich Menschen reiben können, um so zu wachsen. Berufene zwischen Talar und Tafel, die fordernd fördern, lehrend lernen, tanzende, freie Geister, die zur Größe erziehen, die

412

das Bäumchen nicht umknicken, wenn sie spüren, daß es über sie hinauswächst. Die wie Johannes sich in den Dienst der Generation stellen, die nach ihnen kommt, und die sich über sie freut, wenn sie hoch hinauswächst. Erzieher, die Wachstumskräfte entbinden und gestalten helfen, die auf dem Hintergrund der Erfahrungswelt der Kinder die Deutungs- und Umformungsarbeit, aus der das Christentum besteht, so transparent machen, daß die christliche Überlieferung zur Herausforderung für die Gegenwart wird.

Wer bilden und erziehen will, der fange bei sich selbst an, schärft Martin Luther den Pfarrern und Predigern in der Vorrede zu seinem »Deutschen Katechismus« (1529) ein: »Denn leider sind, wie wir sehen, viele Prediger und Pfarrer hierin sehr säumig; sie verachten sowohl ihr Amt als auch diese Lehre, einige wegen ihrer großen, hohen Gelehrsamkeit, einige aber aus lauter Faulheit und Bauchsorge. Damit verhalten sie sich nicht anders zur Sache, als wären sie um ihres Bauches willen Pfarrer oder Prediger, und als hätten sie, solange sie leben, nichts weiter zu tun als ihre Güter zu verbrauchen. (. . .) Ach, das sind allzumal schändliche Fresser und Bauchdiener, die mit mehr Recht Sauhirten oder Hundeknechte sein sollten als Seelsorger und Pfarrer!«

Religiöse Erzieher in Gemeinde und Schule sind Mittler zwischen den Zeiten. Ohne doppelte Optik und spirituellen Tiefgang sind sie blind, ohne Mut zum Bekenntnis bleibt ihre Lehre ohne Würze. Sie müssen in den Erzählungen der Bibel, den Bekenntnisschriften und dem Kirchenlied genauso heimisch sein wie in der Gegenwart. Ihre Aufgabe ist Erinnerung wachzuhalten, so daß diese die Gegenwart formen kann.

Christliche Erziehung ist eine Transformation des tradierten Erfahrungsgutes, das wir empfangen haben, um es durch die Zeiten weiterzugeben. Kirchliche Arbeit in Gemeinde, Familie und Schule ist daher Grundlage einer umfassenden Erinnerungsarbeit, aus der ein Volk seine Identität und Geschichte bezieht. »Geschichte als Überliefertes (memoriae traditum) entspringt offenbar einem menschlichen Grundverlangen nach Erzählen des Gewesenen, und dies schafft den Boden für Kultur. Gedächtnis gestaltet unsere Vergangenheit durch seine auch unbewußt getroffenen Auswahlen aus dem Bewahrenswerten, gestaltet aber auch unsere Zukunft mit, insofern Erlebnismöglichkeiten vom Erfahrungsgedächtnis mitgeprägt sind. Gemeinschaft lebt aus ihrem Gedächtnis, so im Kult wie in der Kultur, und mit seinem Verlust löst sie sich auf. (...) Bildung gar oder Kultur erwerben wir wohl weniger im Erfahrungskleinraum unseres Lebens als im Umgang mit den Schätzen der in den Künsten bleibende Gestalt gewordenen, von den Denkern im Entwurf geschauten, von der Religion ins Licht gehobenen Möglichkeit, einer sich ausbildenden Menschwerdung sich zu versichern. Was ein Ritter, ein Heroe, ein Heiliger, ja was Götter seien oder Gott, erführen wir nicht aus der Erfahrung unseres kleinen Lebens, nicht ohne die Zeugen und Zeugnisse, die das Gedächtnis unseres Geschlechtes als den Boden der Geschichte nähren.« (Friedrich Ohly)

Erinnern und Verstehen zielt nicht nur auf Wiedererkennen des eigenen Glaubens und eigener Denkmuster im Fremden, stellt nicht nur Kontinuitäten, sondern auch Diskontinuitäten her durch die Begegnung mit Glaubens- und Lebensformen, die nicht die eigenen sind und auch niemals werden können. So wird dem Menschen erfahrbar, daß keine Generation die Wahrheit gepachtet hat. Das Transzendieren der eigenen Lebenszeit bewirkt Demut, die Erkenntnis der Vorläufigkeit aller Wahrheit und der Offenheit der Geschichte. Tradition und Bekenntnis sind gegen jeden religiösen oder politischen Totalitarismus gerichtet. So bedeutet Erinnerungsarbeit auch eine Begegnung mit christlichen und außerchristlichen Lebensformen, die nicht jedem und nicht zu jeder Zeit möglich sind. Der Blick auf die gemeinsame Tradition des Herkommens und die plurale Vielfalt der Deutungen dessen, was Nachfolge Jesu sein könnte, lehrt, daß keine Generation jemals das Ganze des Christentums besitzt. Durch die religiöse Bildung und Erziehung als einen das Leben begleitenden Prozeß

erhält der Mensch Anregungen zur Selbstdeutung, zur Bewußt-
werdung seiner Erfahrungen oder Erfahrungsmängel, zur moralischen Orientierung, zum Handeln und zum Verstehen der eigenen Geschichtlichkeit. Im Kennen- und Verstehenlernen der
unendlichen Deutungsarbeit am Wunder der Menschwerdung
Gottes entzündet sich seit zwei Jahrtausenden das Nachdenken
des Menschen über das Geheimnis des eigenen Hier- und Daseins. Im Spiegel der Menschwerdung, lobend, zustimmend, sich
abgrenzend, anklagend, verwerfend und in unzähligen weiteren
Formen des Sagens und Singens hat sich der Mensch selbst zur
Sprache gebracht. Aus dieser Spracharbeit ist die abendländische
Kultur mit ihren Höhen und Tiefen hervorgegangen. Mit der
Erinnerung an seine biblischen Ursprünge bewahrt die Kirche
auch dieses Erbe durch den Strom der Zeiten, bis der Herr der Zeit
wiederkommt.

EBERHARD STRAUB

! INDIVIDUUM UND GESELLSCHAFT !

Über die Enteignung des Eigentums

> »Es gibt nur das Häuflein der
> versprengten Einzelnen. ...
> Was sich stärken muß, ist das
> Gesonderte.
> Das Allgemeine ist mächtig und
> schwächlich zugleich.«
>
> Botho Strauß

Die selbstgenügsame Privatheit, die selbstgewählte Einsamkeit haben für demokratische Gesellschaften jede Würde eingebüßt. Sie gelten nicht mehr als Tugend. Sie sind zum Ausdruck unpolitischer Innerlichkeit geworden und offenbaren ein höchst unzulängliches Sozialverhalten. Wer noch immer meint, es sei sein wichtigstes Geschäft, in der Welt sich selbst angehören zu wollen, sich also nach innen zu wenden, um sein »Eigen-tum« in der Absicht zu entdecken, es vollständig zu besitzen, gerät in den schlimmen Verdacht, ein schlechter Bürger und unzuverlässiger Demokrat zu sein, gar die Mitmenschlichkeit eklatant zu verletzen, die zumindest in Deutschland Verfassungsrang erhalten soll.

Kurzum, wer das Abwartende pflegt, das Auswirkenlassen des Seins, wie Gottfried Benn es empfahl, leugnet die gesellig-demokratische Botschaft, daß der Mensch nur dann zu sich selber gefunden habe, wenn er sich unermüdlich als aufgeschlossener Sozialpartner betätigt, der Glück und Behagen gewinnt, indem er sich entschlossen um das allgemeine Wohl kümmert und moralischen Nutzen daraus zieht, sich anderen nützlich zu machen. Außerhalb der Gesellschaft oder auch nur an deren Rande gibt es für überzeugte Demokraten kein Heil. Wer sich auf sich selbst zurückzieht und »in der Einsamkeit sein eigenes Weltgetümmel«

416

(Tibull) veranstalten möchte, entfremdet sich von sich selbst, weil er seine soziale Bestimmung verfehlt. Denn für sich allein bedeutet der einzelne wenig oder nichts.

Die Gesellschaft als der große Demiurg, Schöpfer und Vollender, erlöst und befreit den einzelnen von dem klassischen Irrtum, nichts zu entbehren oder verloren zu haben, solange er nur sich selber besitze mit all seiner unantastbaren Ehre und Würde. Beides wird ihm enthusiastisch als Menschenrecht zuerkannt, allerdings unter der Voraussetzung der Sozialpflichtigkeit des Eigen-tums. Er muß sich schon als »Mensch« erweisen, wie ihn sich die »Menschenfreunde« vorstellen. Sie verfügen über die schärfste Waffe, nämlich über die Bestimmung, wer ein Unmensch ist, wer menschenverachtend denkt und handelt. In den Verdacht gerät jeder schnell, der sich absondert. Dem wird höchstens nach gründlicher Umerziehung eine gewisse Würde zugestanden, sofern der endlich Menschgewordene nicht versäumt, bis zur innersten Vollbeschäftigung dauernd Trauerarbeit zu leisten, weil er auf ureigensten Pfaden wandelte, etwa hinter sich her war und darüber den irdischen Gott, der sehr genau aufpaßt, aus den Augen verlor, die Gesellschaft des demokratischen Humanismus, also den Sozial-Demokratismus. In ihm und mit ihm und durch ihn wird jeder zu dem, was er sein soll, zum Abbild der Gesellschaft, selig in sich selbst schwingend wie die freiheitlich-rechtliche Grundordnung. Darin liegt seine Würde.

Vorlaute, mit Egoresten geplagte Sünder, die noch in der Vorhölle wahrer Mitmenschlichkeit irrend darben, nennen dergleichen vielleicht Einpassung ins *juste milieu*. Doch damit bestätigen sie nur, saumselig beim Sozialisationstraining gewesen zu sein, sonst wüßten sie längst, daß das *juste milieu* eben *juste* ist, nicht nur gerecht, sondern begründet und berechtigt in seiner Gesetzmäßigkeit, mit der es jedem das Seine zuteilt und darüber wacht, allen Anfängen zu wehren, die seine Ruhe und Behagen stiftenden Übereinkünfte durcheinanderbringen könnten. Das *juste milieu* ist die wiedergefundene Mitte, das erreichte Soziale. Von dort aus werden fürsorgliche Handreichungen jedem vermittelt, damit er nicht strauchele bei der herkulischen Bemühung um gesellschaftsfrohe Mittelmäßigkeit, sich also endlich dem ausgleichenden Maß, dem Maß der Mitte, anzugleichen und an ihm alles zu messen, was ihn umgibt. Denn sonst könnte er ganz schnell an den Rand geraten, sich ausgrenzen und gar dazu Anlaß geben, ausgegrenzt werden zu müssen, die äußerste Strafe, die soziale Kommunikationsdemokraten verhängen, sobald Eigenwilligkeiten sich bemerkbar machen und den gesellschaftlichen Konsens verstimmen.

Das unverhohlen religiöse Pathos der frühen Demokraten, die in der Gesellschaft den sich immer wieder erneuernden Gott feierten, bemühen auch die naivsten Festredner nicht mehr. Aber »das Soziale« blieb dennoch die einzige numinose Gewalt, vor der alle Einwände verstummen müssen, vor der möglichst alle in die Knie sinken sollen. Wer von ihm spricht, redet als Ergriffner, der sicher weiß, daß alles, was sozial ist, auch selbstverständlich gerecht ist. Überzeugte Demokraten dürfen deshalb einen jeden politischer wie menschlicher Unzulänglichkeit zeihen, der nicht teilnehmen mag an dem, was alle tun und sich nicht spontan in die Lichterkette der Gesinnungstüchtigen und Aufregungsbedürftigen einreiht.

Früher hieß es, der Mensch müsse sich selbst erkennen und seine Seele im einsamen Gespräch mit sich oder mit Gott retten. Die Welt stand im Verdacht, ihn von sich selbst abzulenken, ihn mit ihrer verwirrenden Geschäftigkeit zu täuschen. Ja, es wurde ihm förmlich zur Aufgabe gemacht, den Trug der Wirklichkeiten zu ent-täuschen, um Person zu werden, den göttlichen Gedanken, der in ihm angelegt, nicht zu verfehlen. Dergleichen gilt heute als aristokratischer Vorbehalt, Verletzung gebotener Mitmenschlichkeit, als erste Stufe auf dem abschüssigen Weg zu humanitätsvergessener Innerlichkeit. Denn in der demokratischen Gesellschaft wird jeder fürsorglich dazu angehalten, sich nach außen, mitten in die Welt zu begeben, um sich dort in den angemessenen Rollen selbst zu verwirklichen. Der ruhige Umgang mit sich selbst, der überlegte Rückzug ins Schweigen, bestätigt indessen nur noch, daß sich einer »verweigert«, nicht »mit tut«, »Eskapismus« betreibt, in »Irrationalität« ausweicht. Pädagogisch, wie die demokratische Gesellschaft nun einmal ist, läßt sie solch nachlässige Mitglieder nicht allein, wie Karl Jaspers treuherzig vermutete. Sie versteht sich schließlich als die Inkarnation der Vernunft und muß deshalb im »Irrationalen« ihren schlimmsten Feind erkennen. Beharrlich bemüht sie sich darum, diese Sozialhäretiker und verstockte Halbbürger zu Mitbürgern zu erziehen, sie politisch zu bilden und ihr soziales Gewissen zu schärfen, ihre Sensibilität zu wecken, um aus ihnen »aufrichtige Demokraten«, »umsichtige Verkehrsteilnehmer«, »kritische Schüler«, »sexuell gereifte Gatten« oder »organspendende Senioren« zu machen, die ein ausgefülltes Leben für andere führen.

Nicht einmal die Kirche möchte den Einzelgänger vom Stigma des unsozialen Betragens, zwischenmenschlicher Unzuverlässigkeit erlösen. Auch sie besinnt sich nur noch ungern darauf, daß Christus Martha einst riet, sich nicht um alles und jedes zu sorgen und zu kümmern, eben nicht »politisch« zu leben. Die christliche Lehre versteht sich inzwischen ebenfalls am liebsten als Soziallehre für ewige Pfadfinder. Die Großzügigkeit der sozialen Demokratie hört dort auf, wo einer behauptet, in ihr in schlechter, mit sich selbst aber in guter Gesellschaft zu sein, wenn einer Goethes freundlichem Rat folgt, »geselle dich zum kleinsten Kreis«. Die soziale Demokratie kann die freiwillig gewählte Privatheit und Einsamkeit nur als einen Zustand häßlichen Egoismus', wenn nicht gleich als eine Krankheit auffassen, weil sie den Menschen von der Gesellschaft her bestimmt. Den Eogismus kann man ausmerzen, die Krankheit heilen. Zu beidem ist die demokratische Gesellschaft unverdrossen, in ihrem Rettungseifer für jede bürgerliche Seele, bereit. Keiner muß fürchten, von ihr »nicht abgeholt«, oder darf hoffen, von ihr nicht doch eingeholt zu werden.

Gleichwohl muß sich die demokratische Gesellschaft immer

weniger mit jenen beschäftigen, die selbstbewußt den »Weg nach innen« einschlagen wollen, als vielmehr mit Menschen, die unter keinen Umständen einsam sein möchten, aber Einsamkeit als quälende Langeweile erleben. Sie fühlen sich verlassen, obschon sie emsig alle Rituale empfohlener Kommunikation vollziehen, sich in den zwischenmenschlichen Betrieb stürzen, voll im Trend liegen und sich willig dem Amüsierimpressionismus ausliefern, der »Erlebnisse« verspricht und alles zum »Erlebnis« macht. Sie haben lange genug gelernt, daß sie aus sich selbst heraus nichts vermögen, daß vielmehr erst die Gesellschaft ihnen bieten kann, was sie zu ihrem Selbstgenuß brauchen. Gemeinsam, nicht einsam lautet die gruppendynamische Devise sozialgefälliger Selbstverwirklichung. Insofern zweifeln diese enttäuschten Mitmenschen auch keinen Augenblick an der Erlösung durch die Gesellschaft und die vielen Angebote und Sonderangebote, die sie für jede zuträgliche »Orientierung« bereithält, um den heiteren Pluralismus der Stile und Formen herzustellen, der für die köstliche Heiterkeit des Daseins wirbt. Der Sozialdemokratismus als club mediterranée, das war und bleibt die Verheißung.

Wer ihn als solchen nicht »erlebt«, trotz verzweifelten Bemühens gar nichts erlebt und sich verdrossen langweilt, kommt zwar immer häufiger auf den Gedanken, ob nicht die Gesellschaft sein Unbehagen, seinen »Frust« verursache, aber gibt doch die Hoffnung nicht auf, daß in einer echt mitmenschlichen Gesellschaft, wenn sich endlich alle partnerschaftlich verhalten, miteinander und füreinander ganz einfach da sind, Glück, Zufriedenheit und Spaß gefunden werden können. Das ist schießlich eine gesellschaftliche Aufgabe, eine Herausforderung, die den Schweiß der Edlen wert ist.

Seit über zweihundert Jahren reformiert sich die Gesellschaft ununterbrochen, doch ohne ersichtlichen Erfolg für den »Mitmenschen«, der sich zunehmend in überraschender Vereinzelung eingeengt fühlt, von der er doch gerade befreit werden sollte. Staat und Gesellschaft ermöglichten nicht die »Erweiterung des Ich«, sondern üben einen dauernden Druck auf es aus. Schuld an der unvollkommenen gesellschaftlichen Wirklichkeit haben miteinander und nacheinander die Arbeitsbedingungen, der Adel, die Bourgeoisie, der Kapitalismus, die Juden, die Multis, die Kirchen, der Nationalsozialismus ohnehin, indessen selbst weitere Variationen des Sozialismus, wie der Stalins oder Maos. Der demokratische Gedanke selbst gerät kaum in den Verdacht, vielleicht gerade das zu schaffen, was ihm widerspricht, eben Einsamkeit als Langeweile. Denn die demokratische Gesellschaft stellt alles zur Diskussion, außer ihrer Verheißung, befähigt zu sein, eine heitere Organisation gleicher und freier Menschen herstellen zu können. Dennoch: Selbstentfremdung, Langeweile und Vereinzelung wurden als soziale wie ästhetische Phänomene überhaupt erst wahrgenommen, seit sich die Gesellschaft demokratisierte. Selbst solche Schriftsteller, deren demokratische Überzeugungstreue außer Zweifel steht, und das ist ja heute ein sehr wichtiges Kriterium, kamen selten oder nie auf den Gedanken, ausführlich zu schildern, welche Lust es doch sei, in einer Gemeinschaft gleicher und freier Urwähler zu leben.

Die Angst des einzelnen in seiner Vereinzelung und vor der Einsamkeit der Langeweile, der Sinnlosigkeit seines Daseins, die Ausfüllung leeren Seelenraumes mit sozialem Tand ist erstaunlicherweise ein dauerndes Thema demokratischer Kunst. Dafür werden meist die Nebenfolgen der Technik verantwortlich gemacht und der Technisierung aller Lebensbezüge. Doch die Technisierung ist ein Geschwister der Demokratisierung.

Es ist der Widerspruch der demokratischen Doktrin, der Vereinzelung und Langeweile erzeugt: Das Individuum – in liberaler Tradition – ganz und gar auf sich zu stellen und ihm zugleich zu versichern, daß es als einzelnes gar nichts vermag, sondern nur in der Gesellschaft als deren Abbild zu sich selber finden kann. Der Ebenbildlichkeit des Menschen mit Gott, mit einem persönlichen Gott, die ihm Freiheit gewährte, ihm Souveränität verlieh – was im liberalen Menschenbild als Ursprung durchaus noch vorhanden –, stellt sich die demokratische Vorstellung von der Ebenbild-lichkeit des Menschen mit der Gesellschaft entgegen, in der sich die Gattung, die Menschheit, der Mensch, in jeweils nationaler Gestalt konkretisiert. Je mehr er in der Einheit aufgeht, der Nation oder Gattung, sich vereinheitlicht, desto reiner verhilft er dem Allgemeinen zum Ausdruck. Er muß sein Eigen-tum sozialisieren, um es überhaupt gewinnen zu können. Alles, was demokratische Gesellschaften dem einzelnen garantieren, heben sie im Namen des Sozialen wieder auf. Deshalb sind Konservative von der Demokratie gekränkte Liberale und werden von Demokraten dann für »gefährlich« gehalten, weil sie sich nicht vorstellen können, die Demokratie, die sie mittlerweile mit dem Liberalismus in eins setzen, wäre überhaupt dazu in der Lage, jemanden zu verletzen.

Liberalismus und Demokratie lösen den einzelnen aus allen Gemeinschaften. Der Liberalismus im Sinne individueller Freiheit, die durch die Demokratie allerdings in Übereinstimmung mit der Gesellschaft gebracht werden soll. Nicht Menschen, obwohl von dem Menschen ununterbrochen geredet wird, machen seitdem Geschichte, nicht einmal mehr ihre ureigenste, private, sondern die Nation, die Struktur, die Rasse, die Klasse, die Konjunktur, die Parteien, das Konsumverhalten, die Sexualität, kurz, Abstraktionen und anonyme Kräfte, die zu »Protagonisten« wurden und die wirklichen Personen in die Anonymität verweisen. Die dürftigen Abstracta fordern zum »Engagement« auf, stiften Sinn, helfen in der Orientierungskrise, vermitteln die Erfahrung der Solidarität. Das ist zumindest ihre Absicht. Als aufgeklärter Europäer, tabuloser Weltbürger, tolerantes Parteimitglied, dialogbereiter Mensch unter Menschen soll der Demokrat seine allgemeine Würde finden, die er in der feudalen Epoche ganz naheliegend als Meister, Priester, Grundherr, Bauer, als Vater oder Mutter nicht umständlich zu suchen brauchte. Sie ergab sich im konkreten Leben und dessen Herausforderungen oder Verpflichtungen.

Der Druck der abstrakten Sozialordnung macht sich aber, wie

Alexis de Tocqueville beobachtete, viel unmittelbarer, lästiger bemerkbar als mancher Zwang im *ancien régime,* weil die demokratische Gesellschaft unvermittelt in die Intimität aller eindringt, die ehemals durch zwischengelagerte Organisationen vor direkten Eingriffen des Staates im Namen der Gesellschaft geschützt waren. Diese unterwarfen zwar jeden einer Reihe von Verpflichtungen, aber der Staat konnte ihn nie vollständig erfassen und reglementieren, beabsichtigte dies auch gar nicht. Die demokratische Gesellschaft wittert unentwegt staatlichen Handlungsbedarf, weil der einzelne Sand ins Getriebe streut und damit das prächtige Eigenleben des Großen und Ganzen, der Gesellschaft, stört. Die funktioniert erst dann vollkommen, wenn gesellschaftliche und individuelle Eigenwilligkeiten als staatlich konzessionierte im Regelsystem »zur Anwendung gebracht« werden dürfen.

Seit der einzelne pausenlos im Einsatz für die großen Abstracta zu stehen hat und sich nicht mehr um das Nächste und den Nächsten kümmern muß, nimmt sich der Staat als Erzieher und Vollzugsorgan der Gesellschaft das Recht, sich um alles und jedes zu sorgen. Jedes individuelle Recht wird nur noch als soziale Pflicht gewährt. Wo etwa ein Recht auf Orgasmus besteht, wird man es zuletzt öffentlichen Instanzen nicht verwehren können, Bedingungen herzustellen, die es jedem ermöglichen, in den vollen Genuß dieses Rechtsanspruches zu kommen. Sozialverträgliches Sexualverhalten – »nur mit Kondom« – ist dann selbstverständliche Bürgerpflicht und kann nicht der Laune des einzelnen überlassen bleiben. Die »politische« Erziehung will aus dem egoistischen Individuum einen »Bürger« machen. Der einzelne muß sich wohl oder übel entmündigen lassen, um in der Gesellschaft als mündiger Bürger, aber eigentlich als deren Mündel zu sich zu finden.

Die demokratische »Pädagogik« hat es mittlerweile erreicht, daß jeder einzelne, angefüllt mit sozialen Inhalten, wie er nun einmal ist, in der Gesellschaft ebenso ins Leere fällt wie in seinem Zimmer, sofern er es auch nur aushält, eine halbe Stunde mit sich allein dort zu verbringen, also ohne den Kontakt zur Gesellschaft über Radio und Fernsehen. Der Verdruß am Leben für die Gesellschaft mag noch so laut vorgetragen werden – ein Rückzug ins Private, in selbstbewußte Intimität und schützende Einsamkeit ist unterbunden. Er wird auch gar nicht vermißt. Ganz im Gegenteil, freiwillig werden Sterben und Gebären, Hochzeitsnächte und Ehekrisen veröffentlicht, um anderen »zu helfen« und sie in das allgemeine Gespräch einzubeziehen, das keine Grenzen kennen kann, weil auch das Privateste nur Ausdruck einer Gesellschaft ist, die zur dauernden Nachdenklichkeit verpflichtet ist, da alle Leiden »typisch« und hygienisch wie sozial erfolgreich bekämpfbar sind. Nur noch unter allergrößten Schwierigkeiten vermag sich einer von den anerzogenen Herdentrieben zu befreien, doch eben dies wäre die Voraussetzung dafür, sich von der großen Herde absondern zu können. Aber heute bereitet es schon ziemliche Mühe, auch nur letzte Überbleibsel des »Eigen-tums« noch aufzuspüren.

Die Suche danach kann bald ermüden, zumal sie ein unerwünschtes, »unpolitisches« Streben offenbart. Selbst wer ins »alternative Leben« aufbricht, macht das ungern allein und unter laufenden Fernsehkameras. Als Gruppe wollen »die Aussteiger« bemerkt werden und der Gesellschaft ein Zeichen geben. Auch der Protest ist vergesellschaftet und wird deshalb als gesellschaftliches Phänomen gewürdigt und einsichtsvoll behandelt. Er kann mit viel Verständnis rechnen, weil sich in ihm ein sehr dringendes Bedürfnis nach Gesellschaft äußert, vertreten von Randgruppen, nicht von einzelnen. Erst die Zugehörigkeit zur Randgruppe verschafft »Identität«, die dem einzelnen offenbar abgeht. Das einzige Skandalon, das möglich ist, liegt in dem auch für »Randgruppen« gänzlich unsozialen Begehren, nach eigener Fasson selig zu werden und nicht an der Gesellschaft zu leiden. Dann werden alle böse, denn Gleichgültigkeit gegenüber der Gesellschaft erzürnt auch jene, die an ihr leiden, weil es auch Gleichgültigkeit ihrem Leiden gegenüber bedeutet. Soziale Anteilnahme dürfen auch

»Aussteiger« und »Randgruppen« erwarten. Schließlich liegt ihre Würde darin, ein Sozialfall zu sein und zumindest auf diese Art zur Gesellschaft zu gehören.

Der angebliche Pluralismus der Lebensstile, der unbändige »Individualismus«, der sich in den freien Gesellschaften so herzerfrischend lebendig zeige, ist bei näherem Hinsehen ein Ergebnis der Warenwelt und der Werbung. Sie setzt, um alles verwerten zu können, eine demokratisierte Gesellschaft voraus, damit der Mensch zum Verbraucher aufzusteigen vermag. Seine Freiheit besteht vor allem in der Bewertungsfreiheit durch freien Konsum, die ihrerseits eine Verwertungsfreiheit der Erkenntnisse in Produkte, in Waren voraussetzt, die eine wertfreie Wissenschaft liefert. Damit die Konsumfreiheit zum »Erlebnis« wird, bedarf es der Wahl, der Auswahl, also eines ständig variablen, fast unendlichen Angebots, dessen Güter Lebensgefühle und Lebensstile vermitteln, und zwar gänzlich unverbindliche. Wäre mit ihnen eine innere Haltung verbunden, dann würden sie exklusiv und dem Zugang aller verwehrt. Die Accessoires eines »lifestyle« können teuer, müssen aber jedem zugänglich sein, der sich als Konsument für sein »Sozialdesign« entscheidet. Das ist, abgesehen vom Geld, ansonsten nur eine ästhetische Frage, mit welchen, wie auch immer »gestylten« Waren der einzelne sich als sozialästhetische Existenz zu erkennen geben möchte. Er kann, so oft wie er mag, seine Stile wechseln, die gänzlich unverbindlichen Erkennungszeichen drükken aber unmittelbar aus, zu welcher Gruppe er gerade gehört, welche »Identität« er soeben angenommen hat. Die Stilmerkmale lassen sich selbstverständlich auch mischen – Punkschmuck vom Juwelier für Führungskräfte entworfen –, darin liegt ja der Sinn ihrer Bedeutungslosigkeit, die erst als charakteristisches Attribut, das Zugehörigkeit zu einer Gruppe und Gruppenmentalität signalisiert, sozialen Sinn erhält, sogar politischen. Kleider machen nicht nur Leute, sie vermitteln Anschauungen, die anschaulich vertreten werden.

Das alles macht Spaß, und Spaß muß sein. Die schöne Menschlichkeit wird im Fitneßstudio erworben. Das schöne wilde Leben ereignet sich in den artifiziellen Ladenstraßen, Erlebnisbädern, Erlebnisräumen, die ein jeweiliges »Feeling« der Unabhängigkeit verschaffen, das in der freien Partnerwahl, im erotischen Konsum, sich zum großen Glück, zur Liebe erhebt. Die Promiskuität garantiert der demokratische Staat, um die Vergnügungen seiner Bürger nicht zu stören. Denn dazu ist er eingerichtet, um als »bevormundende Macht« die Genüsse zu sichern und die Schicksale zu überwachen, »unumschränkt, regelmäßig, vorsorglich und mild«, wie Alexis de Tocqueville, ein energischer Freund der Freiheit, fürchtete. »Die Gleichheit hat die Menschen auf dies alles vorbereitet; sie macht sie geneigt, es zu ertragen und oft sogar als Wohltat anzusehen.« Sie nehmen die Bevormundung hin, indem sie sich sagen, daß sie ihre Vormünder selber ausgewählt haben, die keinem im Wege stehen und allen zum systemkonformen Zeitvertreib verhelfen möchten. Produktions- und Konsumfreiheit sind längst zu einem moralischen Wert aufgestiegen, zur sittlichen Legitimation einer demokratischen Verbrauchergesellschaft und eines fürsorglichen Sozialstaates, den eine Reprivatisierung des Menschen in Frage stellen würde, da es einfach unsozial ist, der Aufforderung des Paracelsus zu folgen: Alterius non est, qui suus esse potest – es sei nicht eines anderen, wer sein eigener sein kann.

Sozial vernetzt, zahllosen »Versicherungen« unterworfen, Einflüssen preisgegeben, Bestimmungen verpflichtet, wird der einzelne dazu angehalten, allen das Seine zu geben, um das ihm Zuzubilligende empfangen zu dürfen, im Unterschied zu der früheren Devise, daß Staat und Gesellschaft dafür sorgen, daß in ihrem Rahmen jedem das Seine nicht nur zugeteilt, vielmehr erhalten bleibt, weil eigenen, unabgeleiteten Rechtes. Da nimmt es nicht Wunder, daß der einzelne sich selbst unwirklich wird und er, von den vielen Wirklichkeiten ermüdet, darauf wartet, daß die innere Leere mit Inhalten angefüllt wird. Es ist deshalb nur konsequent, daß Philosophen, Anthropologen, Soziologen oder Schriftsteller sich unablässig darum bemühen, dem antiquierten Menschen, dem homo sapiens, jenseits von Freiheit und Würde, zu verstehen zu geben, er solle sich als Bruder der Graugans nicht gar zu wichtig nehmen, weil es ihn doch als Person gar nicht gebe, die Vorstellung von der Person als eines unverwechselbaren Eigen-tums höchstens eine liebenswürdige Illusion sei. Als Strukturelement, eingebunden in die mannigfachsten Zusammenhänge, von denen er sich gar nicht selbstbewußt zu lösen vermöge, soll er zu seinem Vorteil sich dem mächtigen Eigenleben der Strukturen anschmiegen, die für ihn bei wechselnden Gelegenheiten vorübergehende Augenblicke ständig veränderlichen Ichbewußtseins und beliebiger Rationalitätserfahrung im Angebot bereithalten. Das so zerstreute Ich braucht nicht danach zu trachten, sich zusammenzufassen, zu einem Selbst zu finden, vielmehr gelangt es, je fragmentierter es sich im Maskenspiel der Möglichkeiten auf hypothetische, dauernd zu überholende Existenzformen einläßt, zu ungeahnten Erlebnissen.

Für die postmodernen und deshalb unmittelbar zeitgenössischen Philosophen sind die großen Themen der Geschichte, die Freiheit und Würde des Menschen, die Bemühung, sie durchzusetzen, im Zusammenhang mit einem verbindlichen Menschenbild nur noch große »Erzählungen«, beliebige Märchen, die als solche einen gewissen Erinnerungswert besitzen, wie alle erfolgreichen »Erfindungen« und Erzählungen. Sie sind vorübergehende, interessante poetische Entwürfe, die in Wettbewerb zueinander treten, sich nicht den Weg verstellen, weil sie sich gar nicht stören. Sie leben nebeneinander, gleich-gültig und gleichgültig im Anarchismus der Sprachspiele, die sich selber selig sind, weil jedes Spiel innerhalb seiner Regeln sinnvoll ist und seine eigene, nur ihm gehörende Vernunft besitzt. Die totale Pluralität der Spiele und Stile, die in einem ganz anderen Sinne, als Schiller es je meinte, bestätigen möchte, daß der Mensch nur dort frei sei, wo er spielt, feiert sich als Widerstand gegen jede Totalität, gegen den Anspruch, etwas als wahr anzuerkennen und ihm als Wahrem verpflichtende Anerkennung zu verschaffen, was unter anderem erlaubt, nicht nur Spielverderber zu sein, sondern die Unzulänglichkeiten der Spielregeln der vielen Spiele, nicht nur »just for fun«, bloßzustellen.

Ist alles nur noch Spiel, dann wird alsbald die Rationalität zum bloßen Effekt unter anderen, zum Spielmaterial bei den mannigfachen Bemühungen um geistreiche Dekonstruktion, die endlich auch das Individuum, den Dekonstrukteur erreichen, dessen Selbst auflösen, weil es nur eine Einbildung mehr ist. Das Individuum, von dem Goethe noch dachte, daß es *incommensurabel* und unerschöpflich sei, wobei er es durchaus noch mit einem Menschenbild verknüpfte, das mit der christlichen Vorstellung der unverwechselbaren Person, der Ebenbildlichkeit mit Gott, dem personifizierten Wahren, Schönen und Guten, in lockerem Zusammenhalt blieb, wird dann zur unverbindlichen Durchgangsstation für Strömungen, Einflüsse und Bewegungen, die wichtiger sind als das harmlose Ich. Das gewinnt nur eine vorübergehende Form, sofern es willig alles durch sich im abwechselnden Reigen hindurchgehen läßt, sich von allem berühren läßt, ohne etwas festzuhalten in dauernder Werdelust ständigen Wandels. Die wahre Authentizität bestätigt sich im Verzicht darauf, authentisch, unverwechselbar leben zu wollen. Die Frage der Authentizität erübrigt sich wie das Ich, das Selbst, die Person. Auch sie gehört zu den alten Erzählungen, während deren Lebendigkeit auch das »minimal self« nur ungern seine Würde darin finden mochte, das Resultat seiner Auflösung zu sein, nur Spielraum für aufleuchtende und verlöschende Zeichen und Symbole bereitzuhalten.

Das Selbst, die Person ist, wie es heißt, Simulation, wie alles übrige, eben Täuschung. Wo die Wahrheit, die den ganzen Menschen erfassen will, entfällt, dieser zur Fiktion wird, entschwindet auch die Wirklichkeit. Dann schwimmt der einzelne mit seinem Eigen-tum wie die Butter auf der heißen Kartoffel der Sozialisation, sich an alles und jedes verschwendend, seine Subjektivität, sein unendliches Stimmungspotential reizvoll erprobend. Darüber wird die ureigenste Existenz zu einem hypothetischen Experiment in einer experimentellen Welt des »Interessanten«. Vom Christentum, das ohne die Person nicht auszukommen vermag, weil es einen persönlichen Gott verkündigt, mag die demokratisch fürsorgliche Welt nicht mehr viel wissen. Denn es verlangt eine unbedingte existentielle Entscheidung, die aber gerade der herrschenden Mentalität der experimentellen Vermutungen widerspricht, die sich gegen eine unbedingte Wahrheit sträubt, die ihrer Neutralität zuwiderläuft und zuwiderhandelt. Das Christentum ist nicht »interessant«. Es spricht von Tugend und Sünde, Askese und Schwäche, von Schuld und Tränen, einem persönlichen Schicksal, von Freiheit, die verwirkt, wer sich von den öffentlichen Vormündern zu einem beliebigen Glück verleiten läßt. Es hält den einzelnen dazu an, sich selbst zu überwinden, zur Wahrheit vorzudringen und damit zum Grund seiner Existenz. Das war auch das Ziel des stoischen, des aristokratischen, selbst noch des klassizistisch-humanistischen Menschenbildes, mit der Konsequenz, unter Umständen der Gegenwart und Zukunft gar nichts schuldig zu sein. Doch von humanistischer Bildung ist unter den Menschenfreunden kaum die Rede, wenn sie vom Menschen reden. Das Pathos ihres Menschenbildes ergibt sich aus der Gleichheit des bloßen Menschseins, das alle Unterschiede aufhebt. Den Menschen auf sein nacktes Menschsein zu begrenzen, auf seine animalische Befindlichkeit, verdunkelt das Majestätsrecht des Ebenbildes Gottes: Person zu sein, in der sich mannigfaches zu einer proprietas, zu einer unterscheidbaren Eigentümlichkeit zusammenschließt. Deshalb mochten die alten verbindlichen Menschenbilder sich beim besten Willen nicht damit begnügen, daß es die Bestimmung »des Menschen« sei, glückselig ich-entronnen, sich zum stets verwechselbaren Sozialarbeiter in der politischökonomischen Solidargemeinschaft auszubilden, der möglichst »gut drauf ist«.

Doch derlei humane Absichten sind längst zu Merkmalen politischer Untüchtigkeit geworden. Gerade davor will die fürsorglich-demokratische Gesellschaft jeden beschützen; sie gewährt darum vielerlei Rechte, um jeden von dem Irrtum abzubringen, er habe ein Recht auf Unglück, auf die eigene Geschichte, auf Geschichte. Die aber ist als Schauplatz freier Tätigkeit nicht möglich, sobald die Gesellschaftsordnung, »das Soziale«, selber Gott wird und Sünde wie Tugend, die Zeit, das Gute und Böse, technisch neutralisiert. Wo alles wohlmeinend geordnet ist, bedarf es keiner freien Entscheidung, keines Gewissens, nur eines gewissenhaften Funktionierens, sonst würde die Stabilität in Frage gestellt, die Sicherheit verunsichert. Damit wird dem Menschen das äußerste versagt, unter Umständen seine Existenz aufs Spiel zu setzen, nur um seine Freiheit, seine Meinung zu behaupten. Ein solches Opfer ist auch gar nicht mehr notwendig, es erübrigt sich, weil alle erdenklichen sozialhygienischen Maßnahmen ergriffen werden, um es erst gar nicht zu Schmerz und Tränen, existentiellen Entscheidungen kommen zu lassen, jeder »Orientierung«, jedem »Ansatz« wohlwollenden Spielraum zumessend, vorausgesetzt, darüber gerät nicht in einer Welt, die nur Hypothesen duldet, der Sozial-Demokratismus in die ansonsten immer wünschenswerte Diskussion. Er ist als »Bekenntnis zum irdischen Gott« der Diskussion entzogen. Alles übrige bleibt hypothetisch.

Für Hypothesen stirbt man nicht. Dies äußerste Opfer kann nicht verlangt werden. Aber wird man von bloß hypothetischen Existenzen erwarten dürfen, daß sie bereit sind für die Demokratie zu sterben? Eine solche Entscheidung stellt sich überhaupt nicht. Demokratie ist schließlich eine Lebensform. Man lebt in ihr, man erlebt sie als ununterbrochene Animation zum mannigfachsten gemeinsamen Erfahrungsaustausch. Der aufrechte soziale Demokrat lebt für etwas, für das Leben. Für etwas zu sterben – das gab es nur während der großen Erzählungen in der Vergangenheit, als das Leben noch nicht der Güter höchstes war und die zur nackten Lebenslust dazugehörende Todesvergessenheit. Das war damals, als Uhren noch verkündeten, daß jede Stunde verletzt, die letzte aber tötet, vulnerant omnes, ultima necat. Jetzt gibt es gar keine Stunden mehr, nur das selig in sich selbst schwingende Große Ganze, das göttlich belebend jeden Mitarbeiter durchdringt und ihm herzerfrischend seine Unentbehrlichkeit bestätigt.

Sonderbaren Schwärmern, die aufgrund von Normierungsnachlässigkeit bei den Toten verweilen, gestattet der irdische Gott gelegentlich eine Nischenexistenz, solange sie in ihren Reservaten bleiben und die öffentliche Behaglichkeit nicht stören. Diese sozial Schwachen dürfen unter solcher Einschränkung Vergil und Shakespeare lesen, an Gott glauben, musizieren, die alten Sprachen pflegen, selbständig denken, träumen, sogar lieben. Sie dürfen, wovon sonst abgeraten wird, hinter sich her sein, ihren inneren Menschen ausbilden, aber selbstverständlich nur zur Abschreckung, um jeden daran zu erinnern, welche fatale Folgen einseitige, unsoziale Programmierung zeitigt. Verdächtig bleiben sie allemal, unerlöst und unglücklich, weil das Glück nur in der Gesellschaft gefunden wird. Von einem Gegenglück weiß sie nichts: »Dennoch die Schwerter halten / vor die Stunde der Welt.« (Gottfried Benn)

HARTMUT LANGE

EXISTENZ UND MODERNE
Über Selbsterkenntnis als Solidarität

»Welche Transformierbarkeit besitzt das Unsere, das Angerichtete noch? Allem Anschein nach keine mehr. Wir sind in die Beständigkeit des sich selbst korrigierenden Systems eingelaufen.« Diesem Befund von Botho Strauß, der die genormte Lebensarmut in einer auf puren Ökonomismus ausgerichteten Gesellschaft umschreibt, sollte man noch etwas hinzufügen. Strauß ekelt es vor einer schamlosen, durch die Medien multiplizierten Öffentlichkeit, aber da ist noch etwas anderes, etwas, das die Schamlosigkeit unter der wir leiden, irritationslos und damit unangreifbar macht: Wo sich das Leben immer nur auf sich selbst bezieht, entsteht transzendenzlose, empfindungsarme Tautologie, wie sie uns der Literaturkritiker Marcel Reich-Ranicki unlängst vorgeführt hat. Auf die Frage, ob er nach dem Tod etwas erwarte, antwortete er sinngemäß: Nichts, gar nichts. Er bedaure höchstens, die nächste Nummer des Nachrichtenmagazins »Der Spiegel« nicht mehr lesen zu können.

Hier haben wir die Wiederkehr des Gleichen schon zu Lebzeiten, ohne jede Bedürftigkeit nach Transformation, und hier erst beginnt, wie ich meine, »die Beständigkeit des sich selbst korrigierenden Systems«, hier erst jener »Aufklärungshochmut«, der glaubt, wo Transzendentes von jeher nicht erkannt werden konnte, sei kein Transzendenzbegehren. Hier, wo die eigene Sterblichkeit irritationslos auf die Witzseite des Feuilletons gesetzt wird, ist auch das letzte Loch verstopft, das letzte Geheimnis aus der Welt gejagt, hier erst wird Kaltschnäuzigkeit zum Gesamtkunstwerk, und so soll es uns auch durch das Wunder der Elektronik bis in die letzte Zimmerecke nahegebracht werden. So wird uns die allerneueste Belletristik anempfohlen, oder wir können auf einem anderen Kanal der Erörterung beiwohnen, ob es zweckmäßig sei, Tote einem Crashtest auszusetzen, um die Überlebenschancen von Autoinsassen zu verbessern. Erörterbar ist hier alles, transformierbar gar nichts mehr, »das System zu analysieren, heißt die Schuldlosen zählen«, schreibt Botho Strauß, und tatsächlich:

Ein System, das sich beim Erörtern erster, vorläufiger, allerletzter Fragen derart selbstherrlich verhält, wird zur tabutoten Zone, in der keine Betroffenheit, kein Nachdenken, keine Ratlosigkeit, keine Stille mehr entstehen kann. Es ist die ».... Totalherrschaft der Gegenwart, die dem Individuum jede Anwesenheit von unaufgeklärter Vergangenheit, von geschichtlichem Gewordensein, von mythischer Zeit rauben und ausmerzen will«.

Trotzdem: Ist dieses System nun ein zerbrochener Krug, wie Strauß andeutet, und ist hier die Zeit ein für allemal ausgelaufen? Ich denke nein. Strauß hat uns mit seinem Essay »Anschwellender Bocksgesang« mutige und ganz ungewöhnliche Denkanstöße gegeben. Es sind unzeitgemäße Betrachtungen, und das Aufregende daran ist nicht die wohlfeile modische Sezession. Es sind provokative Grenzüberschreitungen, wenn Strauß etwa Fremdenhaß als Akt der Selbstreinigung definiert oder die Resurrektion des »Führers« gegen die Langeweile der Bonner Republik in Rechnung gestellt wissen will. Das ist aufregend, aber es ist ein Spiel mit dem Feuer. Strauß sollte bedenken, daß Diktaturen unter den Bedingungen der Massengesellschaft weitaus kunstfeindlicher sind, als korrupte, durch die Medien in die Beliebigkeit abgefälschte Demokratien. Benns Erfahrung sollte uns allen immer noch eine Warnung sein, und man sollte auch kein falsches Elitebegehren in die Welt setzen, indem man schreibt: »Die Intelligenz der Massen hat ihren Sättigungsgrad erreicht. Unwahrscheinlich, daß sie noch weiter fortschreitet und 10 Millionen RTL-Zuschauer zu Heideggerianern würden.«

Heidegger ist als Philosoph schwer zugänglich, aber die Quintessenz seines Denkens ist keine Anleitung, wie man sich ins Elitäre transzendieren lassen kann. Es gibt keinen Satz von Heidegger, der den Ruf zum eigentlichen Seinkönnen des Menschen vom Sättigungsgrad seiner Intelligenz abhängig macht. Jede Reinemachefrau, auch als RTL-Zuschauerin, hat bei ihm die Chance, ihrem Leben, wenn sie es nicht schon getan hat, einen Sinn zu geben. Die Wahrheit, auch die philosophische, ist eine Qualität vor Urteilen, die keinen Anspruch darauf hat, auf ihren eigenen Grund, auch wenn sie von diesem unerkannt bleibt, herabzuspucken.

Gehen nun die Poeten den Philosophen, weil sie die Sicherheit des Somnambulen für sich beanspruchen dürfen, mitunter einige Schritte voraus? Botho Strauß scheint uns hierfür ein Beispiel zu geben. Seine besondere Fähigkeit ist das gedanklich Zwielichtige, der schöngeistige »Jargon der Uneigentlichkeit«, die Vorsicht des berührungsscheuen Hypochonders, und die Landschaft, die er uns erschließt, bleibt merkwürdig unerhellt, und doch werden, und vielleicht nur auf diese Weise, Wahrheiten als Andeutungen, als nur im Schemenhaften sich realisierende Assoziationen deutlich. In diesem Sinne hat Botho Strauß dem ermüdeten, erschlafften Zeitgeist unserer Tage tatsächlich neue Wege gewiesen. Ob er dies für eine Neue Rechte getan hat, wie behauptet wird und wie er seine Ambitionen selbst umschreibt . . .»Rechts zu sein, nicht aus billiger Überzeugung, aus gemeinen Absichten, sondern von ganzem Wesen . . .« usw., dies liegt nicht in seiner Macht. Also sollte man fragen: Was will die Neue Rechte? Worauf sind ihre Eliten aus, und sind sie überhaupt imstande, einer neuen Zeit Impulse zu geben, die ohne sie undenkbar wären?

Hans-Dietrich Sander hat vor Jahren eine Streitschrift herausgegeben, »Die Auflösung aller Dinge«, die programmatisch gemeint ist. Sie ist, meines Erachtens nach, der einzige ernsthafte Versuch, die Neue Rechte geschichtsphilosophisch zu verpflichten und einzuordnen.

Für Sander ist die Verbindung von Geist und Ort ein existentielles Moment im Leben und Überleben der Deutschen. Er benennt ein Volk, dem die Entortung als Schicksal seit Jahrtausenden aufgebürdet wurde, das jüdische, und eben dieses Volk deutet er als Verhängnis, da es die »Entortung« der Deutschen initiiert und beschleunigt habe. Resultat einer solchen Entortung über Jahrhunderte sei die Moderne, die entwurzelte Existenz jenseits von Raum und Zeit, die im Nihilismus und zuletzt unweigerlich in der Auflösung aller Dinge endet. Für Sander war der Nationalsozialismus der gescheiterte Versuch, wenigstens die Deutschen von der Herrschaft der Moderne zu befreien, und »die Liquidierung der Juden im Zweiten Weltkrieg«, ich zitiere Sander, »war weder einmalig, noch unvergleichlich. Sie war für die Deutschen ein Zwischenspiel von ungewohnter Grausamkeit, für die Juden ein grausiger Akt der Normalität ihrer Geschichte.«

Alle Folgen, alle näheren Verwicklungen einer völkischen und geistesgeschichtlichen Entortung werden mit beinahe enzyklopädischer Akribie vorgeführt und mit Beispielen immer und immer wieder unterfüttert. Spinoza hätte die Aufklärung dämonisiert, Marx die soziale Bewegung, Trotzki die Weltrevolution, Wittgenstein sei Philosophie nur noch als Sprachanalyse gelungen.

Es sind besonders die assimilierten Juden und deren »orientalischer Rationalismus«, die als Vorläufer der Moderne namhaft gemacht werden, und Sanders Zeugen sind unter anderen Spengler, dem der faustische Geist bejahende, der jüdische zerstörende Aufklärung bedeutet, oder Fromer, dem die moderne Kultur eines Tages als »Kirke den rassestolzen Mann in seinen felsenfesten Grundsätzen erschüttert«, oder Mommsen, für den die Juden schon in der Römischen Antike national dekompensierend, also kosmopolitisch wirkten.

Ich will dies alles jetzt, vor allem Sanders Replik über die Normalität der Judenausrottung, nicht moralisch deuten, das läßt Sanders Argumentationstaktik auch gar nicht zu. Ich will ihm auch keinen Judenhaß unterstellen. Es reicht hier der Hinweis: Was

Sander anbietet, enthält nichts Neues. Es ist Kultur- und Gesellschaftskritik aus der Vor- und Nachzeit der Jahrhundertwende, also aus zweiter oder dritter Hand, und wir wissen, daß sich diese Kritik vorwiegend antisemitisch geäußert hat. Sander hat durchaus Originelles zu bieten, etwa, wenn er im Kapitel »Totentanz« Benjamins Überlebenskampf feinfühlig nachempfindet. Aber zuletzt verfälscht er doch alles wieder zur Säkularisationstragödie eines Juden. »So erscheint der Selbstmord als Quintessenz der Moderne«, resümiert er Benjamins Ende, und dies ist nun wirklich eine deduktive Verkürzung, die keiner ernsthaften Prüfung standhält.

Interessant ist vor allem, daß Sander in seiner Argumentation den frühen Heidegger, eben den Verfasser von »Sein und Zeit«, außer acht läßt und sich nur vage auf den späten Heidegger bezieht, mit der Bemerkung, Heidegger hätte vor 1933 Kathederphilosophie betrieben. An anderer Stelle benennt er die Weimarer Republik herabsetzend als »Wiege der Existenzphilosophie«. Und hiermit wären wir beim Thema. Eine Kritik der Moderne, die die Seinsanalyse Heideggers unterschlägt, retuschiert den Sachverhalt, den sie kritisch durchleuchten will. In Wahrheit ist die Moderne, die Sander ganz richtigt als Prozeß der Entortung versteht, kein Produkt jüdischer Dämonisierung, sie ist eine seinsgeschichtliche Tendenz, und wenn Sander schon so frei ist, den Holocaust an den Juden als »grausigen Akt der Normalität ihrer Geschichte« zu definieren, so sollte er vor der Natürlichkeit im Zustandekommen der Moderne nicht unerbittlich die Augen verschließen. Die Moderne ist nicht nur ein Produkt der Aufklärung, sie ist ein Produkt der Selbsterkenntnis des Menschen, die auch Heideggers ontologische Existenzphilosophie hervorgebracht hat, und es ist eben nicht »Imitatio Ahasveri«, die uns Nachkriegsdeutschen ruhe- und richtungslos umtreibt. Es ist eine existentielle Krise im Selbstbewußtsein des 20. Jahrhunderts, die wir, wie andere Völker auch, an uns selbst erfahren haben.

Eine Neue Rechte, die sich irritationslos auf altbackene, überkommene, völkische, eben auf Prämissen aus der Blut- und Bodenromantik bezieht, kann auf die Dauer keine neuen Ufer und damit keinen Einfluß gewinnen. Sie würde der falschen Gewißheit der Neuen Linken, daß der Welt, die aus den Fugen geraten ist, nur mit den Mitteln eines rigorosen Rationalismus geholfen werden kann, lediglich eine andere, aber ebenso falsche Gewißheit entgegensetzen, nämlich, daß die Welt am rigorosen Rationalismus ihrer Gegner aus den Fugen geraten ist und daß es also lediglich darauf ankommt, diese Gegner und ihren Rationalismus zu bekämpfen. Beide Positionen vergrößern das Übel. Sie führen zu jenem anschwellenden, wechselseitigen Bocksgesang, den Botho Strauß an den Deutschen diagnostiziert hat, und eine falsche Gewißheit, so oder so determiniert, verhindert immer wieder, daß wir uns auf Möglichkeiten, die im Ungewissen verborgen sind, besinnen. Die Ideen einer Volksgemeinschaft, einer Nationalkultur, das Bedürfnis nach Familie, Heimat, Kameradschaft, meinetwegen auch nach staatspolitischer Geborgenheit, werden um so kostbarer, je eindringlicher wir wissen, daß dies alles gegen unsere grundlos geworfene Existenz errungen werden muß und nicht gegen einen rassischen oder sozialpolitischen Feind, den wir nur allzugern und allzurasch auf die andere Seite der Barrikade setzen.

Die Rezeption Heideggers, die von den Linken mit dem Hinweis auf seine Mitgliedschaft in der NSDAP grundsätzlich verweigert wird, wird von der Rechten ebenso verweigert, indem man auf den späten Heidegger, auf den »Bewohner des Feldwegs« oder den »Hüter des Seins« usw. verweist, und indem man Heidegger vor pauschalen Anwürfen der Linken ebenso pauschal in Schutz nimmt und so im Einflußlosen beläßt.

Die Stalinisten haben die Existenzphilosophie als ontologischen Befund einer Angstpsychose, ausgelöst durch die Bedingungen des Spätkapitalismus, interpretiert. Sander versucht etwas ähnliches, wenn er uns mitteilt:»Karl Löwiths Max-Weber-Bild ist im Ergebnis eine genaue Beschreibung der Geburt des Existentia-

437

lismus aus der Ohnmacht des einzelnen Menschen vor den Institutionen der späten parlamentarischen Demokratie.«

Was wäre nun der rigorose Rationalismus, und wie könnte man z.B. Wittgensteins frühe Philosophie kritisch werten, ohne sie, wie Sander es versucht hat, als Beispiel jüdischer Dämonisierung zu denunzieren? Zunächst einmal will der rigorose Rationalist die Vorstellungswelt und damit die Welt der Mythen, der Projektionen, das spekulative Denken, den willkürlichen Impuls im Empfinden usw. aus der Sphäre der Realität und damit des Wahrnehmbaren eliminieren. Wittgenstein schrieb in seinem Tractatus logico-philosophicus: »Die richtige Methode der Philosophie wäre eigentlich die: Nichts zu sagen, als was sich sagen läßt, also Sätze der Naturwissenschaft . . .« Und in der Einleitung zur selben Abhandlung wird er noch deutlicher: »Was sich überhaupt sagen läßt, läßt sich klar sagen; und wovon man nicht reden kann, darüber muß man schweigen. Das Buch will also dem Denken eine Grenze ziehen, oder vielmehr – nicht dem Denken, sondern dem Ausdruck der Gedanken: Denn um dem Denken eine Grenze zu ziehen, müßten wir beide Seiten dieser Grenze denken können (wir müßten also denken können, was sich nicht denken läßt). Die Grenze wird also nur in der Sprache gezogen werden können, und was jenseits der Grenze liegt, wird einfach Unsinn sein.«

Der frühe Wittgenstein fordert einen philologisch-philosophischen Positivismus, der auch die Literaturszene der sechziger Jahre in Deutschland geprägt hat, und Bertrand Russell, einer der Förderer Wittgensteins, war ehrlich genug, im Jahre 1931 einzugestehen, daß es ihm nicht gelungen ist, Mathematik und Gott in eine Kongruenz zu zwingen. »Warum in dieser Welt leben, warum gar sterben«, formulierte er ratlos und verzweifelt. Es ist das Eingeständnis eines Mannes, der die Vorstellungswelt in der Erkenntniswelt radikal auflösen wollte, und auch der frühe Wittgenstein versucht mit seinem Verdikt, »Es gibt allerdings Unaussprechliches, dies zeigt sich, es ist das Mystische«, die Vorstellungswelt ein- für allemal herabzusetzen.

Nun ist die Vorstellungswelt des Menschen ebenso real wie die Erkenntniswelt, und strenggenommen kann man dem Denken gar keine Grenze ziehen. Wovon ich nichts wissen kann, aber doch etwas wissen will, dies ist durch mich schon in der Welt, und ich kann durchaus denken, was sich nicht denken läßt, und was Wittgenstein jenseits exakten Denkens einfach Unsinn nennt, ist wieder Realität, die durch logischen Positivismus lediglich ignoriert, aber nie wirklich weggezaubert werden kann. Der Mensch erkennt nicht nur, er transzendiert auch, dies entspricht seiner ontologischen Struktur, und der modernen Psychiatrie sind fixe Ideen, pure Einbildungen, gedankliche Schimären usw. durchaus wieder zur Erkenntniswelt geronnen.

Was Wittgenstein, Russell und die ganze Schule des philosophischen Positivismus bis in die zwanziger und dreißiger Jahre hinein versucht haben, war der wissenschaftlich formulierte Hochmut gegenüber dem spekulativen Denken, das durch die Phantasie gespeist wird, es war die dogmatische Aufspaltung von Intellekt und Empfindung, und es war ein Schritt zurück hinter die Erfahrungen des 19. Jahrhunderts. Schopenhauer wußte sehr wohl, daß im Selbstbewußtsein Intellekt und blinder Wille auseinanderfallen. Kierkegaard wußte, daß das pure Erkennen ohne Transzendenzbezug zu keinem Resultat führen kann. Der rigorose Rationalist, auch in seiner alltäglichen Spielart, glaubt aber, daß der Mensch sich lediglich richtig determinieren soll:

Wer hungert, der muß essen, wer friert, soll sich warm anziehen, wer einsam ist, soll heiraten, wer sich langweilt, soll kreative Zirkel besuchen, wer ungern Steuern zahlt, wähle eine alternative Partei. Soziologie, Politische Wissenschaft, Jura, Medizin, Computertechnik usw., sie alle basteln im allgemeinen, wie die politischen Parteien im Konkreten, an Methoden und Formeln, wie man den Bürger zufriedener, einsichtiger, am Ende glücklicher machen kann. Wir leben in einer den Prämissen der Aufklärung, dem Zwang zum Affirmativen verpflichteten Zivilisation, der die existentiellen Bedingungen der täglichen Geschäftigkeit aus dem Sinn und damit aus dem Gedächtnis entschwunden ist, und wir finden heute die Durchmischung, ja die Ununterschiedenheit von Erkenntnis und Vorstellung, von Denken und Empfindung, von Realitäts- und Transzendenzerfahrung beinahe nur noch in der Kunst.

Bertrand Russell äußerte nach dem Kriegsverbrechertribunal in Nürnberg: Der europäische Nihilismus hätte in Nietzsche und Hitler seine historische Chance erhalten und ein für allemal verspielt, mit ebensolchem Recht könnte man aber heute behaupten: Auch der rigorose Rationalismus hatte in diesem Jahrhundert seine historische Chance und hat die aus den Fugen geratene Welt keineswegs bessern können.

Was wäre nun eine mögliche Antwort auf den rigorosen Rationalismus, und muß sich eine Neue Rechte in Deutschland, kaum konstituiert, wieder in nationalistischen, rassistischen Wünschen und Vorurteilen verlieren? Gäbe es einen Entwurf zu neuen Ufern hin, und könnte man eine humanistische Kontinuität, wie sie die Linke seit jeher für sich beansprucht, auch für das konservative Lager geltend machen? Thomas Mann hat, meines Wissens nach, das erste Mal darauf hingewiesen, daß auch die Rechte in Deutschland, bevor sie vom Nationalsozialismus in den Brandgeruch der Barbarei zurückgetrieben wurde, ihre philosophischen Ziehväter hatte. Es waren vor allem Schopenhauer, Kierkegaard, Nietzsche, ab 1926 tritt Heidegger mit hinzu, dessen Existenzphilosophie allerdings jede politische Klassifizierung übersteigt.

Vielleicht sollte man sich, nach dem Zusammenbruch einer durch rigorosen Rationalismus motivierten Zivilisation, tatsächlich Schopenhauers Skepsis gegenüber dem Intellekt wieder in Erinnerung rufen. Die Welt zeigt sich heute deutlicher denn je nicht als Gelegenheit zur Vernunft, sondern als »Wille und Vorstellung«, die bis zur tödlichen Erschöpfung aneinandergeraten

440

sind. Eindringlich erfüllt sich auch die Behauptung Nietzsches, daß der Mensch ohne Instinktschiene ein nicht festgesetztes Tier sei und daß der Intellekt diesen Sachverhalt nicht bessert, sondern lediglich bis in den Willen zur Bosheit hinein pervertiert. Und auch die Sorge Kierkegaards, wie man den Menschen, der sich dem regellosen Risiko überläßt, doch noch sicher in die Zucht und damit in die Obhut eines allmächtigen, gerechten und liebenden Gottes zurückgewinnen kann, ist als Transzendenzbegehren wieder aktuell.

Heidegger definiert den Menschen, jenseits aller Sozialutopien, zunächst einmal als das, was er seiner ontologischen Struktur nach ist – als eine ohne ihren Willen in die Welt geworfene Einzelheit. Hier widerspricht Heidegger schon jeder Ideologie, die den einzelnen unter das System ihrer gesellschaftlichen Ideen und Absichten subsumiert. Selbsterkenntnis und damit Zwang zur Ethik entsteht für Heidegger aus dem gedanklichen Vorlauf zum Tode. Wer erkennt, daß er wesentlich Sein zum Tode ist, wird um so konsequenter auf die kurze Spanne seines Lebens verwiesen und kann aus dieser Selbsterkenntnis eine Geste der Solidarität mit dem anderen seinesgleichen entwickeln. Es wäre Nächstenliebe aus Eigenliebe, die Hilfskonstruktionen einer aus Vermittlungen zusammengesetzten Ethik überflüssig macht, denn Heideggers Gewissensauslegung zielt auf die existentielle Emanzipation des einzelnen: Wer aus nichtigem Grund in diese Welt geworfen ist und eben diese Nichtigkeit als Grund selbst zu übernehmen und wie eine Schuld abzuarbeiten hat, wie sollte der noch von Parteiprogrammen oder sonstigen politisch motivierten Hilfsversprechen zu beeindrucken sein? Heideggers Begriff der Seinsvergessenheit schließlich kann als radikale Sozial- und Gesellschaftskritik gelten, da sie an dem staatlichen und sonstwie öffentlich hergestellten Gerede die Unmöglichkeit des konkreten Menschen, zur Selbsterkenntnis zu gelangen, bloßlegt. Um sie zu finden, braucht es vielmehr die Abkehr von der sich aufdrängenden Allgemeinheit bis hin zum Erlebnis existentieller Unbehaustheit.

Unter dem unbestechlichen Blick ontologischer Wahrheit bleibt also immer der einzelne und nicht, was ihn an gesellschaftspolitischer Macht übersteigt, der Grund und das Ziel aller Aufmerksamkeit, eine Anstrengung, die auch einer Neuen Rechten gut zu Gesicht stehen würde.

»Dasein heißt – Hineingehaltenheit in das Nichts« – vor diesem Satz besteht keine nationalistische Parole mehr, aber auch keine Sehnsucht nach einer verlorengegangenen völkischen Identität. »In der Unheimlichkeit steht das Dasein ursprünglich mit sich selbst zusammen« – vor diesem Satz besteht kein Rassegedanke mehr, auch kein Versprechen einer kollektiven, möglichst staatspolitisch definierten Geborgenheit. »Dasein ist Seiendes, dem es als In-der-Welt-Sein um es selbst geht« – mit diesem Satz wird dem heutigen Menschen die schmerzhafte Erfahrung seiner Einzelheit aufgebürdet. Es sei denn – und dies wäre eine Flucht vor der eigenen Subjektivität, eine Hinwendung zum allgemeinen öffentlichen Gerede – es sei denn, man entschließt sich, den Wahrheitsbefund der Ontologie, den die Moderne hervorgebracht hat, zu ignorieren. »Über die Linie« – auch Ernst Jünger hat geglaubt, man könne den Nihilismus unseres Jahrhunderts mit dem Willen zu einer neuen Sinnstiftung überwinden, und Heidegger antwortet, daß eben dieser Nihilismus dem Menschen durchaus immanent sei und daß der einzelne – immer die Bedrohung durch die eigene Nichtigkeit im Bewußtsein, also in diesem Sinne unerlöst – die Möglichkeiten seines eigentlichen Seinkönnens trotzdem ergreifen muß.

Fazit: Die Deutschen haben 49 Jahre nach dem Ende des 2. Weltkriegs allen Grund, die politische Asymmetrie ihrer Gesellschaft, die das linke Spektrum bis in die Meinungsführerschaft hinein protegiert, das rechte Spektrum durch Faschismusverdacht bis zur Unerheblichkeit niederhält, endlich aufzukündigen. Wir brauchen dringend eine neue Rechte, allerdings nicht die allzubekannte, deutschnationaltümelnde Aggressivität, die Stettin, Königsberg oder Breslau als angestammtes Kulturgut zurückerobern

will. Und bitte auch keinen Antisemitismus mehr! Und keine Denunziation der Moderne! Die Linke hat ihre geistigen Ziehväter
aus den Augen verloren, eine neue Rechte bräuchte sich ihrer
Ziehväter nur zu erinnern. Freilich, wenn sie es täte, wären Begriffe wie links und rechts nur noch ein Schattenboxen. Politische
Klassifizierungen dienen zuallererst der Politik. Jenseits aller Politik wissen wir, daß Heidegger Sartre und Camus beeinflußt hat
und daß er letztlich auch der Ziehvater des linken französischen
Existentialismus war.

V. EINHEIT

»Man kann tun, was man will: morden oder beten, revolutionieren oder freie Parlamente wählen – irgendwann zerbricht jede Form, die Krüge zerbrechen, und die Zeit läuft
aus. Und man wird anschließend wiederum alles aufklären
und nachträglich die trügerischen Vorhersehbarkeiten, die
trügerischen Gesetzmäßigkeiten bloßlegen bzw. konstruieren. Dabei handelt es sich um Verwerfungen, die aus
dem schwerverständlichen Rumoren des Angerichteten,
aus dem Erdinnern alles dessen, was wir mit viel Erfolg betrieben haben, beinahe zwangsläufig hervorgehen.«

Botho Strauß

STEFFEN HEITMANN

REVOLUTION UND WENDE

Über den schwierigen Aufbau des vereinten Deutschlands

In den Vorträgen, die ich in den letzten Jahren vielerorts in Deutschland gehalten habe, hatte ich meist eine Passage, die ich »Die Revolution und ihre ambivalenten Ergebnisse« genannt habe. Meine erste These lautete: »Es war eine Revolution.« Der Begriff »Wende« ist unangemessen, nicht nur deshalb, weil er von Egon Krenz stammt, sondern auch deshalb, weil er die Vorgänge von 1989/90 unzulänglich beschreibt. Ein Staat ist verschwunden, eine neue Rechts- und Wirtschaftsordnung ist errichtet. Daran haben gewiß viele Faktoren mitgewirkt. Entscheidend aber waren der Wille und das disziplinierte Wirken der Menschen. Es war eine Revolution.

Meine zweite These lautet: »Es war eine friedliche Revolution.« Die Besonderheit dieser Revolution lag in ihrem moralischen Impetus. Man denke etwa an den merkwürdigen Revolutionsruf »Schämt euch!«, den man der Polizei zurief, wenn Demonstrationszüge an den Polizeipräsidien vorbeizogen. Der moralische Impetus drückte sich vor allem in zweierlei aus: einmal im Streben nach Friedlichkeit und zum anderen im Streben nach Wahrhaftigkeit. Die Friedlichkeit äußerte sich in einer schier grenzenlosen Toleranz gegenüber den Herrschenden. Und die Wahrhaftigkeit äußerte sich besonders im Bestehen auf der Öffnung der Staatssicherheitsakten. Das war der Kern der Revolution, fast wäre der Einigungsvertrag an dieser Frage gescheitert. Daß diese Revolution friedlich verlaufen ist, ist ein hoher Wert, der immer wieder in Erinnerung gerufen werden sollte.

Meine dritte These lautete: »Die Friedlichkeit hat eine Kehrseite.« Der Begriff »friedliche Revolution« ist ein Widerspruch in sich. Die revolutionäre Energie war gebremst. Aus der Friedlichkeit hat diese Revolution nicht nur ihre Würde, sondern auch ihre Schwäche bezogen. Es gab keine konsequente Beseitigung der bisherigen Führungseliten, sondern sie wurden möglichst vorsichtig und unbeschädigt mit in den Rechtsstaat hinübergenommen.

Das beste Beispiel dafür ist die Mutation der SED zur PDS, die sie in rechtlicher Kontinuität in den Deutschen Bundestag führte. In den anderen Ostblockstaaten verlief die Revolution wenig anders. Deshalb hat zum Beispiel für Ungarn Margareta Mommsen von der »ausgehandelten Revolution« gesprochen und Adam Krzeminski für Polen von der »sich selbst beschränkenden Revolution«. In Deutschland wurde diese Kehrseite der Friedlichkeit aber noch verstärkt durch die deutsche Besonderheit: die Wiedervereinigung. Hans Hugo Klein hat die Revolution daher zutreffend als »nationale Revolution« bezeichnet. Die revolutionäre Energie war nicht nur gebremst durch den moralischen Impetus der Exponenten der Revolution, sondern auch durch das notwendige Einfügen des Ostteils in den Westteil unseres Vaterlandes mittels des Einigungsvertrages. Maßgebliche Kräfte des Ostens wollten überleiten und nicht erneuern. Und – in anderem Sinne – maßgebliche Kräfte des Westens wollten einfügen und nicht erneuern. Beiden Kräften konnte eine selbstkritische Besinnung nur hinderlich erscheinen.

Bisher habe ich immer die Auffassung vertreten, diese Besonderheiten unserer Revolution würden unschädlich für die Zukunft bleiben, weil einerseits die Strukturen des Rechtsstaates Freiheit und Demokratie sichern und weil andererseits die freiheitliche Lebensform der neuen Gesellschaft überzeugt.

Inzwischen zweifle ich, ob man sich damit beruhigen darf. Die hohen Gewinne der PDS bei den letzten Wahlen haben mich erschreckt. Über das gute Abschneiden der großen Volksparteien und die niedrigen Ergebnisse der Republikaner habe ich mich deshalb nicht recht freuen können. Ebenso erschreckt hat mich aber auch die zunehmende Bereitschaft der demokratischen Parteien, die PDS als Partner zu akzeptieren. Dabei denke ich nicht nur an die Minderheitsregierung in Sachsen-Anhalt, die dabei ist, sich an die PDS zu verkaufen. Auch CDU-Landräte haben sich mit Stimmen der PDS wählen lassen. Und es erschreckt mich, daß die Erfolge der PDS im Westen weithin als zu vernachlässigendes Ostproblem von temporärer Bedeutung bewertet werden. Ich glaube, daß das eine Fehleinschätzung ist und daß eine ernste Gefahr für den demokratischen Rechtsstaat heraufgezogen ist. Ich habe über meine Thesen neu nachdenken müssen. Das Ergebnis fasse ich in die Sätze: Die Revolution verkommt zur Wende. Überleitung siegt über die Erneuerung.

Unsere Revolution setzte auf Friedlichkeit und forderte Wahrhaftigkeit. Sie wollte die Unterdrücker nicht an die Laternen hängen, sondern ihr Unrecht offenlegen und – soweit möglich – der Bestrafung durch rechtsstaatliches Strafrecht zuführen. Das ist gescheitert. Meines Erachtens gibt es zwei Gründe dafür.

Der erste Grund ist von struktureller Art: Das rechtsstaatliche Strafrecht ist nicht für Revolutionen gemacht. Der Rechtsstaat ist objektiv nicht in der Lage, versäumte revolutionäre Akte nachzuholen. Vom Rechtsstaat kann man jetzt nicht das verlangen, wozu man zu DDR-Zeiten oder in der Revolutionszeit sich nicht in der Lage sah oder zu feige war. Es gilt das Rückwirkungsverbot für Strafgesetze, es gilt das Prinzip des persönlichen Schuldnachweises. Die Mittel des rechtsstaatlichen Strafrechts reichen nicht aus, etwa einen »Maßnahmeplan zur Zersetzung der Persönlichkeit«, wie er immer wieder in den Akten der Staatssicherheit zu finden ist, angemessen zu bewerten. Das strukturelle Unrecht, die Zerstörung der Lebenschancen unzähliger Menschen, lassen sich mit den Mitteln des Strafrechts nicht in persönliche Schuld einzelner Täter verwandeln. Dieser strukturelle Grund setzt der strafrechtlichen Ahndung von SED-Unrecht enge Grenzen. Aber innerhalb dieser engen Grenzen ist konsequente Strafverfolgung durchaus möglich, wenn man denn will. Und das ist der zweite Grund des Scheiterns: Es mangelt am politischen Willen zu konsequenter Strafverfolgung der SED-Täter. Da sind sich ostdeutsche »Überleiter« und westdeutsche »Einfüger« merkwürdig einig. Das beginnt bereits im Vorfeld des Strafrechts, bei den Bemühungen um politische Hygiene in politischen Gremien und im öffentlichen Dienst.

Einige Beispiele: Ein Ministerpräsident, der unbestritten unzählige konspirative Gespräche mit der Staatssicherheit geführt, von ihr Orden und Geschenke erhalten hat, bleibt nach einer großangelegten Reinwaschungsaktion unerschüttert im Amt und einer der beliebtesten Politiker im Osten. Bedeutende Politiker denken immer wieder öffentlich über die Schließung der Akten der Staatssicherheit nach. Politiker quer durch mehrere Parteien, neuerdings auch emeritierte Verfassungsrichter, sprechen von einem »Klima der Vergeltung« und fordern eine Amnestie für Spitzel der Staatssicherheit und SED-Unrechtstäter. (Dabei ist merkwürdig genug, daß die, die jetzt nach Amnestie rufen, oft dieselben sind, die über die mangelnde Aufarbeitung des Nazi-Unrechts nach 1945 klagen.)

Dazu noch zwei besonders symbolträchtige Handlungen: Als der – inzwischen verstorbene – langjährige Diktator des Ostteils unseres Landes aufgrund eines juristisch fragwürdigen Urteils wie ein Staatsgast beflissen außer Landes gebracht wurde, bedankte sich das – inzwischen außer Dienst getretene – Staatsoberhaupt unseres wiedervereinigten Landes beim Präsidenten des Berliner Verfassungsgerichtshofs für das Urteil, und später stattete er Chile seinen Dank ab für die Aufnahme des Diktators. Ein früherer Bundeskanzler besucht den Unterhändler der Staatssicherheit beim Menschenverkauf der SED, der unter anderem der Erpressung und der Untreue beschuldigt wird, demonstrativ in der Untersuchungshaft.

Ist es danach verwunderlich, daß Richter Wahlfälschung in der DDR als läßliche Sünde ansehen, allenfalls einer Verwarnung würdig, und dem Bundesgerichtshof Mandantenverrat an die Staatssicherheit allein nicht genügt, einem Rechtsanwalt die Würdigkeit zur Ausübung seines Berufs abzusprechen? Ist es danach verwunderlich, wenn nach dem Legalitätsprinzip ermittelnde Staatsanwälte müde werden oder resignieren? Östliche »Überleiter« und westliche »Einfüger« haben ein Interesse daran, die strafrechtliche Ahndung von SED-Unrecht ad acta zu legen.

Durch die Enteignungen, gezielte ökonomische und rechtliche Maßnahmen, aber auch durch unablässige Indoktrination war bei den Menschen in der DDR ein völlig anderes Verhältnis zum Eigentum entstanden. Um es deutlich zu sagen: Nach meiner Überzeugung waren die Enteignungen, die sogenannte Bodenreform, die Zwangsverkäufe in der Sowjetischen Besatzungszone und in der DDR Unrecht. Aber: Aus altem Unrecht wachsen – wenn es lange genug zurückliegt – ein neues Bewußtsein, neue Besitz- und schließlich auch neue Eigentumsverhältnisse. Ob man das für richtig oder falsch hält: Es sind wirksame Faktoren. Das ist meines Erachtens im Einigungsprozeß nicht genügend berücksichtigt worden. Das freie westliche Gemeinwesen basiert auf Privateigentum, Gewinnoptimierung und freiem Markt. Daraus wächst auch das Selbstbewußtsein seiner Bürger. Die Exponenten der friedlichen Revolution haben ihr Selbstbewußtsein aus geistiger Freiheit und innerem Widerstand bezogen. Sie und die überwiegende Mehrzahl der DDR-Bewohner hatten und haben kein oder wenig Eigentum und Vermögen. Ich halte die Grundentscheidung »Rückgabe vor Entschädigung« deshalb grundsätzlich für falsch, wohl wissend, daß sie nicht mehr umkehrbar ist. Fast 50 Jahre sind eine lange Zeit. Sie lassen sich nicht rückabwickeln. Und wenn wir ehrlich sind: Es war aufgegebenes Eigentum, denn mit der Wiedervereinigung hat niemand mehr ernstlich gerechnet. Es ist durch die deutsche Einheit angefallen wie eine unverhoffte Erbschaft, und viele benehmen sich auch so: Bei Erbschaften lernt man die Menschen kennen.

Drei Beispiele mögen die Schwierigkeiten verdeutlichen. Bei

mir haben nacheinander zwei Ärzte gesessen. Der eine ist Ende der siebziger Jahre aus der DDR ausgereist und mußte deshalb sein Haus verkaufen, in dem er auch seine Praxis betrieb. Er will sein Haus wiederhaben. Der andere hat das Haus Mitte der achtziger Jahre vom Staat erworben und betreibt jetzt seine Praxis darin; er ist – obgleich politisch gemaßregelt – bewußt in der DDR geblieben. Er will sein Haus behalten. Zu jedem mußte ich sagen: »Sie haben recht.« Aber nur einer kann recht bekommen. Der Rechtsstaat kann und muß das regeln, Gerechtigkeit herstellen kann er nur höchst unvollkommen.

Ganze Stadtteile ostdeutscher Städte wechseln den Eigentümer und damit die Bewohnerschaft. 80 Prozent der restituierten Grundstücke werden von den Erben sofort verkauft. Die Ostdeutschen aber, die Mieter, können mangels Vermögens nicht mitbieten. Das Sachenrechtsbereinigungsgesetz regelt die eigentumsrechtliche Zusammenführung von Grund und Boden und darauf befindlicher Bebauung. Der Kompromiß, der gefunden wurde, läßt beide unbefriedigt, den, der glaubte, den Boden schon zu besitzen, und den, der glaubte, durch die Einigung wieder in den vorigen Stand des Bodeneigentümers zurückversetzt worden zu sein.

Es gibt jetzt keine Möglichkeit eines neuen Ansatzes mehr, aber man sollte den beschrittenen Weg wenigstens nicht ausweiten. Wir müssen in Rechnung stellen: Die marxistische Theorie vom Privateigentum ist weithin verinnerlicht worden. Und der Gleichheitsgedanke überzeugt immer, wenn der andere mehr hat. Die »Kapitalismus«-Aversion verstärkt sich und scheint auch noch bestätigt zu werden durch solche spektakulären Ereignisse wie die Schneider-Pleite. Die PDS profitiert davon. Es gibt schon Hausbesitzervereine, die sich der PDS nähern.

Die Revolution von 1989/90, der Zusammenbruch der Sowjetunion und der Ostblockstaaten ist weithin gedeutet worden als das Ende der kommunistischen Ideologie. Ich glaube nicht, daß das stimmt. Der Kommunismus lebt in den Köpfen und Herzen fort, und zwar in Ost und West. Ein paar Symptome hierfür:

In der Präambel der Sächsischen Verfassung lautet ein Passus: »... ausgehend von den leidvollen Erfahrungen nationalsozialistischer und kommunistischer Gewaltherrschaft ...« Um diese Formulierung hat es eine lebhafte Debatte gegeben. Nicht so sehr um die parallele Nennung der beiden Diktaturen, das auch, als vielmehr um die negative Bewertung des Kommunismusbegriffs, dessen positiver Gehalt doch gewahrt werden müsse. Und das war nicht nur eine Diskussion mit Vertretern der PDS!

Dem entspricht das Ergebnis einer Allensbach-Umfrage von vor wenigen Monaten: 57 Prozent der Ostdeutschen sind der Auffassung, daß der Kommunismus eine gute, erstrebenswerte Theorie sei, die nur in der DDR schlecht in die Praxis umgesetzt worden sei: In einer weithin säkularen Gesellschaft ist die säkulare Heilslehre des Kommunismus unausrottbar, die stetigen Fortschritt zum Paradies auf Erden verspricht, wenn wir nur wollen und wir die richtigen Methoden anwenden. Auch die Grundgesetzdebatte, die durch den Einigungsvertrag neu angefacht wurde und in der wir uns noch befinden, war teilweise von kommunistischem Gedankengut bestimmt. Zur Aufnahme von Staatszielen wie »Recht auf Arbeit«, »Recht auf Wohnung« ist es zwar nicht gekommen. Aber was ist das Ergebnis der Debatte im öffentlichen Bewußtsein? Doch nicht eine deutliche Befestigung des Grundgesetzes. Es ist eher der Eindruck entstanden, es habe Mängel und Lücken.

Daß der Kommunismus in den Köpfen lebt, zeigt auch die Diskussion um Straßennamen und Denkmäler im Osten. Es ist keineswegs selbstverständlich, Lenin-Denkmäler zu beseitigen. Geschickt wird die umständliche Arbeit von Kommissionen genutzt, um die kommunistischen Traditionen zu bewahrenswerter Kultur zu überhöhen. Und der Karl-Marx-Kopf in Chemnitz wird wohl inzwischen auch bleiben. Nur gut, daß die Stadt ihren alten Namen rechtzeitig wieder angenommen hat.

Man könnte noch mehr Symptome benennen. Der Spielraum für kommunistische Ideologie ist in den letzten vier Jahren deutlich gewachsen. Zwar sind die politischen Systeme des Ostblocks zerbrochen, aber die geistigen Konstrukte, auf denen sie aufbauten, wirken weithin unbeeinträchtigt weiter und treiben ihr Werk der Verwirrung und Vernebelung. Und das Schüren der Angst vor »Rechts« schafft einen weithin unbeachteten Freiheitsraum für »Links«. Die Geschichte hat uns aber gelehrt, daß beide Extreme gleich gefährlich sind. Es gilt, die Mitte zu bewahren.

Aus der Tatsache, daß die Revolution zur Wende verkommt, ergibt sich für mich die geistige und politische Aufgabe in der nächsten Zeit. Ich sehe sie in zweierlei: in der offensiven Delegitimierung kommunistischer Ideologie und der offensiven Erörterung der Defizite der freiheitlichen demokratischen Ordnung.

Ich habe 1990 die Entwicklung falsch eingeschätzt: Ich hatte geglaubt, daß die PDS, die ja in rechtlicher und personeller Kontinuität für jeden erkennbar die SED war, mehr oder weniger von selbst zu einer linken Splitterpartei würde. So haben viele gedacht. Wir haben uns deshalb weitgehend darauf beschränkt, die PDS als die SED abzutun. Das genügt offenbar nicht. Die Vergangenheit verblaßt rasch; das Gedächtnis der Menschen ist kurz. Und noch etwas habe ich falsch eingeschätzt: Ich habe nicht geglaubt, wie stark kommunistische Ideologie auch in westdeutschen Köpfen und Herzen zu Hause ist. Wir müssen offensiv die Ideologie in Frage stellen. Die kommunistische Lehre ist nicht schlecht in die Praxis umgesetzt, sie ist schlicht falsch. Dies zu erklären ist schwieriger, aber unerläßlich. Zwei Beispiele:

Die Lehre entspricht nicht der Realität des Menschen. Das kommunistische Menschenbild heißt: Der Mensch ist gut, die entfremdeten Verhältnisse machen ihn schlecht. Also ändern wir die entfremdeten Verhältnisse, damit der Mensch seinem eigentlichen Sein gemäß gut sein kann. Das ist falsch. Das Böse lauert im Menschen, auch wenn er gut sein könnte. Diese Einsicht hat wesentliche Folgen für die Gestaltung des Gemeinwesens.

Arbeit für jeden, Wohnung für jeden – das sind überaus populäre Forderungen. Wer hätte nicht gern einen sicheren Arbeitsplatz und eine ordentliche Wohnung vom Staat garantiert? Da der Staat aber nur über geringe Bestände an Arbeitsplätzen und Wohnungen verfügt, hieße das: Verstaatlichung der Betriebe und Wohnungen und Zwangsbewirtschaftung. Und das hieße: wesentliche Beschneidung der Freiheitsrechte. Das hatten wir schon. Wir müssen wesentlich mehr Mühe verwenden auf eine konsequente und offensive Delegitimierung der kommunistischen Ideologie.

Mit dem Wegfall der DDR, mit dem Zusammenbruch des kommunistischen Systems hat die alte Bundesrepublik einen Teil ihres Selbstverständnisses verloren. Die DDR war ein negatives Legitimationsschema für die alte Bundesrepublik. Bei allen Defiziten im Westen konnte man immer auf den Osten verweisen, wo es noch schlimmer sei. Und meistens stimmte das. Dieses relativierende Gegenüber hat eine offene Diskussion über manche Defizite verhindert und eine Art Problemstau erzeugt. Diese Probleme dürfen jetzt nicht weiter verdrängt werden, sondern müssen offensiv erörtert werden, um Lösungen vorzubereiten.

Auch hier nur zwei Beispiele. Wir sind ungeteilt dankbar für die grundgesetzlich gewährleistete Meinungsfreiheit. Aber wir spüren auch besonders die Kehrseite dieses Freiheitsrechts. Sie funktioniert nur angemessen, wenn ein Minimum an Anstand und Schamgefühl noch Allgemeingut ist und wenn Vielfalt der Meinungen in den Medien nicht in Frage gestellt wird. Dabei kommt es nicht auf die Zahl der Zeitungen und Fernsehsender an – da gibt es genug –, sondern auf die Toleranz innerhalb und zwischen den Medien.

Aber da haben wir erstaunliche Erfahrungen gemacht: Im Kampf gegen bestimmte Personen des öffentlichen Interesses benutzen manche Medien die gleichen Methoden der Diffamierung wie die Staatssicherheit, nur geschieht das nicht konspirativ, sondern öffentlich, und rechtsstaatlich wirksame Mittel, sich dagegen zu wehren, sind so gut wie nicht vorhanden. Und manche Dinge darf man auch im meinungsfreien Gemeinwesen ungestraft nicht sagen. Auch das erinnert mich an Erlebnisse in der DDR. Seinerzeit wurde leicht drohend gesagt, man müsse »seinen Standpunkt noch einmal überdenken«.

Der immer höhere Wohlstand einerseits und die immer höhere Erwerbswilligenquote andererseits bringen immer mehr Arbeitslose hervor. Auch wenn die Wirtschaftsentwicklung wieder anzieht, sagen die Fachleute, werden die Arbeitslosen nicht signifikant weniger werden. Wer sagt das ehrlich? Wer gar beginnt darüber nachzudenken, wie wir damit umgehen wollen oder können?

Wir brauchen eine offensive Erörterung der Defizite unseres Gemeinwesens ebenso wie eine offensive Delegitimierung kommunistischer Ideologie. Nur wenn wir dazu den Mut und dann auch den Sachverstand aufbringen, werden wir das revolutionäre Potential aktivieren können, das meines Erachtens auch jetzt noch in der deutschen Wiedervereinigung steckt.

WOLFGANG TEMPLIN

SELBST-BEWUSSTSEIN
UND VERANTWORTUNG

Über Unheilsgeschichte und die neue Identität
der Deutschen

Wenn ein interessierter, aber unkundiger Zeitgenosse versuchen
wollte, sich ein Bild über einen Staat namens DDR zu machen,
und dafür Einschätzungen und Urteile aus der Bundesrepublik
kurz vor und kurz nach 1989 heranzöge, er müßte zu dem Schluß
kommen, daß es die DDR doppelt gab.

Mit der Mauer und den Realitäten täglicher Diktatur vor der
Haustür, mit den Erfahrungen Hunderttausender Flüchtlinge und
politisch Inhaftierter aus dem anderen Teil Deutschlands, mit
dem Veränderungswillen der osteuropäischen Opposition konfrontiert, schaffte es der überwiegende Teil der öffentlichen Meinung und der Massenmedien in der Bundesrepublik, sich die
DDR normal und stabil zu reden. Erst die Welle der Ereignisse
von 1989, die friedliche Revolution in Warschau, Budapest, Leipzig, Dresden und Ostberlin, erteilte den Politikern, Intellektuellen
und Journalisten des Westens eine Lektion in Sachen Realismus.
Plötzlich schien alles klar. Planwirtschaftliche Zwangswirtschaft,
ökologischer Raubbau, Verweigerung der grundlegenden politischen Freiheitsrechte und ein gigantischer Überwachungs- und
Repressionsapparat; jedem Kind mußte einleuchten, daß mit diesem System keine gesellschaftliche Normalität verbunden sein
konnte.

So klar viele Befunde wurden, so viele Tatsachen plötzlich offen
zutage lagen, so schwer fiel es der öffentlichen Meinung im wie-
der- und neuvereinigten Deutschland, daraus klare Schlüsse und
Konsequenzen zu ziehen. Wenn man den überwiegenden Teil

457

dessen, was die DDR plötzlich zur häßlichen und menschenver-
achtenden Diktatur, zur historischen Sackgasse werden ließ, vorher längst wissen konnte, warum dann diese grotesken Fehleinschätzungen und blamablen politischen Aufwertungsmanöver?
War es Teil der stillen Diplomatie im Interesse der kleinen Leute,
der Umarmung der Diktatoren zum Zwecke ihrer Überwindung
oder vielleicht doch ein Versagen der Demokratie gegenüber ihrer
größten Herausforderung? War es Folge der ersten, zweiten oder
dritten Phase der neuen Ostpolitik, des Achtundsechziger-Liberti-
nismus oder der zunehmend prinzipienlosen konservativen Be-
sitzstandswahrung, daß die Bundesrepublik ihren inneren Frieden mit der deutschen Teilung und den DDR-Machthabern zu
schließen schien?

An die Stelle einer selbstkritischen Bestandsaufnahme, die
nicht nach Helden und Schurken sortierte, aber das Versagen und
die Defizite der bundesdeutschen Demokratie in der Verteidigung
ihrer Werte und Maßstäbe aufzeigte, die Grenzen möglicher
Kompromisse gegenüber Diktatoren und ihren Helfershelfern bestimmte, traten wechselseitige parteipolitische Schuldzuweisun-
gen. Die wirklichen Schurken auf der anderen Seite konnte es nur
freuen. Ein Schalck-Golodkowski, der parlamentarische Untersu-
chungsausschüsse genüßlich vorführt und mit dem bloßen Hinweis auf prominente Gesprächspartner und Vertrauenspersonen
im Westen jede wirkliche Abrechnung mit seinem kriminellen
Imperium verhindert, wird zur Galionsfigur der Verdrängung.
Konservative Politiker, die mit dieser Hypothek im Rücken antikommunistische Prinzipien predigen, wirken genauso glaubwür-
dig wie deutsche Sozialdemokraten, die Manfred Stolpe zum
heimlichen Widerstandskämpfer stilisieren wollen. Wer Schalck-
Golodkowski mit Macht zu halten sucht, wird sich mit der Legende eines Manfred Stolpe arrangieren müssen, wer Stolpe deckt,
wird wiederum Gysi und seine Geschichtslegenden nicht glaub-
haft abwehren können. Viel wichtiger als das Versagen bei den
einzelnen Personen ist aber der Schaden für die Demokratie. Ob

Schalck-Golodkowski hinter Gitter kommt, Stolpe sein politisches Leben als Ministerpräsident beendet und Gysi als Shooting-Star der Demokratischen Sozialisten weiter Konjunktur hat, ist nicht ohne Bedeutung; grundsätzlicher ist ein anderes Problem.

Fünf Jahre nach dem Zusammenbruch des DDR-Regimes drohen die kaum gewonnenen Maßstäbe für die grundlegenden Unterschiede zwischen Diktatur und Demokratie in Deutschland wieder verlorenzugehen. Was nützt die Einschätzung der DDR als Diktatur und Unrechtsstaat, wenn sie von Nostalgikern und Geschichtsverdrehern verschiedenster Couleur folgenlos in Frage gestellt werden kann, wenn der Rechtsstaat vor der Herausforderung, das Erbe einer Diktatur juristisch zu bewältigen, vorschnell kapituliert, wenn Kollaboration, Opportunismus und Widerstand nicht mehr unterscheidbar scheinen.

Realisten und Skeptiker verweisen angesichts dieser Situation auf den geringen Abstand zum Geschehen, auf die parteipolitischen Interessenlagen, welche eine unvoreingenommene und kritische Bestandsaufnahme unmöglich machten, und die Rechtfertigungsmentalität der Betroffenen. All dies in Rechnung gestellt, muß sich die jahrzehntelang gewachsene Demokratie der Bundesrepublik aber fragen lassen, ob sie für den Umgang mit dem Erbe totalitärer Regime wirklich nicht mehr zur Verfügung hat als hilflosen Opportunismus. Im Historikerstreit der achtziger Jahre wurde mit großem Aufwand um die Maßstäbe eines nichtrelativierenden Umgangs mit nationalsozialistischer Schreckens- und Verbrechensbilanz gerungen. Es mutet grotesk an, wenn die gleichen Historiker, die dort vehement dafür plädierten, dem Normalisierungs- und Entlastungsbegehren nicht stattzugeben, die Augen vor den originären Wurzeln und der Verbrechensbilanz des internationalen Kommunismus verschließen. Ernst Nolte wird vorgeworfen, daß sein Versuch, die Greuel des NS-Regimes als historische Reaktion auf die bolschewistische Herausforderung zu deuten, die immanenten Verbrechenspotentiale des Nationalsozialismus verdecken könnte. Der gleiche, spiegelbildlich verkehrte Versuch im Umgang mit dem historischen Erbe des Kommunismus wird mitnichten als Skandal empfunden. Die Lesart vom »positiven Kern« des Kommunismus und der Ungunst historischer Umstände, die zur Entartung führten, ist immer noch weitverbreitet und mit 1989 nicht etwa erledigt worden. Antikommunismus wird als Kampfbegriff des Kalten Krieges verteufelt und jede historische Entlastungsargumentation dankbar aufgenommen. Dabei wird der methodische Zugang eines qualifizierten Antitotalitarismus unterschlagen. Ohne ihn mit dem Nationalsozialismus gleichzusetzen, mit dem er aber in vielem vergleichbar ist, muß auch im Kommunismus die Dynamik diktatorischer Entwicklung und verbrecherischen Verhaltens aus dem »positiven Kern«, seinem Heils- und Glücksversprechen, gedeutet werden.

Geht es hier also um eine historische Bringeschuld der Linken – wie von Konservativen immer angemahnt –, die sich ihrer Utopiesüchtigkeit und ihrer systemoppositionellen Ursprünge immer noch nicht entledigt haben? Ja und Nein! Es geht in Deutschland mit seiner komplizierten Geschichte und der Last zweier Diktaturen in diesem Jahrhundert um weit mehr. Es geht um die Frage, wie in der Verarbeitung von historischer Schuld und Versagen, von Erfolgsbilanz einer Demokratie, Ohnmachts- und Widerstandserfahrungen in Diktaturen historische Erinnerung und Reflexion funktioniert, wie ein Selbst-Bewußtsein entstehen kann, das weder platt-verdrängend noch neurotisch ist.

Hier stehen sich – eigentümlich quer zu den politischen Lagerfronten – konträre Haltungen gegenüber. Für zahlreiche Geschichtsdeuter, nicht nur der Linken, ist die nationalsozialistische Verbrechensbilanz einzigartig und damit auch der Gipfelpunkt deutscher Unheilsgeschichte erreicht. Alles Spätere, die jahrzehntelange demokratische Entwicklung der Bundesrepublik, die kommunistische Diktatur auf deutschem Boden und auch der Epochenbruch von 1989 treten dahinter zurück. Mit den NS-Verbrechen ist Deutschland aus dieser Sicht für immer aus dem Kreis »normaler« Demokratien verbannt. Das geschärfte Bewußtsein

460

für die Anfälligkeit vor totalitären Versuchungen und das berechtigte Beharren darauf, gegenüber dem Grauen von NS-Vernichtungslagern und Völkermordpolitik keinen Relativismus zuzulassen, schlägt um in einen historischen Fatalismus, der in aller deutschen Geschichte nur den Vorlauf zu jener Schreckens-Ära sieht. Im »Nie wieder Deutschland« der jungen und nicht mehr so jungen Antifaschisten drückt sich dieser Rückzug am deutlichsten aus. Die Eingangsfrage, wie mit dem Erbe der kommunistischen Diktatur umzugehen sei, wird aus solcher Optik geradezu lächerlich. Eine ausschließlich auf NS-Zeit fixierte Geschichtssicht hält der DDR ihren deklarierten Antifaschismus zugute und wird sich bei den Hunderttausenden Opfern und der katastrophalen Bilanz der zweiten deutschen Diktatur nicht weiter aufhalten.

Als Gegenhaltung zu einem derartigen Geschichts-Nihilismus und dem Zweifel an der Demokratie in Deutschland tritt eine Normalisierungsmentalität auf, die sich ihrerseits wieder aus verschiedenen Traditionen speist. Gemeinsam ist ihr der Versuch, die Belastungen und unangenehmen Herausforderungen mißlungener Geschichte möglichst schonend zu umgehen. Die berühmte historische Frage: »Wer weiß, was wir unter den Bedingungen der Diktatur gemacht hätten?« und der Verweis auf die gut gelungene Vergangenheitsverdrängung in der frühen Bundesrepublik stehen prototypisch dafür. Auf Feierstunden und zu festlichen Anlässen wird der Mut von Widerständlern und Oppositionellen gerühmt, die aber immer nur die große Ausnahme gewesen sein sollen. Zivilcourage und das Beharren darauf, Recht und Gerechtigkeit, Moral und Politik nicht völlig auseinanderfallen zu lassen, seien im Alltag der Demokratie nicht gefragt, wozu habe man einen Bundespräsidenten, der bei passenden Gelegenheiten schon daran erinnert. Gegenüber 1989 und den Folgen, die eher als unangenehme Unterbrechung des routinierten Laufens bundesrepublikanischer Demokratie empfunden wurden, wird von Normalisiererseite gestört-unwillig reagiert. Eine möglichst diskrete und unauffällige Entsorgung der unerquicklichen Hinterlassenschaft, mit der man ja Gott sei Dank nicht das Geringste zu tun hatte und nur durch die Tatsache der Vereinigung irgendwie verbunden ist.

Viel wichtiger als die Auseinandersetzung damit seien die positiven Aufgaben und Herausforderungen des Vereinigungsprozesses. Kritische Normalisierungsgeister beklagen den Werteverfall, und die parteipolitische Segmentierung der Demokratie, Sinnsuche und die Frage danach, was die positive Klammer für das größer gewordene Deutschland sein könne, haben Konjunktur.

Gegenüber »Nihilisten« und »Normalisierern« muß das parteipolitisch unsortierte Häuflein derer, die ungeteilte Verantwortung gegenüber der Geschichte einmahnen und daraus gar noch positive Identität gewinnen wollen, seltsam anachronistisch anmuten. Sie repräsentieren nicht mehr und nicht weniger als die Zumutung, gegenüber schuldverstrickter Geschichte weder die einfache Beruhigung noch den Unheilsfatalismus zuzulassen. Ein waches, gespanntes Bewußtsein und Selbst-Bewußtsein, das um die Möglichkeiten von Mißlingen und Versagen, aber auch von Selbstbefreiung und Gefahrenabwehr weiß, braucht weder die Flucht in die neurotische Selbstzerknirschung noch die Entlastung des moralischen und historischen Relativismus. So wie es individuell möglich ist, aus dem verarbeiteten Umgang mit eigener Schuld die Kraft für den besseren Versuch zu gewinnen, ohne sich die eigene Geschichte damit als »heil« zurechtzulügen, ist es auch für die kollektive Identitätsbildung eine Chance, problematische und katastrophische Phasen der Geschichte weder kleinzulügen noch auf Wiederholungszwang zu beharren.

Damit ist auch eine weitere Bedeutung von 1989 markiert. Die Diskussion um die nationale Identität eines neuvereinigten Deutschlands kann nicht losgelöst von der deutsch-deutschen Geschichte dieses Jahrhunderts geführt werden. Die bitteren und schmachvollen Erfahrungen des deutschen Nazismus und der kommunistischen Diktatur in der DDR, die Werte des Widerstandes und der Kampf von Patrioten um ein »besseres Deutschland«, die Momente der Selbstbefreiung im Herbst 1989 sind konstitutive Bestandteile eines kritisch-reflektierten Verhältnisses zur eigenen Geschichte. Naiver Stolz wird sich angesichts dieser Geschichtsbilanz ebenso verbieten wie zwanghafte Selbstzerknirschung. Verantwortung und damit Macht maßvoll und nüchtern wahrzunehmen, sich der Aufgabe einer realistischen Interessenpolitik Deutschlands ebensowenig zu verweigern wie dem Ziel und der Perspektive übernationaler Integration, verlangt Maßstäbe und Werte, die nicht losgelöst von der Erfahrung jüngster deutscher Geschichte sein können.

In diese Richtung gehen auch die Hoffnungen und Erwartungen der europäischen Nachbarn Deutschlands. Ihnen steht nicht der deutsche Kraftprotz vor Augen, der wieder selbstbewußt mit den Muskeln spielt und permanent Großmachtambitionen vertritt. Sie sehen ein staatlich vereinigtes Deutschland, dessen gesellschaftliche Spaltung sich zu verfestigen droht, dessen intellektuelle und politische Klasse sich selbst blockiert und im Ruf nach neuen Visionen realistische politische Optionen eines europäischen Miteinander verweigert.

Gegen den Wiederholungszwang verhängnisvoller Geschichte hilft nicht die Flucht aus der Verantwortung, sondern ein anderer Umgang mit ihr.

EPILOG

HEIMO SCHWILK

GEISTLOSE BRANDSTIFTER

In Deutschland werden wieder Bücher verbrannt. Nein, nicht mehr auf Scheiterhaufen, aber mit dem Flammenwerfer der Denunziation. In seiner Ausgabe vom 9. Januar 1995 hat der »Spiegel« erneut vorgeführt, daß mit dem ökonomischen Niedergang des Nachrichtenmagazins auch ein intellektueller und moralischer korrespondiert. In einem Beitrag über den Rechtsstreit des Schriftstellers Botho Strauß mit der Zeitschrift »Theater heute« – es geht um den unautorisierten Abdruck zweier Strauß-Briefe – bedient sich der Verfasser jener spiegeltypischen Melange aus Heuchelei, Besserwisserei und frivoler Selbstgerechtigkeit, die den Zeitgenossen zunehmend entbehrlich erscheint. Wie schon »Spiegel«-Autor Martin Doerry kurz nach Erscheinen dieses Sammelbandes greift der Verfasser tief in die Requisitenkiste des Antifa-Ressentiments, um Botho Strauß ins neurechte Abseits zu bugsieren. Was ist dem meistgespielten deutschen Bühnenautor vorzuwerfen, das es erlaubte, ihn in einem Atemzug mit Hitler, genauer: der »Hitlerei« zu nennen?

Botho Strauß hatte zugestimmt, daß sein – im »Spiegel« erstmals abgedruckter – Essay »Anschwellender Bocksgesang« in dem von Ulrich Schacht und dem Verfasser herausgegebenen Sammelband »Die selbstbewußte Nation« erneut publiziert wird – gewissermaßen als Leittext eines kollektiven Räsonnements über die deutschen Zustände seit 1989. Das Buch versteht sich als eine vielstimmige Auseinandersetzung mit den politischen und geistigen Veränderungen seit dem Zusammenbruch der DDR; es versammelt einen spannungsvollen Autorenkreis, der von Brigitte Seebacher-Brandt und Manfred Brunner über Ernst Nolte, Hartmut Lange, Rüdiger Safranski, Klaus Rainer Röhl, Hans Jürgen Syberberg bis zu Michael Wolffsohn und Rainer Zitelmann reicht. Die Aufnahme des Bandes fand unter anderen Vorzeichen statt. Die Links-rechts-Hysterie im Wahljahr '94 wirkte wie ein grandioser Beleg für die von Botho Strauß im »Anschwellenden Bocksgesang« formulierte These vom totalitären Charakter moderner Medienöffentlichkeit. Die Verschärfung des Meinungsklimas seit 1989 stand und steht im Zeichen einer Rückeroberung von Diskursherrschaft, wie sie die Linke seit dem Zusammenbruch ihrer Illusionen zunehmend verkrampfter betreibt.

Gewiß, der Buchtitel »Die selbstbewußte Nation« mußte diejenigen provozieren, die den Begriff »Nation« noch immer für ein Relikt des 19. Jahrhunderts und »Selbstbewußtsein« für das deutsche Antiwort schlechthin halten. Ihnen mußte die Wiedererlangung der nationalen Souveränität als narzißtische Kränkung erscheinen. Dabei haben die Herausgeber im Vorwort unmißverständlich auf die Ambivalenz des Begriffs hingewiesen: »Selbstbewußtsein dieser Art formiert sich nicht gegen andere, sondern formt sich auf sich selbst hin. Ohne Selbstvertrauen jedoch ist solch ein Prozeß nicht wirklich möglich. Das deutsche Selbstvertrauen aber ist gebrochen. Dafür gibt es bösen Grund.« Dieses Eingeständnis des von Deutschen und im Namen Deutschlands begangenen Bösen, das mit dem Begriff »Auschwitz« von den Autoren des Bandes vielfach benannt wird, ist eines der Leitmotive der Aufsatzsammlung; es ist auch präsent im Essay von Botho Strauß, für den es sich bei den Verbrechen der Nationalsozialisten »um ein Verhängnis in sakraler Dimension des Wortes und nicht einfach um ein Tabu handelt«.

Empörend deshalb die nicht nur im »Spiegel« betriebene Mißdeutung von Texten, deren Eindeutigkeit durch Zitatklitterung ins Zweideutige umgefälscht wird (»Schnitt und Montage nach Goebbels' Art« nannte Martin Walser das), um ihre Verfasser

465

vogelfrei zu machen für eine Moralinquisition, deren gutes Gewissen selbst die verzerrten Züge der angeprangerten Inhumanität trägt. Diese Art von moralistischer Legasthenie, die auf »rechte« Texte und Vokabeln wie »Nation«, »Gemeinschaft« oder »Opfer« immer nur wie der Pawlowsche Hund auf Schlüsselreize mit Denunziationsgebell reagieren kann, erhellt den eigentlichen Sinn des von der Linken idealisierten »herrschaftsfreien Diskurses«: die freie Herrschaft des Vorherrschenden.

Wir haben es mit einem scholastischen System dumpfer Aufgeklärtheit zu tun, die ihren Exorzismus am Andersdenkenden im Stile des »Hexenhammers« betreibt, mit allen Symptomen einer von Selbstzweifeln freien Heilslehre. Das Verdammungsvokabular ist ritualisiert und erlaubt die beliebige Kombination rhetorischer Module, die, auf »Rechte« angewandt, beim Leser die entsprechenden Abscheuregungen auslösen. Dazu gehören »verdrängen«, »relativieren«, »verharmlosen«, meist gekoppelt mit »menschenverachtend« oder »zynisch«. Die Reihung der gängigsten Denunziationsepitheta (»verkommen«, »krankhaft«, »widerlich«, »obszön«, »widerwärtig«, »ekelhaft«, »heuchlerisch«) ergibt eine Nomenklatur des Pathologischen, die den kritisierten Gedankengängen Krankhaftigkeit unterstellt und die Autoren aus dem zivilisierten Diskurs ein für allemal ausschließt.

Botho Strauß, der »Die selbstbewußte Nation« mit Zustimmung gelesen hat und die Beiträge »weniger anstößig« empfindet als seine eigenen, hat sich dem öffentlichen Druck bis heute nicht gebeugt. Die »Brücken«, die ihm das selbsternannte Inquisitionstribunal von »Theater heute« baute, haben ja auch nichts wirklich Verbindendes: Sie führen nur in die luftige Höhe des Prangers.

Nein, es werden keine Bücher mehr auf Scheiterhaufen verbrannt in Deutschland, aber es gibt wieder geistlose Brandstifter, die bislang ungestört ihr Handwerk der Diskurszerstörung betreiben dürfen. Dabei läßt sich gerade unter Linken eine sittliche Verrohung, eine Verwilderung des Denkens beobachten, die alles überbietet, was bislang von der sogenannten intellektuellen Rechten zu hören und zu lesen war. So wünschte der Wiener Bildhauer Alfred Hrdlicka Wolf Biermann, dessen Vater in den Gaskammern von Auschwitz umkam, »die Nürnberger Rassegesetze an den Hals«, und Berlins Volksbühnen-Intendant Frank Castorf wünscht sich im Interview mit der linksradikalen Zeitung »Junge Welt« ein »neues Stahlgewitter« und preist eine faschistische Ästhetik.

Selbstverständlich findet sich nicht einmal der Ansatz zu solch einem Salonfaschismus in »Die selbstbewußte Nation«, dort werden auch keine »grenznahen Lager« für Asylbewerber vorgeschlagen, wie dies Altbundeskanzler Helmut Schmidt auf dem Höhepunkt der Asyldebatte 1992 in einem Interview mit der »Frankfurter Rundschau« forderte – ohne daß ein Aufschrei durchs Land gegangen wäre.

Statt dessen überzieht das »Blockwartsystem der westdeutschen PC-Gesellschaft« (Ulrich Schacht) ein Buch mit Faschismusverdacht, das in all seinen Beiträgen den antitotalitären Konsens erkennen läßt. Und »Theater heute«-Autor Peter von Becker insinuiert, die Autoren des Bandes würden Auschwitz leugnen, weil sie es »nur noch in Anführungszeichen« schrieben. Schließlich konnte in dieser Zeitung Theaterkritiker Gerhard Stadelmaier diese Ungeheuerlichkeit ungeprüft in einer Glosse repetieren.

»Auschwitz« steht in »Die selbstbewußte Nation« deshalb in Anführungszeichen (wie auch auf der Titelseite der »Zeit« vom 6. Januar 1995), weil Reinhart Maurer (Seite 77) und Roland Bubik (Seite 185) es in einem grammatikalischen Sinn gebrauchen, der eine andere Schreibweise gar nicht zuläßt. Es ist nämlich der Begriff, nicht der Ort gemeint. Maurer schreibt: »Die Erwähnung des Namens ›Auschwitz‹ hat im Nachkriegsdeutschland die Funktion, jede freie Denkbewegung in diesem Zusammenhang sofort zum Stillstand zu bringen«; und Bubik nimmt mit seiner Wendung »nach Auschwitz« die bundesdeutsche Nachkriegsära in den Blick, in der die deutschen Verbrechen bedenkenlos für politische Ziele instrumentalisiert werden konnten. Er meint, daß seit 1989

Hoffnung besteht, daß dieser Mißbrauch der Opfer für das tages-
politische Geschäft ein Ende findet. In diesem Zusammenhang zitiert Ulrich Schacht in seinem Aufsatz »Stigma und Sorge. Über
deutsche Identität nach Auschwitz« den Kieler Politologen Graf
Kielmansegg, der den Mißbrauch von Auschwitz als »Waffe der
moralischen Stigmatisierung des Andersdenkenden« verurteilt.
Schacht schreibt: »Aber es gibt die Pflicht der Deutschen, von
Auschwitz zu wissen. Dieses Wissen der Deutschen ist allerdings
ein Privileg: das Privileg, zu wissen, daß Auschwitz möglich ist,
weil es geschah. Was aber möglich ist, weil es geschah, ist nicht
einmalig, sondern menschenmöglich.« Daraus erwachse für die
Nachfahren der Täter nicht Stigma, sondern Sorge – Sorge um
Israel: »Denn jeder neue mögliche Holocaustversuch an Juden
findet dort statt, wo das jüdische Volk lebt, nirgends sonst.«

Nutzt Aufklärung, wenn die Bereitschaft zu Wahrheitsliebe und
Fairneß so völlig abhanden gekommen ist? Der beste Lehrmeister
ist die Wirklichkeit selbst, die unübersehbar die Lebenslügen der
intellektuellen Linken wegzuräumen beginnt. So gesehen hat
auch das Wort von den »Neunundachtzigern« seine Berechtigung,
wenn damit diejenigen gemeint sind, die aus der Epochenzäsur
von 1989 intellektuelle und moralische Schlüsse gezogen haben.
Sie entdecken die Freiheit des Denkens neu, zu der die Kenntnis
der Kritischen Theorie, Blochs Utopismus, Benjamins spiritueller
Materialismus und Hannah Arendts Totalitarismusanalyse genauso gehören wie Heideggers Existentialontologie, Carl
Schmitts Staatsdenken und Ernst Jüngers Ästhetik des Wunderbaren. So notwendig eine Polarisierung im Politischen ist, so un-
sinnig ist sie im Ästhetischen. Es gibt keine linken oder rechten
Metaphern, sondern nur gute oder schlechte.

Fest im Sattel ihrer Denkgewohnheiten und Pfründen sitzend,
satt, ohne Ideen und Ideale, starrt das Juste-milieu der Achtund-
sechziger und ihrer Epigonen auf die Provokation von »rechts«.
Doch das hysterisch inszenierte Rollback in die Vorwendezeit
kann nicht gelingen. Die Lehren der Geschichte sind handfest und

unübersehbar; Bosnien, das Baltikum oder Tschetschenien bestätigen das historische Gesetz, wonach, wie Botho Strauß im »Bocksgesang« schreibt, »ein Volk sein Sittengesetz gegen andere behaupten will und dafür bereit ist, Blutopfer zu bringen«. Peter Glotz, der hier die Linie verlaufen sieht, die ihn vom »rechten« Denken trenne, gibt sich damit als Repräsentant des alten Denkens zu erkennen: »Wer, wie Strauß, Kriege für das kroatische ›Sittengesetz‹ rechtfertigt, ist mein Feind... Die Lektion aus meinem Luftschutzkeller sitzt. Ich werde sie mir nicht nehmen lassen, um keinen Preis.«

Der Preis ist zu hoch, denn der Verzicht auf Selbstverteidigung ist der Verzicht auf Selbstachtung. Seine Selbstachtung gibt auch der preis, der dem Bedrängten nicht zu Hilfe kommt, wenn Überwältigung droht. Die angemessene Lehre aus der deutschen Geschichte ist nicht die Preisgabe der unbestreitbar humanen Substanz im Eigenen, sondern seine Neuaneignung. Nicht die deutsche Tradition als solche war nach Hannah Arendt verantwortlich für das nationale Desaster, »sondern die Verletzung aller Traditionen«. Der Luftschutzkeller des Peter Glotz ist angesichts der militärischen Konflikte, die auf uns zurücken, nichts anderes als der Kopf des Vogel Strauß im Sand der historischen Verwüstungen. Das aber ist nicht nur dumm, sondern auch selbstmörderisch.

PETER GAUWEILER

MIT DEN WÖLFEN SCHWEIGEN?

»WUT und TRAUER« – zwei Lieblingswörter aus dem Betroffenheitsdeutsch für besondere Ärgernisse. Sofern das Geschehene fortschrittlichen, sprich linken Zwecken nutzbar zu machen ist. Dieser selektive Charakter ist allerdings nicht nur auffällig, sondern auch bedrückend, weil er der politischen Gefühlssprache in Deutschland Züge des Nachmacherischen, wenn nicht Vorgeschriebenen verleiht. Für die umgekehrte Reaktion hierzulande, wenn also statt Gefühlsstärke demonstrative Teilnahmslosigkeit angesagt ist, gilt das Gleiche. Nun ist dem Zeitgenossen geraten, Wut und/oder Traurigkeit nicht allzu deutlich werden zu lassen.

Man nehme zum Beispiel die auf diese Weise faktisch unbekannt gebliebene Tatsache, daß gerade im Monat Dezember 1994 durch einen Brandanschlag das bundesweite Erscheinen einer immerhin nicht ganz unbekannten Wochenzeitung verhindert werden konnte, ohne daß dieser an sich unerhörte Vorgang auf größere journalistische oder politische Proteste gestoßen wäre: Die Druckerei der in Potsdam erscheinenden Wochenzeitung »Junge Freiheit«, deren Abonnenten-Kartei bereits im Oktober von »militanten Autonomen« mit Waffengewalt erbeutet worden war, wurde durch drei hintereinander zur Explosion gebrachte Brandsätze völlig zerstört. Das Blatt hatte über längere Zeit einigen Autoren des Sammelbandes »Die selbstbewußte Nation« ein Forum gegeben und für den FPÖ-Vorsitzenden Haider offen Sympathie gezeigt. Zu dem Brandbomben-Anschlag »bekannten« sich in aller Öffentlichkeit eine »revolutionäre Lesbenfrauengruppe und andere revolutionäre Gruppen«. Nichts hören, nichts sehen, nichts sprechen, lautete dazu die Devise der Meinungsmacher, die wie ein Tagesbefehl eingehalten wurde. Wenn der Satz richtig ist, daß wer schweigt, zustimmt, dann haben die sonst so redseligen öffentlichen Instanzen des wiedervereinigten Deutschlands, inklusive seiner Verleger- und Journalistenverbände, gegen die Untat nichts einzuwenden gehabt.

Man stelle sich einmal vor, der Anschlag hätte nicht der »Jungen Freiheit«, sondern der Westberliner »taz« gegolten, die in ihrer politischen Ausrichtung mindestens so links ist wie die »Junge Freiheit« rechts: der öffentlich erklärten Betroffenheiten wäre bis hinauf in das Präsidium des Deutschen Bundestages kein Ende gewesen. Und wenn noch zusätzlich ein solcher Brandanschlag nicht von der »revolutionären Lesbenfrauengruppe«, sondern – sofern es die überhaupt gibt – den Mädels der Wiking-Jugend gezündet worden wäre, die WUT- und TRAUER-Rhetoriker in Deutschland hätten eine Sonderschicht einlegen müssen. So aber schweigt man. Daß sich unter fünf Manifestanten, die den Anschlag dann doch in einer kurzen Erklärung verurteilten, auch der grüne Europaabgeordnete Daniel Cohn-Bendit befand, hat diesem zwar zur Ehre gereicht, das Stummbleiben der zehntausend anderen Moralprediger aber erst recht sichtbar gemacht.

Ein anderes, in seinen Auswirkungen unvergleichbar schlimmeres Beispiel für Gesinnungsschweigen hat im vergangenen Jahr seinen beschämenden vorläufigen Abschluß gefunden. Gemeint ist jenes Szenario, das jetzt der Untersuchungsausschuß des Deutschen Bundestages zur Untersuchung fahrlässiger Verbreitung der Aids-Infektion durch Blut und Blutprodukte in einer 435seitigen Fleißarbeit zu Papier gebracht hat (»Schlußbericht des 3. Untersuchungsausschusses / Drucksache 12/8591«). Mindestens 2000 Bluterkranke sind – so liest man – allein durch behördlich genehmigte Medikamente mit dem Aids-Virus infiziert worden, und mindestens 60 Prozent dieser Infektionen hätten verhindert werden können. Und zwar auch »nach dem damaligen

471

Kenntnisstand«. Fast die Hälfte dieser Patienten ist – auch das ist nun bekannt – zwischenzeitlich gestorben. Mehr Opfer als bei der Contergan-Affäre also. Hinsichtlich der Verantwortung für diesen grauenhaften Vorgang spricht der Ausschuß-Schlußbericht unverblümt von »Amtspflichtverletzungen des Bundesgesundheitsamtes« und – gewundener – von »gewissen Anhaltspunkten« für »ein Verschulden auch des Bundesministers für Gesundheit«.

Die Reaktion auf diese letztlich fürchterlichen Feststellungen über das öffentliche Gesundheitswesen in Deutschland? In Frankreich hatte ja – bei weitgehend gleichem Sachverhalt – Präsident Mitterrand um ein »Pardon der Nation« gebeten, und die zuständige Ministerin kam vor Gericht. Nichts von alledem bei uns. Geht man einmal davon aus, daß die veröffentlichte Meinung die Legitimitäts-Instanz in Deutschland ist, fand das qualvolle Sterben einer vierstelligen Zahl Menschen überhaupt nicht statt. Fahrlässigkeit, Feigheit und Beschwichtigungssucht öffentlicher Amtsträger in den 80er Jahren als Todesursache von heute: kein Thema, wenn es nicht ins Konzept paßt. Und dieses von den Tugendinstanzen abgesegnete Konzept hieß: »AIDS kriegt man nicht, AIDS holt man sich.« Vom Schicksal jener Ehegatten, Angehörigen und sonstigen Partner von Infizierten, die durch Nichtanwendung des Gesetzes zur Verhütung übertragbarer Krankheiten vorsätzlich unwissend gehalten und so ihrerseits wieder angesteckt worden sind, wird deshalb erst recht nicht gesprochen.

Nicht, daß die im Untersuchungsausschuß namentlich genannte frühere Gesundheitsministerin deswegen schon einen Freibrief der öffentlichen Bewährungshelfer in der Tasche hätte: Die mehrfache Mitnahme ihres Ehemannes in ihrem Bonner Dienstwagen löste heftigen publizistischen Pfeilhagel aus, und die zwischenzeitlich zur Bundestagspräsidentin aufgestiegene Frau erwog wegen der »Dienstwagen-Affäre«, so war zu vernehmen, sogar ihren Rücktritt, den sie schließlich dank des Zuspruchs nervenstarker und hochgestellter Parteifreunde nicht einreichte.

»Was kann ich dagegen machen, daß ich sehe, was ich vor

Augen habe?« fragt Winston, der gebrochene Held von George Orwells »Nineteen Eighty-Four« seinen Verführer O'Brian. »Zwei und zwei macht vier!« Im Deutschland der korrekten Gesinnungsantwort ist des Verführers Entgegnung nicht unbekannt: »Manchmal, Winston. Manchmal macht es drei. Manchmal fünf. Manchmal alles zusammen. Sie müssen sich mehr Mühe geben. Es ist nicht leicht, vernünftig zu werden.«

Jeder hat seine eigene, ganz persönliche Hölle. Über einen, der vor aller Augen ein Maximum des Horrors durchlitt und daran starb, kann nun nicht mehr geschwiegen werden: Die Rede ist vom früheren CDU-Politiker und Ministerpräsidenten des deutschen Bundeslandes Schleswig-Holstein, Dr. Uwe Barschel. Jetzt heißt es auf einmal doch amtlicherseits, er sei möglicherweise ermordet worden. Vor sieben Jahren war der Tod dieses norddeutschen Regierungschefs schon einmal behördlich behandelt und unter verständnisvollem Gemurmel der beteiligten Polit- und Medienkaste als »Selbsttötung« abgelegt worden. War der Mann doch zuvor in einer genauso beispiellosen wie einmütigen Polit- und Medienkampagne schuldig gesprochen, sich an seinem fortschrittlichen Gegenkandidaten im Wahlkampf vergriffen zu haben. Offenkundige Ungereimtheiten der Todesursache Uwe Barschels, von Dritten erkennbar verwischte Spuren, ein mit blauen Flecken am Oberkörper vorgefundener Leichnam galten als dieser Unperson letzter Trick, mit dem sie noch einmal die aufgeklärte Öffentlichkeit unseres Landes zu täuschen versuchte.

Das Streben, den Verstorbenen postum vollständig zu entpersönlichen, führte in der Landeshauptstadt Kiel unmittelbar nach Barschels Beerdigung zu einer Untersuchungsausschuß-Veranstaltung, die nunmehr ebenfalls als nicht mehr haltbar gilt und offen als Farce bezeichnet wird. »Nicht valide« hüstelt dazu heute selbst die linksliberale ZEIT. Die felsenfesten Schuldsprüche des Jahres 1987 sind, einer nach dem anderen, ins Wanken geraten: Die angebliche Observation Engholms durch Detektive, die behaupteten AIDS-Anrufe, die sogenannte Wanzen-Aktion. Und

plötzlich taucht eine jahrealte Verfügung der Kieler Staatsanwaltschaft über den »Kronzeugen« der Affäre auf, in der es heißt:
»Die im gesamten Barschel/Pfeiffer-Komplex sichtbar gewordene Vorgehensweise Pfeiffers, sein selbst oft hervorgehobe-
ner Erfindungsreichtum sowie sein (. . .) Geltungsdrang lassen
es nicht nur eine rein theoretische Möglichkeit bleiben, daß
Pfeiffer ohne Mitwirkung des verstorbenen Ministerpräsidenten Dr. Barschel eine derartige Aktion inszenierte, möglicherweise weil er sich im Erfolgsfalle persönlichen Nutzen davon
versprach.«

Heute nun – da die Wahrheit langsam ans Licht kommt und von
Mord die Rede ist – windet sich die »Süddeutsche Zeitung« folgende Überschrift ab: »Die Lübecker Staatsanwaltschaft läßt
seriös werden, was lange als haltlose Spekulation galt.« So ver-
schimmert die Abendstraßeneleganz der gelernten Wortverdre-
her. Heuchlerischer kann man sich nicht mehr davonstehlen: Es
war der Redakteur gerade dieses Blattes, welcher den Kieler
Schauprozeß als »erfolgreichsten Untersuchungsausschuß der
deutschen Parlamentsgeschichte« gefeiert hatte.

»Fälschung, betrügerische Irreführung, Komplott gegen die Republik.« So lautete einst die Anklage Emile Zolas in seinem welt-
berühmten »Offenen Brief an den Präsidenten«, dem der Redakteur George Clemenceau die Überschrift »J'accuse!« gegeben hat.
Ministerpräsident Uwe Barschel, 43 Jahre alt geworden, Vater von
4 Kindern, ist der Meute entrückt. Aber um was weniger als um eine deutsche Dreyfus-Affäre – Fälschung, betrügerische Irreführung, Komplott gegen die Republik – wird es gehen, wenn alles
herausgekommen sein wird? Nur mit dem Unterschied, daß
Hauptmann Alfred Dreyfus von der Teufelsinsel, auf die ihn die
Jahrhundertintrige einer gewissenlosen Gesinnungskaste gebracht hatte, zurückkehren konnte und die Affäre überlebt hat, zu
deren Höhepunkt er vor 5000 Schaulustigen am 5. Januar 1894 in
der »Ecole militaire« öffentlich degradiert und entehrt worden
war.

Und der Meinungsgehorsam, auf welchen die perfekte Skandal-maschinerie im Zeitalter unserer »Informationsgesellschaft« traf? Einer aus Barschels eigener Partei, die ihn schnell fallen ließ, er-klärt das so: »Es gab eine allgemeine Stimmung, gegen die man machtlos war.«

Die berühmte Demoskopin Elisabeth Noelle-Neumann hat in ihrem Buch »Die Schweigespirale« untersucht, warum in Deutschland so wenige Menschen sagen, was sie denken, und so oft eine von ihnen nicht geteilte öffentliche Meinung hinnehmen. Die Autorin erinnert, daß ja jeder auf der Seite des Siegers stehen will, und daß sich die Absicht, »mit den Wölfen zu heulen«, heute mit schlichtem Schweigen paart. Denn, so Noelle-Neumann, »was das Schweigen verlockend macht« ist, »daß man es als Zu-stimmung auslegen kann«. Für das Phänomen des Nach-dem-Munde-Schweigen erzählt die Meinungsforscherin vom »Stummwerden« der alten französischen Kirche in der Mitte des 18. Jahrhunderts, schon fünfzig Jahre vor Robespierre und dem Terror seiner Jakobiner. Denn die Leute, schreibt sie, »die noch am alten Glauben festhielten, fürchteten, die einzigen zu sein, die ihm treu blieben, und da sie die Absonderung mehr als den Irrtum fürchteten, so gesellten sie sich zu der Menge, ohne wie diese zu denken«.

Vor 150 Jahren hat der scharfsinnige Prophet, heute würde man sagen Zukunftsforscher, Alexis de Tocqueville ein für ihn noch neues und schemenhaftes Phänomen für die Zukunft prophezeit: »Darum denke ich, daß die Art der Unterdrückung, die die demo-kratischen Völker bedroht, in nichts der früheren in der Welt glei-chen wird. Unsere Zeitgenossen könnten deren Bild in ihrer Erin-nerung nicht finden. Ich suche selbst vergeblich nach einem Aus-druck, der genau die Vorstellung, die ich mir davon mache, wie-dergäbe und sie enthielte.« Wir kennen das Fremd-Wort, nach dessen Namen Tocqueville noch forschte: Totalitarismus! Die sklavenhafte Identität von öffentlichem und privatem Denken und Sprechen. Und heute weiß man, daß im Kalten Krieg, den dieser Totalitarismus in den letzten 40 Jahren gegen die deutsche Bundesrepublik führte, die totalitäre Nutzbarmachung von Aufklärung, Denken und Sprechen durch Verbiegung zugunsten der Linken das wirkungsvollste Kampfmittel gegen die bürgerliche Gesellschaft war.

Und dabei wurde nichts ausgelassen: Die von Ostberlin schon in den 50er und frühen 60er Jahren operativ verbreiteten antisemitischen Schmierereien und Drohbriefe gegen westdeutsche jüdische Gemeinden (MfS-Aktion »Vergißmeinnicht«), des Bundespräsidenten Lübke in den 60ern angefälschte Rolle im Dritten Reich, die Inanspruchnahme Herbert Wehners, der Baader-Meinhoff-Terror und seine »Rückzugsräume« in der DDR, das durch Betrug von außen verhinderte Mißtrauensvotum von 1972, das abgehörte, anschließend gefälschte und groß publizierte Lockheed-Telefonat von Franz Josef Strauß, Organisation und Finanzierung der »Friedensbewegung« und der Kampagne gegen »Berufsverbote«, die Ansehensvernichtung der deutschen Verteidigungspolitik durch den DDR-Agenten Joachim Krase, der als Vizepräsident des westdeutschen Militärischen Abschirmdienstes mit falschen Anschuldigungen die ungerechtfertigte Entlassung des Generals Kießling provozierte, schließlich die – siehe oben – Vernichtung bzw. Beschädigung der norddeutschen CDU-Repräsentanten. Relativ kurz davor übrigens die gigantische Verächtlichmachung der gesamten westdeutschen Polit-Klasse durch die sogenannte Flick-Parteispenden-Affäre, wo es um Verteilung sogenannter Spenden-»Spezialbriefe« (»wg.«) ging, die vom Vize-Chef des Bonner Flick-Büros Adolf Kanter erfunden worden waren. Adolf Kanter war seit 1960 Mitarbeiter des ostdeutschen Geheimdienstes.

Auch wenn diese Vorgänge heute gut dokumentiert sind, scheint aus ihrem Zusammenhang und der Tatsache, daß sie nicht ohne planvolles Komplizentum im Westen hätten wirksam gemacht werden können, niemand irgendwelche Konsequenzen ziehen zu wollen. Im Gegenteil, man schreibt und agiert weiter, als gelte es nach wie vor »Entspannung« mit dem Realsozialismus zu propagieren. Von »Wut und Trauer« nichts zu spüren.

Aber die vielen anderen? Die merken, daß etwas nicht in Ordnung ist mit unserer öffentlichen Gesellschaft und der Umfälschung von Aufklärung in öffentliche Manipulation. Es gibt eine altbayerische Gemeinheit, die da lautet: »Alle Menschen sind gleich – jedenfalls mir.« Gleichgültigkeit dieser Art ist es wohl, die der deutsche Philosoph Karl Jaspers zurückhaltend »die mildeste Form der Intoleranz« genannt hat. Ob Intoleranz oder Furcht: Ein wirkliches Auflehnen, ein Zurecht- und Zurückweisen dieser die öffentliche Debatte vergiftenden Tendenz ist nicht in Sicht.

Wie lange noch? So redete kein Orwell, sondern ein Cicero, der als Konsul den Stadtverderber mit vier öffentlichen Reden entlarvte: »Wie lange, Catilina, willst Du unsere Geduld noch mißbrauchen? Bis zu welchem Ende soll die zügellose Frechheit ihr Haupt erheben? Quem ad finem sese effrenata iactabit audacia? – er kommt sogar in den Senat, nimmt an einer öffentlichen Beratung teil und – notat et designat oculis ad caedem unum quemque nostrum – bestimmt und bezeichnet mit seinen Blicken jeden einzelnen von uns zur Hinrichtung.«

Wie lange noch? Tapferkeit als Pflicht gegenüber dem Gemeinwesen, reden wir uns ein, gilt heute als lächerlich. Doch dahinter versteckt sich nur unsere Angst. In Wahrheit sind wir verschreckt und fürchten den Zeitgeist wie ein Schloßgespenst.

Das ist traurig und bitter. So bitter, wie das »he loved Big Brother«, mit dem Orwells »1984« endet.

BIBLIOGRAPHISCHE NOTIZ

Botho Strauß' Essay »Anschwellender Bocksgesang« wurde erstmals im »Spiegel« vom 8. 2. 1993 veröffentlicht. Die hier abgedruckte, ursprüngliche Fassung ist bereits 1993 in »Der Pfahl. Jahrbuch aus dem Niemandsland zwischen Kunst und Wissenschaft VII« bei Matthes & Seitz erschienen.

Steffen Heitmanns Beitrag »Revolution und Wende. Über den schwierigen Aufbau des vereinten Deutschlands« gibt einen Vortrag wieder, den der Autor am 4. 7. 1994 vor einem Gesprächskreis in Berlin gehalten hat. Er wurde in der FAZ vom 2. 9. 1994 unter dem Titel »Die Revolution verkommt zur Wende« erstmals publiziert. Ebenfalls in der FAZ wurde Rüdiger Safranskis Essay »Destruktion und Lust. Über die Wiederkehr des Bösen« veröffentlicht (»Die Wiederkehr des Bösen. Eine Weihnachtsbetrachtung«, FAZ vom 24. 12. 1992).

Tilman Krauses Essay »Innerlichkeit und Weltferne. Über die deutsche Sehnsucht nach Metaphysik« wurde unter dem Titel »Deutsche (Ab)Gründe. Westliche Wurzeln allein werden unserer Kultur nicht gerecht« erstmals in der »Wochenpost« vom 1. 6. 1994 veröffentlicht. Der Text wurde in diesem Band in seiner ursprünglichen Fassung gedruckt.

Hans Jürgen Syberbergs Essay basiert auf einem Vortrag, den der Autor im April 1993 im Rahmen der Veranstaltung »Deutschsein? Eine Ausstellung gegen Fremdenhaß und Gewalt« in der Kunsthalle Düsseldorf hielt.

DIE AUTOREN

GERD BERGFLETH, geb. 1936 in Krumstedt/Dithmarschen, studierte Philosophie, Literaturwissenschaft und Gräzistik in Kiel, Heidelberg und Tübingen. Lebt als Schriftsteller und Übersetzer in Tübingen. Wichtigste Veröffentlichungen: Zur Kritik der palavernden Aufklärung, München 1984 (als Herausgeber); Theorie der Verschwendung. Einführung in Georges Batailles Antiökonomie, München 1985; Gespräch mit E.M. Cioran, Tübingen 1985; Götzendämmerung der Ökonomie. Die Antiökonomie von Georges Bataille – eine Alternative zur kapitalistischen Produktionsweise, Bad Boll 1992.

MANFRED BRUNNER, geb. 1947 in München, studierte Rechtswissenschaften in München. Von 1989 bis 1992 Kabinettchef bei den Europäischen Gemeinschaften. Erstritt das Bundesverfassungsgerichtsurteil zum Vertrag gegen Maastricht und gründete im Januar 1994 die Partei »Bund freier Bürger«. Arbeitet seit 1992 als Rechtsanwalt in München. Wichtigste Veröffentlichung: Kartenhaus Europa? Abkehr vom Zentralismus – Neuanfang durch Vielfalt, Bonn 1994 (als Herausgeber).

ROLAND BUBIK, geb. 1970 in Graz/Steiermark, studiert Betriebswirtschaftslehre, Geschichte und Politikwissenschaft an der Universität Mannheim. Seit 1992 Leiter des Ressorts »Zeitgeist und Lebensart« der Wochenzeitung »Junge Freiheit«.

PETER GAUWEILER, geboren 1949 in München, studierte Rechtswissenschaften in München. Promotion zum Dr. jur. mit einer Arbeit aus dem kommunalen Verfassungsrecht. Mitglied des Präsidiums und Parteivorstandes der CSU. Nach langjähriger Mitgliedschaft in der bayerischen Staatsregierung wieder als Rechtsanwalt und Mitglied des Bayerischen Landtags in München tätig. Wichtigste Veröffentlichung: »Was tun gegen Aids?«, München 1990.

ANSGAR GRAW, geb. 1961 in Essen, studierte Geschichte und Politikwissenschaft an der Universität Hamburg. Arbeitet seit 1993 als Redakteur beim Sender Freies Berlin. Wichtigste Veröffentlichungen: Der Freiheitskampf im Baltikum, Erlangen u.a. 1991; Lothar Späth – Politik, Wirtschaft und die Rolle der Medien, Zürich/Wiesbaden 1991 (zusammen mit Martin Lessenthin); Königsberg morgen. Luxemburg an der Ostsee, Asendorf 1993 (zusammen mit Wilfried Böhm).

KARL-ECKHARD HAHN, geb. 1960 in Witzenhausen/Werra, studierte Geschichte, Osteuropäische Geschichte, Staats- und Völkerrecht in Göttingen und Wien. 1991 Promotion zum Dr. phil. mit einer Arbeit über die Deutschlandpolitik Adenauers von 1949–1959. Arbeitet seit 1992 als Ministerialbeamter im Dienst des Freistaates Thüringen. Wichtigste Veröffentlichung: Wiedervereinigungspolitik im Widerstreit, Hamburg 1993.

STEFFEN HEITMANN, geb. 1944 in Dresden, studierte Theologie, Altphilologie und Kirchenrecht in Leipzig. 1969 Staatsexamen der Theologie, 1980/81 juristische Examina. 1971–1973 Pfarrvikar und Pfarrer in Dresden. 1982–1989 Kirchenamtsrat/Oberkirchenrat des Bezirkskirchenamtes Dresden. Während der Wende gehörte Heitmann der kirchenoppositionellen »Gruppe der 20« an, die mit der Dresdener SED-Spitze verhandelte. Seit Oktober 1990 ist er Staatsminister der Justiz des Freistaates Sachsen.

MICHAEL J. INACKER, geb. 1964 in Siegen, studierte Politikwissenschaft, Geschichte und Staatsrecht in Bonn und Los Angeles. 1993 Promotion zum Dr. phil. mit einer Arbeit über das Verhältnis von Kirche und Demokratie. 1989/90 Mitarbeiter im Planungsstab des Bundesverteidigungsministeriums. Arbeitet seit 1992 als Redakteur bei der »Welt am Sonntag« in Hamburg. Wichtigste Veröffentlichungen: Unter Ausschluß der Öffentlichkeit. Die Deutschen in der Golfallianz, Bonn/Berlin 1991; Zwischen Transzendenz, Totalitarismus und Demokratie. Die Entwicklung des kirchlichen Demokratieverständnisses von der Weimarer Republik bis zu den Anfängen der Bundesrepublik, Neukirchen-Vluyn 1994.

TILMAN KRAUSE, geb. 1959 in Kiel, studierte Germanistik, Geschichte und Romanistik in Tübingen, Paris und Berlin. Promotion 1991 in Berlin mit einer Arbeit über Friedrich Sieburg. Lebt als Kritiker und freier Publizist in Berlin; Habilitation mit einer Untersuchung über das politische

Denken der bundesrepublikanischen Schriftsteller und Publizisten der fünfziger Jahre in Vorbereitung. Wichtigste Veröffentlichung: Mit Frankreich gegen das deutsche Sonderbewußtsein. Friedrich Sieburgs Wege und Wandlungen in diesem Jahrhundert, Berlin 1993.

HARTMUT LANGE, geb. 1937 in Berlin, studierte an der Filmhochschule Berlin-Babelsberg Dramaturgie. Regisseur, Dramatiker, Hörspiel- und Filmautor, lebt seit 1965 als Schriftsteller in Berlin. Wichtigste Veröffentlichungen: Vom Werden der Vernunft. Theaterstücke, Zürich 1988; Die Selbstverbrennung. Roman, Reinbek 1980; Die Wattwanderung. Novelle, Zürich 1990; Die Stechpalme. Novelle, Zürich 1993.

REINHART MAURER, geb. 1935 in Xanten/Niederrhein, studierte Philosophie, Deutsch und Englisch in Münster, Kiel und Wien. 1964 Promotion zum Dr. phil. mit einer Arbeit über Hegels»Phänomenologie«. Habilitation mit einer Untersuchung zum Thema»Politeia und Leviathan«. Seit 1975 Universitätsprofessor am Institut für Philosophie der Freien Universität Berlin. Wichtigste Veröffentlichungen: Hegel und das Ende der Geschichte, Stuttgart 1965, Freiburg 1980; Platons »Staat« und die Demokratie. Historisch-systematische Überlegungen zur politischen Ethik, Berlin 1970; Revolution und »Kehre«. Studien zum Problem gesellschaftlicher Naturbeherrschung, Frankfurt/M. 1975; Jürgen Habermas' Aufhebung der Philosophie, Tübingen 1977.

ALFRED MECHTERSHEIMER, geb. 1939 in Neustadt an der Weinstraße, studierte Politikwissenschaft, Geschichte und Volkswirtschaft in Bonn, Berlin und München. 1977 Promotion zum Dr. rer. pol. mit einer Arbeit über MRCA Tornado: Geschichte und Funktion des größten westeuropäischen Rüstungsprogramms. Seit 1990 Sprecher des Friedenskomitees 2000 für Entmilitarisierung, Truppenabzug und Selbstbestimmung in Starnberg. Wichtigste Veröffentlichungen: Friedensmacht Deutschland. Plädoyer für einen neuen Patriotismus, Frankfurt/M./Berlin 1993; Militarisierungsatlas der Bundesrepublik. Streitkräfte, Waffen und Standorte, Kosten und Risiken, Darmstadt/Neuwied 1986 (als Mitherausgeber); Zeitbombe NATO. Auswirkungen der neuen Strategien, Köln 1984; Den Atomkrieg führbar und gewinnbar machen? Dokumente zur Nachrüstung, Reinbek 1983 (als Mitherausgeber).

PETER MEIER-BERGFELD, geb. 1950 in Nachrodt/Westfalen, studierte Geschichte, Germanistik, Philosophie und Pädagogik an der Universität

Bonn. 1978 Magister. Arbeitet seit 1993 als Korrespondent für die Wochenzeitung »Rheinischer Merkur« in Österreich. Wichtigste Veröffentlichungen: Staats(ver-)diener? Der öffentliche Dienst, Osnabrück/Zürich 1983; Der lange Weg zur Einheit. Eine Geschichte der Bundesrepublik Deutschland, Bonn 1992.

ERNST NOLTE, geb. 1923 in Witten/Ruhr, studierte Philosophie, Deutsch und Griechisch. 1952 Promotion zum Dr. phil. mit einer Arbeit über Selbstentfremdung und Dialektik im deutschen Idealismus und bei Marx. 1964 Habilitation mit einer Untersuchung über den Faschismus in seiner Epoche. Bis 1991 Professor für Neuere Geschichte an der Freien Universität Berlin. Wichtigste Veröffentlichungen: Der Faschismus in seiner Epoche, München 1963; Marxismus und Industrielle Revolution, Stuttgart 1983; Geschichtsdenken im 20. Jahrhundert. Von Max Weber bis Hans Jonas, Berlin/Frankfurt/M. 1991; Streitpunkte. Heutige und künftige Kontroversen um den Nationalsozialismus, Berlin/Frankfurt/M. 1993.

KLAUS RAINER RÖHL, geb. 1928 in Trockenhütte/Danzig, studierte Geschichte und Germanistik in Hamburg und Berlin. 1993 Promotion zum Dr. phil. mit einer Arbeit über den BVG-Streik von 1932 in Berlin. Lebt und arbeitet seit 1954 als Publizist in Köln. Wichtigste Veröffentlichungen: Fünf Finger sind keine Faust. Eine politische Biographie, Köln 1974; Ein kleiner Irrtum und seine fatalen Folgen. Eine Polemik gegen den Feminismus, Wien 1980; Die verteufelte Lust. Eine Kulturgeschichte der Prüderie von Moses bis zur Gegenwart, Hamburg 1985; Linke Lebenslügen. Eine überfällige Abrechnung, Berlin 1994.

RÜDIGER SAFRANSKI, geb. 1945 in Rottweil/Württemberg, studierte Philosophie, Germanistik und Geschichte in Berlin. 1975 Promotion in Berlin zum Dr. phil. Arbeitet als Schriftsteller und Publizist in Berlin. Wichtigste Veröffentlichungen: E.T.A. Hoffmann. Das Leben eines skeptischen Phantasten, München, 1984; Schopenhauer und die wilden Jahre der Philosophie, München 1987; Wieviel Wahrheit braucht der Mensch? Über das Denkbare und Lebbare, München 1990; Ein Meister aus Deutschland. Heidegger und seine Zeit, München 1994.

HEIMO SCHWILK, geb. 1952 in Stuttgart, studierte Philosophie, Germanistik und Geschichte in Tübingen. 1982 Staatsexamen. Seit 1991 Leiter der Redaktion Berlin & Neue Bundesländer von »Welt am Sonntag« in Berlin. Wichtigste Veröffentlichungen: Ernst Jünger. Leben und Werk in Bildern und Texten, Stuttgart 1988; Das Echo der Bilder. Ernst Jünger zu Ehren, Stuttgart 1990 (als Herausgeber); Wendezeit-Zeitenwende. Beiträge zur Literatur der achtziger Jahre, Bonn/Berlin 1991; Was man uns verschwieg. Der Golfkrieg in der Zensur, Frankfurt/M./Berlin 1991; Mitherausgeber der Festschrift »Magie der Heiterkeit. Ernst Jünger zum Hundertsten«, Stuttgart 1995.

ULRICH SCHACHT, geb. 1951 im Frauengefängnis Stollberg-Hoheneck/ DDR, wo seine Mutter aus politischen Gründen inhaftiert war. Wuchs in Wismar auf, studierte ev. Theologie in Rostock und Erfurt. 1973 verhaftet und 1976 in den Westen entlassen. Studium der Politikwissenschaft und Philosophie in Hamburg, seitdem lebt er dort als Schriftsteller und Chefreporter Kultur der »Welt am Sonntag«. Wichtigste Veröffentlichungen: Gewissen ist Macht. Notwendige Reden, Essays, Kritiken zur Literatur und Politik in Deutschland, München/Zürich 1992; Hohenekker Protokolle. Aussagen zur Geschichte der politischen Verfolgung von Frauen in der DDR, Zürich 1984; Brandenburgische Konzerte. Erzählungen, Stuttgart 1989; Lanzen im Eis. Gedichte, Stuttgart 1990.

BRIGITTE SEEBACHER-BRANDT, geb. 1946 in Twistringen, studierte Germanistik und Geschichte in Bonn, Köln und Berlin. 1984 Promotion zum Dr. phil. mit einer Arbeit über Erich Ollenhauer. Publizistin. Wichtigste Veröffentlichungen: Ollenhauer. Biedermann und Patriot, Berlin 1984; Bebel, Bonn 1988; Die Linke und die Einheit, Berlin 1991.

EBERHARD STRAUB, geb. 1940 in Berlin, studierte Geschichte, Kunstgeschichte und Archäologie in Bonn und München. 1968 Promotion mit einer Arbeit über die Feste in der Münchner Residenz vom 16.–17. Jahrhundert. 1976 Habilitation mit einer Untersuchung über Spaniens Kampf um seine Friedensordnung in Europa zwischen 1617 und 1635. Arbeitet seit 1991 als Pressereferent beim Stifterverband für die Deutsche Wissenschaft in Essen. Wichtigste Veröffentlichungen: Das Bellum iustum des Hernan Cortes in Mexiko, Köln 1978; Die Götterdämmerung der Moderne. Von Wagner bis Orwell, Heidelberg 1988; Spanien – Eine schwarze Legende? Heidelberg 1991; Die Wittelsbacher, Berlin 1994.

FELIX STERN, geb. 1956 in Mannheim, studierte Wirtschaftwissenschaft in Frankfurt/M.. Lebt und arbeitet seit 1982 als Autor und Pressereferent in Wiesbaden. Wichtigste Veröffentlichung: Wer befreit die Männer? Frankfurt/M./Berlin 1991.

BOTHO STRAUSS, geb. 1944 in Naumburg/Saale, studierte Germanistik, Theatergeschichte und Soziologie in München. Lebt als Schriftsteller in Berlin. Wichtigste Veröffentlichungen: Die Widmung, München 1977; Der junge Mann. Roman, München 1984; Diese Erinnerung an einen, der nur einen Tag zu Gast war, München 1985; Paare, Passanten, München 1981; Theaterstücke. Zwei Bände, München 1991; Beginnlosigkeit. Reflexionen über Fleck und Linie, München 1992; Wohnen Dämmern Lügen, München 1994.

HANS JÜRGEN SYBERBERG, geb. 1935 in Nossendorf/Vorpommern, studierte Literatur und Germanistik in München. Promotion zum Dr. phil. mit einer Arbeit über den Sisyphos-Mythos bei Albert Camus. Arbeitet als Autor und Filmregisseur in München. Filme u. a.: Ludwig II. Requiem für einen jungfräulichen König (1972), Karl May (1974), Winifred Wagner. Die Geschichte des Hauses Wahnfried von 1914–1975 (1975), Hitler. Ein Film aus Deutschland (1977); Parsifal (1982), Die Nacht (1985). Wichtigste Veröffentlichungen: Syberbergs Filmbuch, München 1976; Die Freudlose Gesellschaft, München 1981; Der Wald steht schwarz und schweiget. Neue Notizen aus den letzten Jahren, Zürich 1984; Vom Unglück und Glück der Kunst in Deutschland nach dem letzten Kriege, München 1991.

WOLFGANG TEMPLIN, geb. 1948 in Jena/Thüringen, studierte Philosophie an der Berliner Humboldt-Universität. 1974 Staatsexamen. 1976/77 Studienaufenthalt in Polen; erste Kontakte zur polnischen Opposition. 1977 bis 1983 wissenschaftlicher Mitarbeiter am Zentralinstitut für Philosophie der Akademie der Wissenschaften der DDR. Kontakte zu Kirchengruppen und Vertretern der unabhängigen Friedensbewegung. Berufsverbot als Sozialwissenschaftler und Bibliothekar. 1985 Mitbegründer der Menschenrechtsgruppe »Initiative für Frieden und Menschenrechte«. Januar 1988 Verhaftung wegen des Vorwurfs landesverräterischer Agententätigkeit und Abschiebung mit der Familie in die Bundesrepublik. 1989/90 Teilnahme am Runden Tisch, Mitarbeit in der ersten und letzten unabhängigen Volkskammer der DDR. 1991 Mitbegründer von Bündnis 90, Mitglied des 1. Sprecherrates. Mitarbeiter der Arbeitsgemeinschaft »13. August«. Zahlreiche Aufsätze zur DDR-Geschichte in Zeitschriften und Sammelbänden.

JOCHEN THIES, geb. 1944 in Rauschen/Ostpreußen, studierte Geschichte, Politikwissenschaft und Romanistik in Kiel, Freiburg/Br. und Köln.

484

1975 Promotion zum Dr. phil. mit einer Arbeit über Hitlers »Endziele«. Arbeitet seit 1993 als Ressortleiter »Außenpolitik« für die Tageszeitung »Die Welt« in Berlin. Wichtigste Veröffentlichungen: Architekt der Weltherrschaft. Die »Endziele« Hitlers, Düsseldorf 1976; Südwestdeutschlands Stunde Null. Die Geschichte der französischen Besatzungszone 1945-1948, Düsseldorf 1979; Helmut Schmidts Rückzug von der Macht. Das Ende der Ära Schmidt aus nächster Nähe, Stuttgart 1988; Deutschland von Innen. Beobachtungen aus wechselnder Perspektive, Stuttgart 1990.

RUDOLF WASSERMANN, geb. 1925 in Letzlingen/Altmark, studierte Rechtswissenschaft, Soziologie, Politikwissenschaft und Philosophie in Halle/Saale und Westberlin. Staatsexamen 1950 und 1955, Dr. jur. h.c., Oberlandesgerichtspräsident a.D., Mitglied des niedersächsischen Staatsgerichtshofs. Wichtigste Veröffentlichungen: Die Zuschauerdemokratie. Düsseldorf/Wien 1986; Vom Wind der Veränderung. Politische Essays zur Lage der vereinten Nation, Asendorf 1993; Auch die Justiz kann aus der Geschichte nicht aussteigen. Studien zur Justizgeschichte, Baden-Baden 1990; Die richterliche Gewalt. Macht und Verantwortung des Richters in der modernen Gesellschaft, Heidelberg 1985.

KARLHEINZ WEISSMANN, geb. 1959 in Northeim, studierte Geschichte und Ev. Theologie in Göttingen. 1989 Promotion zum Dr. phil. mit einer Arbeit über die politische Symbolik der deutschen Rechten 1890-1945. Lebt und arbeitet seit 1983 als Studienrat. Wichtigste Veröffentlichungen: Zeichen des Reiches. Symbole der Deutschen, Asendorf 1989; Schwarze Fahnen - Runenzeichen. Entstehung und Entwicklung der politischen Symbolik der deutschen Rechten, Düsseldorf 1991; Rückruf in die Geschichte. Die deutsche Herausforderung, Berlin 1992; Westbindung. Chancen und Risiken für Deutschland, Frankfurt/M./Berlin 1992 (als Mitherausgeber).

UWE WOLFF, geb. 1955 in Münster, studierte Theologie, Pädagogik, Philosophie und Germanistik in Münster und Tromsö/Norwegen. 1981 Staatsexamen für das höhere Lehramt. Schriftsteller und Publizist; seit 1989 Fachleiter für Religionslehre am Studienseminar Hildesheim. Wichtigste Veröffentlichungen: Thomas Mann - der erste Kreis der Hölle. Der Mythos im Doktor Faustus, Stuttgart 1979; Der Ewige Deutsche. Eine Geschichte aus jugendbewegten Zeiten (Roman), Zürich 1984; Breit aus die Flügel beide. Von den Engeln des Lebens, Freiburg 1993; Gottesdämmerung. Auf den Spuren einer Sehnsucht, Freiburg 1994.

MICHAEL WOLFFSOHN, geb. 1947 in Tel-Aviv, studierte Geschichte, Politikwissenschaft und Volkswirtschaft in Berlin, Tel-Aviv und Columbia/NY. 1975 Promotion zum Dr. phil. mit einer Arbeit über die Arbeitsbeschaffung in Deutschland 1930–1934. 1980 Habilitation mit einer Untersuchung über »Politik in Israel«, seitdem Professor für Neuere Geschichte an der Universität der Bundeswehr München. Wichtigste Veröffentlichungen: Verwirrtes Deutschland. Provokative Zwischenrufe einies deutsch-jüdischen Patrioten, München 1993; Ewige Schuld? 40 Jahre deutsch-jüdische Beziehungen, München 1988; Wem gehört das Heilige Land? Die Wurzeln des israelisch-arabischen Konflikts, München 1992; Frieden jetzt? Nahost im Umbruch, München 1994.

RAINER ZITELMANN, geb. 1957 in Frankfurt/M.; studierte Geschichte und Politikwissenschaft an der Technischen Hochschule Darmstadt; 1986 Promotion zum Dr. phil. mit einer Arbeit über Hitlers Selbstverständnis als Revolutionär. Seit 1994 Ressortleiter Zeitgeschichte bei der Tageszeitung »Die Welt« in Berlin. Wichtigste Veröffentlichungen: Hitler. Selbstverständnis eines Revolutionärs, Stuttgart 1987; Demokraten für Deutschland. Adenauers Gegner – Streiter für Deutschland, Frankfurt/M./Berlin 1993; Die Schatten der Vergangenheit. Impulse zur Historisierung des Nationalsozialismus, Frankfurt/M./Berlin 1990 (als Mitherausgeber); »Für Deutschland«. Die Männer des 20. Juli, Frankfurt/M./Berlin 1994 (als Mitherausgeber).

486

PERSONENREGISTER

Lacoste, Yves 329
Lagarde, Paul 39
Landmann, Michael 80, 317
Lange, Hartmut 465
Lassalle, Ferdinand 192, 201
Le Duc Tho 275
Leber, Julius 63
Lemmer, Ernst 351
Lenin, Wladimir Iljitsch 150f., 153, 276, 345
Lenz, Hermann 140
Lenz, Siegfried 393, 403
Lessing, Gotthold Ephraim 139
Lichtenberg, Georg Christoph 140
Linguet, Simon Nicolas Henri 145, 147
Liszt, Franz von 258
Löbe, Paul 197
Lohausen, Jordis von 336
Lorenz, Konrad 288
Löw, Konrad 373
Löwith, Karl 437
Lübbe, Hermann 226, 287
Lübke, Heinrich 476
Lubbers, Ruud 220
Ludwig XIV. 57, 107
Luther, Martin 410, 413
Luxemburg, Rosa 345f.

Mably, Bonnot de 145
Mabuse, Jan 136
Mackinder, John Halford 319, 330, 339
Mahan, Alfred Thayer 329
Maistre, Joseph de 314
Maiwald, Serge 310
Malraux, André 34
Mann, Thomas 66, 127, 134, 136, 138, 140, 440

Mannheim, Karl 170
Mao Tse-tung 421
Marcuse, Herbert 95
Marx, Karl 114, 148, 157, 159, 201, 244f., 346, 435
Maschke, Günter 75
Maslow, Abraham Harold 358
Maurer, Reinhart 467
Mazzini, Giuseppe 149
McLuhan, Herbert Marshall 316
Mechtersheimer, Alfred 167
Meier, Christian I
Meinhoff, Ulrike 90, 165
Mendelssohn-Bartholdy, Felix 141
Michelet, Jules 139
Michnik, Adam 312
Miegel, Meinhard 224
Mielke, Erich 289
Miklas, Wilhelm 197
Minc, Alain 182
Mitscherlich, Alexander 96
Mitscherlich, Margarete 177
Mitterrand, François 135, 216, 314, 472
Mocks, Alois 222
Mohl, Robert von 147
Mohler, Armin 309
Mommsen, Margareta 448
Mommsen, Theodor 435
Monnet, Jean 382
Montesquieu, Charles de 314
Morelly 147
Morgenthau, Henry M. 85, 91ff., 97, 99
Mörike, Eduard 117, 140f.
Mozart, Wolfgang Amadeus 132
Müller, Heiner 138
Musil, Robert 215
Mussolini, Benito 152

494

RAINER ZITELMANN

WOHIN TREIBT
UNSERE REPUBLIK?

240 Seiten, Broschur

Seit der Kulturrevolution von 1968 hat die deutsche Linke ihren
geistig-politischen Einfluß ausgebaut. Die Gewichte verschoben
sich zuerst im intellektuellen Bereich, dann in den Medien,
schließlich im Parteiensystem und in den staatlichen Institutionen. Rainer Zitelmann analysiert, wie es der Linken gelang, nach
1968 die kulturelle Hegemonie in der Bundesrepublik zu erringen.
Dann kam der Schock von 1989: Den Zusammenbruch des Sozialismus und die Wiedervereinigung empfand die Linke als Niederlage.
Doch Niedergeschlagenheit und Ratlosigkeit dauerten nur eine
historische Schrecksekunde. Die Linke verstand es, unter der Parole des »Antifaschismus« ein Rollback zu inszenieren. Und das
von 1968 geprägte linksliberale Establishment der alten Bundesrepublik erhielt Verstärkung durch kommunistische Kader, Agit-
prop-geschulte Journalisten und sozialistische »Kulturschaffen-
de« aus der ehemaligen DDR.
Die Reste des antitotalitären Konsenses, auf dem unsere
Demokratie beruht, zerbrechen. Ist der Marsch in eine andere
Republik noch aufzuhalten?

Ullstein Report